散论 语言学

汉语语言学论丛

苏新春 著

 南方传媒

全国优秀出版社
全国百佳图书出版单位

广东教育出版社

·广州·

图书在版编目（CIP）数据

语言学散论 / 苏新春著. -- 广州 ： 广东教育出版社，2025. 4. --（汉语语言学论丛）. -- ISBN 978-7-5548-6325-1

Ⅰ. H0-53

中国国家版本馆CIP数据核字第2024XT2628号

语言学散论

YUYANXUE SANLUN

出 版 人：朱文清

责任编辑：唐娓娓

责任技编：姚健燕

装帧设计：李玉玺

责任校对：叶广芊

出版发行：广东教育出版社

（广州市环市东路472号12—15楼　邮政编码：510075）

销售热线：020-87615809

网　　址：http://www.gjs.cn

E-mail：gjs-quality@nfcb.com.cn

经　　销：广东新华发行集团股份有限公司

印　　刷：广州市岭美文化科技有限公司

（广州市荔湾区花地大道南海南工商贸易区A幢）

规　　格：787 mm × 1092 mm　1/16

印　　张：24.5

字　　数：470千字

版　　次：2025年4月第1版

　　　　　2025年4月第1次印刷

定　　价：88.00元

如发现因印装质量问题影响阅读，请与本社联系调换（电话：020-87613102）

总　序

　　"汉语语言学论丛"较为全面地收录了我撰写的论文，共七种，分别是《词汇与词义及应用研究》《词汇与文化研究》《词汇与汉字关系研究》《词汇与词典研究》《教育教材语言研究》《台湾语言文字研究》《语言学散论》。前五种分别从不同侧面反映了词汇研究的深度与广度，合起来构成了词汇的立体研究框架。第六种则专注于台湾地区的语言文字研究。第七种收录了学术短文。

　　从1984年发表在《华南师范大学学报》第2期的《从〈说文〉段注看段玉裁研究语言的几个观点》算起，距今正好40年。我的研究领域从古代汉语到现代汉语，从语言本体到语言文化，从语言定性分析到语言定量研究，从辞书语言到教材语言，从语言现象到语言政策，跨度似乎有点大。但细观之下，看似繁复的背后，其核心始终聚焦于"词汇"问题。从古代词汇到现代词汇的演变，从词汇本身到汉字如何参与词义表达的探讨，从词汇本体到词汇文化，从词汇描写到词汇规范，从词汇的定性研究到基于数据库的大规模计量统计，从辞典词汇分析到教材词汇教与学，乃至语言政策与教育政策中的词汇考量，我的所有研究都是紧紧围绕着汉语词汇这一中心展开的。

　　这些领域看似隔得有些远，实则紧密相联。从发展观来看，古今词汇的贯通研究使演变规律更为清晰；在应用层面，词汇理论与词汇规范相辅相成，学以致用，相得益彰；在研究方法上，定性与定量研究互为前提，紧密依存，共同构成词汇研究的完整框架；在材料选择上，通用词汇与领域词汇的结合，既展现了词汇的普遍性，又揭示了其个性特征，全面呈现了词汇的面貌；从学理角度看，词汇知识与词汇能力的结合，实现了体与用、静与动的统一，全面揭示了词汇规律。

我在《词汇研究需要广阔的视野与历史纵深感》（《辞书研究》2005年第1期）曾说到理想的词汇研究应该要做到三点：

"首先是认识到词汇研究不能追求对象的独立与单一。'词汇'本身是语言中的一级单位，是音义结合后具有独立使用价值的一个综合体。试想在世界语言学科的体系划分中，由'语音''词汇''语法'的三分，到'语音''语义''语法'的三分，再到'语音''词汇''语义''语法'的四分，其中交叉错叠，欲弃又取的不正是'词汇'吗？语音、语义、语法都代表着语言体系中的一个独立要素，或是形式，或是内容，或是规则，而只有词汇是语言体系中的一级单位，在它身上既有语音形式，又有语义内容，还有语法规则。它是语言三大要素的一个综合体。希冀把'词汇'作为一个纯净的研究对象，要将它与相邻学科、周边地带来个泾渭分明，非彼即此，是不太可能的。

"其次，词汇研究的角度与风格不能追求过分的纯正，只局限于所谓'词汇结构的本体'。20世纪是结构主义语言学大一统的时代，可整个世纪的语言学发展趋势却证明语言研究必须走'多元化'的道路。符号的、人文的、认知的、逻辑的、形式的、生物的、心理的、数理的，都在语言和语言学这个大千世界占有一席之地。结构主义语言学只是诸元中的一元，专注于词汇体研究的结构派只是词汇学研究中的一种类型而已。作为研究者个人来说，不可能穷尽于语言研究的所有，只能汲一杯于长河，只能行一条路，观一片景，探一道险，但作为一个有眼界的研究者，他必须同时明白'多元化'存在的必要性，在从事自己研究的同时经常关注其他各种类型的研究，才能不狭己眼域，窄己胸怀。

"再就是要确立历时的词汇研究观。共时观与语言研究的结构化、形式化、内部化是共生的。实践证明，语言研究中过分强调共时与断代，会大大限制人们对语言的认知与阐释。语言的特点与规律总是在历史的纵向考察中才会更清楚地凸现出来。汉语在这一点上有着特别的优势。"

现在读来，这里提及的三点仍然颇为在理。词汇研究做到了"语义与语形结合，以语义为主""语言与文化结合""共时与历时结合"的多层次、多角度的立体研究，才可能对它有更全面深入的了解，因为词汇是所有语言成分语言单位中最为复杂的一种。

七本书的内容之所以有着内在密切联系，不仅因为词汇本身有着丰富内涵与多形态多功能，还与那个历史时期出现了推动转变的契机与助力有关。下面，我将对这些缘由略作回顾，以进一步显示词汇研究多样性的必要，同时也算是对我的学生与青年朋友经常会提到的一个问题的回应，即你的研究领域为什么总能不断前行，还总有新的收获。

我最初进入的领域是古代汉语，硕士专业名称是"汉语史"。细读过的第一部典籍是段玉裁《说文解字注》，那是我在大学四年级时购买的，进入研究生阶段学习后才完成了细读任务。硕士学位论文研究的是《尔雅》，题目是《〈尔雅〉释诂篇同义词研究》。那几年，参加的学术会议基本都在中国训诂学会组织的范围内。我撰写的第一本书就曾拟名为"古汉语词义学"。那几年古汉语词汇的研究经历，为我后来整个词汇研究打下了坚实的基础。

从古代汉语进入现代汉语有两个直接原因：一是当时我在改革开放最前沿的广州工作，社会每天都在快速变化，新的语言现象层出不穷，加上来自另一方言区，对语言差异变得敏感。另一个原因就是拜南开大学刘叔新先生的引领。1993年2月，突然收到刘先生的亲笔来信，邀请我出席"首届全国现代汉语词汇研讨会"。事后听刘先生的一位弟子说，刘先生对刚出版的《汉语词义学》很欣赏，在校对即将刊发的《1992年汉语词汇研究新进展》时，增引了该书并加有一段评论。他说刘先生向来对学生要求很严，不轻易表扬人，他们看到那段评论也很是羡慕。与会者大都是专门从事现代汉语词汇研究的专家，是我的师辈学者，如李行健、葛本仪、张志毅、沈孟璎、郑述谱、曹聪逊等先生。首届词汇研讨会表现出明显的"现代"特点，参加会议后，我最大的体会是词汇研究必须要古今打通，溯源顺流，不可偏废；通古明源，通今晓用。从那以后，我的研究中就没有明确的古今间隔了。古今打通的观点后来被普遍接受，第二、三届词汇研讨会（1996，烟台师范学院；2000，厦门大学）还保留了原名，到第四届时（2002，河北师范大学），"现代"二字就没再用了，与会学者覆盖到了古今普方领域，这一传统一直延续到今天。进入现代汉语领域后，我的研究目光放到了现实语言问题上，对语言的社会性、政治性、情感性、服务性，以及语言政策的管理功能的关注，自然也就多了。有关这方面的论文，收入本丛书的《词汇与词义及应用研究》一书中。

我的汉字研究与词汇研究同时出现。古汉语词汇许多问题都是与汉字紧密相关的。汉字与词汇的关系远非西方语言学界所认为的仅仅是"语言符号的符号"那样纯外在的关系，而是深入到了词汇词义的产生、繁衍、分化、生成的全过程。在研究生入学考试中，有一道试题是"谈谈你对汉字与汉语关系的看法"，那是我对这个问题的最初思考。接着是在《汉语词义学》第七章中的一节，用了约5000字来探讨这个问题。之后，独立撰写了《汉字语言功能论》一书（13万字），再到《汉字的语言属性与语言功能》（25万字），所有有关汉字与汉语关系的研究都会吸引我。这方面的论文收入本丛书的《词汇与汉字关系研究》一书中。

进入文化语言学领域，则与申小龙兄有直接关系。1987年，在江西南昌举行的"中国语言学发展方向研讨会"上我与小龙兄初识。那时，我思考的主要问题还是围绕"词义"在词汇研究中的地位来展开。1989年9月，首届全国文化语言学研讨会召开前，他鼓励我写一篇词汇文化方面的论文。我写了《动物词的人文研究》，这是我的第一篇词汇与文化的论文。它后来没有独立发表，收在了《汉语词义学》第十三章，从动物词观察到的丰富的文化内涵深深吸引了我。那几年，我醉心于词汇文化研究，参与了文化语言学会几乎所有的活动，对语言的人文性、语言与文化的关系、词汇文化的显性与隐性、词义生成与文化的关系、词汇文化的阐释体系、文化语言学的学科定位等一系列理论问题都有过思考，著有《文化的结晶——词义》《当代中国词汇学》《词义文化的钩沉探赜》。有关词汇文化方面的论文收入本丛书的《词汇与文化研究》一书。

进入计量词汇学领域的动力则主要来自对词汇定性研究现状的不满。那时，主流研究仍然是定性研究，不少观点缺乏足够论证。如认为词语在古代是单义、后代是多义的观点就相当流行。我提交给首届现代汉语词汇研讨会的论文《汉语词的结构与表义功能》，调查结果显示每个词平均只有1.2个义项。由于用来论证的材料仅是从《现代汉语词典》中每100页抽取1页得到的600多个词例，因此总觉得说服力不强。那时，就特别想用电脑来统计更大规模的语料。幸运的是，我找到了数据库软件ACCESS，更幸运的是，我选的语料是《现代汉语词典》。1999年调入厦门大学，第一学期上课任务较轻，有时间集中精力建成了语料库。利用它，我在短短几年内完成了20多个有关词目与释义的专题研究。指导的研究生也多利用这个数据库来开展研究，如余桂林的学位论文就是分析四字词目标音方法的，该论文后来在重要刊物上发表，他到商务印书馆工作后还承担了四字格标音的修订任务。词典词汇的研究大大深化了我对词汇的认识，如对口语词汇与书面语词汇、言语词与语言词、词汇的应用态与储存态、语文词与行业词、词义与释义、词义内涵与标注、词义与词形、词语关系与词汇系统，都有了较为清楚的认识。陆续出版了《现代汉语词汇计量研究》《汉语释义元语言研究》《词典与词汇的计量研究》。这方面的论文收入在本丛书的《词汇与词典研究》一书中。

计量方法带来了极大研究便利。没有数据库的运用，后来的"词汇规范""多义词机器自动识别""现代汉语常用词表""汉语词汇语义分类系统研制""义务教育常用词表研制"等多个重要课题是难以想象的。它带来的另一个直接影响就是帮助我进入了另一个新领域。

进入教育教材语言领域来源于一场"偶遇"。2005年4月11日，我参加完河北师范大学举行的"中国语言学发展高级论坛"，在石家庄开往北京的车上与李宇明兄同坐，我们一路海聊。那时他担任教育部语言文字信息管理司司长，说到司里准备建立研究机构来对社会用词用语的几个主要领域进行调研，建立语言资源库，为国家语言文字政策提供数据支持。"你那词汇计量工作做得不错，不知是否愿意来做教育教材语言方面的工作？"就这样，一个新领域的研究开启了。5月，王铁琨副司长和陈敏处长到厦大考察。6月，厦大分管领导、社科处处长和我三人在10天内三次飞往北京，完成了建立教材中心的汇报、签约和授牌工作。这次车上的动议，是奇遇，还是宇明兄长久观察后的嘱托，只是多了一场看似没有预约的车谈？十年后我把这段经历说成了"一朝领命，十年探索"。从连续不断的成果产出来看，这是一个"富矿"，也证明了下决定开启这个领域的研究是极富前瞻力的。在这期间，出版了《义务教育常用词表》《教育教材语言理论研究》《中小学语文知识体系研究》。这方面的论文收在本丛书的《教材语言研究》一书中。

进入台湾地区语言领域当然受到厦大地理位置与研究传统的影响，同时也与个人学术经历有关。第一篇有关台湾地区的词汇论文是《台湾新词语研究与特点》（2003），第一篇有关台湾地区教育教材语言方面的论文是《海峡两岸基础教育语文课程大纲之比较》（2009）。2011年，我到台湾"中央大学"担任客座教授，那半年授课之余，游四方、结朋友、考察语言风貌，后来两校之间一直保持着学术互动，从单访到互访，再到联合开展调研和合作发表成果。从对台湾地区社会不同阶层人群的语用调查到教材语言的研究，直至主持教育部哲学社会科学重大课题攻关项目"两岸统一进程中的语言政策研究"，二十多年来，厦大团队一直坚持语文动态跟踪，我们的研究一直在持续中。这方面的论文收在本丛书《台湾语言文字研究》一书中。

每一本书中的文章按主题编排，同一主题的依先后顺序排列。为了保持材料和观点原貌，除个别修正外，一般未作大的改动。文末标明出处，未发表的文章尽量保留写作日期，以示思考轨迹。合作论文会标出合作者姓名。本书为个人专集，我作为第二作者的论文未予收入。

2024年12月8日

目　录

壹·顺时启学

貳 · 读书一得

叁·自著后叙

肆 · 怀师念友

伍·治学偶记

陆 · 从教助学

顺时启学

壹。

文化语言学由倡导到建构的历史一步

——第二届全国文化语言学研讨会综述*

　　由中国语言文化学会、广州师范学院、广州市语言文学学会主办的第二届全国语言与文化学术研讨会于1991年12月10日至13日在广州国际科技会议中心举行。来自日本和我国内地、香港高校、科研出版单位的百余位专家学者参加会议。会议收到中国训诂学会、中国修辞学会、广东省中国语言学会等学术团体发来的十余封贺信。会议收到论文95篇，其中到会代表59篇，未到会代表36篇。论文在探讨语言与文化的相互关系上涉及广泛，在语言方面，有语言理论、语法、词汇、文字、方言、俗熟语、修辞学、音韵学、语源学、广告语言学、双语教学，论文以汉语为主，也有英语、日语；在文化方面，有民族思维心理、认知心理、信仰习俗、饮食文化、价值观念、民族迁移、文化起源、少数民族文化，呈现出文化语言学广阔的理论前景与应用价值。

　　在会议筹备的一年时间中，学术界表现出异乎寻常的热情，申请参会的学者大大超过预期规模。短短4天的讨论，体现出以下三个特点。

1．代表们强烈的参与意识

　　当前国内从事文化语言学研究的主要是中青年学者，他们积极响应本次会议，提交了一大批扎实的研究论文。同时不少有独到研究和敏锐洞察力的前辈学者也意识到这次会议的重要意义，到会展示了最新研究成果。上海外国语学院博士生导师王德春教授介绍了他正在从事的国俗语义学的研究，上海师范大

---

*　原文以"由倡导到建构、由务虚到求实的历史性进步——'第二届全国语言与文化学术研讨会'鸟瞰"为题，刊于《广州师院学报》1992年第1期。

学的许威汉教授在会上宣读了论文《中国文化语言学的过去和现在》，北京国际汉字研究会副会长徐德江研究员向大会报告了不久前在汉城召开的国际汉字研讨会的情况，黑龙江大学中文系的戴昭铭副教授因故不能与会，把论文打印了100份寄来会场，表示"希望仍能把我算作一个参加者"。还有在读的研究生、博士生们与会交流心得，把语言与文化的研究选作他们学术努力的方向。

2．讨论激烈而深入

与会者们充分利用了大会小会、饭前饭后的一切时间，切磋学问，交流看法。目前，国内研究文化语言学比较有影响的学派，如文化认同派、文化参照派、言语交际派、社会语言学派、文化学派，甚至主张结构研究的都有代表人物或骨干出席会议。在一些研究机构相对集中的地区，如上海、武汉、北京、江西、广州也派来了相当数量的代表参会。各种理论、各种学派的观点都在会上得到了充分的展示和交流，从中国文化语言学提出至今，还没有哪次会议像这次会议这般热烈充分、全面深入、集聚一堂地交流过看法。

3．出版界的热情支持和出版愿望

来自全国各地十几家学术刊物与出版单位的20位学者与会。他们对新兴的语言文化研究思潮表现出强烈的介入意识，希望及时刊登或出版这方面的研究成果。在学术界和出版界不景气的当下，这种情景的出现令人印象特别深刻。会议为加强学术界与出版界的联系，特意安排了一次专题座谈会，让双方畅所欲言。在整个会议期间，学术界与出版界互相支持的局面贯穿始终，有意向甚至落实出版的书稿有十几部。一些学术刊物如香港中文大学的《中国语文通讯》，中国人民大学的《报刊复印中心》《中国语文》《汉字文化》，吉林的《汉语学习》，广东的《学术研究》，甚至英国伦敦的《文化语言学》都派来了主编或专栏编辑，积极组稿发稿。新闻出版界的支持，相信会对语言文化学研究的推广产生巨大的推动力。

本次会议主题有两个："文化语言学理论体系的建构"和"语言结构的文化内涵"。从中国学术界提出"文化语言学"至今，已经走过了六七年的时间，从中国文化语言学的名词术语之争深入到整个学科理论体系的建构，从语言表层的文化表达现象深入到语言结构内部的文化功能，以及当前方兴未艾的语言与文化关系研究的热点问题，都引起了学者们的强烈兴趣，与会者们就这些不同观点展开了充分讨论。下面就这两个主题的讨论作一概述。

一、文化语言学的理论体系建构

在1987年南昌举办的"中国语言学发展方向研讨会"上，大家对初次出现的"文化语言学"还表现出相当的迷惘。到1989年大连举办的"首届全国语言与文化学术研讨会"上，就涌现了一批相关论文，但对如何完整地认识"语言的人文性"、如何系统地建构学科，大家还难以发表有价值的意见，甚至还没有明确地提出这个问题。而在本次会议上，这些都成为最受关注的话题，并对相关的许多理论问题进行了深入探讨。

1. 关于语言的人文性

语言的人文性是指一种语言中蕴含的它所属的那种文化精神和内容。在研究早期，主张者认为只有汉语才是富于人文性的语言。现在大多数学者都认为不同的语言有着自己的文化意义，都具有人文性，只是人文意义的内涵不同罢了。汉语基于汉民族思维的辩证性、天人合一的哲学观所表示出来的重神摄、重意会的特点是汉语的人文性，西方语言基于西方人重思维的精密性、重客观的自然性，所表现出来的形式规则外化的特点也是人文性。由于这种认识的进步，复旦大学的申小龙先生表示，可以考虑把"汉语的人文性"改称为"汉语的主体性"或"汉语的主体意识"。延边大学崔奉春先生在《论汉语的主体意识》一文中就汉语词汇中不同类别词语的发达程度、交际表达中意念活动的趋向方面详细论述了汉语主体意识存在的大量语言事实。

如何认识语言的文化意义，也是这次会议引人注目的话题。陕西师大韩宝育先生在其《语言的文化内涵》中从六个方面全面阐述了语言的文化意义：语言整体的文化价值、语言符号中能指的文化价值、语言符号中所指的文化价值、语言样式的文化价值、语言交际方式的文化价值、语言把握世界的不同方式。宁波大学陈月明先生认为语言文化研究应有四个层面：符号层面、符号组合层面、功能层面、结构层面，四个层面相互之间有着层层递进的关系。

与会者们在对"语言人文性在决定语言基本面貌上起怎样的作用"的看法上，则存在相当大的差异。申小龙先生认为，在语言所有的多种多样的属性中，如物理的、生理的、符号的、文化的属性等，最重要的是语言的人文属性。语言是一种文化中最为本质的因子，是最稳定并能通过遗传基因传下来的文化内核。语言是这个民族认识世界的工具手段，也是认识世界的一种方式和框架，因此对语言进行人文性研究应是最贴近语言本质的研究。在这点上，文化语言学中文化认同派与文化参照派形成了一个理论分界点。而文化参照派认为语言的人文性只是语言诸多属性中的一个，全面研究语言的各种属性，或分别研究某一种属性，都有它们各自的存在价值。华东师范大学的邵敬敏在《关于中国文化语言学的反思》中认为："语言具有文化性，又具有自然性，人文性又具有多个侧面。"由于在这一根本点上的分歧，大家在以下一些重要问题上也产生了不同的理解。

2. 文化语言学的学科性质和地位

主张人文性是语言本质属性的学者如复旦大学的申小龙、北京大学的徐德江、江西大学的姚亚平、云南民院的赵虹等先生认为，文化语言学就是对语言本体的研究，只有运用人文的方法才能真正探索到语言奥秘。文化语言学就是关于语言本身的本体科学，而中国现代语言学所进行的研究则是照搬西方理论，不得要领，对汉语的描写缺乏解释力。而主张人文性只是语言属性之一的学者如邵敬敏、黄国文、韩宝育等先生认为，研究语言的形式结构和人文属性都有它们自己的存在价值，互相补充，互相印证，不可互相替代，不能说只有文化语言学才是语言学。戴昭铭先生在《文化语言的对象、任务和性质》中认为"文化语言学是交叉学科""是语言学的分支学科"。

对汉语进行人文研究，从被视为邪说异端到在语言学殿堂上占有一席之地，这本身就是一个巨大的进步，最终能否给汉语研究带来整体变革，给汉民族整个人文学科带来更多可资借鉴的成果，还有待继续深入研究。山西省思维科学研究所的刘景钊先生给代表们带来一个周边学科的看法：申小龙的文化语言学研究成果给思维科学、认识科学、逻辑学的学者们以极大启发，他们认为申氏理论从语言的角度提出并解释了许多他们正在探求而又难以找到答案的问题。

3. 文化语言学兴起的历史原因

对如何看待目前如火如荼的文化语言学研究热，邵敬敏先生指出"文化语言学是中国现代语言学发展的一种历史必然"。张国杨、苏新春在《当前汉语人文研究的兴起、历史原因及其发展趋势》中对此做了详细分析，认为：四个因素起重要作用，即对研究现实的强烈反思、"文化热"的辐射影响、对汉语研究新角度的切入、西方人文语言理论的传入。黄文国先生在《汉语文化语言学刍议》中指出"更直接的原因是汉语语言研究的'危机感'而触发了一些有志之士的'使命感'",他深刻认识这场语言革命产生的历史必然性,使我们更清楚、更主动地将文化语言学引入更深层的领域。

4．对中国现代语言学的评价

显然,两种不同的学科观对中国现代语言学的研究实践做出了不同评价。文化认同派的学者们认为,主要借鉴西方语言理论的中国现代语言学对汉语的研究没有抓住汉语本质特点,套用了基于印欧语系之上产生的语言理论来解释完全不同面貌的汉语,未免有方枘圆凿之感。而持另一观点的学者则认为不能对以往的研究全盘否定,语言结构的研究是汉语全面研究必不可少的内容,即使在今天,这种结构的研究仍有进一步发展的必要。文化认同派的学者们则反驳道,对中国现代语言学所持有的方法、理论进行批评并不是说全盘否定过往研究,这是一种历史事实,谁也否定不了的。这种历史事实的存在价值说明曾经有一种对汉语纯形式、纯结构的研究方式,而文化语言学的史学价值也表明汉语研究在20世纪80年代开始进入了一种全新的人文研究时代。因此,现在对过去,以及将来对现在的评价都将是一种历史的结论,不存在否定不否定的问题。

5．对文化认同派理论的评价

随着研究的深入和成果的普及,文化语言学越来越被人们所接受。但不少人对于文化认同派的理论仍持"有道理,但失之偏颇,难以容人"的态度。对此,文化认同派的学者认为,在创造一个理论时,应该致力于追求逻辑上的完整性,在理论上追求深刻性,即平常所说的"矫枉过正""偏激中更容易做到深刻"。如果一开始就四平八稳,面面俱到,最终这样的理论很难有什么创见。在理论上我们力求深刻彻底,在自己的理论体系中排除一切异见;但在学术态度上,仍主张兼容百家,只有各种不同学派的观点互相争鸣,才能真正促进学术的发展和繁荣。近几年的研究证明,结构主义、科学主义和人文主义的互相批评,第一次给中国语言学带来了真正的繁荣,有力地促进了各个理论进一步完善和深入。

也有学者对文化语言学在一些重要理论问题上一直缺乏明晰的界定表示不满,认为汉语的神韵并不妨碍研究者们对此做出明确清楚的解释和说明。而在理论上做不到清楚的表述正是研究本身不成熟的表现。对此,有学者不屑一顾，认为对汉语的真正认识在于体悟。而比较理性的回答是，由于文化语言学仍处于起步阶段，在一个全新的探索过程中，对完全陌生、正在孜孜探索的对象过早地界说，只会束缚自己的手脚，到头来反而使自己处于前后矛盾的尴尬境地。

6. 文化语言学的研究前景

文化语言学在中国的出现，犹如石破天惊，引起了语言学界的一阵阵震荡。发展到今天，它向人们展示了一幅十分诱人的前景，申小龙先生将它概括为：文化语言学研究的触角向语言结构深入而不仅仅停留在语言意义的分析上；对中国语文研究传统力求做出一种全新的文化阐述，而不是摒弃一切，重新移植；更积极主动地引入西方人文语言理论和方法，在自己的理论来源上广收博取，汲取、借鉴一切有用之物；让不同的学派开展更深入的学术争鸣。还有论文提出：由语言要素的个体研究向系统研究转化；由显性的语言意义向隐性的语言意义结构认同；解释与描写、文化功能与物质形式相结合；加强对比研究；特别强调只有做到能对语言结构进行文化性解释，才有可能真正达到中国文化语言学的理论目标，文化语言学才有可能成为汉语语言学的本体学科。

二、语言结构的文化内涵

探讨语言结构的文化内涵是会议的另一个重要主题，许多论文对此做了广泛深入的探求，将研究触角从不同角度深入到了语言结构里面。

（一）词汇结构的文化意义

本次会议中探讨词汇结构文化意义的论文占了全部论文的近40％。对汉语词汇的一些特殊类别，如禁忌语、灯谜、问候语、成语、联绵词、店名、广告用语、人名等都做了深入的分析。杭州大学池昌海先生的《"吃"语言与"吃"文化》、烟台大学杨琳先生的《龟由贵返贱的原因新探》、广东西江大学董超风女士的《灯谜与民族文化论略》，都对各自的研究对象作了独到的分析，给人耳目一新的感觉，显示了作者扎实的功力。池昌海的文章是一篇很有深度的论文，它把文化与语言、语言的文化意义与语言结构、语言形成、语言使用都紧密联系在一起，做出了令人信服的分析，对类属词的人文研究提供了一种范式。

会议在词汇深层问题和几个关键点上取得了明显突破。

1．同源词的同源根据是什么

湖南师范大学陈建初先生在《汉语语源研究中的文化触角》中提出应把文化学的方法引入这一领域。黑龙江大庆广播电视大学刘殿义先生在《古汉语词义系统的结构及文化观念》中认为词义系统与文化观念二者之间有密切关系，要特别关注思想如何转化为言语中的初始语义，如将"张""大""远""美""高""厚""乐"等集结为一个大的语义群，就与古人的审美观念有密切关系。这个见解与因故未能与会的四川大学宋永培先生所从事的工作有着本质上的相通。对什么是同源词、汉语词汇结构内部联系有着怎样的线索，华中师范大学周光庆、湖南郴州师范高等专科学校黎千驹等先生认为，历来所谈的音同义近只是词源联系的形式联系表征，它们真正相通的根本点应该是与词的概念义完全不同的词义形象特征，而词义的形象特征与民族思维特征有着密切的关系。四川达县师范专科学校刘兴均先生在《试析〈释名〉声训所作的名物探源》中认为"《释名》声训反映出两汉人们具象思维特征和直觉思维方式"。从目前的研究来看，这种特征表现为思维上的具象性、取义上的具体性。有关这方面的统计性研究正在进行，它的成果将是对汉语词义系统构成的一大突破。

2．词汇结构的文化意义

词汇的结构形式历来被看作是一种纯物质的抽象符号物，现在发现其中也浸润着与在语法、汉字中所发现的具象性、辩证性相一致的民族思维特征。会议论文《汉语词汇结构的具象与辩证》分别从汉语词语书面表达形式的具象性、吸收外来词的意译趋具象的造词心理，从联合式复合词、词语对称发展等方面论述了在汉语词汇结构形式上表现出来的民族思维特征。山西思维科学研究所的刘景钊先生认为这与他们目前正在进行的汉民族认知习惯研究中发现的规律相当一致。江西师范大学聂言之先生在研究通用成语与异体成语的演化、淘汰、规范过程中，也发现重均衡、重和谐的民族心理是其中一个重要原因。

3．词义引申发展的文化因素

在词义引申上，德国的学者保罗提出的缩小、扩大、转移似乎已成为在谈论所有语言的词义变化时的金科玉律。周光庆先生的《联想：词义引申与审美意识》将词义引申作为剖析语言与文化内在联系的实验物，发现"词义引申总是以联想为其必要的心理基础的；而作为人的一种心理活动，联想又总是存在于一定的社会文化氛围之中，并受到凝结和积淀着包括审美意识在内的各种文化要素的主体认识图式的激发、引导和制约的。因此，文化传统不同，人的认识图式也就不同；人的认识图式不同，认识活动中的联想方式也就随之不同，民族语言中词义引申规律也就不同"。延安大学王玉鼎的《论汉语词义的文化内涵》则是这方面全面论述的力作。

对一些长期以来接受的语言之间共通的、抽象的、纯符号的一些现象和规律重新进行文化的审视，必将对人们认识语言本质产生重要影响。

（二）汉字的文化属性

汉字充盈着浓郁的汉民族文化这点已为大多数学者所认同。辽宁师范大学的张玉金先生在《汉字结构的文化内涵》中向人们展示了他的近期研究成果，如汉字构件的多功能性与汉语词的灵活性、汉字结构的对称性与汉民族的辩证思维、汉字的方形工整结构与汉民族的平衡和谐与心理态势、汉字的表意性与汉民族的具象思维，都存在着相通性。陕西教育学院张维佳先生在《浅说汉字深层的文化意识》中从汉字的起源、构成方式、意义演变等方面探索了汉文化的宗教传统和思维习惯特征。暨南大学的甘于恩先生在《海峡两岸正、异体之对比研究》中从汉字字形之异看到了背后的地区文化差异。顾江萍女士的论文《汉字在日语形象造词中的作用》则把汉字文化属性的研究扩展到了一个汉语以外的领域。女书专家宫哲兵先生在大会上报告了他的研究成果，有力地证明了对文字和语言的研究必须扎根于它的文化底蕴当中才能有所发现。

（三）文化修辞学的探索

现代中国语言学中对于修辞学的研究主要关注对修辞格的爬梳整理。这种研究的不足在于将神韵飞扬的汉语割裂得支离破碎。云南民族学院赵虹女士在《汉文化修辞散论》中认为"中式修辞注意的不是真，不是智慧，而是艺术，这是一种万物同一的人文眼光，和西方把玫瑰也拆散的分析科学眼光不同""修辞是言语语言的艺术，它竭力为壮大语言文学的一切可能性服务，其本身并非目的"。汉人思维主要表现在直觉体悟，在汉语的艺术使用中，"比"是汉式修辞之魂。这次会议，各论文中探索修辞现象的不多，但赵虹的这篇2万字长文却足以给人总体思考的启迪。

（四）汉语音韵的文化内涵

在汉语语言学各个分支学科中，最具物质性的是汉语音韵学。大部分学者都认为20世纪我国引进西方语言学理论最成功的学科就是汉语音韵学。如此看来，似乎在有的汉语语言学的分支学科中可以不必引入文化的方法。南京师范大学李葆嘉先生以深厚的音韵学功力和文化学见识，在他的《论汉语音韵的文化内涵》中从九个方面做了论述：呼吁感叹的情绪宣泄、单个音节的语义负载、依声命名的认识本能、口音口势的象征通感、韵文格律的声情认同、语音巧用的辞趣辞情、语音异同的趋吉避凶、语音游艺的借音怡情、社会风貌的语音折射，展示了一幅崭新的音韵学人文研究前景。

（五）汉语语法的文化精神

语法学是中国文化语言学首先取得突破的学科。申小龙先生曾对先秦的《左传》、现代的《井》所有句型进行了系统的表意功能分析，现在又对《水浒传》进行了同类型的研究。他向会议提交了《〈水浒传〉的耦合句研究》的论文，使他自己的理论建构于一个更牢固的语言事实基础上。暨南大学杨启光先生在《文化认同：汉语语法学重建之道》一文中指出，"语法是沿袭传统文化塑成文化传统的'深层结构'之一，并在民族文化的凝结沉淀氤氲化生进程中成为民族文化承传的代码"，他主张符合汉语语法真正面貌的应是对"汉语组织规则及其研究传统的文化分析与阐释"。中山大学唐钰明先生的论文扎根于历史文化土壤之中，探索了汉语双宾语语序古往今来的演变。

（六）汉语的文化底蕴

将汉语置于汉民族文化的大环境中，全面审视汉语所蕴藏的文化属性，是众多论文探讨的对象。云南大学木霁弘先生的《汉语与汉民族关系散论》是一篇宏观论文，对此做出了整体性论述。襄阳师范专科学校赵世举先生的《雅学与文化论纲》从雅学的产生与经学、雅学的发展与社会兴衰、雅学与民族文化交流、雅学与科学文化发展、雅学的文化开发价值五个方面，全面分析了我国传统语文学中的突出学问——雅学的文化功能，开辟了雅学研究中的一片新天地。北京语言学院张犁先生的《寒暄的策略》对一种特殊言语交际形式中的文化心态进行了清晰的理性分析。浙江教育学院王建华和海南师范学院黎辉亮两位先生不约而同地分析了人名与文化的关系，前者论述了人名对社会文化的反作用，后者论述了人名包蕴着的文化因素。中国人民大学刘爱荣女士则从文化角度分析了汉语的一种专门词语——忌讳语，认为"文化在发展，社会在前进，旧的、古老的忌讳在不断消亡，而新的忌讳又不断地涌现，它与社会环境、人的心理文化层次等等无不紧密相连"，此观点比认为忌讳语大多存在于古汉语的观点更符合语言实际。深圳大学张卫东和刘丽川两位先生深入探讨了客家文化的源头，认为文化源头不是所谓的"中原文化"，而是"对长江南北的文化发展起了继往开来作用的南朝文化"。对这个问题的探索，将直接有助于客家方言及其与周围方言关系的研究。

成功的学术讨论会不取决于多少人参会、收到多少篇论文，而是要看在学术上提出了什么问题、解决到什么程度，看对今后研究具有怎样的影响。从这个角度可以肯定地说，第二届全国语言与文化学术研讨会将会在中国文化语言学发展史上占有重要的拓展作用。

会议的两个主题，显示出中国文化语言学从舆论倡导的初级阶段进入了理论建构的成熟期，从注重反思的务虚进入到求实的开拓。虽然系统全面地对汉语进行文化性阐释的成果还有待时日，但它的雏形已经显露。这就是本次会议传递给学术界的信心。

廿年探索路，十座里程碑

——第一至第十届全国汉语词汇学学术研讨会略记*

全国现代汉语词汇学研讨会已经举办了整整十届，走过了21个年头。一届届的聚聚散散，为了词汇学的兴旺，四面八方的研究者定期相聚，交流分享，论难驳辩。随着岁月流逝，有的前辈走了，但更多的年轻人来了。我参加了这十届研讨会，往昔的琐事细行，无不映透着师友同道们对学问的追求与执着。现捡若干分享之。

一、十届研讨会回顾

1993年3月，南开大学，首届全国现代汉语词汇学学术研讨会。那个时候现代汉语词汇学研究还相当冷清。研究古代词汇的训诂学是改革开放后中国语言学界最早活跃起来的一个分支学科。早在1981年训诂学研究会就成立了，此后各类研讨会纷纷举行，有定期召开的年会，有各专题研讨会，如许慎纪念会、《说文》研究、高邮二王研究会、金坛段氏研究会，一时间红红火火，好不热闹。在现代汉语界，现代汉语语法学术讨论会从1981年开始也定期召开，到1992年时，论文集《语法研究与探索》已出版到了第7辑。同样活跃的还有古文字学、修辞学、方言学等，唯有现代汉语词汇界，冷清得有点凋敝。后来，我们说起首届词汇会，总会以刘叔新、李行健两位先生首举义旗喻之就是这个原因。首届会议规模不算大，论文有35篇，叔新先生总说初衷只是同

* 原刊《漫漫求索路，悠悠语词情——汉语词汇学学术研讨会二十年》，周荐、苏宝荣主编，商务印书馆，2015。

行的聚会，这次会议确实是把那时从事词汇研究的中坚一代都邀集到一起了，如北京大学的符淮青先生、烟台师范学院的张志毅先生、山东大学的葛本仪先生、南京师范大学的沈孟璎先生、黑龙江大学的郑述谱先生、天津师范大学的曹聪逊先生等。与会的年轻人不多，记得我下了火车，在天津火车站外见到接待的研究生，他还颇为吃惊地说，"你这么年轻能得到邀请可不容易"。还有几位是叔新先生毕业后在外地工作的弟子。我能得到叔新先生的青睐既是"偶遇"，也是我的"艳遇"。后来，叔新先生的弟子谭达人兄告诉我，老师那时正在校读为《语文建设》供稿的《1992年汉语词汇研究新进展》的清样，看到我的《汉语词义学》后，特意在清样里增加了一段褒扬的话。谭兄道，"我们当弟子这么多年，很少听到老师表扬人，他的那些话，让我们都有妒意了"。我之前一直在汉语史研究领域活动，说我是受叔新先生的影响才踏入现代汉语词汇学界，一点不为过。以上说到的多位先生，都是我在这次研讨会上才第一次相见，也才将许多以前读过的书与作者一一对应起来。会议只有短短的两天，但正是这次会议开启了之后绵延不绝的词汇学系列研讨会。行健先生时任语文出版社社长，他将会议论文迅速结集成《词汇学研究新进展》出版，使会议成果得以存史。

1996年4月，烟台师范学院，第二届全国现代汉语词汇学学术研讨会。第二届本来说好是在北京大学举行，大概有些事没有协调顺当，未能实现。张志毅先生临"难"受命，爽快地担起了主办之任。记得从确定下来到实际举行，相隔时间不太长。那次到会的人不多，共收到论文23篇。规模不大也有好处，学者们相互间的交流十分轻松深入。记得当年鲁东4月的清晨，晨阳初起，天气很是凉爽，早餐后大家在招待所后面的山地公园里边散步边漫谈。我和黑龙江大学的郑述谱先生伴行着，好多年后，我俩回忆起那次经历，都还兴致盎然。张志毅先生作为东道主，自是忙里忙外，要照顾会上的学术讨论，还要照顾会后的用餐用车。张志毅先生今年春上仙逝，我写了一篇悼文《当代汉语词汇研究的领舞者——张志毅教授》，在第三部分详述了先生提交给一至九届研讨会的论文，可就是独独找不到他所主办这一届的会议论文。经电话与张绍麒君、解海江君、冯海霞君反复问询查检，最后才确认，张先生这一届没有书面论文。这就是我们的张先生，为了远来的客人有一个舒适的研讨环境，竟忙得没有时间静下来将论文成稿，只好在会上作了即席发言。先生的发言豁达爽朗、才高思敏，给大家留下了深刻印象。由于张先生的承诺与践行，词汇学研讨会得以首次系联成"列"，从单次研讨会向系列研讨会的发展迈出了关键性一步。

2000年10月，厦门大学，第三届全国现代汉语词汇学学术研讨会。我和李如龙先生前一年先后从广州来到厦门。那时李先生已经在暨南大学开始招收词汇学博士生了，虽然研究的主要还是方言词汇，但李先生对现代汉语词汇理论界已表现出了极大关注，并大力支持举办第三届研讨会。这次会议还邀请了商务印书馆和河北师范大学协办，本届论文集《词汇学理论与实践》后来由商务印书馆出版。自此，商务印书馆成为词汇学系列研讨会的坚强后盾，至今已连续出版了七本论文集，从第二本开始论文集更名为"词汇学理论与应用"。

如果以一期论文收录25～30篇论文计，当已刊发了180余篇高水平的词汇学论文。第三届研讨会收到论文73篇，首次采用了"论文讲评人"制度，每篇论文都安排了讲评人。担任论文讲评人的有张志毅、程荣、符淮青、黎良军、徐祖友、应雨田、晁继周、郑述谱、刘叔新、杨振兰、林寒生、雷良启、张联荣、周光庆。就是研究生的论文报告，也安排了讲评人，由王吉辉、胡中文、汤志祥、陈立中、张标、李国正等担任。作者论者，评长论短，共究奥秘，不亦快哉。符淮青先生在会后闲聊中说道，参加了这么多次会，这次最累，当讲评人，不敢掉以轻心，最怕说错说歪。我闻之歉意骤起，当时只考虑到如何把研讨做深入，却没想到给符先生带来了如此重的负担。符先生连连回答："应该的，应该的。"张志毅先生报告的论文是《词汇学的现代化转向》，这是先生当时即将出版的《词汇语义学》中的重要观点之一。报告甫息，叔新先生就尖锐发问，你把现有的研究说成是传统词汇学，到转到现代派去，请说说我的研究哪点是不现代的？张先生的机智回答我已记不太确切了，但先生们的求实求真、坦诚问学的态度，让人为之触动，更给在场的年轻人上了生动一课。晚上还安排了词汇学研究生培养工作信息交流和词汇学研究生交流、联谊会。前一次会议由李如龙、张志毅两位先生主持，后一次会议由两位博士生刘晓梅和王泽鹏主持。那次所有的会务都由在校的研究生们承担，他们细致周到的工作受到专家们的一致肯定。没想到会务组组长余桂林君，两年后毕业来到商务印书馆工作，竟把这项能力也发挥得淋漓尽致。

2005年，我到北京香山饭店，商务印书馆的领导说，以前我们办一个会得全馆上下出动，没想到现在由几名年轻人就全搞定了。看来研究生在读时做些学术活动的组织工作，也是极好的锻炼。本届会议来了不少年轻学者，有的甚至还在读博，如山东大学的叶军、南开大学的刘晓南。叶军报告时细密的论证、纯正的京腔，一开口即语惊四座。

2002年5月，河北师范大学，第四届全国汉语词汇学学术研讨会。这次会议有一个显著的变化，就是会名去掉了"现代"二字。在第三届会议结束后，李如龙、苏宝荣、李行健几位先生和我，都就词汇学研究要古今打通、普方打通的问题，充分交换了意见，认为词汇学应有更宽阔的视野。后来我们多次向叔新先生汇报，听取意见，先生很快表示了赞同。从第四届起，古代词汇、近代词汇的研究者也进入了交流的圈子，之后会议逐渐形成了以现代词汇为主，兼及古代近代；以普通话词汇为主，兼及方言；以词汇理论研究为主，兼及应用的基本格局。这次会议收到论文60篇。苏宝荣先生有很好的古汉语功底，担任过训诂学会领导，还担任过系、校级领导，在年龄上承上启下，在词汇学系列研讨会的延续中起到了很好的纽带作用，他逐渐向商务印书馆的周洪波兄、南开大学的周荐兄及我，组成了四人核心组。系列研讨会没有固定的组织机构，全由核心组四人通通气、碰碰头，再征求征求众先生的意见，商量着就把事情办成了。

2004年4月，武汉大学，汉语词汇学首届国际学术讨论会暨第五届全国研讨会。会期的前一年，赵世举教授坚辞了一所本科院校的领导职位，来到武汉大学专事学问。第五届研讨会大概是他来到新单位后做的第一件大事，一下子就把已渐趋定型的研讨会办出了空前规模，收到的论文多达125篇，且首次把大会办成了一个国际会议，除了本系列会议的名称外还加上了"国际学术研讨会"的内容。他的才干在后来得到更多的展示，在本单位陆续创建了汉语国际推广教学资源研究与开发基地、中国语情监测与研究中心。这次会上，来了许多相关领域的代表，较好地体现了古今贯通、多学科交叉的特点，如从事古代词汇研究的李建国、张联荣，中古词汇的董志翘、梁晓虹、汪维辉，辞书界的徐祖友、李尔纲，俗文字的陈五云等，而国内几所词汇研究的重镇，如南开大学、山东大学、厦门大学、河北师范大学、烟台师范学院、社科院语言所词典室等，更是团队参与，颇具阵势。

2006年8月，吉林大学，汉语词汇学第二届国际学术讨论会暨第六届全国研讨会。本次研讨会是首次到山海关外举行。很难说清楚从什么时候开始，想成为下一届的主办单位得像"申奥"一样举行申办论证会，向核心组申诉承办理由、汇报筹备规划。这应该是系列研讨会取得了广泛影响所致。主办单位一是要在词汇学研究上确有成果、有影响，二是要能适当照顾到地区与学校的错开。大家乐于承办，是因为成功举办会议对承办者也是益处多多，可以催生研究成果、促进学科发展、扩大学术影响。所以，竞相争办的局面屡屡出现，有时竞争还会比较激烈。而对本届会议举办地的选择，大家的意见却是高度的一致：一是徐正考兄在古代词汇上卓有建树，热诚相邀；二是关外胜地，众人所期；三是恰逢孙常叙先生的纪念日。孙先生是20世纪中期最重要的词汇学理论家之一，他的《汉语词汇》成为那个时期最有分量的代表作。孙先生长期在东北师范大学执教，也是长春、东北的学者。后来者就近相聚研讨词汇，以表景仰与纪念，也是一种最佳的追思方式。后来纪念孙先生成为会议的主题之一。会上周荐兄的介绍、张志毅先生的忆师、孙公子的忆父，都给大家留下深刻印象。本届会议共收到论文93篇。

2008年10月，河北大学，第七届全国汉语词汇学学术研讨会。仅相隔两届，研讨会就在同一省内举行，大概这是唯一的一次，主要原因应是主办单位在词汇学研究上的实力征服了大家。河北大学是所老牌名校，保定更是一座老城，而词汇学的领军人物郭伏良教授却是新生代学者，师从葛本仪教授，20世纪90年代末毕业，他带领一支更年轻的队伍，有着更远大的目标，顿成新军突起之势。这次会议的举办对所在单位的推动也表现得相当突出，不久，河北大学就成为词汇学界新的博士生培养点。武占坤先生是词汇学的老前辈，出自孙常叙先生门下，早在1959年便与王勤先生合作出版了《现代汉语词汇概要》。会议间隙，不少与会者纷纷前往看望了久病卧床的武先生。本届会议收到论文90篇。会中对下届会议主办方的选择进行了讨论，这次申办大概是最为激烈的一次，申办方有苏州大学、山东大学、深圳大学，他们在词汇学方面都有很强的领军人物，都有突出的地缘优势，且都打出了时效牌。但最后花落苏州大学，深圳大学自此未再申请，而山东大学则积蓄力量，在4年后办出了一届更为辉煌的研讨会。

2010年11月，在苏州大学，第八届全国汉语词汇学学术研讨会。谈起苏州，人们的印象是优雅与精致，可在短短几天会期中，大家却看到了更多精彩。例如，古城中小桥流水的宾馆，老校区叶落满地的银杏古树，橙黄的枫叶与浩渺的太湖，无不让人印象深刻。在紧凑的大会小会间，还临时穿插一些专题小会，如多所高校同仁举行的词汇学网站建设座谈会，交流了许多额外的信息。曹炜教授以他独有的热情与执着、敏锐与魄力，也办出了一届成功的研讨会。本届会议收到论文80篇。

2012年10月，山东大学，词汇学国际学术会议暨第九届全国汉语词汇学学术研讨会。能举办一届研讨会一直是葛本仪先生的夙愿。葛先生是首次研讨会的主要参与者之一，山东大学作为国内现代汉语词汇学研究与人才培养的中心基地之一，聚集着两代甚至三代的词汇学研究者，自是希望能成为一次系列词汇会的主办方。此次会议由山大举办，是众望所归。为了周全地组织会议，周荐兄多方沟通，甚至亲赴济南与葛先生、玉麒兄细谈。树高聚风，地高聚财，这届会议办出了宏大的规模，共收到论文214篇。论文多，议程安排就颇费思量。葛先生坚持认为应该为每位提交了论文的作者提供交流机会，最后共安排了7个分会场，每个会场设4个时段。一时名流云集，老少咸集，盛况空前。有些往时甚少与会的学者都到场做了报告，如江蓝生先生、符淮青先生、苏培成先生、田小琳先生、邵敬敏先生等。

2014年8月，渤海大学，词汇学国际学术会议暨第十届全国汉语词汇学学术研讨会。渤海大学虽是一所地方性大学，但这些年在夏中华教授的带领下，办了许多全国性的大型活动，产生了广泛的影响。夏教授对经过激烈竞争获得的主办机会，分外珍惜。他们调集各方力量，克服暑期学校后勤部门力量分散的困难，办出了新的特点与影响。会议共收到论文119篇，呈现出词汇本体与词汇应用并重、古代词汇研究与现代词汇兼有、辞书应用与教学应用兼涉、汉外对比普方对比皆有的特点。这届研讨会上，老一辈词汇学专家到场的已经不多了，但值得高兴的是更多的年轻人到会，提交了许多别开生面的论文。主办方还结合所承担的国家重要课题提交了一批有关词汇规范的有深度、有创见的论文。在闭幕式的那顿晚宴上，大家不经意地发现同一席间竟几乎到齐了各届主办单位的人员。他们是第一届的周荐、杨琳（南开大学），第三届的苏新春（厦门大学），第四届的苏宝荣（河北师范大学），第五届的赵世举（武汉大学），第七届的郭伏良（河南大学），第九届的唐子恒（山东大学），第十届的王世凯（渤海大学），大家自是兴奋无比，频频举杯。真可谓是廿年探索路,十座里程碑。

二、启发与思考

现在能够有静静回看、整理的机会,回顾20年走过的探索路,得感谢周荐兄的倡议。在上文提到的那次举杯中,在场的还有第十一届研讨会主办方北京大学的李红印教授,这是否预示着又一个新轮回的开始?这是个好兆头,并且这个好兆头因本论文集的出版而变成现实了。下面是我的几点体会。

1.词汇学研究得到极大发展

回顾这20年的研讨会历史,印象最深刻的当是词汇学理论与应用研究的深入与兴旺。词汇学由"语汇研究难,语汇研究薄弱"的年代,演进到各周边学科都在向词汇学靠拢,或借助,或嫁接,或利用,如"词汇语法学""词汇语义学""词汇语用学""词汇修辞学""词汇教学",变化不可谓不大。词汇学已成为语法学界、语义学界、语用学界、修辞学界、教学界关注的焦点和新的学科增长点。"词汇的语法化""语法的词汇化",已很难分得清是语法问题还是词汇问题了。如此巨大的变化,有周边学科研究者的慧眼独具、慧思新启的原因,而首先应是词汇学研究本身的深化。这种深化在领域的扩大、理论的多样、论题的丰富、焦点的突出、方法的多变、应用的普遍等诸多方面,都有清晰的体现。就拿词汇学的分支学科来说,新的分支学科就出现了不少,如词义学、词彩学、语素学、词源学、语汇学、计量词汇学、文化词汇学、比较词汇学、语料库词汇学、现代词汇学史等,这么多领域,哪一个不是新著迭出,新论频现。许多新成果就是在系列研讨会上首次发表或引起关注的。当一个研讨会能成为最新研究成果的最佳发布场所,它也就获得了最大的学术动力。

2.商务印书馆的有力支持

说到汉语词汇学系列研讨会,就不能不说商务印书馆。第三届研讨会举办时商务印书馆作为协办单位参加到会议的组织中来,并承诺承担会议论文的出版任务。可贵的是,商务印书馆不只把它当作一次性的出版活动,而是一开始就自觉地把它与扶持词汇学研究关联起来,主动承担起之后所有的出版任务。一般出版社关注的是研究活动的后期,即成果的出版,但商务印书馆的超前学术眼界让它主动地进入了学术研究的发动和组织的前沿之中。看看《词汇学理论与应用》七册厚重的论文集，就应明白商务印书馆巨大的付出与意义了。

3. 研究者追求学术的纯真之心

还应该说到的是老一代词汇学者的贡献，是他们发动、倡导、肇始了这个系列研讨会，他们对学术坚持如一的追求，对学问不懈的执着与坦荡，对彼此的尊重与推崇，对年轻学人的指导与提携，给后来者做出了榜样。如果要对学科进行比较的话，可以说词汇学界老一代学者之间是最为融洽的，年轻一代学者之间是最为和谐的。所有的话都可以坦诚地交流，所有的论题都可以自由地话及。老学者们把这个系列研讨会看作是他们最重要的学术活动阵地。我不久前回忆了张志毅先生在系列词汇会上的贡献，简引如下：

他每次递交给会议的论文都能言时下之所急，启人之所思。或取材精当，深察细剖，以材料见长；或统揽当下，切中肯綮，以独思警人。下面是张先生提交给九届研讨会的论文或发言，可观其概：

（1）《义位的系统性——这个假说的证明》，第一届，1993年，南开大学主办。刊《词汇学新研究》，语文出版社，1995。

（2）第二届于1996年4月在烟台师范学院举行，张先生亲自主持，在会议上作了即席发言。

（3）《词汇学的现代化转向》，第三届，2000年，厦门大学主办。刊《词汇学理论与实践（一）》，商务印书馆，2001。

（4）《汉语词汇学的创新问题》，第四届，2002年，河北师范大学主办。刊《词汇学理论与应用（二）》，商务印书馆，2004。

（5）《词汇学的新进展》，第五届，2004年，武汉大学主办。刊《词汇学理论与应用（三）》，商务印书馆，2006。

（6）《〈汉语词汇〉的贡献与词汇学的新进展》，第六届，2006年，吉林大学主办。刊《词汇学理论与应用（四）》，商务印书馆，2008。

（7）《词汇语义学的元理论——词汇语义学的理论是从哪里来的》，第七届，2008年，河北大学主办。刊《词汇学理论与应用（五）》，商务印书馆，2010。

（8）《新词个体和世界个体》，第八届，2010年，苏州大学主办。刊《词汇学理论与应用（六）》，商务印书馆，2012。

（9）《〈现代汉语词典〉第6版原型语义观》，第九届，2012年，山东大学主办。刊《词汇学理论与应用（七）》，商务印书馆，2014。

其实，张志毅先生只是一个代表，像刘叔新先生、李行健先生、符淮青先生、李如龙先生、葛本仪先生、王铁琨先生、田小琳先生，莫不如此，他们不断以自己的高瞻与深思，给年轻学人以启思。

在系列研讨会的具体运作上，这种纯粹与无私也表现得相当突出。中国语言学界很少有像这种无"有形"的组织形式而能充满活力地长期运行的研讨会。所谓的四人核心小组，形成于自然，不争不夺，不推不让，原因就在于大家都把研讨会的组织看作是分内事、额外事、公益事。分内事指的是参加学术活动是学术研究者所应该做的，"独学无友"则"孤陋寡闻"；额外事指的是从事学术组织活动是一种付出，于个人的时间和精力莫不如此；公益事指的是任何研讨活动的开展都是有益于自己，更有益于众人。有了这样的认识，则研讨会组织起来也就无额外负担，无节外生枝。此可谓是：无组织，有活动；无领导，有效率；无私利，有公益。

4. 展望

已取得的成绩是巨大的，能发展的空间更大；已取得的成果是喜人的，存在的不足更值得思考。因此，需要我们特别加强以下三个方面的工作：

要加强理论思考。对汉语词汇的基本规律与特点，对汉语词汇多角度、多层次、多理论、多方法的探索，我们目前的认知还远远不够。

要加强对已走过的学术道路的总结与挖掘。要大力开展对经典著作，对代表作家的深入研究与总结。

要对汉语词汇应用领域保持足够的敏感并努力探索。社会任何一次大的变动，都会触及语言，而首先触及的就是词汇。这正是汉语词汇研究的最大推动力所在。

2014年11月23日

于厦门湾南岸海悦品斋

顺时启学，推波助澜

——海峡两岸现代汉语问题研讨会举办十周年有感*

"海峡两岸现代汉语问题研讨会"自2005年召开以来，倏忽已近十年，连续召开了八届。回顾两岸这十年的变化，真是今昔迥异。记得第一次踏上台湾省土地，是2006年的春天，出桃园机场时，保安夹道严视，气氛颇为紧张。在台期间想托人换点台币零用，还让朋友为难了好一阵子。不久之后两岸情况好转，人所共悉。1971年中美乒乓球外交，被喻为"破冰之旅"；2005年连战访问大陆，也被喻为"破冰之旅"。"首届海峡两岸现代汉语问题研讨会"于该年初冬举行，它虽不算是破冰之旅，但说是审时度势，顺应天时，开通了两岸语言学界同仁广为沟通的渠道，为两岸破冰之势添砖加瓦，则应是适合之言。我有幸参加了前面的六届研讨会，第七、八两届正好与我另外主持的两个会议冲突而缺席，但仍算是这个系列研讨会的老人，应周荐兄再三相邀，希望我在十周年之际写下自己的一点体会。

虽然我出席了一至六届研讨会，结朋友无数，阅风光无限，但我首先想到的仍是在南开大学举行的首届研讨会。那年夏天接到董琨、周荐二兄的盛邀，初启信函，颇多思绪。一是因为我在2003年承担了省社科项目"台湾当代语言变化及社会文化意义"，那时还只能隔海远观，能从台湾省的教育事务主管部门及所谓"国语委"网站上下载一些语料，就相当不错了。拙作《台湾新词语研究与特点》刊在《厦门大学学报》就是利用那些语料完成的。当时受条件所限，大陆

* 原文刊于《我们一起走过的十年——"海峡两岸现代汉语问题学术研讨会"琐忆》，周荐、董琨主编，商务印书馆，2015

对台湾语言文字研究的人还不多。厦门大学刚承担了教育部的一个课题，了解台湾语言文字的最新情况，也只是限于动态信息类。而现在却能召开研讨会，广邀同道，深度交流，真是令人振奋的事。二是感觉这个会名挺好。不是文字音韵训诂语法语音词汇式的单一学科，而是以"现代汉语"这一大学科为对象。而且还专门列出"问题"二字，即不只是研究语言本体，而是立足于语言社会，突出"问题"，引导大家关注有碍两岸沟通往来的语言文字"问题"，可算是切中肯綮。由社科院语言所和南开大学共同发起会议，更是得地利之便，有主导之力。

11月3日我飞抵北京机场，降落时已是晚上10点多了。找到长途班车时，因时间太晚，去天津的班车已停。这时来了一辆面包车，一再强调他们不是黑车，是天津的正规运输单位，只是白天受限不能进城载客。当时已顾不上信不信了，只想着早点到达天津，因第二天会议就要开幕了，现在再去找旅店，睡不了多久，就算赶早，也会耽搁开幕式，所以顾不了那么多，我径直上了车，同车的乘客还有六七人，就这样出发了。机场至南开，算算也就一百三四十千米，熬熬也就过去了。殊不知出了北京城，大雾降落，铺天盖地，灰蒙蒙的一片。开始我们的车还能跟着前面的车，前车的尾灯成为雾里的唯一指引。后来雾更浓了，稍远一点就别无他物。司机根本无法前视，只能盯着车前一两米的地面，凭着低矮的雾灯照射着地面上往前延伸的两条白线，缓缓地前行。我们坐在车上，担惊受怕，一再建议司机就地找店住下，可司机挺坚持的，说这样的天他见多了，有信心把大家送到目的地。后来我们才知道，他是因为第二天一早还有出车任务呢。谢天谢地，当司机把其他几位客人分别送到天津各处的街路巷陌，我总算来到学校宾馆时，已是后半夜了。第二天才得知，还有比我们到得更晚的，抵达会场已是凌晨。南方的雾、海边的雾我遇到过不少，但如此密实厚重的雾，还真是第一次见到。大概是有了这样的经历，在南开大学的那两天，感觉特别的轻松，当然里面也不乏庆幸的成分。现在回顾，发现这次经历还多了一层意味，那就是研讨会穿过两岸之间长期横亘阻隔的浓雾，带来了通透与明朗，相互间看到了越来越真实的对方。首届研讨会的举行，真可谓是天时地利人和之举。

我提交给会议的论文是《〈现汉〉与〈重编国语辞典〉的词汇对比研究角度与价值》。报告论文时，有一页PPT的内容是这样：

《国语辞典》代表了20世纪前半世纪的汉语词汇面貌。

20世纪50年代，大陆吸收了《国语辞典》，重铸出了《现代汉语辞典》。70年代，台湾地区继承了《国语辞典》，出了《重编国语辞典》。

它们共同的前身是《国语辞典》，可以说是一棵幼苗上分蘖出来的两支。因此，将两典合视，可窥视近50年的汉语词汇面貌。将《国语辞典》结合进来，纵则可以观察汉语词汇的百年发展史，横则可以观察汉语词汇的地域分布及个性与共性的规律与特点。

论文详细比较了两书收词与释义上的异同："共收词语：40 887条，同形异目则为42 798条。约占《现代汉语辞典》的67%，约占《重编国语辞典》的25%。"

这是我第一次报告有关这方面研究的论文。记得当时董琨先生及语言所词典室的其他几位先生都专门来到我这一组。董先生正好坐在我对面，他的发言相当大气，说这么多年来人们对《国语辞典》谈得不多，重视不够，作为《现代汉语词典》的编写单位，是很不应该的，并应该感谢我的研究，云云。当时我甚为感动，因为研究得到了肯定，遇到了知音。

在写作本文时，我把提交给后面几届研讨会的论文都拣回来重温了一遍。它们是《现代汉语类义词库建构中的几个问题》（第二届，澳门）、《论概念分类词典的词语归类》（第三届，香港）、《海峡两岸基础教育语文课大纲与教材对比分析》（第四届，台北）、《承认"我国大多数人口是双语双方言人口"的理论与现实意义》（第五届，广州）、《台湾新闻媒体用语的时政风格调查》（第六届，澳门）。由此，我发现自己这些年所从事的"分类词典""教材语言""台湾语言"三个领域的研究，最早的研究心得大都是发表于这个系列研讨会。第四届研讨会于2009年在台湾师范大学举行，拙作《海峡两岸基础教育语文课大纲与教材对比分析》还被安排在开幕式之后的首个大会上报告。

在系列研讨会召开十年之际，我有机会来回味经历的往事，感受到一路走来的顺畅，继续前行的光明。在这里要感谢八家主办单位的辛勤付出，更要感谢董琨兄、周荐兄的筹谋擘画，感谢他们为海峡两岸沟通往来、互通相知、学术昌盛做出的贡献。

2014年11月25日
于厦门湾南岸海悦品斋

新词语呼唤断代研究*

　　自吕叔湘先生1984年在《辞书研究》呼吁要重视新词语研究以来，国内学术界已出版新词语研究的数十种著作和数百篇论文，专门收录新词语的词典有四十余种。最早问世的是1987年，三种不同的新词语词典几乎同时出版：《新词新语新义》（沈孟璎）、《汉语新词词典》（闵家骥）、《现代汉语新词词典》（王均熙）。最近出版的是《现代汉语新词语词典》（林伦伦等）等。规模大的录有近万个词语，如《新词新语词典》（修订版）（李行健）；小的有数百条。

　　过去的新词语研究呈现出百花齐放的局面，但对诸多问题存在分歧或不足，如对新词语存在的时间理解不一样，有的把前半个世纪的词语也看作新词语，如"农民协会""志愿兵役制""边区""八一建军节""新华社""白公馆集中营""精兵简政"；又如对新词语数量的看法有异，若按每年产生的新词语为300条来统计的话（于根元《1991汉语新词语》序），20年间当有6000条，但《现代汉语新词语词典》收录范围从1979至2000年，只收录了1770余条。至于新词语的稳定性如何，新词语与旧词新义、新词语与词语来源地（如行业用语、方言词、外来词等）的界线如何定，更需要作进一步的研究。就拿稳定性来说，像"空调""四化""武警""创收""利改税""农转非""一国两制""微机""三通""影视""特区""余热""脱贫"等，应当进入全民词汇了。但像"食虫热""武星""舞疗""五费""五个老有""网法""消

---

* 原文以"新词语研究进入'断代'词汇整体研究的阶段"为题，刊于《语言文字周报》2001年12月2日。

警""消衰""失权感""水的""太空舞"这样的词语，则仍是极不稳定，有的只是昙花一现。另一个不足是以往的新词语收集主要为手工作坊式，由个人或小单位以采撷方式来进行，具有零散、不连贯、局部等特点，就是很自然的事了。在这样的基础上，要清晰地、深入地作出理论的阐述当然也就是难为之事了。因此，无论从延续了20年的时间长度来看，还是从社会演进的阶段性来看，抑或从词汇的稳定过程来看，新词语的研究已到了进入阶段性总结的时间了。

当前新词语研究的动态具有两个这样的特点：第一，在对新词语存在的量与态上，已经进入了总揽式的反映，将对过去20年所有的新词语进行全面、总体的反映。这一点可以通过两种手段来实现：对已经出版的所有新词语词典作汇总式的收集，这是二手的收集，但却是有效的追认式收集，可以收到在面上不出现大的遗漏、在质上能一定程度上表现出新词语的稳定性与普遍性的作用。这方面的工作正在由厦门大学、烟台师范学院推进。另外，利用真实文本的大型语料库进行新词语的新搜索，从事这方面工作的有清华大学、北京语言文化大学等。当然，这种做法要受到诸多条件的制约，如"词"的切分，准确地说是"字符串"的切分与认定，从而从"垃圾字符串"中进行甄别，挑出"有效字符串"，挑出"新词语"。第二，在对20年间"断代"的新词语有了全面地收集整理的前提下，在对分布、频次、结构等作了总体分析的基础上，再来进行新词语的产生机制、演变规律与特点等方面的研究，显然这时的理论探索将大大超过以往那种依据局部语料所得出的结论。有的博士生已把他们的学位论文方向瞄准了这块领域。

怎样看待粤语地位的变化[*]

改革开放以来，粤语的地位看涨，我国出现以讲粤语为时髦的趋向。这种现象引起人们的关注，不同的评价经常可以见诸报端，有的评论还颇为尖锐，如：

粤语对其他方言区的影响日渐增大，有的学者借用成话称它为"粤语北伐"，那么这是值得研究的语言地位正常变化现象还是应该贬抑的"方言势力抬头"？

南方航空公司在航班途中同时使用普通话、英语及粤语，这是用多种语言更好地为来自海外与粤方言区的旅客服务，还是把作为方言存在的粤语提高到了与普通话平起平坐的地位？

一些服务行业的招聘要求应聘者会说粤语，这是方言区中服务行业人员的一项基本技能还是对其他方言区人的有意排斥？

粤语中比较多地出现夹用英语的现象，这是属于语言交融现象还是崇洋媚外、民族自卑心理的产物？

这些争论的出现，表明粤语的地位发生了不同于以往的变化。这种变化是往高处走的，所以引起了人们的关注。在我国，几十年来除了对满语，似乎还没有对方言地位的下降表示过担忧。同时还表明，对粤语的评价已经成为社会关注的问题。语言的评价从来是相当复杂的，在它身上充满了对语言规范与语言变异的辨微，充满了动态与静态的考察。一旦语言评价成为社会关注的热点，就说明其不再是语言学中纯学术的理论问题，而是应用范围非常广泛的一

* 原刊于《粤海风》，1997年12月。

种社会实践。反过来，语言评价又向语言学理论，特别是语言规范与语言变异理论提出了更为迫切的任务。

要解决好以上争论，必须认清以下几个问题。

一、粤语在我国语言生活中的地位

在谈到任何一种方言的语言地位变化时，都要确立这样一种观点，不管这种方言如何变化，它在我国的语言"排名"榜中只属于"方言类"，不可能影响到普通话的使用，更不可能上升到与普通话齐平的地位。普通话的地位不仅是法律规定的，而且也是历史、政治、经济、文化、地域、人口等各种因素共同作用下的必然选择。现在某种方言的"看涨"或"看跌"只能是对诸位方言"兄弟"先后顺序的重排。但确认普通话的"大哥大"地位的同时，并不能因此而否认方言存在的价值。作为一种方言自有它的生存基础与交际功能。有人将推广普通话的最终目的看作是消灭方言，显然也是不对的。

二、粤语地位变化背后的原因

粤语地位的变化并不是一种怪异现象，而是语言与社会关系基本原理的自然体现。语言依赖于社会，存在于社会，同样，语言地位的高低也决定于使用这种语言的社会和群体。现实与历史中无数的事例都证明了这一点。在国际上，英语作为国际通用语的地位，是由母语为英语的国家的政治、经济、军事、科技、文化在国际社会中所占有的明显优势决定的。俄语地位的下降，则直接与苏联的解体、俄罗斯国力的衰弱有关。在国内，20世纪六七十年代，上海话曾"看涨"，是因为上海作为一个科技、经济的超级城市，它的经济、生产力在当时的全国经济中有着举足轻重的分量。同理，近20年来，广东的社会经济发生了举世瞩目的变化，其中有三点对粤语的地位变化产生了巨大影响，这就是：经济实力大增、社会观念领风气之先、人口南来北往流动频繁。地区经济实力的增强和社会观念的领先，提高了该语言在全社会成员心目中的地位；人口的大流动带动了语言的大流动，扩大了粤语的影响。在多种社会因素的作用下，粤语逐渐成为其他方言区成员关注、模仿的对象，并渗透到其他方言区人们的语言交际生活中，也就不足为奇了。

进一步观察还可以发现，广东日益发展起来的市场经济意识也影响到了人们的语言观念和语言行为，如市场经济的效率观影响到语言使用中的实用主义，只要在特定的场合能方便交际，或能带来一定的附加信息的完成，人们就会倾向使用某种语言而不太计较其他因素的制约。语言地位的变化不仅仅是语言与语言学范围内的事，还是社会经济文化圈中随之移动的一个子系统。

三、语言规范与语言变异的关系

语言规范与语言变异分开来谈时，它们的界域都较清晰，语言规范要求语言结构与语言使用做到统一、标准、流畅、无障碍、高效，语言变异则认为语言随时会因时间、地域、人口的不同，会因语言之间的相互接触而出现差异。但谈到它们二者之间的关系却似一对难以分清楚的孪生姐妹。什么样的规范才不会违背语言的正常流动，什么样的变异才不会妨碍规范的建立，这中间的"度"由一只无形的手在掌握着。其实，二者本来就不是泾渭分明的。有了语言的变异就必然会要求语言的规范，否则不断出现的变异将带来语言的一片混乱，甚至分裂。有了语言的规范并不意味着就要拒绝语言的变异，否则只能出现远离现实的低效、僵板的语言，最终导致语言规范的失败。二者是一对相互制约的矛盾，谁都不可能走向极端。语言规范限定不住语言的流动，有流动就会有变异。语言规范也不能人为地消灭一种语言或方言。这里面的道理就像文化会因地域、气候等自然环境的不同，会因观念、民俗、习惯、传统、心理等社会环境的不同，永远存在着差别的道理一样，与人种、物种存在着共性与差异的道理一样。语言就算统一了，也会产生出新的差异，如英语，现在就有英式英语和美式英语之分，细分还有日式英语、中式英语等，以致有人感叹英语不再是一种统一的、标准的语言。人们学习一种规范语言时，也很难克服自己母语的影响，"少小离家老大回，乡音无改鬓毛衰"，实在是写出了语言习得中先入为主、母语难移的规律。

当前，在强调语言规范的同时，尤要重视语言变异与语言交融的研究。这不仅仅是因为它理论上重要，而且在近20年来，汉语的语言交融以前所未有的速度进行着，粤语则站在了汉语与外语、方言与方言、方言与普通话大交融的当口上，许多语言交融与语言变异的现象都集中体现在粤语中。这就特别需要人们对粤语中的一些新现象，包括一些外来语现象持有一种宽容的态度。如果对此一概排斥，怎么会有层出不穷的新词新语出现，怎么会有语言的丰富、完善和发展。

四、语言规范的刚性与柔性

在谈论上面几点看法时，并没有联系文章开头提到的争议问题，但用上述的理论稍作分析，要得出恰当的看法并不难。具体的语言问题千千万，重要的还是把握分析处理的一个理论尺度，这就是语言规范的刚性与柔性。作为粤方言区的语言规范，首先应该客观地看待广东的语言现状：广东是一个多花色品种的语言大省。作为汉语地区，它受英语、日语的影响比较大；作为多方言地区，它有粤方言、客家方言、潮汕方言等方言，方言品种多，差异大，方言人口多；作为粤方言地区，它是华南地区政治经济文化的中心，在海外华侨中有着广泛的语言基础。广东省地处经济版图、政治版图、语言版图的边缘地带，它受到语言内外多种因素的影响。这些因素都使得在这一地区实施语言规范应该保持一定的柔性。制定语用政策时，既要充分考虑到语言使用的共同性、流通性、全民性，强调语言规范的力度，突出语用政策的规定性作用，保持语用政策一定程度的刚性；又要充分考虑到语言使用的差异性、文化性、区域性，注意语用政策的灵活性及宽容性，保持语用政策一定程度的柔性。刚性与柔性，规定性与宽容性，保持它们之间的协调均衡关系，在广东尤为值得人们注意。

其次，要辩证地看待改革开放以来广东语用情况的现状。近20年来，使用广东方言的人大增，方言影响力大增，这是事实，但这并不意味着单纯是方言的发展、方言的胜利，更不是方言抑制了普通话的发展，而是方言与普通话得到了同步的发展。一方面是"粤语北上""粤腔普通话""粤语进京""粤语学习班盛开"，到最近的客家话节目、潮汕话节目随着广东卫视的上天而开播；另一方面，普通话也得到了迅速的普及。十年前，外省人到广州，不能出门、不敢出门的现象基本没有，因语言不通而产生的"广州不应是广州人的广州，而是中国的广州"的怨叹，也很难听到。现在在广州要获得普通话的服务，已不是很难的事。普通话与方言得到同步发展的事实，在社会上高度使用、交融、碰撞的事实，表明语言的活性被进一步激发。对如此活跃的语言只能用保有一定柔性的语用政策加以引导，而不是硬性加以限制。方言活跃了不是为了抵制普通话，推广普通话也不是为了消灭方言，个中的道理应为人们所认识。

因此，实施语言规范，注意不同的语用层面就成为一个重要问题。使用语言的人口不同，交际场合不同，交际对象不同，交际目的不同，语言载体形式不同，也都要求采取不同的语用政策。尽管语言使用形式的交叉性很大，大致说来，仍可以找出其中一些有差异的类别：口语——书面语，生活语言——办公语言，家庭语言——社交语言，区域语言——全民流通语言，通用语言——科技语言。一般说来，对前者应具有宽容性，限制性少一些，对后者则可以多些要求，使用得比较正式。如果用同一标准来要求这些不同层面的语用问题，效果肯定不佳。

用"一国两制"思想处理香港的语言问题

　　中央制定的"五十年不变"的基本政策，为保证香港的平稳过渡和长期的繁荣稳定奠定了牢固的基础。这一基本政策是指香港在将来相当长的一段时间内都可以按照原来的模式延续下去，不会因外力而强行地发生一些违背香港实际模式的变化。但香港作为一个在国内和国际上都有相当影响力的中心城市，在这样长的时期内不发生变化是不可能的，中央仍做出了决策，向世人做出了这一承诺，实际上就是把控制现实变化的权力交给了香港人民自己，交给了香港历史发展的自身。这样做主要是消除了人们对香港在1997年回归后迅速全面与内地同化的担心。这一政策对维持香港人的信心起到了很好的作用，可以说"五十年不变"的承诺，其核心仍是"一国两制"的思想。

　　对"不变"的承诺与"变"的实际情况的辩证关系的认识，是我们正确对待香港语言问题的指导思想。香港的语言现状是英语与粤语并存，在社交语言和民众语言上，粤语通行，而普通话的使用范围非常小，能通畅使用普通话的人并不多。英语是一种外语，粤语是一种方言，它们都在香港盛行，而我国宪法上规定的民族共同语——普通话却没有它的地位。粗略看去这是不是有点问题呢？这种现状本来与作为中华人民共和国领土一部分的身份很不相符。其实，如果照这种思路提出要在香港实行汉语规范化，推广普通话，实行简化字，就是非常的错误了。因为语言的使用，并不单单是个人或社会成员之间的沟通、交际问题，而是在语言的背后有着很深的文化基础和大众心理在起着支撑作用。这在和平时期的语言使用上一般不会显露出来，但一旦社会发生变故，特别是变革时期，使用何种语言就会成为一个相当敏感的问题，在语言制度的转变中往往会酿成一种激烈的含有深刻社会义化意义的语言态度，甚至有可能成为社会矛盾的焦点。这种事例在历史上并不鲜见。在香港的平稳过渡中，应该说中央注意到了语言制度演变问题，并处理得相当适宜。时任香港特别行政区长官董建华能流利地使用普通话、粤语、英语，他就很注意在什么场合使用何种语言，如他在回归的交接仪式上用的是粤语而不是普通话，就给人一个明确而清楚的信息：在香港语言问题上实施"一国两制"。

"五十年不变"传达给人们的主要是一种信息，就是尽量维持香港现状。但现状不会不变，语言也不会不变，因为语言尽管蕴含着文化、社会、习俗、心理等多种多样的因素，但它毕竟是用于交际的。在现实生活中，语言一定会随着交际对象、交际范围、交际目的的变化而发生变化。香港回归后，在政治、经济、文化、人员等各个方面都与祖国内地产生了比以往密切得多的来往，在与内地的交往中，英语、粤语毕竟不是最佳的交际语言，使用普通话势成必然。这就是香港现在出现普通话学习热背后的真实原因。相信这种学习热还会继续，普通话今后在香港还会进一步流行开来。人为地改变香港的语言现状是不行的，同样，人为地维持香港的语言现状，不让其发生与时俱进的变化也是不行的。经过一段时间的发展后，香港的语言状况将会由目前的英语、粤语的双语使用情况变成普通话、粤语、英语的三语盛行。作为语言学工作者，在保持香港现在英语、粤语使用的同时，为普通话在香港的推广使用，为提高香港同胞的普通话使用水平而做一些工作是有意义的。

联系语言学的专业领域和香港的语言现状来学习邓小平同志提出的"一国两制"，最重要的应是防止出现"左"的倾向，防止把内地推广的普通话规范化工作全面移植到香港，照搬内地的推广普通话、简化字的那一套，这不仅是在学习中要着重解决的认识问题，也是很有针对性的现实问题，否则可能不利于香港社会语言使用系统的正常运作。

1997年10月
于广州桂花岗

从语言看岭南文化的开放性

人们在谈论岭南文化时都会谈到它的"开放性"，从语言的角度来看，岭南文化的这一特点表现得相当明显。语言并不是一种单纯的符号或形式，语言的产生、演变与使用过程，都与生存于社会和使用它的人们有着紧密的联系。语言本身表现出浓厚的文化信息。细观粤语，可以从它身上看出岭南文化的种种特性。本文就以粤语中的外来词为例来作些分析。在汉语历史上，有过汉、唐、近代三次中外语言大交融的时期，20世纪70年代末开始的改革开放，则可以称得上是第四次高潮。但细加分析，仍可以看出粤语中的外来词有着许多与其他地区外来词不同的特点，概括来说就是：

一、粤方言吸收外来词的广泛性

粤语中有着大量的外来词，这已经是不争的事实，一个人如果留意观察自己身边的人，就会发现他一天中说的话或多或少地夹有外来词。广州人说到的许多外来词都是其他方言区的人不说或很少说的，如衣服尺寸的大小叫"筛士"（size），一种小甜饼叫"曲奇"（cookie），樱桃叫"车厘子"（cherry），上商店购物叫"shopping"，健身叫"keep fit"，没脸面、不光彩叫"冇肥士"（没有face）。稍作分析还会发现这种广泛性不仅仅体现在数量上，还会体现在对大量非名词类词语的借用上。一般来说名词是较容易被借用的，特别是表示具体物质名称的词语，而动词大都属于语言中较为稳定的成分。在现在的粤语中就可以看到不少这样的外来动词，如"跳"迪斯科叫"hit"，广州小北路口就有一家迪斯科舞厅的广告牌写着"hit disco，点hit都得"；又如"佢look着我一眼"，意即"他看了我一眼"。

二、粤方言吸收外来词的持续性

汉语对外来词向来有用意译词取代音译词的趋势，即外来词吸收进汉语时最早往往是音译词，久而久之，人们就会按自己的习惯来进行改造，将它变为意译词，像"拷贝——复印""FAX——传真""laser——镭射——激光"都是这样。更近些的，如"MTV"变成了"音乐电视"，就连"克隆"这种问世不到一年的音译词，也很快就有人主张用含有"科学"之义的"科隆"，或完全以准确学科含义的"单生"来取代"克隆"。在本来完全是引进的计算机领域也不例外，如"BBS"叫作"公告板"，"Internet"叫作"国际互联网"，"CD-ROM"叫作"电子读物"，"E-mail"叫作"电子信件"。但这种"意译化"的趋势在粤语中却表现得相当弱，它主要体现为粤语中的外来词不仅数量多，而且使用的历史长、频率高。像笔者就在市场上曾听到一位老人家问卖草莓的人："嚟係吔？係唔係士多啤梨？""士多啤梨"是英语"strawberry"的音译，亦即草莓。这个问话再清楚不过地表明，"士多啤梨"的说法在粤语中已经深入人心，甚至已"反客为主"了。粤语中还有一些看似是本土词，其实"骨子里"也是外来词，即通常所说的"美义音译词"，如"泊车"，汉语中原来的"泊"是指船的停靠，而粤语中则习惯用来指停车，如"泊车""泊车场"，这并不是"船靠岸"义的拓展义，读音也与粤语的"泊"不相同，其实是英语中"park"的音译。又如"扑飞"指"订票"，"扑位"指"预订座位"，这也不是汉语中"扑"的"到处寻求"义的引申，而是音译自英语中表示"预订"义的"book"。

三、粤方言吸收外来词的深入性

粤语对外来词的借用早已脱离了单个词语借用的"初级"阶段，而是进入一种"再创造"的"利用"阶段。本来是孤零零的外来词在这里却作为词根来使用，产生出了一串串的派生词。例如："波"译自英语的"ball"，但它并没有到此打住，而是造出了"睇波""踢波""乒乓波""波鞋""波鞋粉""波衫"等词语。与此相类似的还有"吧"，对译"bar"，又产生出了"氧吧""网吧""水吧""冰吧""醉吧""吧台"的众多说法。这种深入性还表现在对外来词所作的结构的改造上，如"食lun"指的是"吃午饭"，把"lunch"拦腰截断，取用了前半段。"ha唔happy（开心）"，将"happy"用成了汉语中的肯定与否定式套用的格式。"扩音器"说成"麦"，"读大学"说成"读U"，则属取英语单词的首字母而成的缩略词。

人们对粤语中这种外来词盛行的现象，往往喜欢从语言规范的角度来批评它，或说是广州的语言混乱，或说是它的方言势力强，或说是深受港澳地区语言的影响，其实这只是就语言论语言。外来词的出现与应用，其实是一种文化现象。古来向有"字如其人""文如其人"的说法。同理，"言如其人"，语言的背后总是有一种文化在支持着它。

1997年
于广州

普通话与方言的地位之别[*]

方言作为汉语在不同地域的变体是普遍的事实。方言的形成过程与原因相当复杂，种类众多且差异明显。多数中国人是双语双方言人口，他们的母语基本上始于自己的方言，随着接受教育的深入，才具有了普通话的能力。双语双方言的状况几乎伴随着他们的整个人生过程，并表现出在面对不同语境所具有的灵活转换语言的能力。这种社会现实是我们首先应加以考虑并尊重的。

从语言层面上看，方言是普通话的重要来源之一，这是不争的事实。在普通话的语法、语音、词汇三个要素的测定标准中，最"硬"的标准是语音，以某一地之音为标准音。可现在有愈来愈多的人发现普通话的标准音与北京方言并不完全等同，前者源于后者，又高于后者和异于后者。最"软"的标准是词汇，它更能看出方言与普通话之间的"相互渗透""互为进退"的关系。拿《现代汉语词典》来说，大家都认为它是用于现代汉语词汇规范的词典，其主旨是描述现代汉语的词汇系统，但仍反映出方言与普通话之间的某种渊源关系。《现代汉语词典》内有不少方言词，用"〈方〉"作了标示，这些标示在不同版本中有所改换。《现代汉语词典》第二版出版于1983年，实际上反映的大体仍是20世纪60年代的语言面貌，里面收录有方言词、方言义2331条。1996年的第三版（即修订版），有方言词、方言义2639条，两版之间出现了不同的词语有千余条。被删除的词语有227条，如"爱人儿""打流""楞格""不打紧""拆白""荷兰水""倒反""狗尿苔"，它们可看作是曾经

---

* 原文以"普通话与方言的关系：合在社会与源流，分在层次与功能"为题，刊于《语言文字周报》2005年5月11日。

在普通话词汇系统中存在的方言词正在或已经退出；新增的词语有475条，如"做生活""生猛""细伢子""灶屋""快餐面""发烧友""港纸""影碟"，它们可看作是新的方言词正在进入普通话词汇系统；原词保留不动，而"〈方〉"的标示删除的词语有182条，如"安稳""不起眼""巴望""把手""般配""拆借""不尴不尬""成日""出气筒""大块头""歹毒"，它们可看作是方言词已经在普通话词汇系统中稳定下来。这些都清楚地显示出方言不仅是普通话的基础方言词汇来源之一，而且在后来的语言变化中，二者之间也存在着渗透、浸润、补充的关系。再拿"口语词"来看，从理论上说"口语词"与"书面语"是属于同一语言状况下、侧重于语体差别的分类，可口语词却往往与方言词缠绕难分。第三版《现代汉语词典》取消了"〈口〉"的标示，共844条。这些被取消了"〈口〉"的口语词有数十条变成了方言词，如"活便""搅和""半拉""不大离""街面""茅厕"等。这些事实都在提醒着我们：方言与普通话之间有着很深的渊源。

方言词与古词语、新造词语、行业词、外来词一起，分别成为普通话词汇形成的几个来源。正是这些不同来源的词语共同保证了普通话词汇的形成。因此，在谈论普通话词汇时，不能静态地来观察，也不能光谈典型的普通话词汇，还要关注它们来源地的情况，关注来源地词汇与普通话词汇之间的交叉地带。这是最富于变化、动荡的词汇部分，它们随时可能会进一步成为普通话中的一员，或是退一步回到其原始地，普通话词汇就像是一个圆，方言词汇是另一个圆，这两个圆部分重叠。不重叠的部分就是各自的典型状，重叠的部分则是二者之间的交叉地带。正是在这个地带，二者之间补充、渗透、浸润。试图在普通话词汇与方言词汇之间做到一清二楚、泾渭分明，是不现实也是不可能的。

只看到方言与普通话之间有着补充、渗透、来源的关系是不够的，还要看到它们之间有着很大的不同。从语言地位来看，普通话是整个社会的共同语，方言则通用于某一地域，受限于使用人口；从所指对象来看，方言词的指称有着各自区域的独特性，如"擂茶"指的是客家人掺杂进其他调料，经研磨而成的饮品；"饮茶"在粤语区则指的是茶水与点心相伴用的进食形式，这些在整个汉语区都不具有普遍性，这是指称功能的受限。方言多用于家庭、私交、小社区等非正式的生活场合，有着随和、亲切的俗文化特性；而普通话则多用于教育、服务、新闻、行政、公务等较正式的场合，有着正式、典雅、规范的特性，这是语体功能的受限。例如，"食指"与"大拇指""大拇哥"，"倒霉"与"丧气""背兴""背时""倒运"，"吵架"与"抓破脸""闹架""闹气"，对它们之间的语体差异与适用场合的差异，我们都不难体会出来。方言对于普通话来说是不可或缺的，有着普通话所没有的独到功能，但对于整个社会来说，特别是对于一个大一统的社会来说，方言的地位与作用是不能与作为整个社会的共同语的普通话相抗衡的。

因此，在谈论方言与普通话的关系时，不能过分强调方言的作用：在比较不同语言之间的差异时，说你有我无，或我有你无，只是一些简单的做法，因为词语数量的多少只有放到词汇系统中进行纵横向的立体比较才有意义；存在的价值，或缺漏的遗憾，只有放到语言的交际需要上去看，才能切中肯綮。同时，也要辩证地看待普通话的面貌与性质：普通话不是一种单一的语言状态。研究普通话词汇，不仅要研究它的典型状态、静态、核心部分，也要研究它的非典型状态、动态及非核心部分。研究普通话词汇，在把握总体"量"的同时，更要关注它的"分级"与"分层"，只有这样，才能真正把握普通话词汇的面貌与性质。正因为如此，将方言与普通话截然分开，显然是不恰当的。要处理好方言与普通话的关系，最根本的是要在语言规范思想上解决问题。语言要规范，要统一，但不要用僵化的思想、刚性的措施来处理。无论是语言的存在还是使用，无论是语言的结构还是演变，到处都充盈着柔性与运动。

交流、合作、推动

——在两岸文字学会交流研讨会上的发言*

我谈三点意见，可用三个词概括："交流""合作""推动"。

一、交流

特别赞同、欣赏这次两岸文字学会以"交流"为目的的研讨会的召开。这次会议的召开是黄德宽会长来清华大学后的一个得人心、振学问之举，来后又得知之前还有台湾朱歧祥会长的倡议。两岸文字学会的聚首能由两岸会长共同襄成，幸哉。两岸的语言文字学界已经有了许多的交流，但大都是学者个人之间的往来，是以学术问题研讨为目的的交流。但这次却不同，是由海峡两岸对应的学术团体完全以取得学术共识为目的的聚会，这应是首次。

国家语委2013年成立了"两岸语言文字交流与合作协调小组"，第一项使命就是"交流"。记得2015年在福州举办的"首届两岸语言文字调查研究与语文生活研讨会"上，李宇明组长就提出过希望两岸语言文字学界所有各分支学科的学会都能派出代表来研讨。2017年由我所在单位举办的第二届两岸研讨会，也秉承着这一原则，尽量多地邀请各分支学科的代表与会。但到得不全，学会团体对应性不强，效果难如人意。这里面有各种原因，有的学科走动多些，人员熟悉些，条件成熟些；有的还走动较少，人员还不太熟悉，齐步走总是不容易的，其实成熟些的学科可以先走。两岸文字学会就是比较成熟的。这

---

* 原题为《两岸学界应促进交流，扩大合作，推动发展》，刊于《语言规划学研究》，2018年第2期。

些年来参加了不少在台湾举行的学术活动，发现有的学会就比较注意加强两岸之间学会之间对应联系的。如2012年5月29日在东华大学召开的"台湾第30届音韵学会"，就邀请了大陆音韵学会的负责人杨亦鸣、杨军、乔全生等学者前往。还有"汉语词汇语义学研讨会"，更是由大陆的俞士汶，台湾的郑锦全、黄居仁等学者共同发起，从2000年开始，每年一届，现已召开了19届。"交流"是一切来往之本，没有交流，就没有了解、没有交融，也就没有和平。厦门大学的"两岸关系和平发展协同创新中心"是全国第二批"2011协同创新中心"，核心词就是"两岸关系和平发展"。所以"交流"在任何时候都应该坚持下去。特别在当前两岸关系紧张之时，学术界朋友更要坚持交流，有了更好的交流，才能共同坚持中华民族自己的文化传统，把我们共同的语言文字之学继承与发展下去。

二、合作

合作是交流的目的，又是进一步走向认同、融洽、融合的条件。

交流是第一步，合作是走向深入，才能真正使两岸语言文字学者走到一起，心往一处想，劲往一处使，为中华民族的语言文字事业做出更大贡献。"合作"也是"两岸语言文字交流合作协调小组"的第二个关键词，也是我这十多年来与台湾语言文字学界来往的最大体会。开始几年到台湾还只是参加学术会议，相互之间客客气气，来是客，走是友。自2011年到台湾"中央"大学担任客座教授后，就愈走愈近、愈走愈亲，每年都会到台湾交流，还实现了双方师生交流团的互访。双方学校、院系、学者之间，以签订合作协议、共同参与课题、邀请参加科研机构的方式进行了多层次多形式的合作。如厦门大学和嘉庚学院与台湾"中央"大学、铭传大学签约，派出学生参观学习、修习学分；与中大中文系签约共同完成了"台湾大中小学生语言使用调查"，调查规模遍及台湾省的11个县、40多所学校，调查对象达3900余人；邀请了台湾政治大学的竺家宁教授，"中央"大学的李淑萍教授、廖湘美教授，东华大学的李正芬教授加入了福建省社科人文研究基地"两岸语言应用与叙事文化研究中心"研究团队；邀请李淑萍等教授参加了国家语委重点课题"两岸语言文字规范标准对比研究"课题；邀请多位台湾学者指导"国家语言资源监测与研究教育教材中心"承担的台湾新住民家庭语言使用调查、两岸语音差异课题研究、台湾中小学生作文词汇研究等课题。在这里要特别感谢台湾"中央"大学的校、院、系各级领导，感谢"中央"大学的李淑萍教授，自2009年与我在山西晋城相识以来，她为两岸两地两校的交流、合作做出了很大贡献。现在我所在单位的科研、教学团队到台湾高校做过访问、交流、报告的就有20多所，分布台北、台中、台南、台东。每年都派出博士生到台湾进行长、中、短期的研究。2015年国家语委拍摄的"潮平两岸阔"，是半个多世纪以来第一部反映两岸语言文字交流的纪录片，中国教育电视台拍摄组跟随我率领的台湾高校访问团，遍访台北、台南，得到许多语言文字学及文化学者的支持。两岸人同种、血同亲、语同源、习同俗、法同理。我们只有通过共同的事业，通过更多项目的合作，才能更好地走近对方。对两岸的语言文字研究，无论是研究其特点、差异，还是研究共同规律，对中华民族的语言文字事业都是有实在帮助的。

三、推动

希望能在扎实研究的基础上，通过我们的实际行动，为两岸语言文字的进一步沟通，特别是社会语言文字的实际使用，能够提出一些共同的指导意见，形成一些有利于沟通、协调、统一的做法。

如"识繁写简"，通过这些年的研究，繁简的性质、来源、字理，都谈得较透彻了，相互之间也趋于理解了。这个时候可以由学者们来提出一些可进一步落实与普及的指导意见，以努力做到两岸更好地沟通与理解。如台湾前几年开放陆客观光时，在不少商区出现了简体字商标、广告及产品手册，店家的理由是方便顾客的理解和交流。前几天（8月31日）报道台北101大楼旁的马路地面路标的"機車入口"就写成了"机车入口"。其中有一条理由很在理，就是"機"字笔画多，油漆面积大，雨天汽车驶过时容易打滑。这都是社会的客观需求。而在大陆，古代汉语等课程的教材用的就是繁体字，但一般不太专门讲授，其实也可往前推进一步，认识到繁体字也是中国汉字的一种，历史悠久而字理浓郁，改变现在的学生对繁体字识而不用、用而不学的被动应对的状况。又如"汉语拼音"，它的价值与使用范围早已远远超出了大陆范围，现已成为国际标准，它的价值远非之前流行过的反切、注音字母可比。尽管现在台湾使用的是注音字母，但我在台湾中原大学讲学时，发现华语系的大学生也在课堂上学习汉语拼音。像这样社会语言文字使用中一些带有趋势性的变化现象，是否也可以由学者来提出一些指导意见，发出呼吁，使散在、零星、民间的一些好的使用习惯，加速转化，从而为两岸的进一步沟通与和谐发展提供理论支撑、提供系统的解决方案。

"坐而论道，起而践行"。希望通过我们具体细小、持之以恒的努力，能为两岸语言文字之学的发展，为两岸语言文字社会应用的进一步协调和统一，起到些许推动作用。这就是我参加这次盛会的最大心愿和期待。

国家通用语言文字推广普及快速推进，成效突出[*]

  "文化润疆"是新时代党的治疆方略的重要内容之一，国家通用语言文字的推广普及是"文化润疆"中极为重要的部分，既是"抓手"依托，也是"内涵"教育，必将为南疆的社会经济文化教育事业建设，为铸牢中华民族共同体意识，为中华民族大家庭中各族人民的交往、交流、交融发挥重要作用。作为一名来自沿海高校的援疆教师，我在喀什大学期间除了完成校内的教书育人、科研工作之外，还利用周末考察城镇、农村，深入企事业单位，走访农民与工人，调查市场与商家，深切感受到国家通用语言文字推广普及快速推进，成效突出，已经成为南疆地区社会快速发展的一道靓丽风景线。

一、党委、政府高度重视，全面施策，国家通用语言文字推广普及工作受到民众普遍欢迎，成绩喜人

  各级党委、政府高度重视国家通用语言文字推广普及工作，措施得当，全面发力，营造出全社会推广普及国家通用语言文字的浓厚氛围。各级党委把国家通用语言文字推广普及作为工作重点，既注重发挥语言的交流工具作用，又注重突出语言的文化内涵与凝聚功能。国务院办公厅印发的《关于全面加强新时代语言文字工作的意见》指出："语言文字事业具有基础性、全局性、社会性和全民性特点，事关国民素质提高和人的全面发展，事关历史文化传承和经济社会发展，事关国家统一和民族团结，是国家综合实力的重要支撑，在党和国家工作大局中具有重要地位和作用。"国家通用语言文字不仅表现出普及教

---

  * 原文刊《中国民族教育》2023年第6期。

育、提高文化素质、掌握劳动技能、助力脱贫致富的实用价值，还表现出铸牢中华民族命运共同体意识的认同功能与维系功能。老百姓在实际生活中认同了"学好普通话就是掌握了一门劳动技能"的观念，并切实通过学习普通话，拓宽了就业渠道，增加了就业机会，提升了技能，出现了自觉学、主动学的喜人现象。在售货员、出租车司机、餐饮服务员等社会服务行业人员中，有的已经能够比较熟练地使用普通话与顾客交流。

二、国家通用语言文字教育基础需要进一步夯实，推广普及国家通用语言文字工作任重道远

尽管国家通用语言文字推广普及工作取得了显著成效，但仍然存在着部分地区发展不平衡、工作基础薄弱、缺乏客观语言环境等问题。在学校、党政机关、新闻媒体、公共服务等领域和行业，其从业人员国家通用语言能力还有待进一步提高。国家语言文字推广基地、新疆高校及援疆单位投入到各类培训活动中，成为推广普及国家通用语言文字工作的主力军。我所在的国家语言文字推广基地喀什大学各院系承担了不少相关的培训任务。

青壮年劳动力是推广普及国家通用语言文字的重点人群。有关管理部门将不同国家通用语言文字的人群区分为"增量"与"存量"两部分。"增量"人口主要由学校教育来承担，"存量"人口则主要由各类培训班来解决。在农村，农民夜校为群众学习普通话提供了渠道。在企业，通过传帮带的方式，普通话水平高的工人和技术员帮助有语言交流障碍的工人提高国家通用语言能力。国家通用语言文字推广普及要提质增效，重点解决发展不平衡问题，做好重点地区重点人群的推广普及工作，是非常具有针对性和可操作性的做法。

"小手拉大手"是当下国家通用语言文字推广普及工作中一项很有意义的活动。"小手"指在中小学校读书的学生，"大手"指父母，"拉"是带领、引领。"小手拉大手"是一个很形象的说法，通过先加强中小学的国家通用语言文字教育，让孩子先学好，再来带动和促进家长、社会成年人的通用语言学习，这的确是一种好办法。"小手拉大手"已经取得了可喜的成效，有的家长谈到，受孩子的影响，自己现在也正努力学习普通话。

三、要加大推广力度，优化教学方法，教学要重实效，提供更多人力物力支持

从全社会来看，还要进一步加大国家通用语言文字推广普及的力度。学校要全面推行国家通用语言文字教育教学，全面落实国家通用语言文字作为教育教学基本用语用字的法定要求，继续在提高质量、提高语言文字的规范化和标准化使用水平上下功夫，为全社会使用国家通用语言文字发挥表率作用。社会要加大对青壮年劳动人口的培训力度，要重在提高国家通用语言文字运用能力，使学习者能开口，能交际，能结合自己的工作、就业、岗位来进行学习。具体来说要重点做好以下几项：

加强国家通用语言文字师资队伍建设。一方面，可采取人才引进的方式，创造条件吸引更多教师、更多人才到重点地区从事国家通用语言文字教学与推广工作，并建立相关保障机制，使人才能够留得住，逐步提高各类人才所占比例。另一方面，可以采取帮扶的形式，全面发挥内地高校和科研机构高水平教师多、普通话能力强、语言文字科研力量强的优势，采取短期帮扶与长期帮扶相结合的方式，派遣教师到重点地区支教，快速、直接解决中西部地区国家通用语言文字教师队伍严重不足的现象。

编纂适合青壮年劳动力学习需求的教材和读本。教材和读本的内容要接地气，贴近学习者的生活、工作需求。教材中不仅要有用于基本语言交际使用的基本字词、句式等内容，还要有能结合学习者的工作、职业，结合其生活、生产等过程的内容。例如，一家棉纺厂的国家通用语言文字培训教材中，便结合了粗纱、精梳、机修、加油、值车等生产工序的内容，很受工人学员欢迎。教材内容要瞄准学习者的语言运用能力提高的需求。国家通用语言文字的学习重在语用，重在使用于实际社会生活与生产，而不是简单地把它当成语文知识的学习。现在有很多优秀的影视剧、新媒体短视频，内容生动、形式活泼，都可用作提高国家通用语言文字应用能力的学习教材。

改革国家通用语言文字教育教学方式。在教学方式和教学手段上进行改革创新，灵活运用新媒体及网络教学等简便、高效、现代化手段，将更接地气、更易接受的国家通用语言教学内容带给当地百姓。例如，通过举办演讲会、口语大赛等活动，为重点地区群众搭建交流学习国家通用语言文字的平台。

加大对国家通用语言文字使用环境的建设。目前，语言环境建设取得了较大进展，学习国家通用语言文字的环境氛围日渐浓厚。下一步应多措并举强化国家通用语言文字的社会使用，特别是党政机关、新闻媒体等领域及医疗、交通、商贸等面向公众的行业，应对从业人员提出更明确的使用要求。

读书一得

贰。

申小龙和邢福义文化语言学著作比较*

20世纪80年代中国语言学发生了一件大事：汉语人文研究思潮的崛起。从1985年前后提出"中国文化语言学"的名词以来，大大小小的研究论著、研究活动不断涌现。而首次以此名词冠名的两本概论性著作也于最近几乎同时出现（《中国文化语言学》，申小龙著，34万字，吉林教育出版社；《文化语言学》邢福义主编，36万字，湖北教育出版社）。这两本书的出现标志着中国文化语言学已走完了从发轫到基本定型的阶段。它们都不是泛泛而论，或孜孜于具体领域的探究，而是致力于这门学科的整体理论建设。对比二书，读者会有趣地发现，二书在诸多问题上的观点迥然不同，但目标一致，途径各别，甚至是目标也不同，这仅仅是由研究领域的相近造成的一种学术争鸣的活跃气氛。

一、不同的语言观

申著认为语言不仅仅是交际工具、符号系统，而是人类看待世界的一种样式，人文性是语言的本质属性。从语言可以直接观照文化，中国语言就直接、集中地反映了东方文化及汉民族的精神面貌。邢著则认为语言是记录文化的符号系统，语言与文化互相影响互相制约，人文性只是语言诸多属性的一种。

二、不同的学科观

申著认为文化语言学就是语言的本体科学，只有中国文化语言学才能直接把握汉语迥异于西方语言的本质特点和组织规律；邢著则认为文化语言学是研

* 原刊于《文化参考报》1991年5月31日。

究语言与文化关系的学科，它既不属于文化学，也不属于语言学。

三、不同的内容框架

申著以汉语的人文性为核心建构整个理论体系，集中探讨汉语的文化功能，并对近百年的中国现代语言学作了深刻的历史反思；邢著则以语言和文化的关系为纽带，分别探讨了二者的相互影响关系。

四、不同的研究方法

申著阐释了八种方法，其着眼点在于语言和文化的关系性。两部著作正好代表了两个不同的文化语言学流派，《中国文化语言学》显示了文化认同派的全部精神，《文化语言学》则代表了文化参照派的主要观点。它们的出版反映了文化语言学研究已取得的重要成果和强大生命力。

古代语文传统是文化语言学的生命之源

——读申小龙《语文的阐释》*

  历史悠久的古代语文研究，留下了浩瀚的著作，涉及汉语的多个层面，留下了有关汉语研究的多个学科。但在为语言而研究语言，以语言结构、语言形式为最高研究目的的现代语言学的眼中，古代语文给人们留下的印象是"读经辨志"、为求解经义而生存、以具体考释为存在形式的实用性学科。人们对它是否能够称为语言学还总是予以怀疑。而在异军突起的文化语言学研究者的眼中，古代语文研究却显示出对汉语深刻的洞察力和旺盛的生命力。他们认为，从语言意义而不是语言形式，从对汉语本身的感受而不是外来语言的规范，从语言的使用功能而不是结构形态入手来研究汉语，才更能触及汉语的本质。这些，正是被现代语言学所割裂、所贬抑的中国古代语言研究的持之一贯的宝贵传统。

  挖掘古代语言研究的优良传统，从中吸取丰富的养料，使之成为中国文化语言学理论大厦的坚实基石，这就是申小龙的《语文的阐释》一书致力完成的一项艰巨而意义殊远的任务。50万字之巨的《语文的阐释》，以恢宏的框架，力揽全局的气势，向人们全面显示了古代语言研究以语言与人的联系为着眼点，以洞悉汉语的表达功能为目的的人文主义传统。全书共分15章，根据作者的视界转移和对材料的切分，可以分出前11章和后4章两大部分。前11章依次对古代的语言观、语法观、虚词学、实词学、句法学、《马氏文通》、修辞

* 原文以"古代语文传统的再研究与文化语言学的理论建设——评申小龙的《语文的阐释》"为题，刊于《汉字文化》1994年第4期。

学等作了评述，其中重点是对古代修辞学这一他过去涉足比较少的领域进行论述，共分了5章、约全书三分之一的篇幅。后4章则分别论述了中西两种语言研究观的冲突、当代语义研究的勃起、研究方法的更新、中国文化语言学的理论建设目标四个问题。全书对两千多年来的传统语文研究作了立体的扫视，显示了中国文化语言学在中国这块土地上源远流长的研究传统。

作者对传统的古代语文研究的审视，眼光是独特的。他紧紧抓住了古人从语言的感受入手、从语言的表达功能着眼这一特点，全面阐释了古代语言研究的人文主义传统：

从语言观来看，古代语言研究所持有的是一种本体论的语言观，人们将语言看作是人性、天道、事物的表现，看作是治理天下、教化人伦的基础，这样势必就使人们格外地重视语言表达蕴含的所有内容。这种语言观又表现为极其重视语言的实践性活动。

从语言研究的目的来看，古代语言研究追求的是"通经致用"，是把语言研究作为触及经、道思想的一种认识途径。正是由于在语言观上把语言与它所负荷的思想内容紧密地联系在一起，所以探索语言也就往往成为认识、实践某种思想观点的反映。

从语言研究的方法来看，古代语言研究注重体验，即重视主观选择，讲究语感的培养。它们往往用简单的征喻方式来表述自己对汉语的感受和体悟，从内容与形式的有机统一产生的表达效果上来把握汉语的语言特征。

从语言学科的角度来看，古代语言研究最兴盛的学科就是关于语言使用的学科，以语言阐释为主的训诂学、以字义载现为主的文字学、以语言使用欣赏为主的修辞学，都曾成为盛极一时的语言研究学科。而这些学科大都是在对语言进行训解、注释的训诂方式下来进行的。

这种以语言的体验、感受方式为主的阐释方式也就很自然地与汉语本来的面貌紧密地贴合在一起，它贯穿在对汉语各个要素的分析当中，如：

古代语言研究对虚词，强调的是它表达语气的功能，对虚词语法意义的"轻""重""缓""急"，声气聚合的辨明，成为虚词分析归类的主要依据。对实词，强调的是它的语义类别，同一类实词，其实也就是同一个义类。对句法，强调的是它的以语序为中心的事理逻辑规律。一个句子就是一个事理过程而不是一个形式范畴。在以句读为基本运作单位的基础上，句子的前后是按照人们观察事物的先后为序，句子的长短是根据意义表达的完整与否为界。一个句子是一个具有完整语言表达功能的单位。对修辞，强调的是它的教化功能、经业功能、伦理规范功能。古人在对这些语言要素的分析中，所注重的都不是它们的结构形式，而是它们的意义内容和所发挥的传递功用。

《语文的阐释》在对古代语言研究的传统进行"阐释"时，运用了在宽广的视野中进行古今参照、中外比较的大镜头来回对比的手法，将人们对结论的选择，放在鲜明的对照中进行，使艰深的事理辨微论难变成非此即彼的判断。如在论述古代修辞学研究时，作者认为：

西方古典修辞学传统是一种注重形式的传统，在这种形式主义的宗旨下，很快形成了类型化的技巧性的研究特色。而中国古典修辞学传统是一种注重内涵的传统，它所注重的不是修辞的具体运作，而是修辞的功能。在这个根本的分野之下，西方古典修辞学注重知识性，中国古典修辞学更多地注重经验和体验；西方修辞学注重口头演讲，中国古典修辞学则注重书面文辞。[《语文的阐释》（下同），P222]

西方古代修辞学是一种哲理修辞学，他们紧紧扣住抽象的哲理来论述修辞。中国古代修辞学是一种伦理修辞学，他们将修辞与道德伦理融为一体，将修辞之指归为修身心、厚人伦、美教化、治社稷，使修辞具有强烈的实用色彩。（P345）

西方修辞学传统视修辞学为某种独立于人和环境的研究对象，他们力图探究修辞现象自身的规律，认为要进行这种探究其前提是把修辞现象从语言情境中分离出来，经过层层分解，找出修辞的"原子"构造，从而把握其规律，驾驭其形式。而中国修辞学传统则将修辞与其环境视为一体，人不能从这个语境整体中离析修辞，而只能参与到这个整体中去。（P375）

西方修辞学传统将阅读主体与阅读客体处于相待的地位，主体对客体进行读解，双方处于互相分立和对立的关系中。修辞学家用精密分析的"外科手术刀"，力图层层剖解阅读客体，使其生理构造一览无余地展现在读者面前。而中国古代修辞学传统是将阅读主体没入客体，客体融于主体，双方暂忘彼我，身临其境，设身处地的一个理解过程。主体不是在读解、剖析客体，而是在情景交融、物我相渗、主客统一中感受和理解客体。（P389）

这种古今参照、中外对比的大镜头来回对比的方法，正是将中国文化语言学放在整个人类语言研究活动的时间和空间的大坐标上来确定它的位置。中国文化语言学的生存价值就在于它将自己的眼光对准了性质独特、异于西方语言的汉语，而它的强大生命力则深深地扎根在源远流长的古代语言研究传统之中。这种大回环对比的手法得益于作者广博的知识视域，同时又是他思维、论辩的特征。申小龙先生善于把论述对象提炼出来以两两对比的形式，将它们的差异明明白白地展现在人们的面前。在作者的论述中，概念术语都是两两对比着出现的：语义与语形；主体与客体；中国传统与西方文化；语言功能与语言形式；动态与静态；使用与结构；人文主义与科学主义。他容不得含糊不清的论述，容不得模棱两可的观点。这种作风曾惹恼了不少人，但这也正是他的思想深刻之所在。

《语文的阐释》大大增加了中国文化语言学的历史厚度，它把这门学科直接放在了与古代语言研究传统接头的当口。在中国文化语言学的理论建设中，它解决了以下两个至关重要的问题。

一、中国文化语言学在中国语言研究史中的地位

20世纪80年代中期，文化语言学在中国语言学界突兀而起，并引起深频度的震荡。这些常常会引起人们的思索，文化语言学为什么会受到如此的关注？文化语言学兴起于中国的20世纪80年代的观点并不是空穴来风，从中国的汉语研究历史来看，是某种程度的历史的"回归"。在古代传统汉语研究与现代汉语研究的对比中，可以看到这样一种深刻的转换，即由注重语言的动态使用转换到语言的静态结构，由注重语言的表达功能转换到语言的形式特征，由注重语感转换到纯理性的分析，由语言的意蕴阐释转换到语形的条分缕析。这是两个不同性质的语言研究历史时期，它们各自有着特殊的认识对象和存在价值。传统语言研究在以语言的阐释为主要存在形式的研究中，培养出了很强的语感，突出了汉语的表达功能研究，这是符合当时人们对事物的认识规律的。在中国传统的学科研究中，还很少有东西是作为纯客观的物质出现在人们的面前，人们大多是把这些事物的"用"而非"体"来作为自己的认识对象。到了现代，语言研究也与其他科学一样，进入了一个"科学化"的时期，对事物也由"用"转而为"体"的研究。人们对语言的物质性、语言的构成形式表现出了愈来愈多的兴趣。在这种研究中，理性愈来愈强，对语言中充满民族个性的

人文内容表示出了愈来愈大的冷漠。从人们的认识过程来看，这种转换其实也蕴含着一种升华。它将人们引入到了一个前所未有的认识领域。但问题在于一方面人们在认识汉语的"体"时，将它的"用"彻底排除，以致语言形式的分析与语言的功能出现了脱节；另一方面人们在进行这种认识时，将认识它的坐标参照系定在向西方语言理论看齐的方位上。这就出现了现代的汉语研究愈来愈脱离人们的真实语感，拘缩在自己的小天地里，游离于整个汉民族人文科学大系之外的尴尬场面。文化语言学并不排除对语言形式的研究，但它所追求的是这种研究必须与语言意义、语言功能的联系结合起来。文化语言学也并不完全否定现代语言学的研究成果，但它认为这种以西方语言学为参照系来寻找自己的发展道路是行不通的，应该将这种内与外的参照转变为内与内、传统与未来的参照。从这个角度来说，中国文化语言学正是对古代的传统语言研究的一种"回归"。显然，这只是再造式的"回归"而不是"复旧"。曾有人不无担心地议论，说申小龙主张语言学要全盘回到传统小学，是现代的小学家。这当然是一种误解。他在提出"中国语言学的现代化只能是中国语文传统的现代化"的同时，更加强调"当代语言学者对传统的新的理解与改造，是语文传统生存的方式，是语文传统再生的父母"（P601）。这种现代意义上的"理解与改造"，正是中国文化语言学的建设者们面临的长期艰巨的任务。

二、重视语感、语言功能的研究本质上也就是语义的研究

古代的语言研究传统是以重视语感、重视语言功能研究而闻名的。当人们认识到这点后自然会进一步提出疑问，这与重视语言形式的现代研究只是研究角度、研究目的的不同，还是有更为根本的意义隐含在里面？其实，重视语感、重视语言功能的研究实质上也就是重视语义的研究。这是由汉语语言结构的根本特点决定的。

汉语最基本的特征是什么？是单音词！它们是一个个独立存在、无所依附、无所变通、首尾无所变异、形音无所屈折、紧不可分的孤立核子。它的形与义一旦结合在一起就"白头到老"。它们也有发展，但发展形式是相加式的复合而不是延伸式的附缀。形与义之间也有变通，但它们都是为了这些单核词意义容量的扩大而不是对功能的显现。在这种单核式的词语中，大部分的语法功能、修辞功能都浓缩在语义当中。因此，汉语"词"的功用也就大大加强

了，它的原形可以进入词汇学、语法学、修辞学。汉语"词"的意义也大大充实了，在它的身上，各种各样的词义，各种各样的语法意义、修辞意义都一层层地叠加着。一方面是"词"的形式大大萎缩，它的意义出现代偿性的膨胀；另一方面是"词"以词与词进一步的组合、搭配来显示它的意义的功能明显增强，借以弥补它在静态显义上的不足。这对汉语研究来说，是立足于语义之上的语感与语言功能式的研究，也就比语言形式的研究更为重要。古代语言研究中的人文主义传统，并不是一种研究方法上的差异，或是研究学科上的独立与否，而是根据汉语本身特点所作出的合乎逻辑的选择。

汉语研究重视语义的研究，不仅仅是因为它具有克服汉语语形"弱化"的特征，更因为它与汉民族的社会、思想、情感密切地联系在一起。对汉语进行语义式的研究，也就与中国文化语言学的研究进行了自然地接轨。如果说认识语义与语形的关系仍是属于一种一般语言学意义范围的研究，那么认识语义与文化的关系则是完全进入了文化语言学的研究领域。在汉语语言学研究中，这二者只有程度上的相对差异，而没有绝对意义上的区别。

申小龙这样表述过：关于文化语言学的演说有两个方面的理论来源，一个是中国传统语文研究中对世界、人、语言三者关系的本体论，一个是现代人类语言学、欧洲人文主义的语言学派及释义学关于语言的人性和人的语言性的思想。而《语文的阐释》就正好是这样一部对前一个理论来源进行深入阐发的集大成著作。它向人们全面揭示了中国古代贯穿在整个语言研究活动过程中的人文主义精神。这种对传统的再认识、再改造的工作，使中国文化语言学的理论建设扎根于历史的深处，在中华民族文化的建设上具有更为宏远的意义。

文化语言学理论发展的一座丰碑

——读《中国文化语言学辞典》*

中国文化语言学在短短的近十年间，已走过了三个带有里程碑意义的发展阶段。1985年，游汝杰、周振鹤和陈建民不约而同地提出"文化语言学"，标志着这门学科的正式出现。1988年申小龙的《中国句型文化》，及他1990年的《中国文化语言学》和邢福义、周光庆的《文化语言学》几乎同时出版，代表着这门学科理论形态的基本形成，开始步入中国学术之林。三年后，宋永培、端木黎明的《中国文化语言学辞典》（以下简称"《辞典》"）问世。这是中国文化语言学第一次以词典的形式来反映它的成果，显示这一理论初步成熟，开始进入学术实用阶段。一部著作，在它活跃着的学科领域中如果能起到代表某个发展阶段的作用，那么它的意义就不是一般书籍所能比拟的了。这就是我特别看重《辞典》的原因。

首先，《辞典》以恢宏的气势，建构了一个纵及古今，横及学说、人物、论著、活动的涵盖面极广的"百科全书"式框架，把这个新型学科丰满地推到人们的面前。

"中国文化语言学综论"部分的核心是阐述这门学科的学术性质，对它的性质、地位、由来、现状、未来、目标、对象、任务、与其他学科的关系等诸多宏观问题，用了大量的词条逐一进行说明。这种学术定位对一门新诞生的学科尤为重要。

---

* 原文以"文化语言学理论建设的一座丰碑——评《中国文化语言学辞典》"为题，刊于《世界汉语教学》1995年第1期。

　　"语言与文化"部分相当于这一学科的理论章,它从多个角度、多个层次论述了文化的含义、语言与文化的关系、语言的文化特征、汉语的文化特征等。这里的论述似乎有点不分巨细,却颇为真实,将人们在现阶段对这一领域的开拓性工作都尽量展示出来。中国文化语言学的最后建立,将在很大程度上取决于人们对这些问题的正确认识。

　　"中国历代语言与文化结合研究"部分是一个很有意义的类别。粗略看来,它反映的是历史,其实"中国历代"在这里不是充当主语,而是一个表示范围的定语。它显示的是20世纪80年代人们对中国古代语言研究传统进行文化再认识的结果。尽管这一部分反映出来的成果还不是很多,但它的设立却反映出一个相当深刻的学术见解,那就是中国文化语言学的建设必须牢牢地与传统的古代语言研究接轨。

　　从"训诂、词义、词汇与文化"到"语言与民俗"的九个部分,是中国文化语言学具体开展的九个研究领域。有的部分可以与现存的语言分支学科对应,如"文字""语法""语音""训诂词汇词义""方言"。有的还不能对应,如"专名""语言接触、融合""语言交际""语言与民俗"。这可以看出作者的一个编纂思想,那就是真实地反映研究现状,而不是生搬硬套现成的学科框架,如有传统学科进行定向研究的"修辞""民族语言"在这里都没单独成类。这九个领域确实是这些年来研究相当充分、成果也较为丰富的领域。作者对中国文化语言学的建立及其分支学科的设立是有他独特看法的,但在辞典中他却以这样一个富于弹性、可以随机伸缩的框架来涵盖住了那广泛铺开、恣意开拓的研究状况。

　　"中国文化语言学的方法"类的设立是这部词典一个别出心裁的创制。在现存的语言学词典中一般都是将方法归入具体学科,很少单独列出自成一章。它的设立是作者学术洞察力的结果。在中国文化语言学的建设中,方法论的讨论热闹非凡,差异也相当突出,《辞典》不拘一格,将这些在各个层面、各个角度提出的带有明显探讨性的见解都一一予以反映。任何一种新学问的兴起,相伴而来的都是方法论的再革新、再创造。方法论横跨在研究主体和客体之间,代表着人们对研究对象不同的认识方式和认识程度。相信经过文化语言学方法论研究的这个诸子百家时期,肯定将会把人们引入胜景各异的文化语言学新境地。

　　"人物""论著""会议、团体、刊物"则将对这门学科的反映带入一个立体、动态的过程，大大增加了《辞典》的信息量。

《辞典》建构的这个知识构架，把这门尚为稚嫩的学科经过精心地梳理，"和盘托出"，四肢俱全而又五官清晰地呈现在人们的面前。它对中国文化语言学的成长无疑会起到巨大的推动作用。

《辞典》在词目的确立和词条的释义上也采取了颇为贴切的编纂方针：用短、平、快的手法，广角度的视野，客观并尽可能全面地大量收录、反映最新的研究成果。

专科性词典一般以这门学科的概念、术语、观点、规律作为词目，再加以描写性的释义来显示这门学科理论大厦的构架和内涵。而中国文化语言学作为一门发展中的学科，它的许多基本概念、术语尚未定型，作为这样一个学术时期的产物，《辞典》摈弃了惯常的做法，采用了以研究成果立目的方法。虽然书中专门分出"论著"类，收进了97项研究成果，其中有著作19种，丛书1种，论文77种，其实《辞典》对论著的反映远不止这个范围。可以说，《辞典》中的各个部分，都是对"论著"的缩写。这一撰写原则使它在词条的设立和释义上表现出下面一些特点：

第一，将研究成果进行提要式的概括立为词目。对那些比较短小、具有代表性的成果，进行了简要的概括，直接将它的研究对象概括为词目。这主要是对论文成果采取的方法，如"汉字对社会文化的作用"条与张世禄的《汉字的特性及其对社会、文化的作用》一文、"汉民族词语创新与使用的心理"条与王铁琨的《新词语的规范与社会、心理》一文、"训诂的'价值命题'"条与李亚明的《价值：由训诂意义再构造想到的》一文。《辞典》在"训诂、词义、词汇与文化"类中共有词目59条，由单篇论文立目的为34条。"语音与文化"类共有词目7条，以论文立目的为4条。这里包括一篇论文立为几个词目的情况。

第二，将研究成果进行摘取式的分解立为词目。这主要是对专著采用的方法。把这些内容丰富的著作中牵涉到不同具体问题的部分分别摘取出来，单独立目，如周振鹤、游汝杰的《方言与中国文化》，申小龙的《中国文化语言学》，邢福义、周光庆的《文化语言学》，陆宗达、王宁的《训诂方法论》，史有为的《异文化的使者——外来词》，胡奇光的《中国小学史》，陈建民的《语言文化社会新探》，陈松岑的《社会语言学导论》，罗常培的《语言与文化》，游汝杰的《中国文化语言学引论》都分出了不少的词目。前三本书的摘录立目率最高。

第三，论证式的释义方式。由于《辞典》对词条的设立别具一格，它对词条的释义也一反以往以说明、概括、描写为主要释义方法的传统，采用了论证式的释义方法，"即从观点与材料的结合上对词条内容进行适宜的论说与证明，并标明所介绍、引述的成果的名称与作者"（凡例）。它的好处是把这个词目的设立根据、具体所指、来源出处，都一目了然地呈现在人们的面前，最大限度地保证了词条内容的客观性，原样反映研究现状，也方便人们进一步地寻找、引证。这样的做法是适宜的，因为中国文化语言学的发展还没有成熟到可以让人们从容地抽绎爬梳、字斟句酌。

对这样一部反映中国文化语言学发展初期的辞典，用成熟学科的规范词典来要求它显然是不太恰当的，但在它现有的撰写原则中仍有值得进一步改进的地方，对此是毋庸讳言的。

一、以研究成果立目的方式对那些研究领域新颖、观点创新的成果比较好办，但对那些带有普遍理论意义，并有较多研究成果问世的词目，这种方法就有可能会出现以偏概全的情况。如"语言文化"条，这是文化语言学中带有根本意义的一个问题，众多学者都作过颇有意义的探讨，但《辞典》只取了史有为先生的一家之说来作为该词目的释义。《辞典》中类似的条目不少，对它比较恰当的处理可以采用"几说并存"的方法。"几说并存"的方法能最大限度地保证《辞典》的客观与全面，显示出作者的心平气和、博览慎取。这样的处理在《辞典》中还不多见。

二、如何处理"论著"类中单独立目了的成果与在具体学科类中以提要式立目的成果之间的平衡，还值得进一步考虑。由于《辞典》相当多的词目都是对研究成果的概括性反映，这就与"论著"类的反映对象出现了重叠。对此采用相互参见、略有侧重的方法不失为可行之策。但书中多处失去照应，使"论著"类中收录的重要成果却在相关学科类的词条中不见踪影。如"专名与文化"中收有词目"店名对地理环境和历史文化背景的反映"，它反映的只是刘宁生的论文《关于店名的综合研究——商业语言心理研究之一》，而在"论著"类中收有邵敬敏的论文《上海店名文化心理分析》。同一专题，各不相关。又如这一类中与人名有关的只有一个词目"姓氏与文化发展"，它的释义来自《文化语言学》一书的有关章节。而在"论著"类中，收有这方面的专书《文化的镜象——人名》。这种彼此缺乏照应的方法，结果造成具体学科"类"中反映的成果失去了应有的全面性。

三、《辞典》对论证式释义方法的使用也有不够谨慎之处。论证式的释义方法所用的篇幅肯定会长于单纯说明描写式的释义方法，但作为词典来说，它的论证式释义仍有别于论文的具体论证，应该是点到即止，定义与举例都应特别注意简练、浓缩。但有的词目却在这方面讲究不够，拖沓冗长，如"上海店名文化心理分析"条，释文达3100字。它的原型是一篇微观问题的研究论文，原文5800余字，词条用了原文过半的篇幅，而不少专著词条的介绍文字却只有数百字。又如"汉字起源的文化背景"条约3500字，"社会语言现象的调查"条约2400字，"说中国文化语言学的三大流派"条约3000字。这样的词条加重了人们对《辞典》为"事典"及"论文提要集"的疑虑。当然，《辞典》大多数词条撰写还是相当严谨的，像"文化符号论"词条所费笔墨不多，却将这一观点的形成由来与所具内涵、价值都清楚地显示出来了。

尽管如此，《辞典》仍是非常值得称道的一部辞书。准确地说，《辞典》不是从理论上诠释、说明中国文化语言学，而是广搜博集，以丰富的成果在昭示、张扬它。作者作为中国文化语言学坚定并卓有建树研究的专家，肯花大力气来从事这项琐细而又繁杂的浩大工程，是要有点精神的。辞典的编纂是应出版社之邀而进行的，它传递给人们一个重要信息：文化语言学的研究已经走出了书斋，变成了社会的一种需求。《辞典》在学术研究与社会需求中搭起了一道牢固的桥梁。

戴昭铭先生视野开阔、观点通达的序文给《辞典》增色不少。戴先生对这部辞书的作用说过这样一些话："从事文化语言学研究的人可以用它作为索引工具，对文化语言学有兴趣而又不得其门的人可以把它作为入门向导，语言学界以外的人也可以把它作为浏览文化语言学概貌的'广角镜'。我甚至还有个奢望，就是那些对文化语言学至今仍持偏见或成见的善意者，在看了这部辞典后，会产生这样的想法：从总体来看，文化语言学还不能说是怪胎、毒瘤或洪水猛兽，只是似乎稍欠成熟一些而已。这样想过之后，这些人也许就会心平气和多了。"对此，我是深信不疑的。我还相信，在若干年后有了中国文化语言学规范辞典的时候，再来读这"第一部辞典"，只会愈加感受到它的分量和意义。

扎根在南粤大地的岭南文化

——读李权时《岭南文化》

在一次学术会议上，与一位来自江西的朋友聊天，他谈起他正在为之鼓噪的赣文化，神采飞扬。在古代，从中原大地北来，由鄱阳湖入赣，到洪都豫章而成荟萃之地。再溯赣江南去，经吉安、赣州，到南雄而入粤，这条水路与驿站的结合，成为古代中国南北的通衢。它使赣文化盛极一时，在唐宋时达到顶峰，"唐宋八大家"中有三大家出在江西。到近现代，中国的南北通道偏离了江西，取而代之的是西移的京广大铁路。从此，历史冷落了赣文化，只有拦腰而过的浙赣铁路线，使江西与周边地区还保持着低水准的"横向"交流。当前，许多有眼光的江西学者极为兴奋地看待着京九线的兴建，并从中看到了重振赣文化的机遇。直听得我不停地为朋友的高见而称是。

不久前，我读到了李权时先生主编的《岭南文化》（广东人民出版社，1993），该书全面展示了在恢宏的历史长河中岭南文化的生成、发育与变化的全过程。读书时节，正值寒假，虽然夹着年关的喧闹，但书中的丰富内容和精彩见解，竟引得我追章逐节地读下去。读毕掩卷静思，感到岭南大地真是沧桑巨变。古代的"荒蛮""瘴疠"之地变成了如今的富庶之乡，"谪官""罪人"的发配所变成了"南飞雁"的向往地。进而思之，岭南文化为何会赋予"重商性""开放性""兼容性""多元性""远儒性"的一些特性？固然这些特性都有着极为丰富的内涵，但求其源本，却无不与岭南这块土地的地理环境有着密切关系。全书没有设章专论地理文化，但随处可见地理环境对文化形成所产生重要影响的精辟分析。

岭南位于中国大陆的南部，北以南岭为界，与内地相隔，南临大海，为中国古代的南疆边陲之地。正是这样的地理位置，使岭南文化在不同的历史时期获得了不同的发展进程和文化意义。

"在古代，这是一种与中原基本隔绝的地理上的封闭态势，中原人对岭南基本上一无所知或知之甚少，岭南人也很难进入中原。"[《岭南文化》（下同），P7]岭南的开发与建设较中原大地晚了许多，偏安一隅。在历史的长河中出现了"秦王兵戍""建南越国""中原移民""百越汉化""谪官过岭""方言流播""儒学教化"等一系列文化事件。这些文化事件出现的过程，就是岭南本根文化融中原文化而成岭南文化的过程。对这一过程的分析，离不开对岭南这块土地的特殊地理环境和历史发展状况的考虑。

岭南的地理大势，加上迥异于北方的气候与物产，使它的经济构成也具有自己的特点。几千年来，它不像中原大地那样强调"以农为本""重农抑商"，而是呈现多元的格局。由于农业上是粮渔果桑并重，手工业的纺织、陶瓷、藤木竹器业相当发达，所以商贸活动非常活跃；反过来，它又推动了陆路和海路交通的发展，这些都使岭南人很早和很普遍地形成强烈的商业意识。"重商"可以说是岭南文化的一个根本性特征。对此产生了重要影响的又是它的地理环境，因为"地理环境的独特性。热带亚热带气候使其特产丰饶；偏于东南一隅，既面临大海，又通过辽阔的珠江流域那扇形般的河网辐射与内陆相通的地理位置，有利于发展商业贸易和多元化的物质文化体系"（P47）。

在中国与外部世界的交往中，岭南大地率先示范。从唐代起，广州成为"海上丝绸之路"的发祥地。它凭着独特的地理位置，成为中国历史上最早、规模最大的对外通商口岸之一。岭南处在以中原文化为主体的汉文化的边缘，又是与外来文化交融最早接壤的前沿。因此，它在对外来文化兼收并蓄的同时，又"使中原的传统文化对它的影响不断淡化，使它具有更大的自由度和容纳力，因而对传统的文化具有较大的游离性和再创造性"（P27）。发展到近代，也就形成了岭南文化的"开放精神""民主精神和重商传统""实用精神和功利色彩"三个重要特征（P211）。

在中国的近代和现代，岭南文化迎来了极为辉煌的时期。西方的科学知识、工业技术、民主思想、宗教流别，无不是最先从岭南登上中国大陆。外来文化在此经过碰撞、吸引、融汇，又形成了以洪秀全、康有为、梁启超、孙中山等为代表的一大批在当时代表着先进阶层的人物和思想。书中在探讨这种社会、政治、思潮的变迁中，仍把它放在岭南独特的地理大势上来加以考虑。"在中国近代80年的救亡图存的历史上，岭南文化由于独特的地域环境和文化传统，获得了极为重要的发展，在华夏民族文化中由非主导型文化转变为近代中国的主导文化"（P206）。

《岭南文化》通过它的生动叙述，真实再现了地理条件是一种文化生成、发展的基本条件。它给文化的兴与衰带来契机，赋予这种文化以种种内涵与特质的深刻道理。认识到这点，有助于我们看待与评价岭南文化的特点和地位。这些年来，学术界一直对岭南文化有着不同的褒贬赞弹。有的指责岭南无文化，有的担忧着岭南文化的浅薄。而《岭南文化》的可贵之处，就在于它摈弃了任何主观的评价，在详尽描写岭南文化的同时，还努力从它的形成过程与原因中去把握它、阐释它。它使人们信服地认识到，岭南文化的种种特质，无论长处还是短处，都与生它养它的这块土地息息相关。

1998年
于广州

传统训诂学语义研究的现代阐释

——孙雍长《管窥蠡测集》序*

孙雍长先生的论文要结集出版了，听后很为之高兴。他的论文我向来很注意研读。他发表的论文不仅数量多，精品也多。他的论文多集中于古汉语，涉及范围有汉字理论、古文字、训诂学、考释学、句读学，取得的成就是多方面的。但窃以为，其突出成就还是在对汉语词汇词义理论的贡献上。今天重读这些论文，可以明显触及当代汉语词汇词义理论的发展轨迹。

几十年来，中国语言学的发展颇不平衡，领风骚的只是语法学、方言学、古文字学等少数几个学科。现代汉语词汇学长期停滞，鲜有推进；古汉语词汇学还未成熟到可以成为独立的学科；传统训诂学日益式微。词汇词义是语言中非常重要的一种基本成分，古代曾有过显赫的研究，在现代却成为"被遗忘的角落"。学界上下似乎达成了共识："语汇研究难，语汇研究薄弱。"

这种情况在20世纪80年代终于有了改观。现代汉语词汇学、古代汉语词汇学、辞书编纂领域、普通语言理论界对西方语义理论的引进和吸收等方面，都出现了一批很有分量的著作，把汉语词汇词义理论的研究一步步带向繁荣。而作为主要发祥地，做出突出贡献的仍当首推训诂学。当代训诂学研究在久衰复兴之初把努力对准了两个目标：一是对历代训诂学大家及经典著作开展了一系列纪念性的研讨活动，如许慎与《说文》、郑玄与"汉代古注"、段玉裁与《说文解字注》、王念孙与《广雅疏证》、章太炎黄侃与"中国语文之学"等；二是对传统训诂学中的"因声求义""词义引申""词义训释"等诸多理

---

* 原刊《管窥蠡测集》，孙雍长著，岳麓书社，1994。

论问题进行了密集研究。这些研究系统地总结、挖掘了古代语言研究的宝贵遗产，其成果恰恰为当代汉语词汇词义理论的建设做了充分准备，使古代的词汇词义研究成果、方法、理论得以被当代延续、吸收、升华，将当代汉语词汇词义理论的建构牢牢立足于深厚的民族传统基础之上，孙先生可谓是这种传统现代化工作中的代表人物之一，取得了斐然成果。

孙先生1967年毕业于北京师范大学，1978年重回母校攻读硕士学位，师从肖璋先生专修训诂学。1984年前后发表了《王念孙"义通说"笺释》《王念孙"义类说"笺识》《古汉语的词义渗透》等数篇扛鼎之作，震动了学界。那时，他的学术地位就牢牢确立了。

这些论文在汉语词义理论上提出了两个重要创见：一是在汉语词义成分上分出了"立意义"，与"所指义"相对称；二是在汉语词义演变上提出了"词义渗透"的规律。我曾在多篇文章中对他的研究作过一些评价，如《近年古汉语词义理论研究现状与走向》（1987）对《王念孙"义类说"笺识》作过这样的论述：

在古汉语中，有着声同义近、声旁兼义的现象，声训更成为训诂的一大方法。但历来人们对这类现象认识不深，或笼统肯定或简单否定。近年来，这种状况已显示出有重要突破的端倪。研究表明，古汉语词语除了表层意义外，还有很重要的深层意义，它是词义的中心要素，决定着词义的基本面貌，影响着词义的引申发展方向，在音近义近的一组词之间起着制约作用。这种研究已深入到从理论上解决声训问题的前沿阵地。研究者们都努力吸收了前人，尤其是清代学者的研究成果，由于是各自独立的探索，理论表述的形式则有所不同。如孙雍长称之为"立意"。"'所指'义是语词的直接指识意义，'立意'则指语词的间接隐含意义。各种词的'所指'义是径直地指向现实中各种事物、现象、行为、性质等等的，而间接的'立意'义则是曲折地反映了语言社会的集体心理对这些事物、现象、行为、性质等内容的原始理解。'所指'义体现在语言交际过程中，'立意'义则产生于思想的认识过程之初。"……

他们的研究之所以不同于前人，就在于把历时的同一语源的同义现象纳入共时的具体词的各种内部意义构成的平面框架来进行说明，就在于研究对象已由"词义"深入到了义素，就在于已由粗线条的宏观解释变为精细的微观分析和描写，并由此来考查词义的运动特点和演变规律。他们的研究表明，对训诂学理论问题的考查开始向古汉语词义学理论转变了。

对他的《古汉语的词义渗透》我也写道：

引申是词义衍生的基本规律，但古汉语中还存在着另一种词义发展的重要现象，即词与词之间意义的相互影响、彼此渗透而产生的同义现象。蒋绍愚和孙雍长先后不约而同地提出了词义渗透这个问题。词义渗透与同步引申是两种不同的词义运动方式。同步引申是纵向运动，两个词义在不同的发展阶段上走到一起来了。而词义渗透是词义的横向运动，它是词与词之间相互影响而产生的结果。清人，特别是王念孙父子就曾揭示过这种现象，但在规律的概括总结上，则还是从蒋、孙开始的。

一个学者在学科理论研究上能真正有一个创见已经不容易了，而孙先生却在汉语词义成分和词义演变两个方面都作出了领风气之先的研究。

他的真知灼见远不止于此。其汉语词汇词义理论研究带有鲜明的传统训诂学特点，具有以下几个特点。

词义研究与汉字研究相结合：汉语词汇词义的研究不能脱离汉字，这是与西方语言研究很不相同的一点。在我国古代，"字词不分""以字为词"，不是没有道理的。前人提出"形音义"三者和"古今形音义"六者之间的互求互证，表现出对语言意义与语言形式相互贯通、辩证认知的深刻思想。孙先生的研究紧紧抓住了这点。他在论述汉字生成的历史时认为：汉字初创之时，先民们造字构形的着眼点是只落在词所指称的意义内容上，未曾考虑词的语音形式。后来这种着眼点有所转移，开始注意到词的语音形式，但假借字大量涌现，给文字的使用和认读带来极大困扰，最后又将造字构形的着眼点有意识地回归到词的意义内容上。汉民族造字构形的思维心理所经过的这一历程，反映先民们认知体物能力的不断提高，和对语言与文字关系认识的不断加深。这一观点无疑是正确的。脱离了汉字就无从研究汉语，首先就在于汉字是以表意的方式与汉语结合的。这种认识使他在探讨汉字性质、汉字构成、汉字古义的考证上有了坚实的基础，能够不断有所发现，直到撰写出独树一帜的专论性著作《转注论》。

词义理论的概括与对传统典籍的挖掘相结合。孙先生对汉语词汇词义理论的见解是直接源于对传统典籍的深入挖掘。他在多篇论文中全面论述了王念孙

《广雅疏证》汉语意义研究的一系列观点。上面谈到的他在词义成分和词义演变中的两个创见就直接与王念孙的思想联系在一起。这种联系是如此的紧密，以致在很多时候，让人似乎很难分得清哪些是"述"，哪些是"作"。"王念孙对'义类'问题深入系统的研究，不仅相对正确地阐明了语词意义的形成和演变，而且也为解释传统训诂学中的'声训'问题提供了以认识论为基础的理论依据。所谓'声训'，绝不仅仅是一种训诂体例的形式问题，究其实质，乃是'名之于实各有义类'这一客观规律在人们认识和解释语言现象过程中的一种再现。"王氏的"义通说""义转说"第一次如此清晰地通过今人笔端显现在人们面前，其中何尝不充盈着孙先生自己的深刻见解？能发现前人思想的精髓，将它作有条理的阐发，并上升到理论加以概括，这本身就是一种高超的研究方法。孙先生的不少深刻见解都蕴于对王念孙和段玉裁的"义通说""引申说"的透析之中，反映出他在汉语词汇词义理论的建树中，有着在传统基础上阐发现代理论，把现代精神融入古代传统的可贵精神。

词义理论的阐发与具体词义的诠释相结合。传统训诂学是训释之学，它特别看重的是对具体词语的诠释，注重的是功底。概括的理论论述极易被看作是空灵虚泛之词。孙先生继承了训诂学的这种务实精神，在作词义理论的规律性阐发时，总是与具体语言现象的诠释结合在一起。读他的文章，在欣赏超脱俗见新解的同时，也会被他扎实的详尽材料分析所折服。这本论文集中收进了他的一些考释文章，这些文章不仅仅是确诂了某些疑难之词，也是他的理论验证过程。书中对30多个古文字的辨析，指出古文字的义近形异、同属异名之间的互训，"诸如此类在今人看来是不可思议的，荒唐而非科学的物变观念，在古人的认知思维中却是习以为常的事情。这种思维方式，反映到语言上，自然便体现为词义的高度圆通浑括。所以若追溯于上古，那时人们对于事物的命名与分类，必然远远没有后世之繁细明确"。这个结论对观察上古汉语词汇现象具有普遍的指导意义。宏观研究与微观分析相结合，理论抽绎与具体考释相结合，是一种理想境界。孙先生的研究体现了这种高难度的完美结合。

词义研究与传统文化相结合。中国古代的语言研究传统，融汇着浓郁的文化追求。那时对汉语的研究、对汉语词汇词义的研究都是深深扎根于传统文化的氛围中。没有对人文环境的了解，也就没有训诂的产生。孙先生的词义研究自觉地继承了这一优良传统。在他那里，这种语言研究与文化结合的意识是天然的。他没有言及这些年来热闹于学界的"文化语言学"研究，却能处处将文化的精神融入具体问题的剖析之中。如对"义通"现象的形成，他认为"汉民族几千年来所形成的各种重要意识观念，对古汉语语词意义的变通发展是具有深远影响的。""'意义'的形成及其变通来源于人们的社会实践活动，人的社会实践活动是在历史中形成的，思想活动是其中不可或缺的重要内容。如果我们不考察属于认识、心理学及社会学的一些问题，我们就不能深入而正确地理解和说明意义变通的种种规律现象"。又如他对汉字的构成方式，"汉字每一个形体的初创，都凝聚着先民群体的心灵智慧，都是先民们某种思维模式的展现"。他的《汉字构形的思维模式》《汉字构形的心智特征》《论词义变化的社会因素》等论文，在人文研究方向上的价值，值得人们关注。

这些特点，正是孙先生在研究汉语词汇词义理论中表现出来的风格与原则。孙先生是我推崇的一位学者，一位兄长。在他的论文集出版时，我受嘱写序，这是所不敢当的。但谈出自己的体会，却是我的责任，也是久已有之的读文之感。故为之文。

1994年5月1日
于广州师范学院

现代词汇研究史大有可为

——读周荐《汉语词汇研究史纲》*

1995年汉语词汇学界出版了不少著作，其中有一本尤为值得人们关心，这就是周荐的《汉语词汇研究史纲》（语文出版社，1995，以下简称"《史纲》"）。"文革"结束后的20年是中国语言学界全面繁荣的时期，其中最为引人注目的就是词汇研究一改以前"语汇研究难，语汇研究薄弱"的局面，呈现出众力攻关、百舸争流的兴旺景况。大量的研究现实提供了回顾过去、瞻望前景的材料，人们期待对现代汉语词汇研究百年史进行总结。《史纲》作为这一领域的第一部著作，其价值之大显而易见。

作为一个对同类课题感兴趣的同行，对《史纲》自然是抱着先睹为快、求知若渴的心情来阅读，读后觉得它在以下几个方面取得了突出的成绩。

一、首次对现代汉语词汇研究史的大势作了正确的划分

《史纲》把百年现代汉语词汇研究史划分出四个时期：第一，萌芽时期（"五四"前后至20世纪40年代末）；第二，草创和初步发展时期（20世纪50年代初至60年代中叶）；第三，停滞时期（20世纪60年代中叶至70年代中叶）；第四，走向繁荣时期（20世纪70年代末至90年代）。这种四段划分法应该说是准确反映了历史事实的。作为中国现代语言学中的一个分支，词汇学本来应该是与它同步的，但因各种原因，在中国现代语言学史中唱主角的始终是

---

* 原文以"现代词汇研究史大有可为：评周荐的《汉语词汇研究史纲》"为题，刊于《汉语学习》1997年第1期。

语法学。20世纪前半个世纪中，词汇研究一直处于若隐若现的境地，那时没有一部独立的词汇学著作，没有一个因现代词汇研究而显名的学者，把那长达50年的时间归为一个时期，称之为"萌芽期"是比较恰当的。在20世纪后面的40多年中，"文革"占了约1/3的时间，这是整个民族的紊乱时期，词汇研究当然也无从开展。因此，现代词汇研究史实际上只有"50年代初至60年代中"和"70年代末至现在"这两段时间，合起来不过30余年。它们所占的时间不长，却构成了现代词汇研究的主体。《史纲》所用的篇幅也正确反映了这种史实。在全书231页的分期叙述中，萌芽期用了14页，停滞期用了3页，而另两个时期则分别是63页、150页。将这两个时期独立出来着力进行论述，说明作者是把握准了这段研究历史的发展大势。对一部史书来说，首要的一步是正确的分期。至于对每一时期内部的分段如何进行才更为贴切，这个见仁见智的问题，将在后面再作讨论。

二、详细占有材料，条分缕析，微观取胜

作为一部史书，它能否直接掌握第一手材料，将客观的原始材料认真地爬梳整理、有条理地铺叙论析，这是决定史书价值的另一重要因素。《史纲》对掌握的材料条分缕析，微观落笔，是它的另一突出优点。作者大量阅读了各个时期的论著，详细进行了征引，特别是对不同学术观点上的承继、发展、辩驳、完善等方面，下了很大的功夫来理清它们的头绪。当这样的整理不是那些广为人们所注意，并形成阵营齐整、交锋分明的学术争鸣问题时，就更显示了作者对史料的熟悉程度和所下的功夫。像对20世纪50年代后期关于"词"定义的研究进展，就从以前的黎锦熙"概念说"、王力"意义说"、吕叔湘"运用单位说"，论述到当时的郑林曦"综合说"和高名凯"建筑材料说"："郑林曦还正面陈述了他的看法：'汉语的词是由一个简短的语音组合表达一个单一完整的意义或者起一定的语法作用的，能够自由运用来构造句子的基本语言单位。'郑氏的这一认识，比较黎氏的'概念说'、王氏的'意义说'以及吕氏的'运用说'，似乎要全面一些、成熟一些。另一个值得重视的观点，是高名凯提出的。高名凯在1957年科学出版社出版的《汉语语法论（修订本）》中提出：'词是语言建筑材料的单位'。这一观点道出了词作为词汇单位的实质，颇富建设性，然而却在当初未能产生什么影响。"（P53）这样的叙述，清楚显

示出学术界对"词"这一基本要素所进行的持之以恒的努力，正是因为各个时期的学者们从各个角度进行了有益的探索，才形成了人们现在对"词"比较完备的认识。

又像在如何确定同义的标准上，《史纲》的作者也同样显示了扎实的专业功底和敏锐的识见。在谈到以什么样的意义来作为同义词的意义基础时，书中作了这样精彩的论述："50年代下半叶在学术界曾经流行一种以概念相同与否来确定同义词的观点，这种观点直接来源于苏联学者""不久，中国学者即接受了这些观点""到60年代初，石安石又把布达哥夫等提出的观点作了进一步的发挥""到此，概念相同与否已作为同义词确定的标准明确下来了，但是不久之后即受到了挑战""经过王理嘉、侯学超、张志毅等学者的论析，同义词确定上的逻辑标准已无法成立，以后也很少有人再以概念替代语义"。（P69）

而对这一时期在鉴别同义词中能否运用"替代法"的研究，同样做到了剖析入微。"这一阶段，在同义单位的确定的问题上，另一种方法也引发了争论。从20世纪50年代起就有学者提出以替换的方法看词与词的意见是否同一。1955年，高名凯提出，有些词'在任何的地方都可以互相替代，而保持其同一的意义'，这就是同义词。高氏较早把替换和词语意义的同一联系在一起。翌年，孙常叙在《汉语词汇》一书中把能否替换作为同义单位与非同义单位的区别标志确定了下来""50年代并不是所有的学者都完全赞同把替换作为同义单位确定的标准""无论是肯定替换法的学者还是否定替换的学者，都只是各自提出自己的观点，没有对问题进行深入探讨，因而也就没有产生观点上的尖锐对立，引发激烈的争论。进入60年代，情况有了不同。1963年，王理嘉、侯学超在50年代一些学者的认识基础上，进一步把替换性看作是词与词之间有同义关系的最重要的依据"。"60年代，旗帜鲜明地站出来对替换法表示不同意见的学者是张志毅。"在这之后，"未见有人再专把替换作为一种方法用于同义单位的确定上"。

《史纲》对许多具体词汇问题，如"词义与词性的关系""同义词与近义词""反义词""文言词""方言词""熟语""成语""词的色彩义""词汇系统""基本词汇"等问题的论述，都显示了作者对史料的全面掌握和熟识程度。作者本来就是一位词汇研究的专家，在不少具体问题上都作过认真的研究，有着细致的了解，特别是在同义词、反义词的研究上，还出版过专著。这样就使《史纲》在对整个词汇研究史作概述时，能在一个个具体的问题上丰满地落笔，评论起来游刃有余，创见跃然纸上，使《史纲》全书显得有纲而不乏目，充实而不空疏。

三、积极参与历史，敢于评骘前贤

写史不可能不论史。学科史的章节安排，内容的取舍，详略的分布，前后的安排，都是一种"论"，一种"作"。完全的"述而不作""叙而不议"是不可能的。但能否直接说明作者自己的见解，行臧否之议，则是表明作者学识、见识、胆识的一个重要标志。《史纲》在这方面是颇有自己特色的。它在对诸多问题作信而有征的叙述中，独出己见的议论随章节的展开随时可见。或张扬其功，或指斥其过，或明其大势，或点其所憾。对这些学术上的过去事，前人不乏议论，但或散于文章，或杂于它书，以专门著作的形式来进行系统评述的则是《史纲》首开其风。因此，它的议论就格外引人注目。书中不少切中肯綮的意见，往往一下子就把繁复的历史陈事清楚地摆在人们面前。

如对"外来词"的研究，作者对不同阶段中的三部著作都花了相当多的笔墨来进行评述。"1956年孙常叙在《汉语词汇》一书中提出把外来词分为两类，一类是借词，一类是译词。……孙常叙的分析在当时细致而精当，对后世影响甚巨，即或在《汉语词汇》出版后不久也产生了相当大的影响。"（P59）"代表这一阶段外来词研究最高成就的，是高名凯、刘正埮合著的《现代汉语外来词研究》一书。……不但分析细致全面，而且能够用理论统摄材料，有较高的理论价值。……在50年代下半叶，高、刘二氏对外来词能有如此独到而深刻的认识，殊为不易。"（P61）而对1991年出版的史有为《异文化的使者——外来词》则评价道："史氏的这部著作有一个很大的特点：从文化的角度探讨语言现象，从语言的角度研究文化现象。"（P215）

又如对"词汇系统"的讨论，这场前后延续了近30年的讨论是现代词汇研究史上一桩人们广为注意的公案。最始是黄景欣在60年代初正面立论，认为词汇具有自己的体系，接着针锋相对提出反对意见的是刘叔新，由于"文革"的到来，这场讨论没有继续下去。后来的发展颇有戏剧性，先是邢公畹在80年代初给刘叔新论文集的序文中对刘的观点表示了赞同："我同意刘叔新的意见：

'不可以认为词汇是一个体系。'。"而后又有人撰文申黄说反刘说，对刘的观点进行驳难。最后是刘本人又转而认为词汇是有体系的，不久后还出版了专谈词汇组织系统的很有分量的专著《汉语描写词汇学》。到现在，对词汇是有体系的认识没有人再怀疑了。那么，《史纲》对这场讨论是怎样叙述的呢？书中颇见作者的功力和匠心。它这样评述道，黄说认为词汇单位不仅包括词或包括固定词组，和词汇具有体系这两个观点很有创见："这样的认识是汉语词汇学界经过若干年的摸索之后得出的必然的结论，颇具新意，意义重大。"但在建立什么样的词汇系统联系上"进入了误区"，是以语法关系代替了词汇关系。对刘早年驳难黄的文章，认为"刘文的重要性，今天看来，并不在于词汇是否足以构成体系，而在于提出了词汇结构组织的思想"。而对后来邢支持刘已经改变了的观点的行为，解释为："邢氏的这一观点与刘氏的本意存在着一定的距离。刘氏在60年代认为词汇不成其为体系，是限于当时所发掘出来的结构组织还不多，无法把所有的词语都网罗进去；到90年代他的《汉语描写词汇学》中，刘氏又发掘出一些结构组织，现代汉语中的任何一个词语单位都没有遗漏地被网罗进去，他这才又宣布'现代汉语词汇形成一个体系'。"（P81）这样的叙述，特别是解释刘氏观点前后转变的原因，是颇为平顺、妥帖的。这样恰到好处的点睛之笔，在书中可以见到不少。古今对学问之事，向来是既重学更重识。《史纲》在这方面作出了很大的努力，并取得较突出的成绩，是难能可贵的。

《史纲》首次成功地将百年的词汇研究史呈现在人们面前，是一件值得大大称道的事情，它应该受到所有现代汉语词汇研究者的欢迎。但当再进一步来讨论怎样才能更清楚地展现这段历史的发展过程时，就会发现《史纲》也给人们留下了一些值得进一步思考的东西。

这里主要谈以下三个问题。

（一）现代词汇研究的田野与词汇研究史家的视野

在读着《史纲》用那详瞻的材料展现、述说着词汇研究史时，会慢慢感到，书中谈到的具体问题、具体材料虽然很多，但在对历史俯瞰之后，与那宽广厚实的研究史实相比，书中所涉及的研究面仍较狭窄。愈是读到对后期的论述，这种感觉便会愈明显。书中在论述到材料最丰富的第四时期时，其中三个不同的阶段竟一直缠绕在相同的问题上，摆脱不开。书中选用的那几乎相同的章"节"名使人加重了这种感觉，难以分辨前后阶段有何较大的不同：如从"注重从方法上求证的词语意义研究"，到"词语意义的研究朝着多元化的方向深入开展"，再到"对词语意义进行全面的总结性的研究"；从"对词的结构形式的研究再度展开"，到"对词的结构的新认识和对词汇体系问题的再探讨"，再到"对词的结构的研究再度掀起高潮"；又如从"熟语研究的新创获"，到"熟语研究中的新情况"，到"对熟语的研究仍呈不衰之势"；从"词语规范化的研究工作得到进一步加强"，到"词语规范化的研究工作继续深入开展"。这表明作者在关注这一时期的研究时，眼光始终只集中在某几个问题上，这跟实际的词汇研究开展是有距离的。而不同发展阶段的"章""节"名雷同得如此厉害，起码也会使人怀疑，它们之间是不是表现出了阶段性的质变。

其实20世纪80年代以来的词汇研究的繁荣程度是众所周知的，为什么《史纲》还会给人留下这种广度不广、进展不大的印象呢？我想可能在词汇研究史的客体与主体两方面都有原因存在。作为客体来说，具体的词汇结构问题确实是现代汉语词汇研究的重心之一。像"词""词与字""词组""词汇""文言词""外来词""行业语""术语""方言词""成语""谚语""歇后语""熟语""固定语""准固定语""惯用语"等，就都属于词的单位和词汇成分的范围，都在书中得到了较充分的反映。而谈论得最多的"同义词""反义词"和"近义词"，则可归于词与词之间关系的范围。从普通语言学来看，它们都属于词汇结构系统部分。从主体来说，《史纲》的作者也正是按照语言的结构性观点来剪裁词汇研究史的。对此，作者未作申明，但书中的显示还是很清楚。像上述问题，作者观察的视野基本上是词汇的"结构性"，结构与结构之间的"关系性"，而对同样是研究词汇但不属于"结构性"或"关系性"的研究则很少纳入视野。在对一些论著的评述中也显示了作者这样的取舍标准。如对现代汉语词汇学的奠基之作《汉语词汇》是这样说道，它"是中国第一部汉语词汇学著作，而不是中国第一部现代汉语词汇学著作。该书所谈的虽有不少是现代汉语词汇的内容，但却总是显示出与训诂学纠结难分的关系。当然，在探讨现代汉语词汇的形成等问题上离不开史的概述，但如果把此外的许多问题也与汉语史上的情况扯在一起，就无法站在现代共时的角度对现代汉语词汇的状貌作出正确的描写"。（P84）这段话清楚地表明，《史纲》的作者是从关注词汇结构的共时描写角度来审视历史的。书名似乎也透露了这一点。顾其名而循其实，现在的书名所包括的历史本当更长，即使指的就是现代词汇的百年研究史，也应该包括各种类型的词汇研究才对。词汇本身是一个综合体，在研究现实中，人们一直在坚持不懈地从各个侧面进行探讨。由于《史纲》作者不同的审视角度，许多从古今的时间差异、地域的空间差异、语言与文化的关系、静态结构与动态变化的关系、词形与词义的联系、词汇结构与词汇应用、汉语词汇与相邻的语言词汇的关系等众多角度来探讨汉语词汇的研究成果，都未能纳入视野。这应该是《史纲》反映学科研究史还不够宽广的一个重要原因。

其次，从《史纲》作为一门独立的学科发展史来看，所揭示的深度还显得单薄了些。《史纲》所论述的这段历史，正是现代汉语词汇学形成与发展的历史，那么，从蕴生到草创，从形成到发展，其中肯定会有许多理论问题值得人们探讨。这门学科形成的标志是什么？奠基作是什么？它的主要研究方法有哪些？与其他周边学科、其他的语言理论有怎样的关系？为什么会走过这样的历程？在不同的发展阶段为什么会形成不同的研究热点？如果把大量具体问题的评述放到这样的学术大背景下进行，相信许多底层的问题可以阐述得更清楚。当然，对一部初创之作，暂时短缺些这样的内容并不为过。刘叔新先生的《序》就此说到"不该以完美无缺来苛求"，我想是很有道理的。留下能启迪后人的缺憾也未尝不是一种价值。

（二）如何更准确地划分和概括第二、第四时期中的不同发展阶段

《史纲》将百年史划分为四个时期，这是正确的。那么，怎样更准确地认识每一时期的走势与过程呢？《史纲》对第二、第四两个主要的发展时期是这样划分的："50年代上半叶：现代意义的研究的开始"；"50年代下半叶研究的多侧面铺开"；"60年代上半叶：冷静的分析，深入的研究"；"70年代末至80年代中叶：整顿、恢复和发展"；"80年代后半叶：研究视角的进一步扩大"；"90年代：总结、完善和提高"。从章名可以看出，它划分的主要根据是研究的成熟程度。这个原则是站得住脚的，但在具体分段中怎样更好地理

解、实施这一原则，每一阶段的形成标志是什么，就值得很好地斟酌。一个阶段之所以能成为不同于其他时期的阶段，就是有它独特之处的，或是新研究领域的开拓，或是新研究方法的运用，或是新研究成果的问世。而《史纲》在这方面却未能给人留下清楚的印象。每一阶段虽然分得细，但缺乏明确的标志，对阶段的定名又大都用"始""末""中叶""上半叶""后半叶"类字眼，模糊了时间段的差异。上面说到第四时期内三个不同阶段的章"节"都取了雷同程度相当的名称，也加强了人们的印象。书中虽然单独介绍了9部著作，但由于是放在每一大的时期后面统而论之，介绍的文字又过于简短，连作者生平在内，每部书的介绍平均不到700字，最少的只有250余字，难以从中看出这些著作在各个研究阶段所起的代表作用。

笔者认为第二、第四两个大时期内的分段可以这样考虑来调整和概括：

1950—1955年，现代意义词汇研究的开始阶段：强调词与字的分离，强调现代口语词的研究，重视"词"单位的确立，这都是现代词汇学形成前期的基础研究；接受了苏联语言理论的强大影响。

1955—1959年，现代汉语词汇学学科形成阶段：代表成果是孙常叙的《汉语词汇》与周祖谟的《汉语词汇讲话》，而晚期比较成熟的著作是王勤、武占坤的《现代汉语词汇》。词汇学的学科构造与理论体系在这时已经初步建立。

1960—1966年，词汇理论研究阶段：集中探讨并形成交锋的理论问题有三个，即词义与概念的关系、同义词划分标准、词汇体系之有无。晚期以高名凯的《语言论》为代表，汉语词汇研究中开始引进了西方的词义语义分析的方法。

1977—1984年，现代词汇研究复兴阶段：代表成果始有朱星的《汉语词义简析》，张永言的《词汇学简论》，武占坤、王勤的《现代汉语词汇概要》，葛本仪的《现代汉语词汇》，后有刘叔新的《词汇学和词典学问题研究》。其主要特点是对多个具体词汇词义现象进行深入的研究；努力建构词汇理论新体系；词汇研究开始受到整个语言学界的高度重视。

1985—1990年，现代词汇学成熟阶段：初期的代表成果有符淮青的《汉语词汇》，晚期的成熟成果是刘叔新的《汉语描写词汇学》，它标志着结构主义的汉语词汇学的完全成型。同时，多角度研究汉语词汇的研究工作已全面展开。

1991年，多角度、多学科研究汉语词汇词义的阶段。

当然，近距离地看待历史，有时反而会"只缘身在此山中"，相信随着时间的推移，历史的面目将会更清晰地展现在我们面前。

（三）史书如何做到客观地反映历史

《史纲》作者积极大胆地参与历史、评议历史，这是写史书一个相当可贵的品质。《史纲》的这一优点受到笔者高度的钦佩，对此前文已详细谈到。但同时，似乎觉得书中在操作起来时还有点失衡。作为史书的评论应与论著的评论有所不同。论著的辩论之作，对对手观点的评论不妨直接、尖锐，甚至苛刻些，但作为史书类著作，作者已处于一个比较特别的位置，在作各种直接的评断时应尽量客观、稳妥。对已经成为历史的成果，持尊重态度并保持一定的距离，相信会有助于做到这点。书中有些措辞或断语就略嫌率尔，像"倒是有一点，我们须向二位学者请教"（P74），"没有说出也不可能说出什么道理，不免令人遗憾"（P67），不能与他人"同日而语"（P140），"也未能反映出学科发展的最新成果"（P168），"这应该是普通的常识"（P171），"这样的结论是不会为绝大多数人所接受的"（P184），"标新立异地另立新说"（P197）。特别当批评的对象曾经是自己在具体问题上的讨论对手时，类似措辞的运用就更应审慎。果真无甚价值，那就大可不必收入史书，否则反而会使人觉得对材料缺乏甄别，或因此而降低了史书的水准，或是留下苛求于人的感觉。书中还大量运用了高度赞扬性的话语，如"了结了公案""划上一个句号"、结束了"喋喋不休的争论"这类的断语，其实这同样也应谨慎使用的。

尽管如此，《史纲》的出版，仍标志着现代汉语词汇理论建设进入了一个新的阶段。汉语词汇研究不再只是低头找材料，它还昂起了头，看看前人趟出来的路，再想想下一步该如何走得更好。

语言美的学理与技巧

——读钱冠连《美学语言学》*

　　谈到语言美，人们自然会联想到精神文明建设中应用频度颇高的那个含义：文明礼貌用语。其实，语言美的含义远比这个要丰富得多。广州外语外贸大学钱冠连先生撰写的《美学语言学》向人们揭示了"语言美"和"言语美"两方面的含义。"语言美"指的是语言结构自身的美学选择，如符号的确定、语音的构成、词语的选择、句型的变化、语篇的形式，到语言传播的途径、语体的选择。"言语美"指的则是："一、说话人在恰当的语境中选择了恰当的话语，即话语的安排既适合社会背景又适合语篇背景。二、说话人在语言形式上选择了优美的音韵和适当的节奏，选择了符合形式美法则的言语表达实体。"

　　这样的认识赋予了语言美和言语美充足的灵性，它不是一种抽象、一种单纯的结构，而是体现为适时适境的灵活、和谐的语言应用。书中说到这样一个例子，中央电视台的一次新闻播出中，屏幕中出现三行字："苏联外长强调……苏中政治接触……宝贵。"但在播音员的口中，却多加了二字念成了"……非常宝贵"。这种差异正好反映出不同的信息媒体体现出的"语言美"的内在机制。一个是作用于目视的文字传递，"宝贵"自成一行已处于非常醒目的地位；一个是作用于耳听的语音传递，不是"非常宝贵"不足以与上面两行的六音节保持平衡。又如，"bye-bye"在英语中就有"俗语"之称，远没有"good-bye"那样正式。"bye-bye"传入中国后，首先用在青少年尤

＊　原刊《广州日报》1997年2月5日。

其是儿童中，但它取代"再见"的速度相当惊人。对这种现象，是斥其"崇洋"，还是责其"尚异"？其实，这里又是"语言美"的规则在起作用。"拜拜"音节嘹亮便于延长，隔老远都能让对方听到，"再见"是辅音结尾，延长的程度和响亮程度都稍显逊。再从"拜"的字义来看，与传统的拱手作揖之态相合，颇有旧仪之风。作者对一个新的语言现象，如此"认同"，以客观的态度来探究其原因，是很值得语言研究者学习的。

"为美学语言学的理论建构打下基础，促进美学语言学这一学科的成长"（《美学语言学》徐盛桓序），这是学者们看重该书的学理性；而更多的人喜欢它，则是因为这部书摆脱了纯学究的经院之风，让人看到了它里面富含着的技巧性：如何使自己的语言变得更美。

词汇研究要"本体"与"应用"并重

——《词汇理论与应用（二）》序*

现代汉语词汇学是从20世纪50年代建立起来的，虽缓慢却一直发展着。这种情况到20世纪90年代初开始有了明显变化，呈现出加速发展的趋势，一个典型表现就是全国性现代汉语词汇学研讨会的连续召开。

"首届全国现代汉语词汇学学术研讨会"是1993年3月由刘叔新先生主持在南开大学召开，规模不大，正式代表才二十几人，目的是希望开成一个论题集中、讨论深入的高规格研讨会，所以代表都是特邀参加。这些特点后来的几届研讨会都继承下来了。会议成果编成《词汇学新研究》，由语文出版社出版。1996年3月，第二届研讨会由张志毅先生主持在烟台师范学院召开，语文出版社协办。会议开得也挺热烈，只是因经费问题，成果未能结集出版。第三届研讨会2000年10月由李如龙、苏新春两位先生主持在厦门大学召开，商务印书馆、香港大学、河北师范大学三家协作单位给予了很大支持。特别是商务印书馆，很快出版了题为"词汇理论与实践"的论文集。周洪波先生还表示愿意继续关注会议，出版系列成果，与馆里原已有的《汉语语法探索》形成配套的特色丛书。

2001年12月由李如龙、苏新春主持在厦门大学又召开了"全国汉语词汇规范问题研讨会"，国家语委语言文字应用研究所、北京广播学院、商务印书馆、厦门市语言文字工作委员会四单位协办。如果说前几次会议表现出浓厚的理论探索特点，那么，这次会议则重在词汇应用与词汇规范等实践问题。语用

---

* 原刊《词汇理论与应用（二）》，苏新春、苏宝荣主编，商务印书馆，2004。

所所长、教育部语信司司长李宇明教授希望这个会议能坚持开下去，使研究贴近现实，为国家的语言文字工作多做学术服务工作。这个倡议得到各方面专家的同意，并决定为了提高会议论文集的质量，以后将来年召开的"词汇理论"与"词汇应用"两个系列的会议成果结合起来，合编为一个集子。因此，本书所纳一半来自"全国汉语词汇规范问题研讨会"，一半来自"第四届全国汉语词汇学学术研讨会"。

"第四届全国汉语词汇学学术研讨会"2002年5月由苏宝荣先生主持在河北师范大学召开。这次会议在名称上有一个明显变化，就是略去了"现代"二字。其目的是表达了这样一种希冀：要真正把握汉语词汇的规律与特点，必须古今贯通，在更宽广的视野下来审视整个汉语词汇问题。当然，其重点仍是落在现代汉语的词汇理论探索与建构上。

大会结束时，领导小组聚集商议，确定了从两次会议的107篇论文中的入选篇目；决定将论文集改为现名，并标示为"（二）"，以彰其承启；委托苏新春、苏宝荣二位总负编纂诸事。

以上所记，是本系列丛书的编辑来由，也是对十年来现代汉语词汇理论界主要会议活动的一个简要叙述。

2002年11月22日

连词语法化的有益探索

——高婉瑜《汉语常用假设连词演变研究》序[*]

先睹为快，向来被文人视为快事、雅事。高婉瑜博士的大作《汉语常用假设连词演变研究》付梓前我读到了全文，幸哉。

词汇演变研究在我看来是很难的事。文献浩繁，历时久远，殊为不易；"连词"又是词汇中一个很小的类，封闭性强；汉语的特质使词的语法跨类功能相当普遍，要将其来龙去脉梳理清楚，尤为艰难。高书取其中表假设关系的连词，按源起于"像似义""借设义""使役义""或然义""意志义""极微义"六个小类，条分于繁难，缕析于古今，将连词由实而虚、由单音而复音的演变过程，以很规整的行文呈现在读者面前。六个小类，各成一节，在每一节相同的论述框下，将初始的实词、语法词，继之的语法化过程与原因，再之的词形由短而长、由单而复的过程，一一呈现。其思路之清晰，论述之简洁，让人读来如循旧规，蹈熟路，有强烈的对比效果。

在语料运用上，作者充分利用了语料库的功效，广泛占有语料，纵贯上古、中古、近代、现代，横连经、史、子、集，细辨书语与口语、文言与白话，坚持"本文语料以'白话系统的书面语'为主"的原则，有论有据、有血有肉地再现了假设连词六个小类的演化过程。

本书探讨的问题如此专一，观察的历史过程与语料范围却是那么宏阔，理论背景与依托更是难得的宏大与坚实。从汉语的语法性质与语法手段，到语法化理论、连词来源假借说，都在作者的视野之下，有述有评，有论有辩。在这

* 原刊《汉语常用假设连词演变研究》，高婉瑜，台湾学生书局有限公司，2011。

样的基础上，再来作连词的定义、分类、标准、原则的论述，自然也就有力起来了。

读完高博士的力作，我不由得生出感叹、赞叹。与高婉瑜博士的第一次相见是2005年底在天津召开的"首届海峡两岸现代汉语问题研讨会"上，记得那时她还在台南的一所医学专科学校任教。她斯文、雅静，甚至还有点羞涩，全如在校学生的模样。后来她到淡江大学任教，仍坚持每年参加这个专题的系列会议。每次她携着扎实的论文而来，不同的是论文节节开花，学术上越来越成熟。在2010年召开的第五届广州会议上，她已经与山东大学知名教授盛玉麒先生共同承担起了主持大会报告的任务。今年我来到台湾担任客座教授，与高博士有了更多的接触和了解，才知道她从2000年以来已经发表了七十余篇论文，涉及的领域有文字、音韵、训诂，也有经学、义理、佛典；有语法、词汇、方言，更有属于当代社会语言学的典型领域如新词、语言运用中的性别差异等。对台湾地区高校中文系有了更多了解后，我对她具有这样广的知识宽度自信是能理解的。台湾地区大学的中文学学科强调综合性，更多地保留了传统学科文史哲不分家的做法，打好基础后再在不同领域之间周游流转也就方便多了。但光凭这点其实还不能完全解释高博士的多能与多产。读到那些每年七八篇的论文，读到2006年才完成的20万字博士论文《汉文佛典后缀的语法化现象》，更读到手头的这部力作，才明白作者的勤奋和努力，才是解释她具有今天如此学术成就的最好原因。

开卷有益，这也是我读了《汉语常用假设连词演变研究》后的最大体会。故写下以上的体会，与大家一起分享。

2011年4月27日
于中国台湾省桃园

治学理政，趣异道同

——谭世勋《汉语史研习录》序*

　　1982年我考入华南师范大学，师从三立、启运两位先生研习汉语史。同时入门的有三名学生，我稍长，陈波排第三，波弟性格内向，好静少言，行多恭俭；世勋排二，他在知青时就当过农村基层的队长、干部，后进高校当学员、教员，再从教员之位入读研究生，阅历广，对母校情况熟悉，我和波弟遇事都爱向其探求主见，久而久之，世勋在同门仨中也就有了兄长地位。他家住校内，常会来宿舍走走，对我俩生活颇多关照。

　　三立师专擅传统语言学，曾是钱玄同的助手，年少成名，30岁就出任教授了。启运师是王力在中山大学语言学专业的学生，后随专业转入北京大学继续学习。两位业师的学问一位属旧派，一位属新派。第一个学期三立师开"说文解字研究"，要求通读《说文段注》；启运师开"语言理论"，系统讲授了现代西方语言理论。现在看来，这真是培养人才极好的路子，读经典、厚基础，重理论、讲方法，而不孜砣于具体细微之末节。正是在这样的培养下，我们三人后来选择的问学之道相去甚远，但都承继了导师所倡导的学风。我选的是传统文字训诂，发表的首篇论文是关于《说文》的，学位论文是有关《尔雅》同义词的。波弟选的是方言音韵，世勋兄选的是语法。三人认真求学于恩师，汲斟于瀚海，又都努力发扬光大。世勋兄的研究直接继承了启运师汉语语法研究的学脉，先治上古介宾结构，再攻汉语语法史的扛鼎之作《马氏文通》，研究中又彰显出三立师重根柢、溯渊源、讲发展的学术特点。

---

*　原刊《汉语史研习录》，谭世勋著，广东高等教育出版社，2013。

世勋兄对语法现象有极敏锐的观察力，总能以小见大、由微见著，小心论证、步步落实。他还在读研时撰写的《试论"以A为B"结构的发展》，在母校学报发表，旋即被中国人民大学复印报刊资料库（以下简称"人大复印资料"）《语言文字学》全文转载。毕业论文是研究先秦汉语介宾结构的，其中一章以"论先秦汉语介词宾语的隐含省略"为题发表，亦得"人大复印资料"转载。毕业留校任教短短四年，又迅速开拓了《马氏文通》的研究领域，撰写了系列论文八篇，涉及的问题有《马氏文通》对古代语言学的引用、语法研究与其他学科的结合，以及在语序、语法、省略、词组、词类、篇章结构等方面的贡献。初次刊发的刊物大都一般，却有三篇连续在"人大复印资料"上得到转载，另一篇则刊在《古汉语研究》上。按现在许多高校的成果统计标准，这些都称得上是"核心刊物"上的重头论文了。我略作检索，发现"人大复印资料"1985—1990年间全文转载论文1800余篇，作者达1290余人，世勋兄竟以收录5篇之数排在所有作者的第53位。同录5篇的其他六位学者是张寿康、唐钰明、石云孙、邵敬敏、陆丙甫、韩陈其。能与这些杰出学者并列，足见世勋兄当时的功力了。

世勋兄取得如此成就自有其个人天分与努力，那就是探索时深思不懈，分析时环环入扣，立论时务求别致，结论时确凿不移。如《〈马氏文通〉的语序研究述评》，开篇之句即"语序固定是汉语语法的一个重要特点，马建忠在九十年前对此就有深刻的认识。"末尾结论为："《文通》对古汉语语序的研究是全面、系统、详细的。他既解释汉语语序的一般规律，又分析非常例的特殊语序；既注意揭示特殊语序中的'一般'规律，又分析其表达效果；既概括说明某类词在句中的一般位置，又具体分析某个词语的位置；既有较集中的理论说明，又有丰富的具体例证。所以说，至今还没有第二本古汉语语法著作对语序的论述如此全面细致。"论文将《马氏文通》中关于语序的论述都一一钩沉，标注页码的出处多达百余，引例数百，分成了"动词宾语前置""介词宾语前置""主语谓语前置""前置介宾词组的位置""关于某些词语在句中的特殊位置"五大类条分缕析。专书研究始于读书，读书得于潜思。世勋兄短短几年在《马氏文通》研究中取得如此骄人成绩，正是其艰辛付出、理论涵养的明证。有人终其生于一书，毕其功于一域，成就也不过尔尔，世勋兄在短短数年就有如此高水平的创见，足以让我等同门兴奋。

世勋兄的学术兴盛之路似乎戛然而止。1989年他以高校优秀年轻教师之身调往广东省委办公厅任职，从此步入行政之门。十年于省委，十年于国企，五年于省府，于咨政，于管理，于行政，一路浸润，一路贡献，成就了学界政界双栖人才。有人云学界政界难以双兼，此言得看如何理解。世勋兄虽不曾将二者同时挑于双肩，可在那此前彼后的生涯中，为人为学为政的那种大气、通达、严谨，何尝不是一贯其中。世勋兄才华多样，其中仍有恒定之物。梳繁芜于一文，了千年于一夕的学术功力，与驭繁就简、举重若轻的理事能力全然相通，学术研究的精细缜密，与行政管理的严格周全相通。如果硬要将这种贯通来作外化的理解，那也只能说是有得有失，有喜有惜。喜的是多了一位优秀行政管理者，惜的是少了一位语法研究家。不过，回头想想，也并未少去什么。他的那些仍弥漫着墨香的卓见迭出的论文，不是已经长久保存在中国现代语言学史中了吗？

承蒙世勋兄看重，在他的汉语语法研究论文结集出版时，我得以重读大作，重温情谊，幸哉！

2013年8月4日
于厦门湾南岸海悦品斋

汉字"四定",难在字义之序

——周美玲《基础教育语文教材汉字定量研究及基础教育字表研制》序*

美玲君是跟从我学习的博士生中第一位以基础教育教材语言为研究对象的。这里有一个契机,2005年教育部语信司将国家语言资源监测与研究中心教育教材语言中心放在了厦门大学。它下面有五个分中心,分别关注着平面媒体语言、有声媒体语言、网络语言、教育教材语言及少数民族语言等五大领域,教育教材语言领域分中心要处理的语料量不算大,没有其他中心那样动辄数亿字的规模,但它的意义却格外突出,因为国内几乎所有的人都要经过学校教育,几乎所有的学科知识都要由教育教材语言来承载。分中心成立后,我们刚刚完成最基础、最要紧的理论准备,探索了教育教材语言的"对象语言"与"叙述语言",初步理清了它们的构成、作用、特点及相互关系,美玲就来到了这个团队,开始了筚路蓝缕的工作。从这个角度来看,美玲的这份成果可以说是与中心一起成长起来的,它受到人们更多的关注也就很好理解了。如果说它有的地方还不太完善,那首先也是与这个领域蕴藏着的内容太多、已有的可资借鉴的东西太多有关。这是一个有着极为丰富内涵、前途极为诱人的研究领域。

这部书以基础教育的汉字学习为对象,重点探索了"量"与"序"的问题。教育教材语言的基本研究任务可用三句话来概括:"学什么不学什么""先学什么后学什么""怎么学"。美玲的著作紧紧围绕着前两个问题

* 原刊《基础教育语文教材汉字定量研究及基础教育字表研制》,周美玲著,中国社会科学出版社,2014。

来进行，探索了基础教育要学哪些字，先学哪些字后学哪些字。我国已经颁布的语言文字规范标准，大部分是有关汉字的，基本上都集中在字量、字形、字音。字量上3500是一个很重要的量，无论是之前的《现代汉语常用字表》，还是现在的《通用规范汉字表》，取的都是这个量，但对这个量的内部构成却没有进一步的划分。这显然是不够的，因为具体教学总是要落实到学段、年级，要落实到每册教材与课文的。因此，"字序"就变得十分重要了。这里的"字序"不是指笔画顺序、读音顺序，而是在一定范围字量中汉字的编排顺序，特别是学习顺序。美玲的著作在努力地解决这个问题，显然是十分有意义的。他从多方面作了剖析，将语文教材中文言文与现代文的用字、首现汉字与总体汉字分别进行考察，从所有汉字习得中分出会认字与会写字，都体现出了他的精细处。

美玲的知识背景是纯中文的，硕士阶段研究的又是更注重语感的语用学、修辞学，可他通过自己的努力在很短时间就完成了对"理""工"研究方法的"兼具"。我们在阅读中已能很充分地感受到作者那清晰可辨的思路，无论是整体研究框架的逻辑性，还是具体材料的可论证性，都体现出一种从容、平和、合理与完整的风格。风格是恒定的，且会体现在作者的为人处事上。美玲在毕业后的去向选择，在教学与科研、工作与生活的关系处理上，都表现出了温而稳、和而进的特点。是这种风格的研究者更适合教育教材语言的研究，还是教育教材语言因它的深奥沉静而更需要这样的研究者，难以具论，但美玲这么快就能有所成，说明他是一位非常适合这个领域的研究者。

对有着极为丰富内容的教育教材语言研究领域，对一个尚在开拓、积累过程中的认知世界，任何一项研究成果都是值得我们期待的。同时，美玲的著作也给了我们更多更有价值的启示：如何在教材语料外考察对学生影响更大的语料学习语料库；在关注教育教材语言本身的同时更深入地考察语言能力的培养；在关注语言能力培养的同时更深入地研究与知识汲取的关系，都是下一步值得花更大气力去面对的问题。这不仅是对美玲的期待，也是我们共同面对的问题。

2014年1月29日

于厦门湾南岸海悦品斋

书信八年，汉字牵线

——董兆杰《基础教育识字教学研究》序*

跟董兆杰先生第一次联系是2007年。那时正在筹备"第二届全国教育教材语言研讨会"，董先生很早就向会议提交了论文，题目是"字频统计与识字教育科学化"，但后因身体不好而未能到会。之后的第三届、第四届他也都提交了论文，可都未能成行。最有可能见面的是渤海大学那次，锦州离他家乡很近，可春天气候多变，家人不放心他出门远行。书信八年，至今未能晤面。

每次来信，他谈的都是汉字教学方面的问题。每每读到他的来信，我都会受到两种矛盾信息的冲击：一方面是他身体羸弱，多病，心脏不好，视力很差；另一方面是他对汉字教学科学化的执着与使命感。谈起课题，谈起研究计划，还有那一直萦绕在心的学习性字表，他就立即会变得中气十足，思路敏锐。下面摘引几则他的来信：

苏先生：两年前，心肌梗塞病差点把我从这个世界带走。身体刚见康复，我又开始了识字教育方面的研究。本想尽早完成《分级识字量表》的研制，无奈受制于国家的《通用规范汉字表》久久不能出笼。8月盼来了字表，读后却大失所望。……现我把文章发给您，希望在您方便的时候读一读，给我一些帮助和支持。我哪儿说错了，请不客气指出。有何补充、修正，请不吝赐教。如果我的意见是正确的，希望运用您的影响和关系，或推荐报刊采发，或在博客上

---

* 原刊"基础教育语文教材语言研究丛书"《基础教育识字教学研究》，董兆杰著，广东教育出版社，2015。

转载，或向有关方面转送、推介。

2009-11-8

　　苏先生：实在不好意思在您十分忙碌的时候打搅您，请原谅！

　　谢谢您的盛情邀请，如果到时我的身体可以，我争取参加会议，见见您。我有许多话要和您说。……我希望你们把工作中心转向不同学习对象的识字等级量表的研制。这是汉字教育科学发展的一项重要基础工程；是一项不断被提起，却不是哪个人和少数人可以单独进行的研究；是一项没有被权威部门重视，甚至是不屑一顾的科研课题；是一项有着巨大社会效益和经济效益的研究课题。语文教育的科学发展需要这样的研究成果。

　　我个人为此进行了长达十年的准备，但是，不论我的能力、经验、学识、财力，以及语言文字信息处理技术方面，都没有能力进行完这项研究。如果，你们进行这项研究我会把我的资料、经验，全部贡献出来。我的身体不好，又年事已高，我非常希望在我有生之年看到一组识字量表，结束多年来识字教育只有字量规定，没有字种、字序限制所造成的混乱和低效益局面。

2010-1-26

　　苏先生：您发来的信和邀请函均收到。谢谢！

　　关于小学识字等级量表的研制我已经想好几年了。……我的基本观点是：

　　1. 字表研制是刻不容缓的事。因为多年来识字教育有字量规定而无字种限制的情况，已经造成了教材编写和教学的严重混乱，影响了识字教育质量的提高。你们的统计用数据证明了我的判断是正确的。

　　2. 过去的《现代汉语常用字表》和其他字表已经过时，并且存在统计和研制方法方面的不足，再也不能充当课程标准。新的通用规范字表，即便不流产，也不能作为小学教学的依据。研制新的字表刻不容缓。

　　3. 儿童识字量表的研制，必须从儿童用字的实际需要出发，儿童识字量的规定和字种的选择既要考虑起始学段的需要，也要考虑未来学习的需要，坚持"以人为本"。也就是您来信所说的体现"基础教育用的学习性字表的性质与功能"。

　　4. 如果不进行儿童用字的统计，字表的研制就无法进行。儿童字表的研制若是建立在儿童用字统计的基础之上，也就不会出现您在信中提出的三点质疑。

5. 进行儿童用字统计，不能只统计儿童课外读物用字，更不能以过去和现在的语文教材为语料（因为它们的用字脱离儿童的用字实际）。儿童用字，既包括阅读（各科课文、作品、各种媒介的文本等）用字，又包括写作（作文、作业、日记等）用字。

6. 不进行大容量的、原始语料的儿童读、写用字统计，就不能确定儿童识字从哪些字开始，就不知道识字量的最低要求。字表的定量、分级、排序都无法进行。

7. 进行儿童用字统计，是一个巨大的、社会的系统工程。我个人没有人力、财力、学力和权力完成，但是做了一些初步的思考和设计。你们有我所没有的全部条件……

您在来信中提到字表的研制，要从选字范围、角度和对象三层面全面考虑，应当满足"小学生认知需要、心智成长需要和优先需要"的观点，我完全同意。关于这个问题，我们会提交一篇论文，补充我去年论文的不足之处，提出具体设想。我会在成文后先发给您，作为我们讨论、交流的基础。

2010-3-1

苏教授：今天我收到了渤海大学寄来的《教育教材语言论集》，打开书本匆忙找到序言和我的文章之后，我非常感动。您在2100多字的序言中，竟然用200多字的篇幅对我进行褒奖；在200页的文本中，也慷慨地给了我32页——6/10的页面，这是您和同行对我最大的支持与肯定。……

请转达我对夏教授的深深谢意。

我还要感谢您的博士生唐师瑶，是她花费了许多宝贵时间，把四篇文章合成一体，让她受累了！

2011-4-14

苏教授：关于对书稿修改的事，我很纠结。我是个在教学和学术上精益求精的人，实在是不希望我的书带着"伤病"与读者见面。但是，我现在万分无奈。

从去年12月中旬，医院的眼科专家就告诉我，我必须注意保护视力，否则，会产生严重后果。他告诫我，不能长时间看电脑，否则，视力会更糟糕，光过敏的反应会更强烈，眼痛、流泪的毛病也会严重。

对书稿的修改必定是一项长时间在电脑前工作的事，我目前是没有条件进行的。您很忙，怎好麻烦您承担如此繁杂的工作。让别人修改，他们又不一定同意我的书中阐述的与众不同的学术观点，改不好，或者改乱了。如果是不太大的毛病，就交给编辑去处理吧；如果属于需要大修大改的毛病，能够决定书的出版与否，我也只能遗憾地放弃您给我的这一次难得的机遇！我真的不知道怎么办？

2015-6-16

八年未遇的通信中，我总感觉到有一种学者的压力，在教育教材语言研究背后竟有着那么多的期待与展望。对他的研究成果，也有了一种推广的责任，希望能有更多的人来关注与跟进。对他的要求、困难或吩咐，也似乎有了一种自然听从的习惯，当成了义不容辞的分内事。上信提到四篇合一文的事，当时就是请我的学生师瑶帮助完成的。这次定稿，我做了一些代劳的工作，唯因义之难辞。

得到董先生的信任，嘱写一文。序不敢当，聊忆数事，以记其事，以观其志。

2015年12月15日
于厦门大学国家语言资源监测与研究教育教材中心

兴随境起，心到诗成

——范智全《兴心吟》序*

　　与范君智全同事多年，平时工作上行政事务来往密切，我们所在单位属主管与院系、布政与执行的关系。每每读到其新作，都会有惊艳之感，因这些抒情言志的韵文与他平日给人留下的印象相去甚远。他负责的是教学科研促进部，这是学校里的一个"强势"部门，虽然不如教务部那么重实务，可也常是铁骨铮铮，有布置有检查，太"软"的人是当不好促进部领导的。另一个惊艳的原因是他从部队出来，犀言锐语、雷厉风行，一仍其旧。可他的诗作，却常常把我们带入一个灵动的个人世界。诗作有平寇吞虏、指点江山的军人气势，更有一次次登山临水、临别赠言的儿女情长。结集付梓前，我有机会通读全稿，愈发感觉立在面前的不仅仅是一位勤问政、严理事的同事，更是一位对生活充满敏锐触角，心灵跳跃、感情丰沛、才华横溢的诗人。他勤勉好学，诗词歌赋每款都得心应手，展现了既长于绘景、陈情、悟理、明志，更擅友宾客、亲妻女、睦家庭的聪明才智与优雅风情。

　　智全作诗从第一首算起已三十余年，可分为前后两段，前半段作品不多，只能算是偶得。但即使是那时，无论是在校求学，还是军旅报国，建功立业、抱志与国的情怀都一以贯之。他第一首诗《秋游缙云山》写于他读研究生期间："南缙白鹤初展翅，问君何日冲斗牛"，已是豪气逼人，振翮欲翔。投笔从戎后更是志在云霄："从军两载胆气豪，三秦王气何曾消？……他年得志做中流，万里江山任挥毫。"这时的诗作多直抒心志，此风格一直延续到后来，

*　原刊《兴心吟》，范智全著，厦门大学出版社，2014。

在大多数诗作中，读者都可以直接读到一个内涵丰富、个性鲜明的诗人形象。倒是这时期的最后一首词《西江月·咏荷》，全词以荷落墨，"胸中有孔无尘，"无一字在人，可又分明见得人在。"2005年我从部队转业时，用这首《西江月》和一位战友作别互勉，表达了一种清高自信的操守和心态"。全诗咏一物，以物喻人，融情寄物，这样"喻体式"诗作在其作品中甚为少见。

　　智全在2005年离开部队后两年未出新作，这时的他正在寻找新的发力点，诗意既停息也在酝酿，诗笔既中止也在砥砺。2007年，他足迹广开，东游石头城瘦西湖，南登韶山岳麓，西睹九寨"山碧"，北采香山"红枫"。这时作者是悠然怡适的，"藏家兄妹伴歌舞，青稞美酒唤客来"（《九寨沟景赞》），"回首京郊朦胧意，阔阔平野雾如纱"（《香山秋景》）。这一年，发生了一件对他后来产生重要影响的事情，他加入嘉庚学院管理团队。从动心起意到实地考察，诗中都有清晰的反映。"上下河北登高处，来去江南话鹭洲"（《金陵北归》），写的就是重大抉择时对好友的征询。《初访嘉庚》则记下了"鹭岛有佳缘"的开端，"碧空飞大雁，黄楼谒归贤"。正是这一佳缘成就了作者的事业，也成就了作者的诗业。诗中有这样一句"绿影随波去，红树伴潮眠"，应是当时的写真写实，可从作者后来的新作里，仍能不断看到相同的情趣。如《居家偶感》："青箪绿帚拭轻尘，小寓高楼隐涛声。清风入帘送秋爽，斜阳隔户照闲人。高堂白发有颐养，后生书斋读前程。世事如梭穿云过，明月年年共潮生。"又如《漳州港小居》："椰林摇青影，绿波渡白帆。朝雾缠太武，晚箫动画梁。凭栏思剑气，看海著文章。"我们已很难分辨是作者的先知先觉在前，具象物化在后，还是经月累日的美景怡情养志所致。

　　读诗人的诗，就等于踏入了诗人的生活。读智全在嘉庚学院这几年的诗作，能明显感受到那由周围近景向他方远景延伸的笔触，《厦门》《渔排》《静湖》《东山岛》《紫云岩》这些写实性的诗作只会出现在2008年。在接下来的年月里，作者已如鱼得水般地生活在闽南这块土地上了，读者能随着那诗笔，伴着那足迹，一起去游历八闽山水。作者的创作进入了一个高产期，年年有新作，2011年更多达39首。作者自己也说："不知是当年的兴致特好，还是创作能力较强，我十来天内共作诗七首。"近友远亲、文人墨客、偶遇暂别，都是作者吟唱的题材。"题景""记事""唱和"，成为诗人创作的三大主题。观景必起怀，记事必成韵，逢友必唱和。即便是有人索诗求句，亦能入境切情，当即成韵。席间和诗，步转成篇，临山涛涌，观水性静，皆信手拈来。这正是诗人进入境界的表现。

在智全的诗作中，我特别爱读他的颈联和尾联。诗歌虽短，也讲究起承转合，颈联为转，尾联为合，转合得当，诗意大开。阅读范诗，常能收到意料外、情理中之效，正是作者那敏捷的诗思，在写实写景后常能跳到另一个新境，如《为成礼置琴偶得》："赏罢三秦风物好，留得新赋月下吟。"写为女儿新添钢琴，女儿雅曲高奏在前，诗人喜赋新得在后，阖家兴致盎然，跃然纸上。《秋游南太武》："慢道秋凉登台晚，天道从来慰相知。"写故友新知相聚，明述日晚台高天凉，暗陈凌峰相聚情深。《嘉应学院》是唱和词，"吟得半首七言在，仲兄诗赋又在前"，"半""前"言时间先后为明写，抑己赞彼为暗写。"诗贵奇"，像这样能带给人回味的佳作在书中还有不少。

作者说"从儿时喜欢读诗、背诗，到后来研诗、作诗"，这是作诗的正道。作诗必好诗，好诗必始于读诗。我们随着阅读的推进会愈来愈感受到作者对诗歌发自内心的喜爱。在那里，诗歌已不只是一种语言文字技巧的运用，而是心灵的展示与情感的交流。由于作者深广的知识面和厚重的历史感，那汪洋恣肆的风格，那情景并茂、气志俱佳的铺陈才华在"赋"中得到了更充分地体现。《嘉庚赋》就是我颇欣赏的一首。这是作者的早期赋作，步《滕王阁序》之法仍斫凿可见，中间一些散文语句还略嫌提炼得不够，但全赋以人入事，以事绘景，以景明志，一气呵成，四六句谐，韵联意转，读来气势沛然。如"临大海而高楼耸立，接太武而曲径萦回"，如"两百年鼓浪，居家别墅渐失往日奢华；三千亩校园，教学大楼正显当世风采"，如"发展有归贤掌舵，鞠躬尽瘁时添多少银丝白发；质量靠大家努力，辛勤耕耘中少几多花前月下"，都中景、中事、中情。赋历来多颂，作者以赋来赞"名校办新院"的嘉庚学院，赞短短几年中即成全国同类院校之新锐，倒也是切题切旨。

作者的韵文遍及诗词赋，以诗为主，且多七言。自序云"不用七律或五律"冠之，是因为自觉严格意义上的格律诗"很不容易写"。这倒是作者的笃实之处。客观来说，作者有的诗作就是于格律诗而言也是很不错的了。描写厦大漳州校区的湖心岛就词丽意佳、平仄调和："浸水低腰缠玉带，指天长臂拥芳魂。临波鸥鹭浮新绿，新月一弯落桂庭。"（《湖心岛春景》）对联是格律诗的一个重要要求，作者的运用也颇为自如，语法对、词性对、用字对，都常能给人眼前一亮的感觉。只是细细品来，在关注字明词亮时，有时对隐藏其中的音律还有所疏忽，如"戏罢飞舟开夜宴，大别风月满金樽"（《与庆财巧霞游云台山》），"百战功成定台海，十代侯封沐恩荣"（《访施琅故里》），包括之前所引"吟得半首七言在，仲兄诗赋又在前"，平仄的错粘对转还略有忤拗。个别韵脚还混有今平古入之字，如《自驾回陕过剑阁》，误将"德"与"何""坡""歌"混韵。

读罢范诗，还是认同他那"作诗的过程，是一个追求'兴'与'心'统一的过程"的心得。作者在这么短的时间就有如此成就，展望未来，读者有更多的企盼也是很自然的了。

2014年2月14日
于厦门湾南岸海悦品斋

读《草根随话》，会草根之情[*]

"草根"是这些年的常用词，有关它的再生词层出不穷，比比皆是，"草根性""草根化""草根族""草根型""草根版"，甚至为这种"草根热"寻找理论依据的"草根论"也出现了。"草根"是相对于短暂艳丽留香一时的花卉而言，它普通到无处不在，长久到野火烧不尽，春风吹又生。当今的草根热，正是我们国家平民意识、平民利益、平民地位上升的表现。从"草根"到"山寨"，是自况还是他喻？是自嘲还是自赞？这些似乎都不重要。"草根"一词的流行，同族词的衍生，表明它已经获得了应有的地位和尊重。当我从吴博士那拿到《草根随话》一书时，因对"草根文化"长期以来的兴趣，禁不住立即读了起来。

亚良先生以草根自喻，这是他的谦虚。他是一位资历颇深的公务员，负责一个规模不小的行政单位，在我们国家的行政体系中已经算得上是官员了。但书中的他确实又是一位实实在在的"草根"，就像我们周围众人中的普通一员，字里行间处处留有衣食住行影、柴米油盐味。古人曾以"信手拈来，皆可入诗""凡有井水饮处皆有歌者"来赞誉为诗为词的一种风格，《草根随话》就颇有这样的特点。与老太爷老大妈一起排队兑奖时的情怯意葱，驾车行止于绿灯红灯的动静之间，挥汗于乒乓球场击球拾球的起俯之际，烹饪时的选料刀功火候装盘，都在文中娓娓道来。带着我们或是徜徉市井坊间，细细品析那原本已有却常被人忽略的生活滋味，或是在说理论道中轻轻把那生活场景捎带引入，让观念的提炼与传递在不经意中完成。无论是前者的正面叙述，还是后者

* 原刊《草根随话——人生行进中的见闻感悟》，刘亚良著，海风出版社，2011。

的偶尔提及，都让我们在慢慢地阅读中，在那草根世界与作者一起经生活之历，品生活之味，悟生活之感。

如果说经历、品味是"随话"的材料，那么感悟则是"随话"的价值。亚良先生是生活的细心人，更是生活的有心人。他从那么多不起眼的小事、琐事品出了酸甜苦辣，悟出了社会百态、广宇深空。从怯情退却后排队兑奖的与众同乐，从红灯骤停时的懊恼悟出下次机会来临时一马当先的快感，从乒乓球运动中单球还是多球的运用所生发的单一与专注，无不显示出他的生活触觉处处可在，灵魂触感时时皆有。从那么多的触角触感中，我们能感受到作者的"职业"特点，那就是作为一名行政部门领导、一名执政者，对施行佳政、良政、廉政的思考。从下跳棋联想到对社会政治经济中各方利益的对立统一、兼顾各方、互惠共赢的处理方略；从提示用语的文明与咒骂想到"以暴制暴"和"徒法不足以自行"的执法方式与力度；从楼宇出入口在第三层想到建筑的环境文化；从小毛毛虫首尾相衔的行走方式到对"跟着感觉走"这一时下流行的大众行事方式的反思，都显示出作者的行政素质与追求完善的自觉程度。有的体悟还达到相当深入的程度，如对寺庙和尚未解决僧多粥少的分餐制，从轮班制至监督委员会，再到考评委员会，最后是分餐者的后取制，联想到矿山官员与工人一起下井制的推行，得出"制度要有效力，必须'制'在要害节点，'度'在有力管用""造就良好的政风民风，离不开科学的制度设计"的结论。联想到当下制度创新、政改方案设计，应该说作者的思考是相当有深度的。

阅读《草根随话》，处处可以感受到作者的思之想情之动，皆系之于民生民情，牵之于职履政行。文章有赞有弹，有褒有贬，富于启发思考，鼓励积极向上，用今年流行词来套用，应属于"正能量"。居草莽之中，忧庙堂之上，这正是中国传统知识分子的传统美德。

作者是勤勉的，一百三十余篇写生活细节，一百三十余篇则写心灵激荡，有血有肉，有生活有思想。不少篇目文笔清新优美，委婉曲折，淡描浓绘，皆引人入胜。如描写大厨师切雕黄瓜的刀工，菜刀在他手中，"翻转自如，削切快捷，只听砧声，不见刀影。一条黄瓜经他正切反切，虽然'碎尸万段'，但裂而不断，连接均匀，提起来就如手风琴风箱箱叶，一折一折，一叠一叠，井然有序，简直就是一件艺术品"，生动逼真，形具神现。

文如其人，人如其文。读其文未见其人，但可以想象作者的厚薄与儒雅。

如果每篇"随话"之下能有作文的日期或文境，或是据情境，或依感悟有所编排缀序，相信我们对亚良先生的人生心路会有更多的认知。

2013年1月4日

于厦门湾南岸海悦品斋

读阮莉萍的《静湖春晓》*

　　阮老师是厦门大学附属中学的语文老师，酷爱中国古典文学，在三尺讲台上做出了传授教材、拓展教材的贡献。可她并没有止于讲台的布道，而是常常走入社会，去发现生活中的人文之美。这些年来国内学者孜孜倡导人文学科应该在地化，这在阮老师那是落到了实处。在她的笔下，文史哲，历史、当下、未来，是水乳交融、合为一体的。她对现实的关注，首先落在了我们共同生活的招商局漳州开发区这片热土上。

　　我有幸读到她的新作《静湖春晓》，首先被那雅致的书名吸引。我就居住在"静湖"之邻，常常会陶醉于湖的静与美，更因为我是看着它如何一步步从山野丛林间的一弯库水，变成了今天这般的文化公园。而今，每一位徜徉其间的游人，都会被它那郁于林间、漾于溪谷、浮于勒石的浓浓文气所吸引。说它是整个开发区第一美景，当非虚名。可我很快发现，《静湖春晓》写的远不只是一水之静、一春之美，而是将开发区的历史与现在，将开发区建设者们的抱负与情怀，从历史文脉的角度做了有深意的梳理。

　　全书定位在"自然与人文悠然之旅"，通俗地说就是用文化散文的方式来反映开发区。它以"七彩"为墨，描写了这片土地的精彩。神话的"玄"色，流云的"白"色，晴空的"蓝"色，山石的"褐"色，鸟鸣的"幽"色，静湖的"绿"色，桃花的"红"色和瑞气的"紫"色，构成了这片土地的绚丽。开发区位于厦门湾南岸，地理位置独特，离繁荣的厦门仅一水之隔，绵延群山葱茏而静谧，闽南名山南太武山位于其南隅，海蓝沙白、滩浅礁平，一派南天海

* 原刊于《静湖春晓》，阮莉萍著，云南美术出版社，2018。

象，千百年来大径、石坑、店地的村民渔民生活在这里。自20世纪90年代开发区兴建以来，这片土地发生了翻天覆地的变化。码头、工厂、山庄、小区、超市、影院，拔地而起，成片成线。以厦门大学为核心教育资源的大学、中学、小学，成龙配套。开发区管理者在生产性开发建设后，很快转入宜居型的城市建设。高端居住、商务区如双鱼岛，休闲度假区如静湖生态山地公园，成为建设的重中之重。这些建筑为这片热土带来了凝固着精神文化观念文化的物化形态，《静湖春晓》则使这些物化形态的文化内涵得以再生和外溢。万千世界，名山大川，纵有奇形异彩，如没有文人雅士的指点评骘、点墨勒石，何来扬名立万、文化层积呢？从这个角度来看，说阮老师是开发区的文化建设者、传播者，应是合适的。

作者善于写景。开发区的历史遗景、自然美景、人工造景，皆在《静湖春晓》中能觅得踪迹。从南太武的"山色空蒙"，到海湾的"水光潋滟"，从打石坑、屿仔尾、南炮台，到青蛇献瑞、燕山坟石，构成了一幅自然与历史的画卷。当然，全书的重点还是山地生态园，南鼎山、花博园、溪潭、花溪谷、静湖成为贯穿全书的空间行迹。整个行文的空间顺序是由近而远、由山而水，从南鼎山的镇山宝鼎、怡然亭，到花博园的精卫驾雾、渔村往事，再到潭溪的回廊与奔驹、茶苑与鱼乐亭，共同构成了山地生态园的下湖之景。寻花溪谷拾级而上，一路的花映树荫中，透映出十数方巨型书法石刻，名言名句，名理名道，名书名刻，转景即至。巨岩上遒劲的大字"紫气东来""知人者智""听雨赏蕉""德信""浊以静清，安以动生""无极""曲则全""上德若谷""得一""道法自然""为无为，事无事"，将我们带入中国传统文化中。登上横跨山间的水坝，则进入了加走湖的范围。这儿属山地生态园的上湖之景。上湖之景是静湖公园的精华。这里有一湖集天地精华的静水，有一排宁静致远的横廊，有一行曲径通幽的鹅卵石小道，还有一幅幅老庄道家箴言石刻，如"悟""道常无名""见素抱朴""致虚守静""坐忘""宠辱不惊""道法自然"，散落在水明林暗之中。那尊巨型的老子石像静静地坐落在湖尽水源之处，永远微笑着看尽人世间的尘来尘往。石像旁有老子的"大道无言""上善若水"的告诫，也有唐玄宗、清世祖、托尔斯泰、黑格尔对老庄哲学理国理身、切身心明伦物的认同与感悟。由下湖之景，到上湖之景，仿佛一步步由自然景来到人文景，由眼前景来到心中景，由物质景来到精神景。阮老师的书充当了一名文化导游，领着、陪着读者，在游走，在欣赏，在体味着这儿一个更显其文化价值的名称——"老子文化公园"的内涵。

作者还善于抒情。在她的笔下，景是跳跃着的，是有情、有思想的。写花博园，那儿是"绿满山野，春光融融。在四季的更迭里，有大自然的无限柔情。春阳或许还不够明媚，但身边匆匆而过的行人，脸上都已经绽开笑颜。春风拂过光秃秃的柳梢，嫩黄的柳芽偷偷地钻出来，娇弱而新鲜。春雨乍停后，松柏洗去尘埃，披上愈加苍翠的衣裳。春山宁静的倒影，在粼粼春水里漾动着，似乎在层层叠叠的波纹里，与蓝天白云互致问候"。（P25）写潭溪，"位于伯阳山脚下，高处火山湖的水，从溪涧一路欢歌流淌，缓缓汇聚于此，形成了一处幽深的湖泊。依山傍水修建的溪潭公园，一泓碧水，三面青山，花木丛生，环境清幽，四时葳蕤的水生植物，蜿蜒如龙的九曲回廊，古雅质朴的湖景茶舍，令人在忙碌的工作之余，体验到一种别样的轻松与自在"。（P29）透过这些雅静优美的文字，我们感受到了作者宁静休闲的心绪，以及对这里生活的由衷热爱。

作者更是长于论史。在作者的笔下，每一道景，每一件事，每一句名言，每一方石刻，甚至石刻上的那每一画神来之笔，每一枚方块字的疏密与飞扬，都有故事、有来历。从"南太武山"的"太武夫人坛"，讲到福建、漳州的起源，从"燕山坟石"讲到三次御外之战。而作者用力更多、用心更深、更显功力的是对石刻书法艺术的阐发。每一方石刻，从语言到哲理，从字形到字理，从言者到书者，娓娓道来，把静湖的生命脉动，一一呈现在世人面前。写天地，言其"天地在我们的眼里是神秘莫测的，而且蕴含着巨大的力量，但也必须遵循自然的道，何况是人呢？我们只有不违背自然规律，做到合道合德，才能和大道相融，并从中获得益处"（P112），写水，"天下再没有比水更柔弱的了，然而攻坚克强却没有什么可以胜过水，因为没有什么力量能够取代它。弱胜过强，柔胜过刚，遍天下没有不知道的，但是没有人能实行。所以得道的圣人说：'承担国家的屈辱，才能成为江山的主人；承担国家的祸灾，才能成为天下的君王'"（P119），写书法，"我们在这儿首先欣赏到的，正是厚朴庄重的楷书。最高处的'德信'两个大字，落款是北宋的黄庭坚。……他在诗歌上与苏轼并称为'苏黄'，词作上与秦观并称'秦黄'，书法方面则与苏轼、米芾、蔡襄并称为'宋代四大家'。黄庭坚的这两个大字，凝练有力，结构奇特，'信'字更体现一两笔夸张的长画，章法富有创造性。宋代书法尚意，黄庭坚更着力在运笔、结构等方面更变古法，以追求书法的意境、情趣为主。……苏东坡曾经称赞黄庭坚：'退笔如山未足珍，读书万卷始通神。'黄庭坚之所以能够成为我国书坛上承先启后的杰出书法家，除书法本身外，与他的道德品行、文学艺术素养是分不开的"（P47）。阮书将静湖公园中的名字名刻尽收文中。因言写人，因字写人，文因景起，景因字生。在这里我们回味、复温了老子、庄子、诸葛亮、苏东坡、岳飞、孙中山、于右任的名言名理，也寻踪到了不少或被历史尘土掩映的故人往事，如"曲则全"的鲜于枢，"得一"的宋康王、韩凭，"悟"的祝枝山，"无中生有，道之理也"的张瑞图，或是当代新崛起的名人名家，如雷鸣东、武春河、陈文泽。

　　阮莉萍老师是厦门大学附属中学的语文老师，也是漳州开发区的文化建设者。她在漳州开发区的文化土地上耕耘，将开发区二十多年的创业史、几代建设者的巨大物质文化建设成果，作了极有价值的阐发。要认识开发区的文化深意，请先从《静湖春晓》开始。

2017年6月26日
于厦门湾南岸海悦品斋

读心地畅亮人的畅亮文章

——潘新《留给记忆的文字》序*

　　打开潘新兄的新作，一口气连读了两篇。一篇是开篇语《文字的记忆》。文章不长，不足600字，却出现了10个"我"字。写了"我"的偶像，"我"的讲课，"我"的年龄，"我"的担心，"我"的计划，"我"的写作……，还写了我将来的"醉"。这就是潘兄，短短一篇小文，就把一个真诚、直率的"我"和盘托出，真切而真实地展示在我的面前。

　　读到的另一篇是后记《今天都是昨天的延续》。有2000字，没有出现一个"我"字，却出现了整整40个"他"字。从"他"的孩童，到"他"的运动员、教练员、讲解员、通讯员、广告员，再到教员，再到大学生创新创业的优秀指导老师。最后是"他"的"豁然开朗、大彻大悟"，到真诚相信"一切都是最好的安排"。

　　这里的"他"是前面的"我"吗？前面的"我"是这里的"他"吗？这里用了完全不同的写法，分别用上了语言人称上本来是极致两端的第一人称与第三人称。"我"多些担心，"他"却是坦然；"我"多些焦虑与不安，"他"却是宽容与坚定，可映透出来的主人公的精气神，却是毫无二致的相同，那就是对人生的认真与努力，畅怀而亮堂。

　　如此畅亮的人生，写出了如此畅亮的文字，这是真正高效的文字，把读者带入一个人的真实内心世界。"都市情怀""儿女情长""人情练达"，是一部书稿的三个板块，也是潘兄人生往事的三个主题，更是精彩纷呈的三个精神

＊　原刊《留给记忆的文字》，潘新著，团结出版社，2019。

世界。我爱读《能记住的学生》，那是从教师角度给学生最贴心的私密传授；我爱读《你会说话吗》，那是对人间百态的观察，也是对社会语言学的最好运用；我爱读《时间可以让我们看透一切》，那是对人生真谛的感悟，也是对人生信仰的执着；我还爱读《仪式感》，那里有对晚辈的郑重承诺，更有对亲人与家庭的尊重。每一篇短文，都是认识主人公心灵世界的窗口与通道。

称得上畅亮人生的，不仅仅是内心能澄净，能毫无保留地向读者敞开，还能自主地、有计划地安排着自己的一切。作者在今年开春时有了通过写作来总结人生的想法，有了一周一文的计划。现在暑期仅过半，竟然就已经结集短文达48篇。潘兄生活得是如此自觉而高效，真是让人佩服。

人文与传播学院成立于2009年12月，潘兄是我参与人文与传播学院管理工作的最早搭档。人文与传播学院由中文与新闻两系合并而成，我需要从新闻系几个专业中请一位教师做同事，首先想到的便是潘兄。平时他那大气的行事风格早已给我留下很好的印象。他有主见，做什么事都举重若轻，收放自如，言而有声，行而有果。几年下来，在我们的共事中，他探讨时言无不尽，理事时竭力而为，是一位很尽职的合作者。后来他希望能更集中精力于教学科研，我还很舍不得一阵子。现在，他在将临耳顺之际有了安排新生活的想法，并开始了有关准备，我的不舍又多了一层。因为他的出色不仅表现在他是一位优秀的教师与同事上，还有着一份独特的专业特长与业绩。潘兄在广播电视学专业教学，这是我院的王牌专业，他自是为这个省级特色专业获得过各种称号，贡献过出色的工作，他还是全专业里第一位获得省级精品课程的教师，这就是在"他"的回忆中提到过的与自身阅历有紧密关系的"新闻采访与写作"。还有一项工作，是他的独门绝技，就是与"电视"并列的"广播"领域。他指导的学生获得过校级以上各类专业奖项多达70余项，其中大都集中在广播类，其中不乏"全国大学生广告艺术大赛全国总决赛"这样的顶级赛事。我曾几次向他提过要注意培养年轻教师，广播是一小众领域，理论与实践并重，学识与悟性缺一不可，人才可遇不可求，故我在不舍之外，又多了一份担忧。这份担忧，正是由于潘兄太优秀而可能不容易补上的学科弱项。

受潘兄的嘱托要为他的新作写点什么，我自是高兴地应承了，不仅仅是因为我们之间的友谊，因为对他怀有的感谢之情，更主要的是我可以先于众多朋友而与潘兄作一次心灵的沟通。

2019年8月11日

于厦门湾南岸海悦品斋

做时间自主的人

——潘新《留给时间的思考》序

两年前，我为潘新老师的散文集《留给记忆的文字》写了一篇序文，重点谈到两点。一是对作者"畅亮"人生的体会。潘著首篇《文字的记忆》用了10个"我"字，尾篇《今天都是昨天的延续》用了40个"他"字，其实指的都是潘老师自己。当一个人能从50个角度来自我解剖，是足够畅亮的了。二是对作者那丰富个人世界的体会。"都市情怀""儿女情长""人情练达"，是书稿的三个板块，也是人生的三个主题，更是精神世界的三幅彩图。

才两年，准确地说还不到两年，潘老师又完成了第二部散文集《留给时间的思考》。这书也有两处给我留下深刻印象。一是作者对文字简短、简洁、精练甚至是苛刻的追求："每文不超800字，包括标题和标点符号，一个字都不能多。金科玉律，恪守不渝！""挤掉'水分'，呈现'干货'，不写废话，多写短句，字斟句酌，用通俗易懂的文字串起文章的主题，用最少的文字向读者呈现尽可能多的信息，让读者好读、易解，省时间、多收获。"短而约，简而丰，浅而深，明而蕴，向来是写作的最高境界。作者将目标锚定于此，并宣于卷首，足见其写作态度的认真，是将"写作质量"放在首位来考虑的。当一篇文章是如此用心写成时，一定是值得细细品味的。

第二个印象是感到作者对人生总结的味更浓了。从书名《留给记忆的文字》到《留给时间的思考》，多出的是"思考"；从"都市情怀""儿女情长""人情练达"的三种"情"，到现在"感慨系之""私情话语""言行举止""闲情逸致""左思右想"的五部曲，"情"字依然，更浓的是"感慨""情致"与"思想"。前书48篇，后书77篇，作者写作更勤了，生活态度更积极进取了，生命力更昂扬奋发了。

两年前的序文有1500字，这里也响应"800字短文"的号召，该就此打住了。最后想说的一句就是，当大家都能像潘老师那样勤写文、写短文，相信我们的语言表现力与生活质量，一定会进到一个新的境界。

2021年7月31日
于厦门湾南岸海悦品斋

专书词汇研究，见人识世

——徐朝晖《〈南村辍耕录〉词汇研究》序*

　　在赴台讲学前夕，有机会读到朝晖学长的《〈南村辍耕录〉词汇研究》，收获不少。我和朝晖曾在同一个单位共事过，他给人的印象是为人低调、行事沉稳、学思细密，发表了多篇有关现代汉语词汇与修辞的论著。阔别十多年，今年暑期在新疆一个研讨会上重逢，他内敛的为人与学问的大进让我有了新的认识。直到那时我才知道徐思益先生是朝晖的尊甫，思益先生学问精深，影响了几代人，而朝晖平时对卓有声誉的家学从未言及，看得出他是希望在语言学领域闯出自己的一片天地。这部大作，显示出他的学问已经有了脱胎换骨般的长进。

　　元末明初的陶宗仪，字九成，号南村，承家学，通百科，拒入仕，躬耕耘，乐悠于田头陌间，勤笔于林下池旁，"摘叶书之，贮一破盎"，累十余年，而成《南村辍耕录》三十卷。书中记五百八十五事，尽朝野时俗、乡间坊里之时闻，一一详其实、考其源、辨其异，于前后故事中观其用，于天文地理中察其变，最终成就了这部百科全书式的笔记小说。陶宗仪的犀利眼力、写实风格、精准表达，使全书的记述内容和叙事语言在汉语词汇的中古至近代的演化中有了重要位置。关于《南村辍耕录》的独到价值，不少学者都曾做过探讨，有多种专著专文问世，其中不乏名家高手之作，如鲁国尧的《陶宗仪〈南村辍耕录〉等著作与元代语言》《〈南村辍耕录〉与元代吴方言》，王福利的《陶宗仪〈南村辍耕录〉所收元达达曲名考》等。还有多篇学位论文，如

* 　原刊《〈南村辍耕录〉词汇研究》，徐朝晖著，广东人民出版社，2015。

《〈南村辍耕录〉词语研究》（陈伟玲）、《〈南村辍耕录〉词汇及语料价值研究》（侯水霞）、《陶宗仪与辍耕录》（刘世灿）等。而中古词汇这些年成为热门之学，学者们对陶著有所关注、研究、征引，也自是必然。然读到朝晖之大作，对其用力之勤、考证之广、思辨之精、架构之宏，仍留下深刻印象，徐著在专书词汇研究的理论与方法上做了很有意义的创新，对《南村辍耕录》词汇研究领域具有明显的推进之功。具体说来有以下几点。

一、由人及事，由事及文，在时代文史背景下开展专书词汇研究

朝晖深谙知世晓事才能通文的道理，对陶宗仪这样一位百科全书式的作家和《南村辍耕录》这部百科全书式的作品，也采用了百科全书式的研究方法。徐著"绪论"用了三万余字的篇幅，对陶宗仪的生平经历、创作著述、成就与特点，作了详尽论述，从而把专书研究放在一个非常宏大而清晰的文史背景下来进行。作者对《南村辍耕录》的透彻了解，在对具体词语的论析上可以时时感受到。陶书卷十七《奴婢》对"驱口"有这样的解释："今蒙古色目人之臧获，男曰奴，女曰婢，总曰驱口……"朝晖认为，高名凯等认为的"驱口"是蒙口语借词，李锡后等认为的与中原地区早就存在的"驱使人"有关，诸论都不太妥当，他认为"驱口"是汉语口语词。在引证陶书多卷用例后，朝晖指出"驱口"是战争俘虏中被役使为奴之人。明清以后，"驱口"制度被取消了，这个词也就消失了。如果没有对文献的广泛阅读，没有对史料的仔细考证，是很难作出如此判断的。阅读徐著时，时时可以感受到作者那广征博引、从容论列的考辨功力与行文风格。

二、以"词汇"统计为表，"训诂"考证为里，走出了专书研究的一条新路

从20世纪60年代开始，专书研究开始受到学者们的重视，何乐士先生在《专书语法研究的几点体会》（载《镇江师专学报》1999年第1期），对老一代学者如何指导学生从事专书研究做了很详细的描绘。我将专书研究定为汉语词汇计量研究的第二阶段，它明显有别于之前的卡片征例的计量与之后数据库的计量（参见《汉语词汇定量研究的运用及其特点》，载《厦门大学学报》

2001年第4期）。但往时的专书研究多为两种完全不同的模式，一种是选取典型词例的训诂考释，一种是全书词汇的数据统计式描写。前者重在考证，以穷究见长；后者细密无遗，专擅语言形式。二者各有所长，然亦都各有不足。重考证者往往对词汇全貌缺乏清晰准确的把握，于词汇规律的演替也不太注意；重语言形式者往往就事论事，有浅尝辄止之憾。而徐著则表现出将二者紧密结合、互为表里的特点。

全书十章，一至八章分别从"词频""词的音节结构""词源""训诂""特色词""同义词和反义词""实词和虚词""与现代词汇比较"进行分析，这里呈现的全然是对断代词汇全面描写的架势。在好几章作者都努力拿出一个数据式的总体描写，如对同义词，列出了名词性同义词30组、动词性同义词38组、形容词性同义词43组。如此细致的工作让我们相信，没有对全书词汇的细致计量是难以做到的。对同义词的剖析中，则严格使用了同义词理论中的辨析方法，依次从"词义所指对象的特点差异""词义所指动作行为的方式、状态、结果的差异""词的适用对象和感情色彩的差异""词义表达轻重程度的差异""词的使用条件和语法功能的差异""词义的适用范围的差异"六个方面着手，让我们看到的俨然是一部词汇学理论著作。作者在具体词语的辨析中，更是展现出了良好的考证功力，对同一组同义词的来龙去脉，娓娓道来，很是注意将静态描写放在历史演递中来察变究理。"值得注意的是，《南村辍耕录》中同义词虽然多为直接沿用前代所得，但是所沿用的同义词之间的区分度明显不如前代，同义词之间存在的细微差异变得更少，有些同义词从前看作是近义词，在《南村辍耕录》中词义则趋向相同，甚至可以把它们当作等义词看待，如在同义词辨析一节所举的'疾''病'一例，'疾'与'病'的差异在于'病'的程度比'疾'高，但在本书中'疾''病'两词已经没有太明显的差异，'疾'也有表示重病的，而'病'也可以用于类如'洁病'。"如此的考析，以独到的"静态"彰显了在历时"动态"中的位置与作用，从而揭示了一个具体词语的历史流变。

在词汇的"表"与训诂的"里"中，作者更看重的是"里"，正是这一部分更好地体现出了作者功力与著作价值。如《南村辍耕录》卷十二"南方或谓折花曰拗花"，朝晖在广泛引用唐李贺诗、《通俗篇》、姜亮夫文及《相城小志》后，认为"拗"的"拉，折（断）"义在近代汉语之前很少出现，到唐代才渐渐开始使用，从而推测"拗"最初可能是一个方言俗字，在现在许多南方方言区中都保留着，并进一步认为 "拗"在唐宋以来出现了一些新的意义和用法，如"嗓拗劣"中， "拗"指嗓音"不顺"义；又如"拗怒不拽"中，"拗"指行为拧而直。书中类似精辨细证的用例不少。徐著以词汇理论统辖全书，纲目清晰；以词语考辨为基础，理证意畅，将专书词汇研究做得有声有色，将传统训诂方法与现代词汇分析理论作了很好的结合。

三、专书研究之史学与史用

专书研究的价值主要有两个方面：一是对当时语言状况的反映，二是对当下历史认识的丰富。作者对此有清醒认识："《南村辍耕录》的语言自然流畅、平易浅白，具有浓厚的口语色彩，相比同一时期其他文献的口语词书中的口语词是比较多的，其书中保留了大量元代或元代以前使用的口语词，研究《南村辍耕录》使用的口语词可以进一步了解那个时代口语词的产生和特点。"作者还广泛参考各种或历时词典或断代词典，或普通词典或专书词典，进一步厘析出《南村辍耕录》中口语词的不同性质："一是指宋元之前的朝代遗留下来的口语词；二是在宋元时期出现了新的意义且具有口语特点的词；三是出现在宋元时期口语化程度较高的文献资料中的词；四是《南村辍耕录》中出现的俗语词和方言词等。"有了这样自觉而精准的认识，故作者在行文、析例、论断中，随时会透露出求汉语历史之原貌、助当今汉语之真用的追求。如引述了《南村辍耕录》卷十八"叙画"中的"画有三病，皆系用笔，一曰版，二曰刻，三曰结……结者，似物凝碍，不能流畅也"后，认为"结"的"表示呆板生硬的作画笔法"义，是元代一个新出现的意义，《汉语大词典》漏收此义。"很显然，《南村辍耕录》中表示'结'的意义和现代汉语时期的意义是不同的"。又如认为"摄祭"，指"临时代理祭祀，摄，代也，表示某事因缺乏人手而需要找人承担。有摄相、摄政、摄行等词语。卷二《贼臣摄祭》记录，《大词典》缺收此词"。

总的来看，作者在《南村辍耕录》的词汇研究中，确是下了大气力，做到了专书专论、专书深论、专书广论。在研究思路的宏观谋局、研究方法的周全合理、语言材料的烂熟于心上，都做出了与众不同的工作。如果说还有可继续完善处，下面提几点以资参考，这也是在阅读中感到或意犹未尽，或立论偏软的地方：如词汇计量统计，仅在第一、第二章有所体现，而没有关照到全书词汇问题的分析，定量的作用主要表现在语料的分类与提取，而没有在语言现象的分析与发现上；又如对词汇问题作了全面铺开，但面广点多，自然力量分散，使有的问题探索不深，如第六章"不同民族语言的相互影响产生同义词"立了专条，可所引皆他人成例；再如对陶宗仪的"语言研究"成果与"语言运用"实态混而论之，如果能有所区分，可能会观察得更精确些；另外，绪论章第三节"研究意义与价值"的内容显得有点芜杂，可考虑将第一、第二两部分单独立节，对留下的第三部分在分段标号时可重新作些考虑。

一部专书之论，厚达数百页，能吸引我饶有兴趣地读完，还想写下些东西，这能不能也算是著作成功的表现？我想应该是的。

2015年10月2日凌晨
于厦门大学嘉庚学院

致力于自然语言处理义类标注的探索者

——柏晓鹏《现代汉语词义分类体系的建立和自动标注》序*

　　2012年春天，柏晓鹏的博士论文答辩在新加坡国立大学举行，当时我在厦门大学通过远程视频出席了答辩会，并担任答辩主席。晓鹏的论文很有挑战性，题目中的几个关键词我都长期关注，有的还尝试做过一些研究。如现代汉语语义分类系统在词汇理论界就经历过从认为不存在到存在的巨大变化，接着就是人们从或语法语义或词汇语义的不同角度来建构种种有形的语义分类系统。我也加入了探讨中，有关认识反映在拙作《〈现代汉语语义分类词典〉（TMC）研制中若干问题的思考》（《中文信息学报》2008年第5期），词汇系统的有形成果则是《现代汉语分类系统》（商务印书馆，2013）。对词义自动识别的研究更是留下令人难以忘怀的印象。2004年，我承担了国家社科基金项目"基于国家语委'通用语料库'之上的汉语义频词库的开发"（04BYY009），最终延期了四年，拖至2010年才结项。结项报告记录了当时"误入歧途"般而不得不坚持的痛苦不堪的经历："首先，课题目标的调整。将原来偏于对义项、义频现状的分析调整为对义项识别过程与识别技术的追求。把原来偏于语言学、偏于理论、偏于最终结果的目标，调整为对信息处理科学、对识别技术、对识别过程的目标。其难度显然是极大地增加了。……经以上三方面的调整，重点已经明显转到了如何建立一个面向计算机，能够让计

---

* 原刊《现代汉语词义分类体系的建立和自动标注》，柏晓鹏著，中国社会科学出版社，2019。

算机自动获得词义、自动标注能力的语言知识库上。"坚持不懈后的结果还是让人满意的，五位盲审专家都给予了充分肯定，分别做出了这样的评价："对进一步细化现代汉语词汇研究、探索汉语词义研究与自然语言计算机处理结合的新路、进一步完善汉语语言研究知识框架与应用系统具有重大意义。""这项成果的规模，无论是对汉语词汇语义存在状况的把握还是提高计算机处理语言的能力，都有着非常重要的应用价值和学术价值。""对汉语言词汇学、语义学及教学科研、词典编纂及机器翻译、自然语言理解，人机对话等中文信息处理智能化，都具有重大的理论指导和实践参考价值。""本成果具有十分重要的理论意义和实践价值。尤其在实践上，为我们揭示汉语多义词词义系统及其使用规律提供了工具、经验甚至第一手信息，为提高计算机自然语言处理能力提供了难得的基础资源，为语言教学、词典编纂、语言翻译等众多语言应用领域提供了重要依据。""该研究以词义标注系统为题，为汉语的自动处理提供了宝贵的基础资源，其对义项库和义项特征的系统分析对深入理解汉语词汇语义特征、规律等做出了巨大贡献。其成果不仅对汉语语义研究具有很高的理论价值，而且对语言教学、词典编纂、自然语言处理等具有很强的应用价值。"基金委最后将该课题结项评定为"优秀"，还给学校发来了贺信。

正是因为有了这样的经历，所以在读到晓鹏的博士论文时不由得生出深深的钦佩与赞许之情。词义系统的建构是近二十年语言学界相当关注的一个课题，特别是在计算语言学中为了提高自然语言处理水平，更是研究的热点和焦点之一。柏著《现代汉语词义分类体系的建立和自动标注》同时瞄准了"词义分类体系的建立"和"自动标注"这两个关键问题，做了很有创新意义的工作。以下几个特点表现得相当突出：

第一，角度新，根据计算机处理自然语言的需要与要求来完成词义系统的建构。在建构词义系统时着眼的不是具体的"词""词义"，而是"义类"；不是以"代表词"作为义类的代表，而是尽量诠释义类的语法、语义特点。这样做有诸多好处，其中最突出的一个就是能有效地解决词义系统中词语与词义的封闭性与实际语言中词语快速变动的矛盾，有效地解决了自然语言处理中经常会碰到的未登录词的问题。

第二，对名词、动词、形容词的所有义类进行了全面、系统的标注。建立了名词4大类97小类，标注了25517条名词；建立了动词3大类37小类，标注了

15920条动词；建立了形容词2大类19小类，标注了5213条形容词。建立词义系统难就难在建类的普遍性与完整性上，单个类好立，而要将所有词语放在用统一划分标准建立起系统的语义系统中则相当困难。作者在建立系统时没有追求义层深度的一致，而是在分类标准、方法一致的情况下因义类而异，义层的深浅、义类的粗细皆依类别而别。这种思路是对现有的概念分类词整齐划一的分类体系的一大突破。

第三，依照词的语法功能义与语义搭配义来进行分类。在面向人的词义系统中，基本是以词的概念义来做分类依据，注重概念义的同与近、对与反，也因此就有了"代表词"的选择及合适与否。而晓鹏的大作分类依据的主要是词的语法功能义与语义搭配义，即"使用句法功能、语义角色和语义选择限制三类特征"的，"我们在句法功能框架中考察语义角色和选择限制特征并定义义类"，"对于动词来说，要描写它的论元结构，需要指明论元的语义角色和位置；对于形容词来说，它不能充当语义角色，论元结构也不明显，所以这个特征基本无法在形容词分类中发挥作用"。

这些特点与论文所要建构的语义系统的研究目标是紧密相关的。论文确立了两个研究目标：一是"建立一个面向自然语言处理的汉语词义分类体系"；二是"义类标注。将使用义类进行义类自动标注，以检验义类定义的区分程度，证明义类体系是适用于义类标注的"。应该说柏著在分类系统、分类方法、分类对象这几个关键问题上都做出了与研究目标契合的处理。

柏著还有一个明显长处，就是没有停留在单纯的理论研究与词义系统的静态建构上，而是努力将其放入自然语言处理的实践过程中。论文在第五章、第六章将词义系统放入真实语料进行了义类标注的检验，并通过基于词典的义类标注、多义类标注的尝试，其高频义类标注、自动消歧实验都有一定的理论依据和实验过程加以支撑。

作者的研究工作是很有意义的，对面向自然语言处理的词义系统作了完整建构，将研究目标与微观、具体的行动步骤作了全盘考虑。目标明确，理论依据清晰，分析充分，过程完整，为中文信息处理在语义处理上做出了极有意义的新推进。作者的研究态度是认真、科学的，对研究的困难和不足有充分的认识。第148页和第151页对研究的反思就体现了这种科学精神和客观态度。如"现有的义类体系并不完善，部分义类的存在显得很勉强，有些义类的区分特征不明显，导致标注困难""并非所有的词义都可以被顺利地归入义类体系，有些词义无法被归入现有的义类体系，有的词义从定义上可以被归入某义类，但在词义上却和同义类的词有很大的不同"。"定义类体系的困难由词义与义类体系的三个系统性冲突造成：词义多维性与义类单维性的冲突，词的内部特征与外部特征的冲突，常识与分类标准之间的冲突。"如第151页所说："在实际标注的过程中，我们发现义类中成员词的组合特征与义类的定义特征的匹配度是不一样的。有些词的组合特征与义类定义的特征是高度匹配的，如上文义类定义部分中所列的例子；有些词的组合特征不具备全部的定义特征，与义类的定义并不完全符合，甚至某些词缺少大部分的定义特征。我们认为这个现象符合家庭相似性理论的描述，而在义类标注的实际操作时，我们是按照家庭相似性的方法，先识别义类的典型成员词，对其他的非典型词，与各义类的典型成员词进行比较，最后归入相似度最高的典型词所在的义类。"这样的认识是正确的，处理方法是合适的，作者对所从事的研究是有很深刻认识和体会的。好的研究者，不能只看到价值与长处，还要看到困难与不足。只有能更深刻而自觉地认识到困难与不足，才能说对课题的认识是自觉而全面的。

词义和语义的研究是语言研究中最困难的领域，这不仅仅是语义的软性呈现方式，也不仅仅在于其复杂性和散漫性，还在于它的丰富内涵提供了人们认识语义世界的多个角度。作者在义类建构时，对具体词语标注义类后发现了"类"与"词"之间的矛盾，这就是很有意义的发现，反映出词汇理论关于词汇发育不平衡、词汇分类时主观标准与客观标准之间的兼具、以"义类"为主还是以"词"为主的两种分类方法的优劣。

对这样一个有如此挑战性课题，还有些地方可作进一步的思考。如义类与义类之间的过渡状态既多且广，而义类标注主要考虑的是"典型状况"，如何更全面地认识非典型态的"过渡状况"；如对义类标注做了过细工作，描写了数万个词语，能否进一步对每个义类所统辖的词语进行更详细的数量与分布的统计；如"高频"优先的考虑有可取之处，但对第一高频外的其他频段如何处理；如高频是来源于原始库中小学教材语料的频率，但变换语料后的频率变动该如何适应也值得考虑。评价学术界已有的词义系统时还可考虑如何做到更加客观、平实，因为每位研究者在赋予各个词义系统"不同的性质""所发挥的不同作用""不同的研制方法"时，所得到的也都会是不同面貌的词义系统，要作出稳妥的评价就需充分考虑到种种前因后果。

总的来看，晓鹏博士的大作依据的"句法功能、语义角色和语义选择限制三类特征"理论是可信的，对名词、动词、形容词进行了共9个大类、155个小类，涵盖4万多条具体词语的义类标注，在中文信息处理用的语义系统的理论创见和实践上都做出了明显成绩，是现代汉语词汇语义系统的计算机处理中的一个很有意义的探索性成果。

这几年与晓鹏博士经常见面，他虚心好学，勇于发现，在这个计算语言学领域不断地探讨着。华东师大中文系在国内的语言学界久负盛名，无论是语言理论还是汉语史或现代汉语的各主要分支学科，各历史时期都出现了一批享有盛誉的学者，涌现出一批引领风气的标志性成果。晓鹏博士加入这个强大的学术团队后自觉融入其中，发起并召开了"基于文本大数据的语言和语言学研究"专题研讨会，主题就是"讨论在大数据及其技术浪潮的背景下，语言和语言学研究的发展、计算技术在语言和语言学研究中的地位、其他相关研究领域对文本大数据相关的语言研究的需求和期待"。能将自己的研究、能将基础理论研究与当下的大数据研究热潮，特别是与语言教育、语言学习的社会需求紧密结合，这是有胸怀、有眼力的；将自己的研究目标对准中小学语文教育的语言学习与语言能力培养，发表了一系列成果，这是特别值得肯定的。

很荣幸接到晓鹏博士的邀请为他的大作写几句话，作为在词汇语义系统研究及计算机处理上做过一些探索的同行，作为最早阅读到大作的有幸者，很乐意谈谈自己的学习体会，是为文。

汉语词义研究需要更多的理论建构

——邱庆山《词义球结构的理论与实践》序*

　　十年前，2010年5月30日，我在武汉大学文学院楼参加了庆山君的博士论文答辩。之后我和他多次见面，常听到他学术进步的好消息。这次先睹其即将付印的新作《词义球结构的理论与实践》，颇多感触。

　　感触首先来源于庆山长期以来对词义问题的专注。词义是语言中最深奥难测的部分。"什么是词义，如何表征意义？这是词义的本质与表征问题，也是词义学的基点问题，更是语言学最难回答的问题之一。"（《词义球结构的理论与实践》，第2页，以下引用均出自该书）"我一直在不断地思考词汇语义学问题：词义是什么？词义蕴含着怎样的句法信息？如何表征蕴含句法信息的词义？如何描写与解决句法—语义界面问题？如何阐释词汇语义在语言系统中的基础性地位？如何阐释词汇语义学与知识本体建构的关系？"（P304）之所以说它深奥难测，是因为词汇学内容繁复杂芜。语言是一个庞大的系统，词汇无疑是其中最重要的一种成分。说到语言三要素，人们总是会想到语音、语法、语义，可绕来绕去都绕不开词汇，到后来总是变成了语言四要素。其实词汇与语音、语法、语义在本质上是有明显不同的。语音、语法、语义虽然各自成一域，但不借助其他，自难独立。可词汇不同，它集语音、语法、语义诸要素而成后，获得了丰富的内涵、完整的词形、独立的功能，成为语言中最重要的一级且能独立使用的单位。词汇在进入使用后，在更大范围的语用环境中通过与其他语言单位的组合搭配来展其意义、行其功能，同时接受其他各种要素

＊　原刊《词义球结构的理论与实践》，邱庆山著，社会科学文献出版社，2021。

与单位的影响。说它深奥难测的另一个原因，是它在语言系统的最底层起着关键作用的一种成分。"语言与言语""共时与历时""能指与所指"是索绪尔理论的三大支柱，最重要的无疑是"能指与所指"。索绪尔在"能指"中分出"音响形象"与"声音"，在"所指"中分出"心理印迹"与"客观事物"，这就在最精微处凸现了"心理""认知""意义"的价值与作用。庆山把自己的学术追求瞄准了词义，是有见地也是有胆略的。我的第一部书就是《汉语词义学》，作为词汇学、词义学的研究同道，对庆山的选择与坚持生出认同与赞许，也就自然而然了。

这种感触还来自对庆山在理论上的精微思辨与强大创造力的佩服。他的博士论文《基于句法——语义界面的现代汉语词义研究》完成了对"对象词""属性词""属性值词"的精细分析。这项研究很重要，因为它涉及客观世界的本体问题。事物是客观世界的本原，有了对它的认识才有了称谓，才有了对它的属性与状态、运动与变化、联系与关系的认知。"对象词""属性词""属性值词"正是对事物本体三个侧面的描绘。不立足于此来做词义研究极易笼而统之、概而化之。他在博士论文中已经提出了"词义球结构"的看法，但正如他在论证后一时期的研究与之前的博士论文区别时所说，"那时提出了词义球结构理论，但还只是一个设想""原博士论文只是探讨了句法—语义界面的对接原则，结项成果不仅探索了词义球结构扩展与词义活力和语法结构生成问题，明确了词义球结构与句法生成机制之间的密切关系，而且还探索了词义球结构理论与词的属性义知识本体构建问题。这些实践探索的重要性和深度都远超原博士论文"。对此，我深以为然。在我的笔记本上，还留有当年在博士论文答辩会向他提出的两个问题："如何解释词义球结构中三大词类词义成分的不同分布？""符号理论与球结构理论有无关联与对应？"庆山当时的回答我已记不太确切了，只是感觉"答辩"没有"陈述"时那样侃侃而谈，这一点在后来评定成绩时还起了一点小小的作用。现在却发现《词义球结构的理论与实践》已经以清晰而明确的论述回应了这些问题。当年的"设想"现已变成了"实证"；当年的"思想"现已变成"实体"。全书九大章，首尾两章是对词义球结构理论的回顾与瞻望。中间七大章，从"理论与模式"到"认知组合性词义观"，从"对象词""属性语""属性值词"的描写与建模，到词义活力与语法生成，再到知识本体构建，无不围绕着"词义球结构"来展开。

读《词义球结构的理论与实践》，仿佛不像是在读书，而是在读论文，读他的第二篇博士论文。当一个设想有了全面而系统的论述，自然就成理论了；当一个理论有了精论密辨，自然也就独树一帜了。现在书中的论述，比起在项目开题与结题时的论述，显然是更为精准而全面了。第56页概括了本书较博士论文取得的进展，共有七点，每一点都实实在在，每一点都令人欣喜。

把词义球理论放到学术发展史上来看，它的进步性就更明显了。在《汉语词义学》那个年代，谈词义问题主要还是从词语运用、词义内涵与功能、词义概括与释义、义项归纳与提取、词义分合与语法功能关系、词义引申与发展等角度来谈的。而词义球结构理论已明显进到了一个新阶段，直击词义表征、词义生成、词义属性，并努力吸收了各种新的语法语义学及认知学理论。正如作者所言，其理论基础主要还是在"句法—语义"上。"句法层面的'组合功能'和语义层面的'认知功能'是密不可分的一体两面的关系"（P3），这也形成了作者另一个重要观点："……融合了词义的指称论和概念关联论，基于句法—语义界面理论，形成了以认知组合性的词义观，并对词义的认知特性和组合特性以及词义结构与认知结构、信息结构、句法结构之间的关系进行了更加清晰、更加系统的理论阐释和实践探索。"（P17）说到词义与语法关系这个领域，我对马庆株先生和苏宝荣先生的研究是留有深刻印象的。我曾经这样概括两位学者的工作：庆株先生是从语法界通过词的语法义研究进入到词汇学的词义领域，宝荣先生是从词汇界通过词的词汇义进入到语法学的语法义领域。宝荣先生后期的重要论著大都集中在这一领域，如《词的语境义与功能义》《词义研究与汉语的"语法—语义结构"》《词的功能的游移性与功能词义研究》《汉语功能词义研究》。我之所以特别钦佩二位先生，还因为我在这一领域属"知难而退"了。我在《汉语词义学》中已经将所有的词义成分分出了"表层义""深层义""语法义""文化义"四大类，在后来的研究中对其他三种都有过不少的探索，唯有对"语法义"没有继续。而庆山君不仅深探至词义属性与属值，还建构出了词义球结构理论，并为之持续而严密的论述，这就是我由衷感触的另一原因。

庆山在"后记"中深情回忆了当农民的父亲和母亲，他作为儿子"从来没有口头感谢过我的父亲和母亲，也没有当面表达过对他们的爱，每到动情处，只是默然"。读完庆山的大作，对他的这种"默然"我有了新的理解，其实这正是无言的心底最深处的相通。尽管儿子在城市写作，父母在农村耕作，可儿子恰恰从父母那继承了中国农民最主要的两个本质特点：一是对大地的崇拜，二是对耕耘的执着。老父亲"每天还一如既往地劳作着，并且还多次跟我说起，他还想做一些'大事情'，比如'种几大亩果树、养一大池塘鱼、秧满坡的花生'"。庆山不也正是如此吗？他认准了词义这方土地，并毫不停息地耕耘着。常言"只事耕耘，不问收获"，而我更相信的是，"只事耕耘，必有收获"。庆山的这部新著就是一个例证。

如果还要说句期望的话，那就是词义球结构理论是一个新理论，新且重要，需要也值得去不断完善。"球结构理论"带有封闭与自足的特点，那么如何让它在面对词义这个无比复杂的世界时变得对内更有理论覆盖与包容力，对外更有弹性与理论张力，自是很值得去继续努力的。

2020年7月3日
于厦门湾南岸海悦品斋

锲而不舍，后出转精

——李娜《早期新式小学国语教科书语言研究》序

有机会先一步读到李娜老师的《早期新式小学国语教科书语言研究》书稿，喜悦之情油然而生。2014年在澳门大学举行的第十五届汉语词汇语义学国际学术研讨会上，我们因为对民国时期的小学语文教材的研究而志趣相投。李娜师从著名学者杨端志、刁晏斌教授，发表了《推动国语传播的民国白话文教科书》《字素分析法在民国新生词中的应用举隅——兼论表音字素义在语言发展中的作用》等重要论文，出版了《民国时期新词语研究》，从现代汉语发展史的角度对民国时期教科书做了很多研究。我那时带领研究生王玉刚同学完成了有关民国小学语文教材的一项课题研究，感到很有必要对它做更大范围的考察。后来我主持了作为"'十二五'国家重点图书出版规划项目"的"20世纪基础教育语文教材语言研究"丛书研究工作，该丛书按不同时期分成六册，我邀请李娜老师共同承担了丛书中的《民国时期基础教育语文教材语言研究》的撰写任务。那套书的目的"首先希冀的是真实、全面、如实地反映那个时期的教材语言面貌。看看在那个时代，教材语言是如何体现教材的性质，完成教材任务，并影响着教学效果的，并从中探讨教材语言的基本规律与特点。因历史研究而涉及历史语料，并不反映作者的现实价值观"。在具体写法上，则是"遵循着'一个中心、两个参照点'的原则。这个中心就是教材语言。不管在哪个时期的教材研究中，都是以教材语言为中心。要全面详细反映出教材语言中两个基本要素——汉字与词汇的构成情况。要对其教材分布、年级分布、课文分布，对其字（词）量、字（词）种、字（词）序的构成，对其共现与独用、高频与低频、常用与偶用的种种使用状况都要有详尽统计分析"。在读完李老师的《早期新式小学国语教科书语言研究》，深深感到这部书在保持着前书的原则与风格外，在几个重要方面有了重大突破，把民国时期小学国语教科书的研究往前推进了一大步。主要表现在下面几方面：

首先，选取的语料典型且充分。民国时期小学语文教育在教育思想、教育原则、教学内容都有着深刻而急速的变化，前后不同时期、不同区域、不同学习对象，小学语文教材数量众多，即使是同一套教材，前后不同版本也会经常修订。李著在全面考察的基础上，精心选取了最有代表性的三套教材，即商务印书馆的《复兴国语教科书》、世界书局的《国语读本》、中华书局的《小学国语读本》作为全书的分析对象，这就使得所有的观察立足于扎实的材料之上。因为没有足够的材料，就难以运用计量方法，客观地反映全貌；没有典型的材料，就难以准确反映那个时期的基本规律与特点。

其次，充分、彻底地使用了统计的方法，准确、细致地反映了民国小学语文教材的整体全面与局部细节。在有了数据库、计量统计方法的情况下，要做到反映全貌并不难，而李著则将这一方法运用到了极致，将考察对象的每一个细节都充分反映了出来。如"独用字""独用词"的分析，不仅将单套教材的独用、三套教材的独用，从数据上、从所有字集词集中予以了反映，还将出现它们的语境、使用它们的句子都一一列出，这样就使得字词的统计变得鲜活，使得即使是有些独用字词看上去很一般，但放在句子里，也会让人感受到那个时代的独有气息。如对不同朝代的课文、对不同国别的课文，细致地落到每个朝代、每个国家。

再次，有比较才有鉴别，有比较才能凸显差异。李著的另一特点就是在精细统计的基础上，形成了严格的对比。每套教材内的每个年级的对比，初小阶段与高小阶段的对比；三套教材之间的对比，既观察其共同之处，又细辨其差异之微；还有教材与后代字表词表的对比，从共有处看其稳定与恒量，又从差异处观其变化与原因。全书的对比贯彻得既彻底又工整，且充分反映在章节目录上，结构井然，使读者一目了然，使得全书的统计数据与叙述顺序眉目清楚，既方便阅读又方便查考。

还有，就是在追求封闭地、彻底地观察"教材语言"的面貌与变化的同时，还很注意新理论、新知识、新角度的运用。如对我国现代著名教育家、心理学家艾伟早在20世纪40年代提出的汉字学习的"艰难指数"，作了很好的借鉴与运用。如当代中国学术界十分注意的"中国形象"研究，专门辟出了第七章与第八章，分别论述了教科书中的"中国故事"与"世界故事"。

李娜老师的《早期新式小学国语教科书语言研究》是一部有深入研究、有独到见解、有翔实数据的理论著作，大大深化了民国时期小学语文教材的研究。

2019年5月21日
于厦门湾南岸海悦品斋

唐少俐《语文教育走进中国传统文化》序[*]

  我的朋友彭杰告知我唐少俐老师即将出版其新著《语文教育走进中国传统文化》，嘱我写几句话。我一看书名就很感兴趣，故应承了下来。细读之下，更感到这是一部来自一线教师有着独到教学心得与经验的新著。有幸先睹，甚为幸事。

  "语文教育"与"中国传统文化"在当前是很有吸引力的两个话题，唐著努力把二者结合起来就更有意义了。是中国传统文化走进语文教育，还是语文教育走进中国传统文化，二者的侧重点是不同的。前一个"走进"的主体是中国传统文化，目的地是语文教育，需要对中国传统文化影响到语文教育的方方面面进行论述；后一个"走进"的主体是语文教育，目的地是中国传统文化，通过语文教育的方方面面来观察中国传统文化的丰富内涵与强大影响力。唐著没有作以上细微的分辨，但将语文教育与中国传统文化连为一体，进行水乳相融细分无痕的论述，意义赫然。因为无论是对长期以来习惯于将语文作为纯形式、纯工具的教育传统，还是长期以来对中国传统文化不屑一顾的认知习惯，这都是一个充满新意的话题。

  《语文教育走进中国传统文化》共有四大部分："中国传统文化系列讲座""语文教育：走进中国传统文化之教学论文""语文教育：走进中国传统文化之教学成果""语文教育：走进中国传统之教学案例"。四部分紧扣著作的主旨，分层分步，将中国传统文化的精神与内容及在语文教育中的涵泳与展现，从宏观到微观，从抽象到具体，从理论认知与教学传授，作了井然有序的

---

* 原刊《语文教育走进中国传统文化》，唐少俐著，福建教育出版社，2021。

论述。初读之后对唐著有两个印象特别深刻。

第一是从服务于语文教育的角度对中国传统文化作了富于现代化精神的思考。党的十八大以来，语文教育越来越人文化，中国传统文化正越来越走进现实生活。作者长期耕耘于讲坛，特别是执教于重职业技术培养的学校，却能自觉地将语文教育与中国传统文化结合起来，对每一堂课每一份教案都努力探究更深层次的问题，形成了自觉的理论思考。思考到的重要问题有语言，文字，文化的起源、功能、作用、运用、传播，等一系列带有"所以然"的内在规律与特点。在长期的教学实践中对中国传统文化的一系列重要问题作了充满现代精神与思考的解读，如"中国古典管理技术文化渊源"节，"引进与这一段文献相关的中国最重要的一些文化观念：中庸、诚、权、民可使尤之、不可使知之……一类观念来综合印证，相互之间成为一种错综交互的理解，从而使这种理想的社会一体性构成一种整体的思维模式，而绝非对这个孤立事件的偶然发挥，其内在的、深刻的文化统一性可以得到社会学理解上的行为与文化的高度契合"。这一节论述的中国传统文化核心理念有"中庸""议事以制""闲之以义""纠之以政""行之以礼""守之以信""奉之以仁""制为禄位""严断刑罚""耸之以行""教之以务""使之以和""临之以敬""莅之以强"等。作者的解读不是掉书袋式的，而是运用了当代理论，充满了当代认知模式，很接地气。又如"语言文字观念表征"，从人类和民族的认知与进化对语言文字这一在文化体系中具有底层作用的文化样式作了论述，这就将语文教育与中国传统文化的紧密联系建立在了内在的天然关系上。

第二是反映了教师的职业特点与担当。本书论述了中国传统文化的不少重大命题，也深入到了作为最底层文化现象之一的汉语汉字的文化属性与功能，但作者对它们的思考完全是出于教学的需要，是基于一线教师的思考，着眼于运用，服务于教学、推广、普及，或是将教学活动、教学环节上升到理论层面，或是把理论落在"用"字上，致力于寻找二者的联结口，打通二者的关系。唐著对中国传统文化的观察与运用，有的落在课文和解读上，如《〈老子〉第一章解读》《从〈庖丁解牛〉谈中国传统文化在高职语文教学中的传承》；有的落在课程的设计与建设上，如《大数据背景下分层教学——在语文智慧课堂中实现路径研究》《〈大学语文〉课程实施报告》《〈新时代中国传统文化融入高职语文教学的实现路径与机制研究〉研究报告》；有的聚焦于培养对象的素质与能力的提高，如《〈边远地区高职学生语言文字应用能力实证与提升对策研究〉研究报告》《高职学生语言文字应用能力现状及策略分析》等。

　　要把语文教育做到有血有肉，要把中国传统文化学得有声有色，不把二者看作是各自独立互不关联的单纯知识体系，这是最为关键的一点。只有看到语文教育与中国传统文化之间有着浑然天成的内在联系，才能使我们的语文教育真正做到知识传授与素质培养相互促进，才能做到教者悠然自如得心应手，学者如甘如饴润物无声。这些年我们的研究团队一直从事着教育教材语言"三个世界"观的研究，对教育教材语言背后所包含的语言世界、知识世界、观念世界进行着分而析之、合而融之的研究工作。在"三个世界"观中，教育教材世界中不再是分而割之、析而离之、互不关联的独立板块。语文教育史上长期以来互不相让的所谓工具派与人文派、知识派与能力派、技能派与素质派，其实都能在"三个世界"中找到各自的地位，找到互为前提、表里、主次的地位与关系。读到唐著，感到有了知音，有了同道，这是让人欣慰的。

2021年7月28日
于厦门湾南岸海悦品斋

祝贺与希望——写在《现代汉语规范词典》第4版出版之际*

《现代汉语规范词典》第4版发行，是《现代汉语规范词典》自身发展路上的一件喜事，也是现代汉语语文词典编纂界的一件大事。今天，我表达两点意思，一是祝贺，一是希望。

一、祝贺

一部词典要成为经典辞书，就需要不断修订。《现代汉语规范词典》2004年第1版，2010年第2版，2014年第3版，现在是第4版，大体保持了五年一修订的节奏。保持不间断的修订，是保持一部词典具有生命力必须要做的事情。只有不断修订，才能与时俱进，保持与语言社会的同步变化。不仅如此，因为词典内容与语言社会状况并不是完全匹配的，不同编纂理念会有不同编纂方法，特别是词典编纂者对语言的认识也在不断地深化与提高，这些都会影响到词语的释义。因此，只要是词典能保持不断的认真修订，其结果都会推动词典质量的不断提升。词典不同版本的修订，看上去没动筋骨，只是小修小补，但却是在已千锤百炼的基础上更上一层楼，是相当不易的。删当所删，补当所补，最见功力。有了修订，特别是有了认真、精心的修订，词典就会不断地完善，这就是我要予以祝贺的理由。下面来看一个词例，足以感受到词典修订者的用心。

"交"字是一个老词，历史悠久，词义丰富，一般来说它的释义与用例已是相当稳定的了。可第4版仍对它的释义作了用心的打磨。

【交】第3版释义如下：

---

* 原刊《聚焦与对话》，《南宁师范大学》2024年第2期。

①动互相交叉；连接▽两条铁路在这里相～｜～错｜～界。→②名指相连的时间或地区▽秋冬之～｜检查站设于两省之～。③动进入某个时辰或季节▽巳～子时｜～芒种。④动碰到（某种运气）▽～好运。→⑤动互相往来联系▽这种人不可～｜～朋友｜～往。⑥名交情；朋友▽深～｜断～｜至～｜旧～。→⑦动互相接解▽～头接耳｜～手｜～锋。→⑧动（人）发生性行为；（动植物）交配▽性～｜～合｜杂～。→⑨副互相▽～接｜～换。→⑩副。一齐；同时▽内外～困｜风雨～加｜饥寒～迫。⑪动把某事或某物转移给有关方面▽这事～给我办｜把信～给他带走。⑫名，姓。参见664页"缴（jiǎo）"的提示。

第4版保留了上面的12个义项，但在第6个义项后增加了义项⑦，全词由12个义项变成了13个义项。第4版的释义如下：

①动互相交叉；连接▽两条铁路在这里相～｜～错｜～界。→②名指相连的时间或地区▽秋冬之～｜检查站设于两省之～。③动进入某个时辰或季节▽巳～子时｜～芒种。④动碰到（某种运气）▽～好运。→⑤动互相往来联系▽这种人不可～｜～朋友｜～往。⑥名交情；朋友▽深～｜**断**～｜至～｜旧～。→⑦**名外交关系**▽**建**～｜**邦**～。→⑧动互相接解▽～头接耳｜～手｜～锋。→⑨动（人）发生性行为；（动植物）交配▽性～｜～合｜杂～。→⑩副互相▽～接｜～换。→⑪副。一齐；同时▽内外～困｜风雨～加｜饥寒～迫。⑫动把某事或某物转移给有关方面▽这事～给我办｜把信～给他带走。⑬名，姓。参见693页"缴（jiǎo）"的提示。

用加粗字体标示的就是较第3版有变化的。义项⑦指外交关系，这个用法并不少见，除了所列的例词"建交""邦交"外，还有"缔交""国交"，收入"外交关系"义项应是一个合适之举。从词例的选择来说也可看到词典编纂者是用心颇深的。因释义中包含有"外交"，故例词中不再列入"外交"，相应的"外交使团""外交辞令"等词自然也就不再出现了。词例中没有列入"复交"，因它与义项⑥的"交情"义有交叉，即它既可以用于国与国之间，也可以用于个人之间。而第3版义项"⑥名交情；朋友▽深～｜断～｜至～｜旧～"中原有的"断交"，到第4版删了，大概是因为它与"复交"一样也属两可。可见义项⑦"外交关系"是从义项⑥"交情"中分割出来的，使释义更加清晰。为了保证释义和词例的清晰准确，对原来概括性更强的统合性义项的例词作了进一步筛选，使词例与释义更为吻合，使相邻义项在释义与词例上都有了明显的区分。这些都显示出第4版修订的至深用心。

《现代汉语规范词典》第4版的用心，还可从横向对比中看出。下面选用的是《现代汉语词典》第7版。"交"的释义如下：

①动把事物转移给有关方面：～活儿｜～税｜～付｜把任务～给我们这个组吧。②动到（某一时辰或季节）：～子时｜明天就～冬至了｜～九的天气。③动连接；交叉；相遇：～界｜两直线～于一点｜～了好运。④名相连接的时间或地方：春夏之～｜太行山在河北、山西两省之～。⑤动结交；交往：～朋友。⑥友谊；交情：绝～｜建～｜一面之～。⑦（人）性交；（动植物）交配：～媾｜杂～。⑧互相：～换｜～流｜～易｜～谈。⑨一齐；同时（发生）：～加｜～迫｜～集。⑩（jiāo）名姓。

两部词典对"交"的义项处理是很不相同的。一是义项排列顺序不同，这里将"把事物转移给有关方面"的动词义排在最前面，而它在《现代汉语规范词典》第4版中排在第12个义项，这里显示的是两部词典对义项排列顺序选用了不同的原则。二是《现代汉语词典》没有区分人与人还是国与国之间的交情，而是统辖于义项⑥"友谊；交情"之下，没有在释义中专门表现"外交"义，只是在例词中有所显示，选用了"建交"一词。

《现代汉语规范词典》的修订精彩处不少。这是我要将祝贺放在第一位的理由。

二、希望

新版出版了，将更加完善的词典奉献给读者，这是很了不起的事情。可我认为还需要做一件事，就是要好好总结，要对费尽心思的修订进行全面总结，即要全面总结修订内容，把所有的修订内容都有条理地呈现出来，而不是笼而统之地混在数百万之巨的庞大篇幅中，并且从修订内容的类别、修订原则的确立、修订尺寸的把握、收词释义的细微斟酌上进行全面总结。做了事不够，还要把做事的方法和经验总结出来，完成从"编辑事务"到"编辑理论"的升华。其作用不是脱离词典功能的额外之举，并不是只有词典学家才需要做的事。这也是方便读者全面、自觉、深入了解词典而十分需要的事情。由不知到知之，固然是进步，但从知其然到知其所以然，从知其一到举一反三，这无疑对读者是大有裨益的。

第4版的"4版前言"对此是做了一些概括的，谈了三点："增补词语及义项""删除词语及义项""修改释义和举例"。下面就"修订"方面来借一例作些阐发。

《现代汉语规范词典》第1、第2、第3版在"词典正文"之后都列有"西文字母开头的词语"。在最后都用括号表明了资料来源"此部分由中国社会科学院语言研究所刘涌泉研究提供"。虽然前三版内容有所变化，如第1版最后一词是："【Y染色体】Yranseti人的体细胞有46个染色体，其中两个是性染色体。女性有两个X性染色体，男性有一个X和一个Y性染色体。受精时，带Y的精子与卵子结合产生雄性个体。"第2版最后一词是："【Y染色体】Yranseti决定生物个体性别的一种染色体。参见本页'X染色体'。"第3版同第2版。

第4版则有了大的变化。标题改为"西文字母或阿拉伯数字开头的词语"。在【Y染色体】词条后面还增加了三个数字词："【3D】三维（D：'维度'英文dimension的首字母。）""【4G】第四代移动通信技术（G：'代'英文generation的首字母。"）"【5G】第五代移动通信技术（G：'代'英文generation的首字母。）"标题由"西文字母开头的词语"改为"西文字母或阿拉伯数字开头"，这是一个极重要的改动。虽然只收了三个词，但却有"立规"之功。

数字词有多种组合形式，如"字母+数字"词，可归入"西文字母词"类，如"F4""F16""B52""AK47""MP3"。但下面几类数字词如没有这条新的规定，则面临着被拒之命运：

"数字+汉字"的词：如"985高校""211高校""863计划""2011协同创新团队""80后""90后"；

"数字+西文字母+汉字"的词：如"4S店"；

纯阿拉伯数字词：如110、119、120；286、586；985、211；911；135、12356；666、502；520、1314等。

《现代汉语规范词典》（第4版）"西文字母或阿拉伯数字开头的词语"虽然文末标注的仍是"此部分由中国社会科学院语言研究所刘涌泉研究提供"，但显然这里的改动并不是刘先生做出的，第4版修订者的创识，保留原有的标识只是出于对原作者的尊重。虽然这里只收了"3D""4G""5G"三个词，却开启了一条新规，趟了一条新路，使"阿拉伯数字开头的词"能够正大光明地进入词典了，其意义不亚于当年"西文字母开头的词语"进入汉语词典，值得好好总结。

承社区词之说，扬华文词研究之理

——田静《基于〈全球华语大词典〉的大华语社区词研究》序*

田静博士的《基于〈全球华语大词典〉的大华语社区词研究》就要出版了，这是她寒窗苦读坐冷凳面壁多年的心血之作，是个人学术成长路上的一个标杆性成果，也是当代汉语词汇理论研究的一个新成果，将社区词理论研究放在一个更宽大的领域进行了更加深入的研究，朝前大大推进了一步。

回顾现代汉语词汇学理论研究，每一阶段出现的新术语其实都是那个时期对新问题进行新观察、新思考的结果。如20世纪初黎锦熙的《新著国语文法》里面对"复音词""复合词""偏义复合词"等进行了开创性的研究，其背景是当时语言研究对象已经由古代文言文转向现代白话文，那么词汇研究也就关注着古代以单音词为主而现代以复音词为主的变化趋势，首先突破的就是千百年来"以字为词"的界域。稍晚些《国语辞典》的编纂，特别重视"儿化词""轻声词"的研究，反映出现代汉语研究以北方方言为基础方言，以北京话为主要对象的研究趋势，是注重"言文一致"的反映。而到了消除文盲、教育普及、提高语文教育效果的时期，则重视了"常用词""通用词""高频词"的研究。由1928年陈鹤琴首开其例《语体文常用字汇》，随之到五六十年代工农扫盲时期、汉字简化时期、普通话推广时期，"常用词""通用词""高频词"的研究日益兴盛。在现代汉民族共同语的探索、建设、规范时期，有关现代汉语词汇构成的研究如"基本词""方言词""方源词""行

* 原刊《基于〈全球华语大词典〉的大华语社区词研究》，田静著，东方出版社，2022。

来词""外来词""成语""熟语"等又成为五六十年代词汇研究的热点。在改革开放时期，这时语言变化最为突出的就是新词语的大量出现，这一时期甚至被誉为两千多年来第四次汉语大变化、大交融的高潮时期，有关"新词""新语""新义""外来词""音译词""意译词""音意兼译词""字母词"……层出不穷。据初步统计，新词语词典就多达百余种。

正是在这种大的时代背景下，"社区词"的提法出现了。长期以来，现代汉语学界的研究主要是着眼于中国境内语言汉语的，有两个思考角度是比较突出的：一是古今关系，如"古词语""文言词语""传承词""古义""今义"；二是主次关系，如"雅词""通语词""书面词语""规范词""正体词"及"俗词""俚词""方言词""口语词""异形词"等。改革开放后，我国港澳台地区进入了视野，国外唐人街华人社区进入了视野，那儿的用词用语与中国内地的用词用语颇为不同。如何解释这些不同用语，用"方言词"解释不了，用"地域变体"又过于笼统，因为方言土语往往连着使用，伴有落后、偏僻、闭塞的意味，而这些地区的经济发展社会富裕程度往往较高。这时语言学家田小琳先生独具慧眼，她具有中国北方与南方的生活与工作经验，又长期生活在香港，于是发挥出了语言学家与教育学家的双重优势，既研究语言又研究传播，敏锐地将香港独有的那些汉语词语概括为"社区词"，定义为"由于社会背景不同，社会制度、政治、经济、文化背景不同，以及由于背景不同带来的人们心理因素差异，而产生的适应本地社会区域的词语"。

术语是概念的体现，是思想的结晶，田先生的这个观察与概括准确及时地反映了改革开放后香港社区语言词汇的特点，并用"社区词"这个术语加以固化。在那之后的很多年，田先生一直从事着社区词的研究，在理论的完善、材料的呈现、论证的严密上做了大量工作。田先生与社区词，社区词与田先生，紧紧联系在一起。学者的生命力，是由学术创见决定的。历经岁月，真正的创见沉淀在学术史上，学者的生命力就变成永恒的了。

一个理论的价值是值得挖掘的，一个理论的思想是需要完善的，它的价值提升与能否获得更准确的定位、更深入的阐释、更广泛的适用性和普遍性是有密切关系的。例如普遍性，社区词理论的提出主要是基于香港语言现实的，那它在更广泛的华人社区是否具有普遍性。《全球华语词典》（李宇明，2010）以及《全球华语大词典》（李宇明，2016）先后问世，为这个问题的解决提供了条件和可能性，但如何准确地加以量化的精准分析，是需要缜密思考与剖析工作的。又如，如何精确地把握社区词的内在词义特性，如何更清晰地与相邻近的"方言词""新词语""行业词"区分开来，将社区词研究从形式进到词义、从功能特性进到内涵特性，也是极有必要的工作；又如社区词的发展趋势，如何对初始待成的社区词作出预估与判断，社区词如何进一步成长融入汉语词汇主体的条件与途径，这些也都是非常值得研究的。

可喜的是田静博士能站在前人宽阔的肩膀上，把对社区词的思考放在了更高更远的视域，系统思考了六个问题：1.大华语视域下"社区词"概念的内涵与外延；2.社区词词汇学意义上的区别性特征；3.大华语视域下同实异名词语研究的新发现；4.在现有语料基础上的用于对比研究的社区词之"社区"划分；5.分区对比发现的各社区特色；6.根据各区社区词特点对社区的分级。在书稿中时时能读到作者深刻的思考、缜密的论证、精彩的论述。如作者认为大华语社区词具有以下鲜明的词义区别性特征：在社区词词义的对应范围内，"人""社会"要素为根本性要素，"名物性"为依附性特征；社区词主体义类以"人、社会生活、日常生活、工作"为核心内容；异名词语的词义特点可归纳为"以具体名物描写为主，兼顾对人与社会的观察"。

又如，对着眼于全球大华语社区词（义项），采用系统聚类与先验算法进行自动聚类与关联：描述出不同地区之间指标的相似程度与关联性，得出了"中国内地""港—澳地区""台湾地区""新—马—泰""印度尼西亚—文莱—菲律宾"等次社区，并发现"中国内地"在语言维护系统下表现出强主体性，受外来语、方言的相对影响最小，造词、构词范式化特点明显；"港—澳地区"社区词整体面貌受到英语和粤方言的影响较大，造词心理活跃、造词动力充足，擅长评价、归纳，倾向选用多种形式创造、构造词语；"台湾地区"社区词整体面貌受到日语和闽方言的集中影响，多使用简缩法造词、联合式构词，反映直接、程序化的造词心理；海外的"新—马—泰"语言社区和"印度尼西亚—文莱—菲律宾"语言社区的社区词面貌受当地强势语言的影响，倾向使用最基本、最简单的造词构词方法，或直接音译借入外来词，造词心理不活跃。

田静博士在研究中，体现出了"两手抓""两手硬"的特点，一方面以社区词理论为依据，吃透吃深社区词理论的来源、特点、功能、价值，另一方面以多达13150条全球华语各地区的特征词为基本研究对象，既从材料分类概括出特点，又用理论进行观照、比较、分析、概括，故著作显得扎实饱满而不板滞呆实，富于启思而不空灵虚幻，是词汇研究中定性与定量互验、描写与阐述相证的理想之作。

田静博士有扎实的语言学功底，硕士阶段师从戚晓杰教授，经过严格的语用学修辞学的训练，对语言使用态有敏锐的语感，为博士阶段的词汇学研究打下扎实的基础。田静博士更有勇于探索、敢于吃苦的精神，一旦选准目标，就锲而不舍、非此莫求。读博期间做社区词研究的四年，有收获，有喜悦，更有艰苦，以至导师见面时不是问进度、不是问心得，而是问休息、问健康。毕业后她参加了中国语言绿皮书、白皮书、蓝皮书的多个课题工作，无不如此。只要跟她共事过的，都对她的这种科学态度和认真劲儿表示欣赏、赞赏。

田静博士的大作能获得成功，还要感谢田小琳先生。我作为支持、鼓励田静从事这一研究的导师，更要对田先生表示感谢。从最早的选题，到后来的写作，再到学位论文答辩，田小琳先生都一直表示大力支持，选题时大度与开放，写作中讨论与思辨，答辩时亲临现场指导和把关，都展示了前辈学者的视野与风度。

书就要出版了，于我是再次温习，也再次有了收获。写下来与作者和读者一并交流。

2022年8月28日
于厦门湾南岸海悦品斋

田野调查，获取真知

——《台湾高雄东南亚女性新住民语言应用研究》

龙东华2016年考入厦门大学攻读博士学位，便立志有所作为。

当时还是"军嫂"的她，在行事决断上颇有军人作风。她选择台湾语言文字问题作为主攻方向，是要有一定勇气的。语言文字本来是人类社会的基本配件，人人不经意中用，人人用而不经意，可在特殊的社会环境中，语言文字往往会被带上许多别样的色彩，有时甚至还会被刻意加上一些别有的用心。即使是在学术方面，新住民语言问题研究也有很大的挑战性。新住民是台湾社会近几十年来快速壮大的一个族群，人数已超过了原住民。要对这一族群进行研究，无论是生活的、婚姻的、家庭的、教育的、心理的、社交的、文化的、就业的、经济的，还是情感的、认知的、认同的，所面对的都是新材料新变化新问题，没有现成的资料可以借鉴，所有的研究素材都要通过实地观察和搜集而来。而且这个族群还在不断生长与发展中，各种新问题层出不穷。这都需要研究者时刻关注它的变化动态，关注对它关注的周围人群及相关措施。更何况这一切的研究还是在隔着海峡、来往不便的情况下进行，要获得一次实地考察的机会甚为不易。东华正是靠着"勇气"来完成这一研究的。

东华做研究的勇气在很多地方都体现出来。记得东华有一次到台岛南部的高雄调研，突然得知第二天上午在岛东的花莲有新住民的相关活动，她想去现场亲身观察，便连夜乘坐慢行火车绕行屏东而赶往。还有一次，她以志愿者的身份报名参加新住民服务活动，为的是使自己的研究更接地气。为了了解真实情况，东华忘记了，准确说是特意隐去自己的学人身份，去接触不识字、语言初通，甚至是有所忌讳、有所防范的调查对象，以顾客、游客甚至帮工的身份开展调查工作。这样得来的资料无疑是具体真实、信而可征的。这种调查方法是对调查问卷的超越。任何调查本来都是从观察而得来的，中医上的"望闻问切"是如此，人生交往上的"鼻子底下就是路"也是如此。但在所谓的社会调查方法科学化以后，调查问卷似乎越做越精致，成为调查方法的首选，其实它的局限显而易见。问卷中"问题"的形成有折扣；"提问题"的方式、角度、先后，甚至语气的不同会有折扣；调查对象"听问题"的心情、联想、场合、语境会有折扣；"记问题"的详略、主次、先后会有折扣；就是将具体的记录、详细的汇总，再到由繁到简、由博返约时的统计和归纳，这每一道每一关，都是存在折扣的。以至有的研究者在面对抽象的统计数据时常会感叹它们与当初观察到的情况有出入、有偏差，更别说是笼统而不具体，概括而不真切，其原因就在于此。由此看来，此书所采用的沉浸式的调查方法也是值得回味和仿效的。

新住民的语言问题是新住民们来到台湾这个新的生活环境所面临的所有问题之首，也是所有重要问题之首。"交流"是一个人进入新的文化环境要生存生活下去首先要解决的问题。没有交流，就没有了解，就没有认知，就没有安心，更没有融入。特别是当这个交流在一个极为狭小的社会空间和文化空间的"家庭"中展开时，语言就显得更为重要了。台湾新住民恰恰就是一开始便是以婚姻形式来组成一个本来应该是双方极为熟悉并达到知心程度才组成的家庭中来的。台湾新住民本来还包括"大陆新娘"这一块，"大陆新娘"本来也有差异，但这种差异是现实之差而历史脉络却是相通的，一旦适应了现实的、当代的、政治的差异，历史、传统、文化之同特别是同语同文的这一文化之根很快就会成为"家庭"的共同语言。可"东南亚新娘"不同，上述各种差别在他们身上表现得异质异样而突出，其各种不适与冲突无疑是极为值得研究的。同样，这一群体的所在社会和社区为了帮助他们适应，包括家庭内部成员之间的相互适应、新住民成员或是新住民二代与家庭外的社会适应性，也是很有积极意义的。能采用种种的措施，能收到种种的效果，本来就值得称道、值得学习和借鉴。在移民人群越来越多，移民社会越来越普遍时，这一研究的普遍性也就越加突出了。当然，如果是在这些措施的背后夹带着有其他的企图，则另当别论了。

在东华博士的学术成长之路上，这是她的第一部书，是在她选定的研究领域中对首个样本的研究成果，值得好好庆贺。"筚路蓝缕"，常用来指创业的艰辛，其实在开创的艰辛、初成的简略中，还饱含着对开"路"奠"基"功业的赞美。东华博士已经在台湾新住民语言应用领域发表了一系列研究成果。对她更多的学术成果，我们有信心抱有更大的期望。

2024年4月26日

于厦门湾南岸海悦小区品斋

自著后叙

叁。

语义为主语形为辅的词汇研究观

——《汉语词义学》*后记

终于搁笔了。

却没有著书人在完稿后通常有的那种喜悦轻松感。

因为着笔于它的日子太长了，而那种满怀的轻松喜悦大多属于屏息一搏、一蹴而就的人。更因为稿成之后，心里所感到的不是完成了一件大事，而是留下了更多尚待深入的课题。这是一个需要更多人的力量共同开垦的领地。

语汇研究难，语汇研究薄弱，是语言学界长期议论的问题。这些问题影响到刚刚涉足语言学的新人。就是在这种动机的驱动下，我在选择硕士学位论文题目时就开始落脚在这块土地上了。那是1983年的秋天，经过几年的碰碰撞撞，竟也起了撰写词义学方面著作的念头。这个念头当时得到外界很好的催化。1987年的春夏，广州师范学院科研处领导黄兆芬同志敦促我把当时还在零打碎敲的词义研究集成一个项目，在院的科研基金挂上了钩。科研处后来的李克瑞、金佩琬、肖仲思几位领导，都以科研管理干部的敏锐眼光和职业责任感对本书予以了极大的关注。那年秋天提交给"中国语言学发展方向研讨会"（南昌）的论文《近年国内古汉语词义理论研究现状与走向》，就是为这个书稿作准备的第一篇论文。

1988年初夏，系里要我准备给本科函授学员开设"古汉语词义学"课程。这一个后来未曾落实的办班计划，却促使我最早的一个初稿《古汉语词义学纲

* 《汉语词义学》第1版，广东教育出版社，1992。《汉语词义学》第2版，外语教学与研究出版社，2008。

要》匆匆问世，有八万多字，共分十章。这以后，为本系的高年级开设的选修课一直用它作教材。1989年打印成稿，分送几位先生求教，却获得一些肯定。北京大学的蒋绍愚先生刚刚从美国回来，他立即回信，以他那特有的朴实笔调对后学给予鼓励，并赠送了他的大作《古汉语词汇纲要》。读着信，使我想起在中国语言学会第四届年会上他意味深长而又胸襟坦荡地对我说道：哪怕我们的研究成果五十年后被全部否定了，但能作为一个引路人、铺路人，也就满足了。申小龙和周光庆两位学长也来了长信表示肯定。我在语言学上的启蒙老师、年过花甲的何一凡教授，还字斟句酌，细读全稿，找出数十处印制上的讹误。

在这之后的两年中，我继续对词义学上的一些问题进行思索，几乎是完全抛开原来的初稿，新涉猎的领域有词义与词的形式、词义与词的结构、词义的系统，特别是在词义的文化内涵方面花了更多的精力。由于我是从赣方言区来到粤方言区的，对现实语言的差异及背后的文化因素留有比较深刻的印象，这又诱使我对当代语言产生了兴趣。1990年底在一次学术会议上，遇到后来成为本书责任编辑的潘英伟先生，这是我们的第一次见面。他的魄力和超前深邃眼力使本书的撰写处于一种更为从容的心境中进行。

这时，我对汉语词义的思考已远远超出了古汉语的范围，书稿的内容也大大扩展，新增部分达到将近五分之四，基本上是重写，也就成了现在这个样子。

书稿得以完成、出版，除了得到以上所提到的各位师长、朋友的支持，对他们表示衷心的感谢外，还有引导我在语言学研究之路上行走的几位导师，他们是：

江西师范大学的余心乐教授、华南师范大学的吴三立教授和唐启运教授。他们学识渊博，学风扎实，讲究功底，为人谦和，而唐先生在语言研究方法上更是独具见识。这些都给学生以深深的影响。

"独学无友"，对这句古训，我感触至深，在与一些同辈学长来往的学术交流中，屡受启发和帮助。如复旦大学的申小龙，四川大学的宋永培，北京大学的张猛，中山大学的唐钰明，河北师范大学的苏宝荣，山西师范大学的张仁立，华中师范大学的周光庆，湖南师范大学的蒋冀骋、陈建初、李运富等先生。他们在语言学，特别是在汉语词汇词义领域都发表或出版过优秀的论著，取得了骄人的成绩，更为可贵的是他们那种学术上开拓奋进的精神，给同行人以激励。能作为他们的朋友本身就是一种荣耀。

在写作期间，不断得到师长、朋友馈赠图书资料的帮助。如王勤的《现代汉语词汇概要》、苏宝荣的《古汉语词义简论》、许威汉的《训诂学导论》、周光庆的《古汉语词汇简论》、王建华的《文化的镜象——人名》、姚亚平的《文化的撞击——言语交际》、张猛的《传统语言学辞典》、（台湾）陈新雄的《语言学辞典》、詹伯慧的《汉语方言及方言调查》、唐钰明的《古文字学纲要》等，申小龙总是以第一速度向我赠送他的新著，受赠的论文更是难以尽数。这些都帮助了本书的完成。领受到这种无私的支持，才真正体味出"君子之交淡如水"所深藏的清纯与浓烈的气蕴。

本书中有些见解在这几年中承蒙《词典研究丛刊》（四川）、《中国语文通讯》（香港中文大学）、《语文建设通讯》（香港）、《华南师范大学学报》、《江西师范大学学报》、《广州师院学报》、《汉字文化》（北京）等学术刊物的支持，得以先期问世，就教于学界，对此亦怀拳拳之心。其中不少是在《广州师院学报》上刊出，其副主编赵福坛先生，是编者，对文章有极深的洞察力；又是学者，对真正的研究不拘一格，着力荐举。能得到这般有力的帮助，是年轻学人的幸运。

这部书稿共四十余万字，全部由我亲自输入电脑，其中大部分是直接在电脑上"写"出来的。自从有了电脑，"爬格子"的苦楚荡然无存。这是我妻子顾江萍的"杰作"，她专门为我购买了这台耗资不菲的电脑。她学有专攻，却对我和她的事业倾注了无限的爱心。她操持着家务，还是我所有文稿的第一读者。有了她，我才真正体会到什么是"无后顾之忧"。

以上种种，都为我营造出了一个赖以生存的良好的学术生态环境，没有这种环境也就没有这本书的问世。

最后对唐启运先生、许威汉先生、申小龙先生在百忙中为本书作序，表示深深的谢意。

1992年2月23日
于广州师范学院

词义与文化互为表里

——《文化的结晶——词义》*后记

在对语言进行文化属性的研究时，人们一般都会首先想到"词"。确实如此，词是这样的多，几乎唾手可得；它是这样的丰富，几乎取之不尽。但如果换一个角度，考虑的却是：怎样从宏观上完整地描绘它的文化属性？怎样不仅在具体、个别的词身上拾获，而且对词的整体进行剖析？怎样不是笼而统之地对一个词，而是分而有序地对它的意义与形式分别论述，并将这一观察的目光兼顾到词的静态与动态、独体与类聚、口语形式与书面形式、初始单位与繁衍单位？这时，就会深深感到，对"词"的文化属性研究与对其他语言要素一样，也不是那么容易。

这就是我在试图寻找一个合适的理论架构时总会颇感不易的地方。

我在《汉语词义学》的"人文篇"中曾就这个问题作过一些尝试，基本是以词的动态过程为线索来论述词义的文化属性，但后来感到似乎还没有把该突出的东西显示出来。对这个问题继续思考的结果也就成了现在这本书的框架，自认为有了一些进步，主要可能有两点，一是做得清楚些了，以词义为中心，词形也就作为一个问题提了出来，分出了词义单体这一层次，词义类聚及词义系统两个方面也就不得不谈。二是突出了重点，词义与词形是分开来谈了，但它们二者各自具有什么样的文化内涵、二者之间相互制约关系如何，仍值得我们深入思考。

我最初对词义的文化意义进行探讨，就是在《汉语词义学》那部书中。

---

* 　《文化的结晶——词义》，吉林教育出版社，1994。

撰写那部书的初衷是希望对词义进行尽量有形的、系统的、科学的描写。写作持续了六年，直到后两年，才在"结构篇"之后补足了与之相对应的"人文篇"。"人文篇"有五万字，约占全书的1/8，但里面提出的一些研究词义文化价值的基本看法却是自己颇为认同的。没有"人文篇"，也就没有这本书。由于这是我另一意义上的第一部著作，它试图对汉语词义的文化意义作一些全面的勾勒，故保留了"人文篇"中的某些内容。这是出于保持本书在论述问题时完整性的考虑。

通过对这本书的写作，我对下面两个问题有了更深的体会，一个是文化语言学中久辩不息的文化参照与文化认同两种研究观点的对立，确有其存在的深刻理论根源。联系到分别进行的词义与词形研究来看，它们在文化参照与文化认同上具有很不相同的分量。另一个就是语言的文化性研究不仅仅是解释。尽管这样做的时候会相当多，但只要是进入到文化认同的界域，就必须运用语言的描写。应该承认，这部分的工作还做得相当薄弱。如果我今后还打算在这一领域再做点事的话，对这两个问题的考虑仍将会放在优先地位。

最后想说的，就是我对本丛书主编和责任编辑的谢意，是申小龙先生影响我从一个更宽广的背景来考虑词义的所有问题，而李静女士则直接促成了本书的撰成。

1992年6月29日

于广州师范学院

探汉字生命之源

——《汉字语言功能论》*后记

记得在11年前，我院研究生的入学试卷上曾有这样一道答题："谈谈你对汉字与汉语关系的看法。"我写下洋洋千言，为此还很得意过一阵子。当写完这本书的时候，我突然感到，我不仍是在回答这个问题吗？

也许正是从那个时候起，我对汉字的旺盛生命力浮起了探究根底的想法。它为什么能绵延这么长的时间？又为什么能横跨在这么宽广的空间？人们要么就不谈汉语，一谈起汉语，汉字总是不让其位，居于其中。

我慢慢感悟到，在汉字这么深蕴的生命源泉中，最主要的一泓应当来自与汉语的密切关系上。自那时起，我就对汉字与汉语是一种任意关系的说法，总是抱着一种怀疑的态度。而每当听到有关汉字与汉语是相互融生的观点，又会情不自禁地生出一种认同感。尽管对这种观点我也提不出什么更深的看法，也尽管会对它不时从各个方面提出许多能轻易难倒自己的问题，可我总不由自主地相信着，能吸引我的，就是它。

怀着这种动机，我也加入了探讨汉字生命力的过程，并把自己放在了自认为决定着汉字生命之泉的那泓脉之口。

写本书的第二个原因，就是它还是在我的汉语词义研究计划中早已定下要做的一项工作。《汉语词义学》是我的第一部著作，里面对汉语词义从结构性、人文性、方法论等方面作了一些探讨。但我一直希望从更宽广的领域对它进行更深入的研究。我的第二部书《词义与文化》就是这种尝试的一个结果，

---

* 　《汉字语言功能论》，江西教育出版社，1994。

它探讨了词义在汉文化背景下的生成状态。本书是我的第三部书，是以汉语词义与汉字的相互关系为着笔对象，只是为了适合这套丛书的特点，将汉字放在显要的前台。可人们仍可以时时感到，本书所谈的任何文字问题，如果脱离了汉语，脱离了汉语词义，都将落空。

这也是我对汉字问题研究的一个基本观点。研究汉字系统不应当只谈它的笔画、结构，那样做只是汉字字形学、汉字字体学。就像研究语言符号系统不能脱离语义，只谈它的形式特征一样，研究汉字这个符号系统，也必须联系字义，才能真正对汉字的本质有所了解。

我的这三部书都是在电脑中用五笔字型输入法"写"下的。每当使用着五笔字型输入法时，就会强烈感到汉字在现代社会所焕发出来的活力。它更加深了我对汉字的感情。

1993年3月10日
于广州师范学院

文化词汇学的理论建构

——《当代中国词汇学》*后记

　　离开电脑写作台，摆脱了两个月日夜相衔的紧张写作日子，有似乎钻出长长隧道的感觉。

　　回顾这些年走过的路，发现有一个越来越清晰的东西在吸引着自己，那就是对文化语言学的日益热衷的自己。

　　从事汉语词汇词义研究的日子，如果从选择硕士学位论文的题目算起已有十个年头了。那时，我希冀对朦胧说解、凭个人语感剖析词义的传统作一些改进，直到后来开始撰写《汉语词义学》，就把能够从形式上进行把握的词义研究作为努力目标。当时主要还是从语言结构体的角度来观察词义，中国文化语言学的兴起开始影响到自己。1987年在南昌举行中国语言学发展方向研讨会，我在会议论文《近年国内古汉语词义理论研究现状及其走向》中，把词义研究的科学化作为最高目标提出来："纵观当前，古汉语词义理论的研究仍是以描写为主，以形式的体现为主，或称之为科学主义。它要建立起自己的学科体系，还有大量的工作要做。"尽管这时也注意到了词义与文化的研究，但似乎是以一种旁观者的身份来观看。文章中仅有一段关于它的文字是这样的："中国文化语言学的发展是一大趋势。研究语言与文化的关系，词义学责任重大。在科学化的道路上，词义学比语音学、语法学都落后了许多，但已明显感到它对文化的影响。这方面的研究还有待加强。"但在那之后的一年多，这项工作于我还是丝毫未予"加强"，觉得自己要干的还是词义研究科学化方面的工作。

---

*　《当代中国词汇学》，广东教育出版社，1995。

　　1989年春天，申小龙君几次来信鼓励我写一篇词义与文化方面的论文，拿去参加在大连举行的首届全国语言与文化学术研讨会。我听从了他的意见，写下了《汉语动物词人文探微》。可能是收集的材料比较多，分析的思路也还清楚，在会上有的代表认为它提供了分析"类别词"的一个模式。这是我写的第一篇有明显理论倾向的文化语言学方面的论文。从那时起就越来越感到词义领域是文化研究的一个宝藏，研究的自觉性也更高了。后来我在《文化的结晶词义》的后记中感谢申小龙君，说他"最早影响到我从一个更宽广的背景来考虑词义的所有问题"，指的就是这件事。

　　后来我陆续写了《汉语词汇结构人文内涵多角度的考察》《汉语词汇结构的具象性与辩证性》《广州方言区汉语规范中的文化问题》等论文。我把这些看作是探讨了汉语词义中与语言结构义相对的文化意义，它们共同构成了汉语词义这个多棱体的两个主要方面。这样，在撰写《汉语词义学》的后期阶段就把有关文化意义的论述归入"人文篇"，与论述语言结构义的"结构篇"并列存在，表明了它们相互对称又统一依存的关系。这时，我对"人文性"的考虑还只是处于一个初步的阶段。《汉语词义学》主要目的还是力图建构起一个关于汉语词义的学科理论框架。

　　1992年春夏之时，应吉林教育出版社之邀写了《文化的结晶词义》一书，使我能够摆脱"人文篇"狭小篇幅的限制，集中精力阐述词义中的文化现象。在书中我尽量多地分析一些具体问题，只是利用章节的安排来体现它们内在的系统性。在写作过程中似乎感到，汉语词义中的文化现象是难以穷尽的，有了这个词义人文研究的理论框架，就可以不停地往里面填装材料，而不必担心它的容纳量。

　　1992年底，又应江西教育出版社之邀写了《汉字语言功能论》，使我探讨了早已留意的汉语词义另一个重要方面，即词义与汉字的关系。同时了却了我的一个夙愿，就是探索汉字的生命力为什么这么长久。在写完那本书的时候，我相信汉字的生命力就是来自它与汉语单音词紧密的契合关系。而现在则进一步认识到汉字及汉字与汉语单音词的这种契合关系，实际上都是汉民族文化的产物。汉字是在汉民族浓郁的文化氛围中产生并与汉语单音词结合到一起的。只要这种文化氛围依然存在，汉字的生命力也就永远不息。

　　今年又承担了撰写本书的任务。它的主旨是用文化语言学的理论来建构汉语词汇学，实际上应为当代中国"文化词汇学"。从书名来看，这应是对一门成熟定型学科的阐述，但按丛书的撰写要求，只好写成现在这个样子，有点像是对一个具体学术思潮或流派的论述。也好，这样能少受些束缚，把我对文化语言学理论观照下的词汇学是如何发展、壮大，它的语言观、语言组织观、方法论应该是什么样子，对古代、现代及当代词汇研究史抱有什么样的看法，都可以"一出己见"地写下来。反正它没有定规，也不要求达到什么定规。写成现在这个样子，觉得在一些理论性、探索性的问题上谈得也挺痛快。能否通过它看到这门学科的发展与现状，就只好由读者来回答。

上面是我在汉语词汇词义研究领域走过的路。在这条路上我先后从事了语义性研究和人文性研究，认识到它们是两个互补的类型。而小龙君的眼界之高就在于，他在语义研究与人文研究的本质是相一致这点上将二者勾连到了一起："词义研究一开始虽然是纯语言学的研究，但是由于语言对于民族文化的本体论意义和语义作为文化阐释的基本依据，词义研究与文化研究能够迅速产生互动的效应，形成良好健全的学术生态环境，这正是一个世纪以来中国语言学梦寐以求的境界。"所以，他对语义方面的任何研究都表示由衷的高兴。

值得庆幸的还有，我的这些研究一直能在一个布满希望的环境中进行。从成长时起，父母就为了保证我能把所有的精力用在学业上，无论我是在他们身边还是远离老家，他们都一直默默地承担着所有的劳作。他们这种无言的期望鞭策我不断努力。对我所有的科研项目，学院领导和科研处提供了各种便利，他们的理解和支持，让人难以忘怀。

这些年来，总有人会说在广州从事这种纯学术的工作太难了。其实，我正是从广州蓬勃发展的现实中吸取精神养料，那就是，与社会一起做无愧于时代的工作。创造性的精神，无论在经济活动还是在学术研究中，都是不可或缺的。

对资助本书撰写的广州市社会科学研究基金会，对广东教育出版社，对付出了许多辛劳的姚自力、潘英伟两位责任编辑，表示衷心的感谢。

1993年11月4日

于广州师范学院

汉字的鼎足之势

——《汉字文化引论》*序言

古老的汉字在汉民族中已经生存了数千年，世界上与它同样性质的其他几种古文字都先后消失，或演变成不同性质的其他文字，或中断了生存于世的历程。而汉字却以其旺盛的生命力存在于汉民族之中，并一直有效地为整个民族所采用。其中的奥秘何在？汉字强大的生命力来源于何处？这就是作者写作本书的一个根本问题，它将贯穿于写作全过程，并由此出发对遇到的理论问题进行思考。

汉字是汉民族文化的形成与体系中一个重要的有机成分。从它那象形指事的个体诞生，到会意形声的体系形成，从单体的表意性质，到整体的孳乳繁衍，无不饱含着汉民族文化的基本精神。汉字既是记载汉民族文化的一种外在符号、标志，又是汉民族文化本身的一个非常重要的成分，它与整个汉民族文化休戚相关。只有看到这一点，才有可能对汉字何以会具有如此旺盛的生命力作出合适的解释。

在汉文化的背景下，本书将探索的重点放在以下三个方面：汉字与汉民族社会的联系；汉字与汉民族思维、观念、习俗的联系；汉字与汉语互为表里的依存关系。这三个方面组成了汉字生存的一个立体支架。汉民族社会构成了汉字徜徉于其中并绵延不断的生存大空间，汉民族的意识支配着汉字的形成、发展、示意、演变的每一个静态与动态环节，汉语则以自己独特的词语形式和结构方式与汉字的存现形式紧密对应，成为支撑着汉字之躯的最为有力的内在理据。

---

*　《汉字文化引论》，广西教育出版社，1996。

　　为了更好地探讨这一课题，我们把汉字放在与世界文字的对比中，认真思考了汉字在文字类型学上的性质和特点及与西方拼音文字的差异等重大理论问题，并尝试讨论了汉字在现代中文信息处理中的作用和命运，最后对百年来的汉字改革运动作了一番反思。

　　本书主要希冀对汉字的基本性质、整体命运、根本特征等宏观理论问题进行探讨。本书作者摈弃了把汉字看作是一个单纯的记录符号的观点，而把它看作是与深厚的汉民族文化有着密切联系并融会于其中的一种文化产物，着力探求的是深藏于汉字之中的文化属性；它不计较汉字的点撇竖捺及个别的显现隐逝，而是对所有汉字的命运、属性进行整体的理论把握。这是一种希冀，也是我们致力追求的目标。

词义文化的大局观与小材料

——《词义文化钩沉与探赜》*后记

　　10多年来，我对汉语词汇的研究既有科学化、形式化的一面，力求描写出词汇的结构状况，也有人文性的一面，探讨词汇结构是如何受到民族文化的影响。这一研究受到国内同行们的广泛注意，出现了不少评论意见。著名现代汉语词汇学家、南开大学教授刘叔新先生认为，《汉语词义学》"对词义分别进行结构和人文的论述，纵论古今，横叙系统与方法。这是多少年来难得的、词义深入研究的硕果"（《语文建设》1993，6）。华东师范大学教授邵敬敏先生也在该刊上撰文指出，"最值得一提的是，它以词义为核心，从不同层次不同角度的联系上进行考察，在探索词义的结构研究与人文研究结合方面作了有益的尝试"（1993，5）。

　　我正是在这种较为开阔的思路下开展研究的，努力对复杂的词汇从不同角度作深入的思考，对丰富多彩的语言现象作多侧面的描写和阐释，逐渐形成了"语言是语义为主、语形为辅，结构性与文化性相结合的表达系统"的总体看法。这一理论使自己能清醒地面对纷繁的语言现实，并因此发表了近百篇研究论文，出版了四部学术专著。1995年下半年，我在北京大学做访问学者期间，先后四次应北京大学汉语中心、英语系及南开大学中文系的邀请，作了题为"词的文化义""词的系统意义分类""中国文化语言学纵横谈""国内汉语词义研究动态与走向"的专题学术报告。广泛的学术交流，使我看到这一研究的生命力。

＊　《词义文化钩沉与探赜》，广州出版社，1997。

　　这里收集的29篇论文都是有关词汇人文性方面的，而词义与词形的语言结构性方面的论文将另外结集。29篇论文分成"词汇人文研究的理论与方法""具体词汇词义现象的人文描写与阐释""词汇研究的人文传统"三个部分。主体是第二部分，体现了我的一贯主张：语言研究的正确与否最终体现在对语言现象的解释力上。当然这于我还只是一种愿望。是否做到了，则是要请读者指正的。

　　我的研究得益于充满活力的社会环境。广州最有价值的东西并不是那表面的物质与经济，而是蕴于其中孜孜进取、不断创造的精神。"文化沙漠"是不配拥有这种精神的。"广州社会科学优秀成果丛书"的编纂出版，其意义远远超出了这几部论文集，甚至超出了具体的学科范围。在此，对丛书编委会和广州出版社为推动社会科学研究而表现出的卓越见识与付出的辛勤劳动，表示衷心的钦佩和感谢。

1996年7月25日

于广州师范学院

定性范式向定量范式的转化

——《现代汉语词汇计量研究》*后记

今年春节，在与大学同窗、南昌大学中文系教授周君平远兄通信时，谈到自己这几年的学术研究，信中曾这样写着："调来厦大后做学问的风格发生了很大的变化。以前在广州是一个人，独来独往，现在要考虑一个学科，要有足够的涵盖面；以前是定性研究为主，动辄是理论与学科的建构，现在则是定量研究为主，求证式研究多；以前是手工处理语料，现在借助数据库技术。现在看来两种做法各有各的好处，先务'虚'，视野开阔，再务'实'，锻炼思维的严密与细致。"本书反映的就是这种务"实"研究的成果。

我从1999年4月开始建《现代汉语词典》数据库，两年多来除了上课外，其他时间都花在它上面。记得最开始建库时，在电脑台前每天十来个小时，连着干了4个月，使语料库大致有了个样子，其辛苦艰难难以复言。但语料库的建设就是这样，吃苦一次，受用无穷。边建设边利用的原则使语料库很快发挥了作用，不断有新的专题研究开题、进行、结束，收到了超出预期的效果。所撰写的第一篇论文是关于"旧词语"的，很快就刊在《中国语文》2000年第2期上。后来，《语言文字应用》《厦门大学学报》《汉字文化》《辞书研究》《世界汉语教学》《语文建设》《杭州师院学报》，都陆续刊登了这方面的成果。今年春夏之际还先后应杭州师范学院、广西师范大学的邀请，作了有关词汇计量研究的学术讲座。

两年来，我带领研究生们一起在这一领域耕耘。对学生的培养，我的做

---

* 《现代汉语词汇计量研究》，厦门大学出版社，2001。

法是先指定一个专题，让他们从语料录入、属性标注，再到参考文献阅读、分析论述，最后是撰写论文，完整地进行一轮练习。通过对语料的精细分析和有关文献的阅读，又深入学习了有关词汇理论，他们慢慢学会了词汇计量研究的方法。在各个环节，无论是语料的处理，还是问题的提炼，或是论文的行文布局、措辞润色，我都与研究生们进行过很详尽的讨论，但又尽量放手让他们独立地进行。在科研实践中培养研究生，是提高学生研究能力，使他们尽快进入学术前沿的一条捷径。书中收录了他们的部分成果：

第四章（刘晓梅，2000级博士生）；第九章（余桂林，1999级硕士生）；第十三章第1节（余桂林），第2节（赵翠阳、李秀娟、金美兰，2000级硕士生），第3节（石玉光，1997级本科生）；第十四章第1、第2节（顾江萍，2000级博士生），第3节（陈敏，1996级本科生）。

第十章由赵翠阳与我共同完成；廖新玲（1998级硕士生）参与了第七章的写作；潘宏荣（1997级本科生）参与了第三章第2节的写作。

在建库中，还有许多学生参与了录入、校对的工作，在此一并表示感谢。

还要特别感谢的是校社科处处长陈甬军教授，他对本研究给予了相当多的关注。在本研究起步不久，就确立为校级重点课题予以了有力的支持。

词汇计量研究的前景无限。在进行系列的词汇专题计量研究中，我们深感汉语词汇的诸多理论问题有待进行更深入、周全的阐释和论证，传统的词汇研究方法有待更新与完善。

2001年7月13日
于厦门大学白城路12号301室

析字解词，辨讹悟正

——《字词辨析词典》*序

　　我们的中小学语文教学，一向把提高汉语汉字的认读能力与运用能力看得很重。汉语文的学习就是要做到对"字""词""句""段""篇章"的正确运用，而基础则是汉字与词语。没有对"字""词"这两级基本单位的正确了解，要谈有效地掌握"句""段""篇章"等更大的语言单位是很困难的。由于汉语的一些自身特点，如没有过多的形态特征，语法形式较为简单，单音词多，立足于单音语素上的复合词多，这些都使汉字与汉语词汇的结合特别紧密，所以汉字教学已经超出了一般的纯字形的范围，而与汉语词汇的学习紧密联系在一起。这就是我们在想为中小学语文教学提供一些有用的辅导材料时首先选中字与词的缘故。《字词辨析词典》共六册，其中三册是关于单字，三册是关于词语的。提高对汉语字词的理解与运用能力是一个人语文学习的长期需要，因此，这套书对一般社会人士也会有所帮助。

　　强调基础性和常用性，是这套丛书的编写原则，为此我们作了一些努力：

　　一是在专题的选择上，六册代表了六个专题，有关单字的三册分别解决"读""写""用"的问题，有关词语的三册分别解决词义、读音与词形的相近相同、易混易错的问题。这六个专题都是汉语文学习中最基础，也是最重要的知识点。

　　二是辨析的字词限于常有的范围。如汉字，基本限于2500个常用字与1000个次常用字，也酌收了部分通用字。而对词语的选择，则尽量利用词汇

---

* 《字词辨析词典》，上海辞书出版社，2002。

计量研究的成果，如同义词的选取基本上是根据《现代汉语频率词典》对词语使用度的测定，所选录的大体都在8548条常用词的范围。这样就可以使读者在有限的时间，用最集中的方式来学习常用字词的意义和用法。而对异形词的判定与解析，则是把正形词与异形词放到容量高达数亿字的大规模语料库中去检测，使异形词的判断更为客观与准确，相互之间的关系一目了然。近音词则主要选取那些常用程度高，语音相同或相近，而意义有别，容易引起混淆的词语，特别是方言语音与普通话语音之间的易混词语。

三是对字词知识的介绍，不求面面俱到，而是注重辨析易混易错的地方。一般的字典词典，都着眼于单个的字与词，追求的是字词本身内部释义的完整和全面。而要做到对一个字或词的深入了解与正确运用，还必须了解与它邻近的那些词语，了解它们之间的细微差别，进而掌握它们的不同用法。提供这方面的信息与帮助，正是本套丛书所想要传递给读者的东西。

四是在释义与辨析中，尽量使用通俗、浅近的语言，努力做到深入浅出。

我们的作者大都在高校工作，这次有机会为基础语文教育做些事，使我们认识到语文教学的长期性与艰巨性，也意识到语言研究者服务于语言教学实践的重要责任。要想尽快提高基础语文教育水平，需要大量的阅读与写作实践，需要有理性的辨微析细、课堂上的耳提面命，也需要课外的系统自学。如果本套书能在这些方面起到些许作用，那就是很令人欣慰的了。

2002年9月
于厦门大学

汉语词汇研究需要广博视野与历史纵深感

——《20世纪汉语词汇学著作提要·论文索引》*前言

在汉语词汇研究及培养研究生的过程中，深感以下三方面的知识储备不可或缺：一是扎实的语言学理论修养与良好的语感；二是大批量的语料与处理语料的手段和工具；三是对学科发展历史与现状的全面、充分的把握。对这三者我都作过一些尝试，如理论方面，为研究生开设了"汉语词汇学""词汇理论专题""中国文化语言学""辞书学概论"等课程；研究手段方面，开设了"数据库与语料分析""计量词汇学"；学科史方面，开设了"汉语词汇学史"，本书也是这方面的工作之一。

在对词汇学研究资料的搜集中，有两件事无意中打下了我所有"藏品"的基础。20世纪80年代中期，我所在单位的资料室易地搬迁，因新校址的库房不够，领导决定把部分旧书卖掉。在废品收购站的人到来之前，领导答应让教师挑选看上的书。正是那次，我"斩获"不小，把20世纪五六十年代国内出版的词汇学著作几乎都收集齐全。像孙常叙的《汉语词汇》，书堆里竟有十多本，让人惊喜不已，重取难载，弃之难舍，最后拿了五本。四本后来陆续送给了对词汇学感兴趣的学生，现手头只留下一本，弥足珍贵。那些书毁得真可惜，许多现在都是绝版"古书"了。

另一件事就是我1985年研究生毕业后，订阅了"人大复印资料"的《语言文字学》。当时它吸引我的除了复印的正文外，更多是因为后面附录的论文索引，在时间上它与《中国语言学论文索引》（乙编）正好衔接。但日子久了，

---

* 《20世纪汉语词汇学著作提要·论文索引》，上海辞书出版社，2004。

总觉得分处各册的篇目缺乏整理，混而杂排，不太好用，故喜欢随手把重要论文或读过的篇目记下分类保存。后来用上了数据库，又陆续加进了《中国语文》《辞书研究》《语言教学与研究》等刊物的全部论文，并不断从其他渠道补充，竟形成了有2万多条文献的资料库，以词汇、语义、语法、文字、语言与文化为特色。在教学中我常常感受到拥有它的方便，每讲完一个专题后就习惯地从里面选出若干篇目提供给学生。而学生在学完理论后，很快就读到最新的研究成果，摸触到词汇学发展的脉搏。正是受此启发，我起了编纂这本"概览"的念头，希望能将20世纪的汉语词汇学研究成果作一番梳理，贡献出来，让后来者省却翻检之苦。搞研究，对文献资料的掌握是一个基本功。有了对历史的了解，才能避免重复性研究，才有可能做到实事求是，尊重前人劳动。这是从事创新性研究的一个前提条件。

　　本"概览"分著作与论文两部分。对著作主要是反映基本信息与内容概貌，解决"粗识"的问题。虽然这些著作离现在都不算太远，但因各种原因，现在要把这些书都读到已不太容易。叙述时尽量少作评价，当然在取舍、详略、措辞上会体现出笔者的看法。不是不想评价，任何一项创新研究都少不了对已有成果的评价，只是觉这是一本资料性著作，褒贬评骘要特别慎重，所以把著作介绍只是定位在给学习者们提供一个迅速掌握词汇学研究成果的资料汇编上。有的书笔者仍未亲睹，姑先保留一些基本信息，提要则留待下一步再补齐。对论文只提供最基本的出处。如果说对著作还是打算尽量收齐的话，对论文则有较多的选择，所收大都为专论性文章。

　　反映过去一个世纪汉语词汇学研究成果是"概览"的一个基本任务，其实，在对它的加工整理、分类编排中还反映出了我对汉语词汇研究所抱有的研究观和学科观。编纂一本这样的书，最难的不是将文献资料全部收集在手，也不是对它进行恰当的概括与表述，尽管工作伊始，的确曾这样认为过。随着工作的进展，感到最困难、最棘手的是要把汉语词汇研究定在一个多大的范围？在以词汇本体为中心的同时，对相关学科、相关地带的研究成果应该在哪儿划界？哪些研究与词汇学关系密切，哪些可以舍弃？

　　在处理这些问题时，首先是认识到词汇研究不能追求对象的独立与单一。"词汇"本身是语言中的一级单位，是音义结合后具有独立使用价值的一个综合体。试想在世界语言学科的体系划分中，由语音、词汇、语法的三分，到语音、语义、语法的三分，再到语音、词汇、语义、语法的四分，其中交叉错叠、欲弃又取的不正是词汇吗？语音、语义、语法都代表着语言体系中的一个独立要素，或是形式，或是内容，或是规则，而只有词汇是语言体系中的一级单位，在它身上既有语音形式，又有语义内容，还有语法规则。它是语言三大要素的一个综合体。希冀把词汇作为一个纯净的研究对象，要将它与相邻学科、周边地带来个泾渭分明、非彼即此，是不太可能的。正是出于这样的考虑，本书持有的就是以词汇为中心，兼及语音、语法、文字的大词汇观。我曾在《汉字语言功能论》（1994）一书的后记中写过这样一段话："它以汉语词义与汉字的相互关系为着笔对象，只是为了适合这套丛书的特点，它将汉字放在显要的前台。可人们仍可以时时感到，本书所谈的任何文字问题，如果脱离了汉语，脱离了汉语词义，都将落空。这也是我对汉字问题研究的一个基本观点。研究汉字系统不应当只谈它的笔画、结构，那样做只是汉字字形学、汉字字体学。像研究语言符号系统，不能脱离语义，只谈它的形式特征一样，研究汉字这个符号系统，也必须联系字义，才能真正对汉字的本质有所了解。"这里谈的是研究汉字不能脱离词汇，研究词汇不能脱离汉字，其实于语言的其他要素，词汇与它们之间也有着如此的交叉互渗关系。这种认识我称之为大"词汇学科观"。

其次，词汇研究的角度与风格不能追求过分的纯正，只局限于所谓"词汇结构的本体"。20世纪是结构主义语言学大一统的时代，可整个世纪的语言学发展趋势却证明语言研究必须走多元化的道路。符号的、人文的、认知的、逻辑的、形式的、生物的、心理的、数理的，都在语言和语言学这个大千世界占有一席之地。结构主义语言学只是诸元中的一元，专注于词汇本体研究的结构派只是词汇学研究中的一种类型而已。作为研究者个人来说，不可能穷尽语言研究的所有，只能汲一杯于长河，只能行一条路、观一片景、探一道险，但一个有眼界的研究者必须同时明白"多元化"存在的必要性，在从事自己研究的同时经常关注其他各种类型的研究，才能不狭己眼域，窄己胸怀。如此驰观于学科历史，才发现20世纪的汉语词汇研究原来是那样的丰富多彩。我曾用"社会功能派""结构形式派""人文派"来概括20世纪50年代以来的现代汉语词汇研究（《当代中国词汇学》，1995），里面说到，社会功能派"兴起于50年代中，以现代汉语的词汇为研究对象，以词汇的社会功能为主要着眼点""它们关于词的基本看法是来自对词汇交际功能的认识；对词汇研究的目的主要是规范词语、提高社会的语言使用能力；对词汇本体的认识和划分是围绕它的表达功能而展开"；结构形式派"表现出研究对象的'内向'化、研究方法的精致化等发展趋势。'内向化'具体就表现在它所关心的主要就是'词语的形式标志'和'词的内部结构'两个问题"；人文派主张从语言所赖以生存的文化环境来研究词汇，它作为一种研究独立体出现在50年代的初期，但后来中断了很长一段时间，直到80年代中期才活跃于中国语言学的大舞台。这里三种风格的概括比起只看到"语言内部"的纯结构的研究固然要宽广许多，但实际上的词汇研究要比这丰富得多。像词汇的认知研究、心智与接受研究、机器自然语言处理中的词汇研究，也都应该在词汇学中找到它的位置。"概览"对这些方面的成果有所反映，尽管还不充分，但架构的建立将展示汉语词汇研究应有与已有的大势，而这正是本书的编纂目的之一。

再就是要确立历时的词汇研究观。共时观与语言研究的结构化、形式化、内部化是共生的。实践证明，语言研究中过分强调共时与断代，会大大限制人们对语言的认知与阐释。语言的特点与规律总是在历史的纵向考察中才会更清楚地凸现出来。汉语在这一点上有着特别的优势。它的历史从未中断，保留着极其丰富的古代语言资料，这些都对古今贯通地审视汉语的发展与现状，提供了极便利的条件。对没有足够文献来反映其历史的语言，运用断代的、客观的、纯形式的描写是合适的，而对汉语研究来说，停滞于此实在是自我桎梏。对此，前人早有清楚的认识。姑且不论"古今无定时，周为古则汉为今，汉为古则晋宋为今"的古人历史发展观，就是在描写主义的断代研究一统其势的现代，一些有眼力的现代汉语词汇的研究者也对古今贯通研究发出过持续的呼吁：

"现代汉语词汇是在汉语的复杂而悠久的历史进程中，随着新旧质要素的逐渐变化积累而成的。它绝不是在某一时代，由于某种原因，忽然地一起出现的。古汉语和现代汉语确实有很大的分别，可是我们不能从形式上把它从整个汉语史上割裂下来。"

"讲汉语词义，必须和古词汇联系起来作比较的研究，否则，就不能讲清楚它的特点和规律性。""研究词义不提古代汉语，等于割断了历史。"

这种观念在今天终于为人们普遍接受。在刚刚过去的2003年，全国词汇训诂学术研讨会在山东大学召开，就昭示着过去成两大领域的古今汉语词汇研究终于走到了一起，这在前几十年是难以想象的。因此，对词汇史、词汇学史中一些有价值的研究成果应给予足够的关注，也就是很自然的事了。本书对此立了专类来加以反映。

词汇现象的变异与演化，不仅会在时间上体现出来，还会在语言与语言、共同语与方言及不同的应用环境与研究领域中体现出来。因此，对汉外之间、普方之间的比较性研究，对信息处理用的词汇研究，对词汇的变异与规范研究，对词汇的教学研究，本书都给予了关注，并纳入词汇学研究体系的框架。当然，其意图是做得更好，实际上却力有所不及，难尽其数则是肯定的。

正因为词汇研究需要一个宽广的视野，所以"概览"所反映的汉语词汇研究是以现代汉语词汇研究为主，兼及词汇发展史与学科史；以词汇本体为主，兼及词汇的应用与规范；以词汇结构为主，兼及社会与文化；以词汇为主，兼及语音、语法、文字、词典、中文信息处理中的词汇问题；以普通话词汇为主，兼及与方言词汇和其他语言词汇的对比。著作部分共分出六大类11小类，论文部分共分出八大类71小类。

正因为词汇是语言的一个实体，在它身上融合了多种语言要素，其丰富的内涵又可以从不同角度进行剖析，所以在分类中出现交叉也就在所难免。读者在使用前最好能先对整个分类有所了解，特别是对相邻相关或容易交叉的类别。例如，"词汇变化"与"新词"，前者重在历时，后者指改革开放以来的当代词汇变化；"释义方法"与"词汇学史"，凡是对古代释义方法的总结与挖掘归于后者。同一大类下的小类，它们之间并不都是逻辑上的并列关系，许多只是同一主题的聚集，如"构词法"与"缩略词""重叠法"，"新词语"与"外来词"，"复音词"与"偏义复合词""离合词""联绵词"，"词汇演变"与"双音词化"，前后之间本来是上下类的涵盖关系，只因后者成为研究焦点，所以成果集中而单独分立出来。

以义类为纲目，其优也显，弊也显。本书之后编有论著作者的人名索引，其目的就是补其不足。然以个人之力概括世纪之学，能力之限是肯定的，不足之处容后正之。

2004年元旦
于厦门大学白城

书海之要在于读提要之书

——《20世纪汉语词汇学著作提要·论文索引》后记

要把原来只供人案头使用的资料变为公众所用，要把数据库里的原始资料变为公开出版物，需付出的时间和精力绝不亚于另起炉灶、重做一件新事。好在得到研究生们的鼓励，虽然这本书的电子版的早已给同学们用开了，但他们还是觉得应该正式公开出版发行，让更多的读者能用到它。

最初形成的印刷件是2001年底，那时全国汉语词汇规范问题学术研讨会在厦门大学召开，我把数据库里有关现代汉语词汇规范方面的600多条论文索引编印出来，商务印书馆的余桂林同志当时还在读，他做了许多具体的编务工作。与会代表拿到那本小册子，觉得值得继续做下去。后来2002级四名博士生白云、陈小燕、符其武、杨际春在"词汇理论专题"的听课中，结合读书撰写了部分著作的提要。那时还不像现的书稿这样强调客观叙述，而是要求对每一种著作都作出详细的介绍，还要有学术点评，特别是重视其在词汇学史上的贡献与影响。在课堂上我与大家一起逐篇逐篇地讨论行文措辞。同学们觉得在学会读书、评书的同时，也感受到了创新对学术著作的重要价值。成书时，考虑到这主要还是一门资料性著作，点评不宜过多，故成了现在这个样子。至于点评工作还是挺有意义的，等以后有机会再来专门做吧。余桂林、孟繁杰利用在北京的机会也查找了一些早期出版的著作。田阡子撰写了若干对词法有重要论述的语法学著作，后来出于全书体例统一的考虑，最后决定非词法专论的著作不作收录；定稿时删掉的还有"新词语词典"及词汇资料书两部分，特别是已经有了《二十世纪中国辞书学论文索引》，故与词典学相关的内容从严收录，删去了不少。这都是有点可惜的。

　　2002、2003级硕士生参加了论文索引部分的整理、校对工作，特别是杜晶晶、杨彦宝、陆清、吴茗、王雪梅等同学，付出了很多辛勤劳动。没有他们的积极参与，本书是没有这么快交稿的。在此表示诚挚的谢意。

　　最后要表示特别感谢的是上海辞书出版社的徐祖友先生，他一开始就对此书的出版表示了极大的热情，并纳入"词汇学与辞书学丛书"。汉语词汇学一直有与词典学相结合的传统，可以说，在徐先生主事的这段时间，两个学科结合得更紧密了。

2004年元旦
于厦门大学白城

探求汉语词汇释义的元词系统

——《汉语释义元语言研究》*后记

　　从1999年4月开始建立《现代汉语词典》语料库，至今已经整整五年了。要建立容纳两个版本的语料库，600余万字，容量不算少，可倍感艰辛的是要保持语料库与原书的高度一致。这是计量研究的性质决定了的，而词典语言的各种标示与该书的极高学术价值，更容不得对它有任何的轻怠。现在仍不敢说已经如何完美，但不至出现明显的错误，能大体放心地去用，还是做到了的。

　　在建库之初，也就开始了对该语料的专题性研究。我写成的第一篇论文《当代汉语变化与词义历时属性的释义原则——〈现代汉语词典〉二版、三版"旧词语"对比研究》，提交给了第11届中国语言学会年会（1999年7月在福州召开），后来刊登在了《中国语文》2000年第2期。感谢副主编施关淦先生对文章的首肯，其实这也是对它的研究方法与使用典型语料做法的赞同。后来陆续进行的专题研究有二十几个，论文先后还在《语言文字应用》《语言教学与研究》《世界汉语》《厦门大学学报》《辞书研究》《语言》《中国语言学报》《汉字文化》《杭州师院学报》《语文建设》等刊物发表。也正是从一开始，我就生出了这样的问题：《现代汉语词典》的词汇全貌如何？《现代汉语词典》的释义全貌如何？尤其是后者。但对它的了解必须在对前一个问题有了充分的认识后才有可能发生，故我把它留在了最后。逐个逐个专题地进行，各个击破，其目的是要揭开《现代汉语词典》释义语言的真貌。现在终于在提交博士论文的时候，等到了这期盼已久的机会。

---

* 　《汉语释义元语言研究》，上海教育出版社，2005。

选择释义元语言来做《现代汉语词典》释义语言研究的突破口，还有另一层原因，那是一个长存心中的期望。21年前，我本科毕业考上研究生，班长徐肇锋及张兴、黄浩淮等11名同窗好友，还有年轻的班主任颜长青老师，郑重地送给我一部书作为"深造纪念"，就是*LONGMAN DICTIONARY OF CONTEMPORARY ENGLISH*（《朗曼当代英语词典》）。我考取的是汉语史专业，英语并不太好，而那是一部全英文释义的词典。他们为什么要选这部书送给我，我从没问过，至今仍不得而知。书的所有释义都只用2000个单词来完成的，这倒深深地吸引了我。我常常会这样想，汉语为什么没有用有限词来释义的词典？汉语词典能不能用有限词来释义？后来，每当看到扉页上那现在已经是卓有声誉的书法家张兴撰写的秀丽毛笔小楷，这种想法就会不由自主地从心底涌起。只是想法归想法，内无足够的学识与积累，外无得力的工具与手段，想法只能长期在心里忽闪忽闪地偶尔冒腾几下而已。

后来在掌握了词汇计量的手段后，这样的想法才变得实在起来。清华大学的张津、黄昌宁先生在这方面先走一步，完成了用数学方法求解定义原语的工作。尽管我不太赞同他们的研究结果，但受到他们工作的启发与鼓励，则是显然的。南京师范大学李葆嘉先生关于元语言的充满灵气的论述，则给这一研究带来活力和热气。我只不过是带着自己惯有的偏于实证的风格也参加到这一研究中来了。

在我开始研究词汇计量以来，得到计算语言学界许多朋友的帮助。清华大学计算机系的孙茂松教授、北京大学计算语言学研究所的俞士汶教授、山西大学计算机系的刘开瑛教授和时任香港城市大学中文、翻译与语言学系主任、台湾"中研院"院士郑锦全教授都给予了许多的帮助，并让我分享了他们研制的词语处理软件。随着语言学与应用语言学学科的建设，我与本校计算机系的李堂秋教授、周昌乐教授、史晓东教授有了更多的合作机会。史教授是国内机器翻译的高手，他那高超的编程能力，总能让我们得到意外的收获。在他的手下，本文使用的语料库中释词与例句的分离轻松地完成了。

而最后有机会把这项研究带入实施阶段，特别是能以博士论文的形式完成并提交，我的导师葛本仪教授起到了直接的推动作用。今年年初，我拿出拟作博士学位论文的几个题目来讨论，先生"慧眼识珠"，一语定乾坤，从而使这个酝酿已久的计划得以正式启动。正是因为有了葛先生，我才有机会加入到汉语学界最早开展中文信息处理研究的几所高校之一的山东大学语言学学科中来。早在20世纪80年代中期，葛先生和盛玉麒教授就开始了研究现代汉语词表的工作，先后取得了《信息处理用现代汉语三万词语集》《现代汉语常用词库（常用词部分9000）》的骄人成果，还有卞成林教授的博士论文《汉语工程词论》。我能成为这支学术队伍的一名学生，倍感荣幸。

酝酿、筹备论文的时间很长，可动笔写作的时间却很短，很集中。今年暑期，正值南北面临多年未遇的酷暑，我在厦门白城的海滨书房里度过了整整两个月。为了获得葛先生的及时指导，每写完一章，我就用特快专递给先生呈送一章。"飞鸿传书"及时带回了先生许多富于启发的意见。先生温文尔雅，慢言细语，慈祥有加，是学生们公认的慈母形象。对先生的严密与清晰，我是早有体会的。去年给研究生讲授现代汉语词汇学史时就曾告诉他们，要报考词汇学研究生，葛先生的《现代汉语词汇学》是最佳参考书，简要而精当，里面对词汇学术语的定义与辨析可谓滴水不漏。而此时，读着一来一往的书信，对先生又有了更深一层的认识。先生的思路何止是严密，简直是犀利；言辞何止是清晰，而是如此的准确与深刻。正因为有了先生的有力把握与及时调整，我那半文半理、半文字半图表、仓促行文、疏而不密的文章才有了些许完整与周全，也才体会到在老师指导下的学生写作所独有的那种安全感与畅顺感。

第一次跟先生见面是1993年在南开大学召开的首届现代汉语词汇学研讨会上。那时我还在广州工作。翌年春，先生来信，说她的一位在职博士生因工作调往深圳，要我就近给予一些学术辅导。我很意外，那是先生对我的器重。从那时起我也就成了先生的私淑弟子。10年后，终于有机会入先生之门。这种机缘，这种感谢，自是难以言表的。

2003年9月18日
于厦门大学白城12号301室

由字及词，学词之法

——《组词词典》*序

　　学生如果要提高词语学习的效率，加快词语掌握的速度，有好些方法，如语境学习法，通过具体句子的上下文来认识新词新义；对比学习法，通过与相同、相似甚至相反词语的比较来辨析词义差异；联想学习法，通过与相关词语的关系来掌握词语。还有一种方法是比较有效的，就是组词法，即在掌握了基本词素的基础上，通过组合成词的方法来掌握更多的词语。

　　汉语词语绝大多数都是合成词，合成词是由一个个更小的表意单位来合成的。在词素与构成的词语之中，意义都有着这样或那样的联系，词素的意义会以这种或那种方式进入词义之中。因此，由词素到词，先掌握基本的词素，再类推及词语的学习，也就成了一种行之有效的方法。我们曾作过一个小小的统计，《现代汉语词典》（第3版）的50 486条复音词，只用了汉字5344字，其中只出现了1次的有1000来字，出现了2次的有600来字。从出现次数多来看，出现了5次以上的有3046字，出现了10次以上的只有2237字。也就是说，掌握了2000至3000个字，就基本上能掌握绝大多数的现代词语了。

　　为了突出学习型词典的作用，本词典在收字收词中遵循着实用原则。选来组词的是常用字，所组成的词语也尽量是常用词、通用词、语文词。选用的字有2400余个，除极少数为二级常用字外，基本上都在一级常用字的范围。所组成的词语达123 000余条（次），按不重复的词来算，假设平均词长2.5个字，照此来除，不重复的词将近5万条，应该说这是一部达到相当词语规

---

*　《组词词典》，上海辞书出版社，2006。

模的组词词典。对一些生僻词、罕用词或专业词而不予收录，如"带"字，没收"分钗断～""夫人裙～""～道""～音"；"被"字，没收"～发徒跣""～发缨冠""～褐怀玉""～褐怀珠""～山带河"；"东"字，没收"～胡""～经""～盟""～野""～门黄犬""～市朝衣""马耳～风""坦腹～床"。

而本书最大的特点是按义项来组词。组词词典可以有最简便的编写方法，就是不管字的意义，纯按字的位置来组词，如词首位、词次位、词三位等。这实际上看重的是纯字形，不管意义，应该称之为"字组"词典。类似于此的词典市面上有不少。但如果要突破字的局限，立足于"字"的意义，真正反映出词素与词之间的语言联系，那就应该按意义来组词。即一个字如果有多个意义，那么每一个意义是如何组词的，组了哪些词，组词词典就要来做到这一点，这才是语言学意义上的组词，它立足词素这级单位，找出词素的各个义项，顺着这些义项看它们的发展过程，寻找出组合成词的"族群"。这样不仅仅大大方便了学习者，能够一目了然地掌握词素与词、词素义与词义之间的联系，而且在词汇理论的探索上也具有了意义，大大厘清了词素与词这两级基层单位之间的有机联系，将能产性落实到了词义上。

由字的组词，进到由词素义的组词，看起来是一个小小的改动，带来的困难程度和工作量却是增加了无数倍。因为要一一辨析合成词中每个词素的意义，梳理词素义与词义的联系，这些是相当不易的事情。在词素义与词义之间，它们的词义联系有的外在明显，有的隐含内藏，有的头绪清晰，有的若有若无，有的甚至难以考究。大体说来叠加义最易，转义难之，化合义最为困难。为了适应这种情况，本书的义项分立会比一般的以释义为主的词典略宽些，概括义项时采用了"粗化"的处理方法，如"改"，一般的词典列有三个义，即"变更、更换""修正""改正"，本书则将"修正""改正"义合二为一。由于对每一个复音词都要做到一一归"档"，这样在仔细甄别后就会使一些平日里不注意的"字义"变得面目清晰些，有的还会作出一些新义项的概括，如"巴"字，"锅巴"在现有的词典中解释为"粘在别的东西上的东西"，那么"齿巴"的意义与"锅巴"类似，可归此义；而"紧～、蔫～、催～、干～、结～、磕～、拉～、泥～、尸～、尾～、下～、盐～、眨～、嘴～"中的意义似实似虚，就单独给它立了一个新的义项"词缀"。这样做既尊重了语言演变的事实，也方便了对一大群同类词语的处理。按词义组词的做法难度高，工作量大，难免会出现归义不当的现象，这是有待今后进一步修订的。现代汉语还有一些是复音单纯词，所用字是不能单独表意的，这样就在释义的最后面单独成类，前面用"★"加以表示。

　　组词词典的编纂，看似容易，实则困难。可喜的是编纂工作迈出了第一步，困难的也是这第一步。既然开始了这种尝试，以后的修订、改进也就在所难免了。希望能不断听到读者的意见，在此先表示感谢。

2006年4月5日

于厦门大学白城品斋

由句及词，学词之法

——《造句词典》*序

　　我妻子是日语教师，她有一本案头书，就是日语的《基本语用例辞典》，实际上就是造句词典。它收了3000条常用词，词量不大，可详细列出了每个词的所有义项，每个义项下详细列出了多个例句来显示词的意义和用法。她总说日语教师和学生都非常喜欢这本书，能够很方便、准确地来学习每一个常用词语，而丝毫没有读一般语文词典时常因高度概括的释义而带来的抽象感、距离感。给学习者、使用者以最具体直接的指导，以直观的方法详尽、全面地反映词语的各种意义与功能，这大概就是造句词典的最大作用吧。这也使我生出这样的想法：什么时候也能来编纂一部这样的汉语造句词典，给读者提供一本主要通过活生生的语例，而不只是概括的释义来学习词语的工具书。

　　在上海辞书出版社的组织下，现在终于有了这样的机会。既然是造句词典，一开始自然是把编写的重点放在如何更好地展示词义上。而充分吸收现有词典的释义成果，当然是做好这件工作的前提，像《现代汉语词典》《现代汉语规范词典》《新华词典》《当代汉语词典》等，都是我们案上必备的工具书。这也是在完成此书时特别想表示感谢的地方，对所有参考、利用到了的书籍及作者表示感谢。

　　对例句的选取我们定了这样的原则：1.典型性，能清楚、准确地显示词的意义、功能、特点；2.可读性，通过句子的具体内容提供一些知识性、文学性、欣赏性的东西，使学习者在学习语言的同时，也能感受到语言所传递给

---

*　《造句词典》，上海辞书出版社，2006。

我们的丰富人文知识和自然知识；3.语言的美感，体会语言的生动、优美与传神。这三个原则有一个逐步深化的过程，典型性是基本要求，可真要使每个词都做到这一点并不容易。可读性的要求明显高了，它是我们在面对浩瀚的言语材料，反复比较筛选时，时时牢记而不敢稍有松怠的。而要做到例句的语言美感则最难，当然这是我们一直企求的目标。有时搜寻到一个优美的句子，真有爱不释手、非它莫属的感觉。如"和谐"，意思是"配合得适当的"，选用例句："最深最平和的欢乐，就是静观天地与人世，慢慢品味出它的美与和谐。"如"滑头"，意思是"圆滑，不老实"，选用例句："任何有职业道德的人都鄙视那一套滑头、欺诈的做法。"如"丧失"，意思是"失去"，选用例句："无论在什么样的逆境之中，人都不要丧失乐观坚毅的精神。"如"渗透"有一个意思是"喻指一种事物或势力逐渐进入到其他事物"，选用例句："作为一名公安警察的责任感、使命感很自然地渗透在他的日常生活当中。"我们的语言是那么丰富，能提供给人的信息是那么多，那么富于教益。如果我们能通过工具书，将这些优秀的语言吸收进来，一脱语言学习枯燥可怖的面貌，相信会对学生的词语学习产生一些积极的推动作用。

由于篇幅有限，一个词下面能容纳的例句总是有限的，本书为每个义项一般是配上两个例句，有时面对好的例句不忍割舍，会多列入一两个，但对丰富的语言来说，这仍是极为有限的。因此，在每个词下按义项还列有"搭配"栏，通过搭配来尽显词语的组合，显示词义的内涵、功能和特点。如"把握"有具体义："握、抓、拿"，还有抽象义："抓住、控制住（抽象的事物）"。对后面这个抽象义的解释就显得很空洞，很乏力。而通过搭配，它后面出现的词语是"～本质/～实质/～尺度/～大局/～分寸/～规律/～机会/～机遇/～契机/～命运/～全局/～时代/～时机/～思想/～未来/～行情/～形势/～主动权/～自己"，这就将"把握"那种难以言传的意思清楚地再现出来了。如果说，例句是对词义的充分显示、典型显示、完整显示，那么搭配则是简约显示、概括显示、周遍显示。编写之初，我们还只是取样式地摘取一些典型搭配，到后来，则希望能尽量做到穷尽左右。

无论是选取例句，还是缕列搭配，要把这两点做好，它们都必须是来源于真实的语言，而采用生造、自造、杜撰的语例是不可能做好这项工作的。编写中依托多年建立起来的大规模语料库，考虑到有效性与方便性，从数十亿字的大语料库中选取了数百位作家、数千篇现当代文学作品约1亿字，再加新闻报刊语料5000万字，构成了撰写本书的基础语料库。写作到每一个词语时，都从里面调出数百条，甚至数千条语例，加以甄别、排比、筛选。如果没有这样的语料库和高效的检索工具，要编成现在这个样子，几乎是不可能的。

动笔之初，还以为这只是一项加工式的工作。现成的词，现成的词义，只是选选例句而已。可在面对鲜活的语例，面对丰富、真实的语言面貌时，却发现我们以往对词义的认识原来还有许多有待改进的地方，特别是这些词语都是些常用词、语文词。这种改进可能来源于我们原有的认识就不曾到位，满足于对词义的"大致""近似""粗略"的认知，也有可能是因为现实语言一直在发展、丰富着，而我们的观察未能及时跟上。下面试举两例：

"清理"条：

《现代汉语词典》 彻底整理或处理：～仓库｜～账目｜～积案｜～古代文献。

《现代汉语规范词典》 彻底整理或处理：～房间｜～思路。

《当代汉语规范词典》 彻底清查、整理或处理：～行李｜～仓库｜～账目｜～积案。

本书释为：

1. 打扫、去除、整理，使干净、卫生、整洁。

【造句】

（1）他亲身动手～养鸡场里的脏物。

（2）他正在费力地～下水道的淤泥。

【搭配】～泥沙／～杂物／～草地／～垃圾／～废墟／～干净／～修整／～卫生死角

2. 处理、清点，使有条理，合乎要求。

【造句】

（3）考古人员在一处商代遗址～出土的1200余件玉器、石器及陶器等。

（4）他们厂的会计常拉他去帮助～陈年的欠账和来往账目。

（5）她早早地就起来了，给要出远门的丈夫～行装。

【搭配】～仓库／～账目／～积案／～欠税／～文件／～户口／～搬迁／

~收回／~衣物／~遗物／~财产

3.整肃人员、队伍、组织、机构等，使纯洁、有序。

【造句】

（6）按文物行的惯例，从这行~出去的人，改行干什么都可以，但绝不许再染指文物生意。

（7）我们一定要把革命队伍里意志不坚定的人~出去。

（8）全国正在~整顿公司，查出了一批违法乱纪的案件。

【搭配】~市场／~整顿／~人员／~队伍／~网吧／~整治／~清查／~纠正／~检查／~取缔／~开发区

又"消沉"条：

《现代汉语词典》 情绪低落：意志~。

《现代汉语规范词典》 情绪低落：他最近很~。

《当代汉语词典》 情绪低落；精神不振作：意志~｜他并没有因遭受挫折而~。

本书释为：

1.情绪低落。

【造句】

（1）老一个人闷在屋里看书，会把情绪弄~的。

（2）因家庭迭生变故，她的精神所受打击甚重，对人事的关心也渐渐~了。

【搭配】士气~／意气~／意志~／志气~

2.沉寂，不活跃，处于低潮。

【造句】

（3）看到许多~已久的曲艺形式与节目重现在舞台上，丰富了我们的文艺生活，同时又能有助于发扬传统，推陈出新，谁能够不高兴呢！

（4）主流文艺评论的~与杂音的喧嚣，几乎是20世纪末期世界文艺的一个通病。

（5）在过去的几年中，中国的制造业并没有就此~，而是进行着艰巨的企业和技术重组，并做大做强了一批新兴产业。

全书收了4300余条词语，有的词语前人已经诠释得非常贴切，我们做了继承；有的有所缺漏，我们做了补正；有的词义有了丰富发展，我们做了记录、描绘。到此时我们才发现，一旦有条件将大量真实的语言材料聚焦到眼前，一旦能够沉下心来仔细地观察、体味语言事实，那里面原来包含着如此丰富多彩的世界。由于时间短和编者的水平有待进一步提高，有的词语的释义和选例还不够理想，希望在以后修订时能得到改进。

2006年4月8日
于厦门大学白城品斋

词汇计量研究的助手

——《词汇计量研究及实现》*后记

在多年的词汇学教学中，我深深感到学生如要真正学好词汇学，除了要系统地学习词汇学及相关理论，提高研究素养外，学会处理语料的科学方法与现代化手段是必不可少的。2000年第一次给研究生开设了"数据库与语料分析"的选修课，选用的数据库软件是ACCESS。记得那时开设这门课，我并不是想给学生系统地介绍这个软件，而是苦于学生处理语料能力的低效率，才开始一步一步地教他们学会ACCESS操作的。所幸的是同学们感到学得很有用，热情很高，甚至文学专业的研究生也来听课。后来，系里提出要给本科生也开设这方面的课程，让他们掌握常用的办公软件，提高毕业时的择业能力，故2001年又开始给本科生开设了"办公自动化软件"的课程，主要是结合档案管理讲授了ACCESS的使用。2003年春季，给汉语言文字学专业博士生开设了另一门新课"词汇计量与统计"，除了深入讲解ACCESS的一些深度开发功能外，主要是介绍了如何用统计学的分析方法来处理所得到语言分析数据，教学中紧密结合Excel和SPSS来讲解，要求学生在理解了基本概念和原理的基础上，要学会软件的操作，甚至可以说着重在操作，理解也是通过对实例的操作来实现。要搞好词汇的计量研究，既要解决好语料处理，也要解决好数据处理的问题。这两方面都已经有了相当成熟的应用软件，于前者，有ACCESS，于后者，有Excel和SPSS，它们都特别适合非计算机专业的文科人士使用。这是计算机技术的发展带给我们的福音。

---

* 《词汇计量研究及实现》，商务印书馆，2010。

这次为了配合短课程教材的建设，在以前断断续续的讲稿基础上撰写了这部书，主要内容还是围绕数据库软件ACCESS来展开。方法的学习是有普遍价值的，为了学生能尽快缩小学习与运用的距离，书中尽量结合专业语料来作讲解，所以它的服务对象首先是与语言学专业有关的学生。

这部书对词汇计量研究的理论问题作了纵横思考，它的目的不在于追求理论的系统化，而是希望有助于人们更自觉地在实际研究中去使用计量手段，追求计量功能的实现。它对数据库作了较多的介绍，不是把它当作独立的学习对象，而是关心那些与词汇计量有密切关系的功能，如数据库的设计、查询、筛选、统计，尤其是设值、函数、表达式。学会了这些，达到对词汇的数量分布与特点的把握就不难了。当然，计量手段的掌握最终目的仍是达到对词汇本质的认识。我始终认为，计量只是一种手段，它的目的在于对定性的帮助和回归。

本书是理论的书，也是操作的书，又似乎不尽然。它想灌输给读者的是一种理念，是一种方法，那就是如何把人文科学的语言学做得更形式、更精致，也更具有可控性。

2009年9月9日
于厦门大学白城

学文之道，多读美文

——《大学语文读本》*后记

　　"大学语文"是高等学校非中文专业学生的一门公共必修课。课程的开设是基于这样的认识：培养大学生的人文素养，陶冶性情，了解社会与人生，接受审美教育，提高对人类优秀文学作品的欣赏能力及语言文字的运用能力。课程具有这样的特点：阅读对象是文学作品；欣赏形式是语言文字；感受内容是社会、历史、人生与哲理；学习方式是细读慢品、日熏月陶，以收潜移默化、润物无声之效。

　　由于"大学语文"课的综合性、丰富性，现在各校使用的教材各有侧重，有的相差还挺大。有的重于文学发展轨迹，一似文学作品史的简编，或按体裁，或按年代，甚至囿于中国文学的范围；有的偏于知识的传授，或文学知识，或语言知识，或写作技法，虽不求系统，却处处落到实处，为的是凸现语言文字的工具性。我们认为，要真实体现"大学语文"的人文素养培养功能，就必须真正抓住语文的精髓，通过"美文"来感受体悟"美义"。这大概就是大学语文课不同于哲学课政治课的直陈道理，也不同于中文专业那样强调语言文学知识的知识性、系统性、工具性的地方。

　　基于以上认识，我们把选择"美文"作为课文选择的最基本要求。希望入选作品具有较高的文学性，在文学史上具有较高地位和较大影响，在某个创作时期、作品风格、文学派别、体裁类型上具有一定的代表性。而在"美义"上，我们试图通过设立主题的方式来加以凸现，而不再像传统方式那样完全以

* 　《大学语文读本》，清华大学出版社，2013。

作品外在的形式来做课文的编排。我们设立了"自然神韵""精致器物""两情相依""家国情思""理想希望""礼仪天下""仁者之道""萌动青春""幽默人生"九个主题，各包括六篇课文。当然，这九个主题是否合适，是否能够涵盖作品的丰富内容，可讨论的空间一定是很大的，但努力以这种方式来展现一组作品共同的主题倾向，把天生就有着极广思想与艺术内涵的文学作品加以稍稍归并，相信对学习者是会有所帮助的。

古今中外的优秀文学作品无数，而教材的课文能收录的数量极其有限，同时还得努力照顾到优秀作品的方方面面，尽量让有限的选目能覆盖得广一些。这时，才发现"撷英"其实是件相当困难的事情，一点不亚于学科内专业教材所要求的系统性、完整性。有取就有舍，有留就有去，同样美轮美奂的作品，却因为文学体裁、朝代时期、国别地区等种种因素的平衡，不得不割爱、替换。要在一个主题只有6篇课文的容量中照顾到这么多因素肯定是不可能的，只能把整个教材作为一个整体来考虑，如对外国作品的选择，除收了美国4篇外，其他几国只能是各收1篇。当然课文选录的主导思想还是明确的，就是以中国的作品为主，以现当代的作品为主，尽量贴近当代大学生的认知需求与特点。

每篇课文前有"题解"，在于给学生提供学习课文的若干背景材料。后有"赏析"，是提供阅读欣赏的一些线索。而"练习与思考"则是希望能让学生在一些稍微带硬点的要求和指导下，找到进入作品的思路与途径。优秀文学作品的学习重点在于"读"，这是我们一贯的教学思想，即在教师的恰当指导下，尽量多地让学生去接触作品，多读，多想，多感受，多交流。

2012年12月1日

单向多层语义系统内在逻辑关系探秘

——《现代汉语分类词典》*附论

《现代汉语分类词典》（*A Thesaurus of Modern Chinese*，简称"TMC"）就要出版了。它的研发经历前后近十年，下面谈谈对一些问题努力思考、解决但未见得成熟的认识，以求教于大家。

一、回顾

当代汉语词汇研究中注重词汇整体性问题是一个趋势。词汇的整体性问题不少，如词汇总量、词汇构成、词汇来源、词汇演变、词汇的语法化、语法的词汇化、词汇分层分级等，最引人注目之一的大概要算词汇系统了。20世纪前半期中国语言学界流行着语法有系统，语音有系统，而词汇是一盘散沙的观点。到20世纪60年代，词汇是一个系统的观点开始出现，但受到强力的"责难"。直到80年代，这一观点才慢慢被学术界所接受。如果说这个观点的流行来源于理论上的自觉，倒不如说更多是受到实践的影响，因为建构词汇语义系统已经成为一种日渐铺开，并引起人们更多期许的学术实践。

《同义词词林》（1983）（以下简称"《词林》"）就是这样一部在现代汉语词汇系统建构上有着开拓意义的作品。尽管它最初或最突出的旨意并不在此："我们编纂《同义词词林》的初衷是，由于在写作与翻译中往往发生词穷的情况，难以将意思表达恰当，因而感到迫切需要有一本从词义查词的工具书，以便从中挑选适当的词语。这本词书，就是希望提供较多的词语，对创作

---

* 《现代汉语分类词典》，商务印书馆，2013。

和翻译工作能有所帮助。"郭绍虞先生作了一篇长序，通篇都是从语法修辞的应用层面阐发该书的特点。但最终使这部著作在学术界获得巨大声誉的却并不是这两个实用性目的，而是"《词林》一书收录词语近七万条，全部按意义进行编排，所以它是一部类义词典"。正是为了达到那两个实用目的而编成的分类系统，成就了《词林》的最大学术价值。它把数万条词语以有序的语义联系呈现在人们面前，使得词汇语义存在系统性的理论变得清晰起来，称它为现代汉语第一部语义分类词典毫不为过。此后多种分类词典迭出，如《现代汉语分类词典》（徐为民，辽宁大学图书馆，1984）、《简明汉语义类词典》（林杏光，商务印书馆，1987）、《现代汉语分类词典》（董大年，汉语大词典出版社，1998）。这些词典的收词范围、义类层次、义类数量都不一样，但"以词义为主，兼顾词类，并充分注意题材的集中"算得上是它们的共同点。[①]《词林》有一级类12类，二级类94类，三级类1428类，三级类下面又按代表词分出词群，共3925个词群。无论是收词量，还是分类层次的丰富与细致，都可算是这一类词典的佼佼者。从人们对社会认知的角度来构拟词汇语义分类系统、注重事理的关联性、注重在词义最小的同异程度上来集聚底层语义类，成为这一类词汇语义分类词典的三大特点。

随着计算机自然语言处理的出现，对词汇语义分类词典有了新的需求。计算机对词汇的处理讲究效率，讲究同质、同值化的"批处理"，因此将看似杂乱散漫的庞大词语进行归类也就有了必要。但计算机不像人脑，没有那么强的语义辨微能力，需要借助清晰的形式标志，这样注重语法标志与语法功能也就成为追求的重点。王惠、詹卫东、刘群的《现代汉语语义词典》可视为这一类词典的代表。"从事机器翻译的人大概都有这种体会，语义分析是机器翻译中模糊性最大、最难处理、最不成体系的部分。因而，在现阶段，要跳过语法分析阶段，构造一个基于语义分析的机器翻译系统，是不太现实的。""因此，从工程实用的角度出发，我们的机器翻译系统采用的是'语法分析为主，语义分析为辅'的分析方法，在整个汉语分析过程中，语法分析构成了分析系统的框架。"[②]下面一段话将"语法分析为主，语义分析为辅"这一原则作了再清

---

① 梅家驹等：《同义词词林》，上海辞书出版社，1983，"自序"第5页。
② 王惠，詹卫东，刘群：《〈现代汉语语义词典〉的概要及设计》，载《1998中文信息处理国际会议论文集》，清华大学出版社，1998，第362页。

楚不过的阐释："我们的语义分类体系是为了辅助语法分析而设计的，因此，语义分类的标准及分类深度均应从为语法分析服务的角度来确定。应用语义知识应着重于解决那些仅靠语法规则难以解决的问题。这应该是我们的唯一标准。"①在这个系统中，语义处于从属、辅助、够用即止的位置，其最底层一个语义类有时会有多达数千条词语，因为只要它们有着共同的语法属性，能符合计算机的某个语法规则，它的语义分类就可以到此为止。而数千条词语共处一个最底层语义类，这在按语义标准来实施的分类词典看来是难以想象的。"语法分析为主，语义分析为辅"，成为这一类语义分类词典的最大特点。

还有一类面向计算机的语义分类词典显得格外出众，这就是董振东先生的"知网"（HowNet）。它是专用于计算机的语义分类词典，追求的是语义分类的网状分布。这种网状实质上就是立体、跳转的。只运用于计算机的专用性使它无法平面化、纸质化，必须依靠计算机强大的关联能力才能真正显示其内在的语义关系。这一独特品格甚至使"词典"这个词对它来说都不适合，它是真正以网络状态出现的一个词语网，其核心就是给每一个词提取出若干"义原"。这些"义原"是一个语义系统内最重要、最基本的语义要素，数量约两千多个；义原蕴含于每个词之中；每个词都拥有最具区别特征的若干义原；给每个词标出的义原是有限的，只能在个位数范围之内。如此种种，使"知网"虽然在形式上仍有着与其他语义分类词典相类似的语义层与语义类，但实质上将所有词语关联起来的却是义原。

面向计算机服务的语义分类词典中还值得一提的是张潮生的"中文词库"。②这是作者在相当艰苦的个体劳动状况下完成的。它充分考虑了《词林》、"知网"及美国"WordNet"的长处与不足，有所规避，也有所创新。其特点有：（1）语义层级较深：如以"A股"为最下位义，向上可逐层推及"股票→有价证券→证券→票据→券→证据→依据、信息→事物→人或事物"。（2）标示了词的多种语义关系：同义、上下位、类型—实例、整体—部分、角色、并列、集合—元素、发出动作、接受动作、功能—工具、因果、拥有、属性、领域、词类，其他关系。例如，"妻子"的［同义］有"太太、老

---

① 梅家驹等：《同义词词林》，上海辞书出版社，1983，"自序"第5页。
② 笔者所见为"CWB，中文词库1.0版"，2005年12月完成。

婆"等34条词，［下位］有"正妻、小老婆"，［上位］有"配偶、女眷"，［由…充当］是"妇人"，［集合］是"夫妻、妻子、六亲"，［并列］是"丈夫"，［发出动作］是"守空房、告枕头状"，［接受动作］是"虐妻、休妻"，［被涉及］是"惧内"。（3）参考了相连及的语法角色，如上面"妻子"例中的后三项。

二、研究动因

如果说"知网"的语义分类使用了明、暗两种方法，明的是义类层级分类法，暗的是用义原将相关的语义类串联起来的话，那么另外两种语义分类词典则分别彻底贯彻了词的语义性与语法性。《现代汉语语义词典》突出的始终是词的语法性。它除了把名词、动词、形容词作为最上一级的分类外，在下级语义层的划分中也突出了便于语法处理的属性。例如，名词类中，"生物"与"非生物"相对，"自然事物"与"人工事物"相对；在动词类中，"行为"类下分出"自变、促变、自为、自移、搬移、对待、给予、获取、创造、遭受"10个小类，这些小类蕴含着对动作施动者、动作方向、动作对象、动作结果的考虑，正是这些因素会直接影响到语法搭配规则与搭配对象。再如，"人"在它的系统里面只处于"事物—具体事物—生物—人类—人"的第四、第五层的下位语义层，而在突出对社会现实的认识，突出人与自然的事理逻辑的语义分类中，"人"却总是处于一级或二级的上位语义层的重要位置。而《词林》突出的始终是词的语义性，它的主要功能是面向人、服务于人的语言使用。

能不能把现有的注重语义性的分类模式做得更完善些？这是我们在投入大气力从事这项工作前考虑得最多的地方。答案当然是一种充满希冀的肯定。之所以有如此的决心，是因为相信继续这项工作有着特别的意义与价值。

（一）作为真正的语义分类词典，必须正面探究语义问题，寻找到体现词汇语义系统的最佳形式

语言是一个综合体，语义、语法、语用的各个要素都有着各自的内在系统性。"语义为主，语形为辅"，是对其相互关系的正确理解。建构一种词汇语义分类系统，语义应处于核心、首要的位置，语法因素、语用因素只能起着

辅助、次要的作用。词的语法特征具有直观性、"批处理"的可行性、易操作性，但这些都必须立足于或紧密结合语义规律来进行。语法的规律性很强，它关注的主要是"搭配组织类"。"语法类"涵盖的范围相当大，当然是方便于计算机语言处理，但它并不能代替"语义类"。语法类与语义类毕竟是两种不同性质、不同内容、不同对象的东西。

相同的语法类可能会表现出大不相同的语义特点，如"计策"类是"叁（抽象物）—三（意识）—D（想法）"下的一个名词类，下面还有"计划、鸿图、计策、将略、巧计、上策、中策、小算盘、坏主意、阴谋、毒计、故伎、反间计"等13个五级类，它们的语法属性是一样的。但以"小算盘"类为界，之前的多为褒义，之后的多为贬义；与"鸿图"搭配的常是"大展、宏伟、远大"等，与"阴谋"搭配的常是"狠毒、阴险、图谋"等，语义的共现环境完全不同。反之，相同的语义类也可能会表现出大不同的语法特点，如"受奖"类是"伍（生物活动）—八（际遇）—I（享福）"下的一个动词类，共有"见赏、受奖、受赏、得奖、获奖、领奖、领赏、中奖"8条词。这8条词之间有着明显的语法差异，前3条词是受动型，后5条词是主动型，受奖人与授奖人处于不同的关系之中，使用的句子结构也不相同。为了区分其语法差异，将它们又分成两个下级类，"受奖"和"获奖"。计算机对语言的处理最终仍要符合人们对语言的处理原则，要符合人们的语感，而人的任何语用活动都是立足于语义之上来进行的。

（二）词汇语义分类词典在人的语言学习与使用中有着重要的参考作用

在语言研究中，服务人是一个最广泛的服务领域。这是语言研究的永恒价值所在。人们对词汇的学习与使用，最常用的就是对同义词语的系联与辨微，对反义词语的类推与辩证。但这时人们关注的往往是具体词语的相邻关系，忽略了词汇系统的整体关系。毫无疑问，具体词语的相邻关系只有在完整的语义系统中才会更清楚地凸显出来。

如第8个一级类"性质与状态"类下有6个二级类、89个三级类、323个四级类、1056个五级类，研究表明它们在真实语言中的分布有着明显的梯度差别，即愈是上位类，存在愈是普遍，愈是下位类，缺损愈是明显。存在与缺损正好反映出一个义类的重要性与普遍程度。例如，在对外汉语教材的词汇研究中，发现在"形貌、知觉、性状、性质、才品、情状"全部6个二级类中，"性质"类词语最多。往下到三级类时则开始有了义类缺损，这表明在语言学习过程中，有的义类处于更基础的位置，有的义类则会受到语言功能、文化差异等因素的影响而稍后出现。[①]认识到语义类的先后、有无、详略及其相互关系，对准确地安排学习内容，提高教学精度，显然是很有好处的。

（三）《词林》创立的社会认知观下的语义分类系统亟须得到改进与完善

在上面的论述中，读者不难发现我们对《词林》的高度评价。但随着时间的推移、语言的变迁及人们认识的深化，其不足也是明显的。最著者有三：

1. 收词较狭，词语陈旧。《词林》收词约6.4万条，[②]其中不少是古词语、旧词语、方言词，有的属非词的词素或短语。如"人类"类有6条词，其他5条词是"噍类、生人、横目、圆颅方趾、方趾圆颅"；"被子"类有6条词，其他5条词是"被卧、被头、被、衾、裯"；与"喊冤叫屈"同类的有"告御状、叩阍、叫阍"。"TMC"淘汰了《词林》的1万余条词语中有古词、旧词、僻词、词素、短语等，新增现当代词语及义项2.9万条，使之更贴近于现代汉语词汇的真实面貌。

2. 分类系统有待改进。作为一个初创之举，能将数量庞大的词语进行系统化确属不易，但疏而未尽密，缺而未尽周，在所难免。特别是上位类对下位类的控制、同级类的分布、邻近类的连接、底层类的聚合，分类标准未能做到一致表现得较为突出。强化中间语义类的上下层控制，加紧相邻类的连接，严格相邻类的合理划分，统一语义类分立的标准与原则，是"TMC"建构词汇语义系统时重点考虑的地方。

3. 当代汉语词汇演变导致义类的变化。改革开放以来的30多年是汉语历

---

① 柯丽芸等：《对外汉语初级教材义类分布研究——以"性质与状态"义类为例》，国家语言资源监测与研究中心高峰论坛会议论文，北京，2007。

② 《词林》前言谓收语"近七万条"，据我们统计为64 223条。如按相同词形来计算，则为5.2万条。

史上变化最快的时期之一，其变化远不止于词语的数量上，在义类上的变化也是极为明显的。《词林》中"股"字动词只有"合股"一个，而在股票市场极为活跃的今天，"TMC"收了"炒股、炒汇、持股、控股、入股、参股、招股、建仓、盘整、空仓、满仓；清仓、清库、空对空、买空、卖空；崩盘、套牢"，并划归于"炒股""空仓""崩盘"三个不同的小类。传统生活中"纸"与"笔墨砚"并列同属办公用品。生活用纸只有"手纸、卫生纸、草纸"寥寥数词时，归于办公用品似乎并无不妥。而当今"纸"作为一种材质，构成了难以计数的"餐巾纸、纸巾、面纸、湿纸巾、面巾纸、卷纸、盒纸、纸尿布、纸尿裤、纸杯、纸盒、纸碗"等词语，分布于生活用品的各个方面，仅归于"办公用品"类就不妥了。又如"家电"类的兴起，新职业的产生，护肤美容产品的问世，都会导致新义类的产生，或是从旧义类中分化独立出来。因此，义类的调整与建构也就很有必要了。

以上原因促使我们下决心开始了"TMC"的研制工作。

三、分类性质

在对三个不同类型的语义分类系统作的简要概述中，清楚显示了我们的一点认识：一种语言的原始语义系统是泛散、立体、动态的。在不同的建构语义系统的活动中，不同的依据理论，不同的观察视角，置于不同的分析范围，服务于不同的应用目的，使用不同的划分标准，借助不同的分析手段，甚至用了不同的表现形式，存放于不同的装载空间，最终呈现在我们面前的都会是很不一样的系统面貌。用"建构"一词，是因为任何一个语义系统，尽管都有客观世界在支撑着它，但就其最后呈现在人们面前的语义模型与全貌，都是研究者的理论产物。这里可以用得上人文语言学理论的一句名言："语言是一个民族观察世界的窗口和模式。"一个语义系统，其实就是一种语言观、一种世界观、一种分析世界整合世界的方法共同作用下的产物。想用一个标准、一种模型来穷尽一种语言的语义世界，是不太可能的。认识到以下几点会有助于我们认识一种语义分类体系的特点。

（一）单向多层的语义分类与立体网状的真实语义世界

"TMC"是一个单向划分的五级语义系统。单向指的是在一个语义哲学观指导下建构起来的由上而下分级分层的语义系统。每一个语义哲学观都有着自己的独特世界观，其基本观点也就成为该语义系统最上层的划分点，由此而衍生出万事万物。如"TMC"位于最上层的核心语义观就是世界是由事物、运动变化、性质性状、关系所构成的，万事万物都由此而下衍生。在这个衍生过程中，不管分出的义类层次是五级、六级还是七级，单向划分是其基本特点。这样的语义系统展现出的基本要求是层次与逻辑的清晰严密。

在单向的语义系统建构中，每个语义类都有中心点，逻辑与层次、彼此分明、物不二属是它们的基本特征。可它们面对的客观、真实、原本的语义世界却并非如此，它们是立体、混沌、交叉、网状的。因此，主观的语义系统归类与客观的语义世界存在，二者之间的距离就成为不可回避的矛盾。

例如，外出旅行相关的词语有"大巴、汽车、火车、飞机"；有"司机、导游、乘客、游客"；有"景点、胜地、古迹、风土人情"；有"酒店、餐厅、宾馆"；有"三星、四星、全陪、地陪、吃喝玩住购"。这些词语在现实生活中都是紧密联系在一起的。反映在以"事件"为中心的分类系统中，有事件过程中的参与者，有事件发生的时间、空间，有事件涉及的对象、后果。而在单向建构的语义系统中，这种立体、交叉、动态的关联物都被一一分解了。"公交、大巴、汽车、火车、飞机"归于交通工具，再往上为具体物；"司机、导游、乘客、游客"属于不同的人群，有职业、社会关系之划分，再往上则为人的称呼之别；"景点、胜地、古迹、风土人情"归于天地、风俗；"酒店、餐厅、宾馆"则或为建筑，或为经济组织、商铺店馆等。

现实语义世界的立体、交叉、网状，人工建构的语义系统的单词、逻辑、清晰，二者泾渭分明，各行其轨，难以兼容。认识到这一点至关重要，不仅有助于我们认识语义系统的分类标准、价值与效用，而且也能使我们清楚认识到在两种语义世界中，前者的发散性，后者的边界性，其实是相近相通的。可是，语义关系的模糊、发散、蔓延、边缘、过渡，却往往在真实的语义世界中那么自然，而在人工建构的语义系统中却会显得突兀、刺目、难以调和，这是因为后者讲求的是层与类的条理。如"仪表"类收了"温度计、温度表、寒暑表"，接下来收"体温表、体温计、口表、体表、肛表"是再自然不过了。但这样一来"仪器仪表"类后的"医疗用品"类里就没有这几个词了。这似乎是说不过去。但根据一词一义只能一归的原则，"体温计"只能在"仪表"与"医疗用品"中择其一。又如"水沟，河沟、井沟"看上去与"溪流、山涧、深涧"近，又与"峡谷、山峡、山谷、山沟、沟谷"近，但"溪流"的上级类是"江河"，"峡谷"的上级类是"山地"。本来是因有其山势，蓄其溪流，有其溪流，而铸其谷形。但要对"地貌"进行山地、江河的细致划分，又不得不分门别类，异类相望了。

单向归类的语义体系还决定了人们对丰富的词义内涵只能作单一观察。如"泔水、泔脚、潲、潲水、米泔水"是归"废弃物"类，还是归"饲料"类？从洗、煮、炒的烹调过程来看，"潲水"是废弃物，但从有人专门收集、运输，且有专门的用处来看，它显然又具有了饲料的特性，以至在传统农家生猪饲养中属基本饲料之一。

（二）日常生活的认知习惯与科学理性的学科分类

既然单向的层级建构的语义体系是观念的产物，那么运用怎样的观念体系来建构语义系统也就是另一个关键问题。现在的学科分类体系已经达到相当精细的地步，能不能照搬这些学科分类体系呢？显然是不行的。

如生物学的分类早已形成了的"界""门""纲""目""科""属""种"等类。即使是在最上一层，也有或"动物—植物"，或"动物—植物—原生生物"，或"动物—植物—原生生物—真菌"，或"动物—植物—原生生物—真菌—原核生物"的二至五的界别。姑且不论这里的分类层次已经超过了"TMC"五级分类的"可容度"，就是"真菌、原生、原核"相信也没有多少普通人能区分得清楚。因此，建构服务于大众的语义分类体系不可能完全袭用科学、纯理性的学科分类。其实大众在长期的语言认知生活中已经形成了自己的生活认知观，他们熟悉的是家畜与野畜、走畜与飞禽、羽生与水生，而不太会去关心草食、肉食、杂食，或偶蹄、反刍的差别。两千年前的《尔雅》对分出的"草""木""虫""鱼""鸟""兽""畜"倒是融入了汉民族的传统分类思想。它不细致却真切、不系统却清楚地建构出了一个古老且为人熟知的动植物分类体系。"四足而毛谓之兽，二足而羽谓之禽""有足谓之虫，无足谓之豸"，在面向大众的动植物分类中，人们依据最多的不是对生理属性，而是对生活习性的认识。如"蛇"，《尔雅》归之于"鱼"是因其依水而生。而后有因"蛇鼠一窝"的习性而将"蛇"与"鼠"同归一类处理。对"鼠"的处理也是如此，有因"猫鼠天敌"而将"鼠"与"猫"同归一类的，有因"鼠"与"狸"相近而同归的。如此看来，面向大众的语义分类体系，大众化、常识化而非学科化、学理化，应是其一个基本特征。

这样的例子实在不少，政治学中的"国体"与"政体"，经济学中的"对国民经济有利或有害的""经济"与"生产与再生产活动"的"经济"，彼此之间都有着严格的差异，但在大众眼中都是密而不分的。在建构面向大众的语义系统中，对相关学科的科学分类体系与标准，只能是适当吸收而不能完全照搬，一味袭用、套用。

（三）词汇语义分类系统背后的社会、民族、观念的文化世界

语言的民族文化属性在语义上会鲜明地表现出来。语义要素的有无，语义类的存缺、厚薄，在不同语言的语义系统比较中会轻易地显示出来。英语的《朗文多功能分类词典》[①]在一级类"人与家庭"下的称谓有"人（总称）、男人与女人、父母与孩子、男人类型、女人类型、年轻男子、年轻女子、孩子的类型、各种年龄的人、各类人"等类，收词数分别是10、6、9、10、10、4、7、6、7、5条，共74条。"TMC"与之相当的有4个三级类，即"壹（生物）——（人）"下的"泛称、性别、年龄、亲属"类，分别收词296、125、220、953条，共达1594条。相对应的类下74条与1594条之比是1∶21.5，两本书的收词总量之比却是1∶5.6，可见汉语称谓词特别是亲属称谓词的丰富程度。

社会生活的发展会在语义类上留下深深的印迹。《词林》反映的是20世纪80年代初的汉语面貌，与现在相隔二十多年。这是汉语史上变化极为明显的一个时期，从《词林》到"TMC"，除了具体词语有了明显差异外，语义类也有了很大不同。《词林》在"资本"类下收了有关股份的7条词："股份、股子、股、股金、公股、干股、私股"。而在"TMC"中"股票"却是一个不小的"家族"："股票、公股、私股、干股、A股、B股、H股、法人股、个人股、普通股、国有股、港股、红筹股、蓝筹股、绩优股、垃圾股、配股、新股"，相关的还有"红盘、绿盘、上市、开盘、收盘、开盘价、收盘价"。"一个

---

① Tom McArthur，《朗文多功能分类词典》，上海外语教育出版社，1997。

时代有一个时代的语言"，这在不同时代的词汇语义系统对比中充分反映出来了。

义类的排列顺序也是文化观念的产物。如"壹（生物）——（人）—D（亲属）—c（夫妻）"下有20个五级类：

1. 壹—Dc01夫妻（21）

2. 壹—Dc02结发夫妻（3）

3. 壹—Dc03佳偶（4）

4. 壹—Dc04配偶（3）

5. 壹—Dc05老伴（3）

6. 壹—Dc06未婚夫（2）

7. 壹—Dc07新郎（3）

8. 壹—Dc08新娘（6）

9. 壹—Dc09后婚儿（3）

10. 壹—Dc10丈夫（25）

11. 壹—Dc11后夫（3）

12. 壹—Dc12亡夫（3）

13. 壹—Dc13妻子（31）

14. 壹—Dc14内人（6）

15. 壹—Dc15尊夫人（5）

16. 壹—Dc16发妻（14）

17. 壹—Dc20妾（27）

18. 壹—Dc17前妻（3）

19. 壹—Dc18后妻（6）

20. 壹—Dc19亡妻（4）

义类按先总指后分指，先通名后狭名再雅名再俗名，先正名后旁名，并按婚姻过程前后相续而列。括号里的数字表示该类所包含的词语数。上面显示"妻"名比"夫"名多，"妻"类比"夫"类划分细致，有"发妻"类（长房、大老婆、嫡配、嫡妻、发妻、结发、元配、原配、糟糠、糟糠之妻、正房、正妻、正室、正堂）而没有"发夫"类，如此等等，都显示出汉民族传统中以男性为中心，婚姻道德对男性要求松、对女性要求严格，重婚姻的原生，轻婚姻的再生等文化特点。

"TMC"有助于在语言理论上实现对汉语词汇全貌的认识，在对当代社会的了解上展现一种认知结果，还有助于提高词汇学习效果和运用能力，有助于提高计算机处理语言的能力，而且能够提供一个立足于事理逻辑关系的词汇语义系统。"TMC"是我们的一个阶段性成果，希望它能成为得到进一步开发利用的语言资源。目前所做的工作还处于起步阶段。如此巨量的词汇与繁复的语义分类，要让它们变得系统、科学、合理，其难度可想而知。在研制中在理论认识与分析方法上还有许多待改进之处。假以时日，我们继续努力，期待着读者们的批评与建议，使之早日得到完善。

初稿于2007年8月4日

再稿于2009年8月16日

末稿于2012年4月20日

单向多层语义系统的建构之路

——《现代汉语分类词典》*后记

  《现代汉语分类词典》（*A Thesaurus of Modern Chinese*，简称"TMC"）就要出版了，此时的心中固然有喜悦，有轻松，可从心底涌起的似乎更多的是一种责任，或一种遐想。我曾跟学生说过，对"TMC"会长期关注下去。我以后不再教学，不再科研时，会花更多的时间来打理它。因为我一直相信，建立一个关系合理、结构稳定，内容上自由开放、收合自如的词汇语义系统，应是很有意义的一件事。当然，这是后话。现在总算告一段落了。回顾走过的一程程路，会生出许多感慨，也会生出许多感激的话语想说。

  已很难说清它的研发工作是从什么时候开始的。记得早在1999年，董振东先生到厦门大学计算机系来讲学，我去董先生下榻处讨教，询问能否将"知网"印刷成书时，董先生答道，纸质化了的就不再是"知网"了。一句话让我明白了"知网"这个机用语义词网的最大特点。2002年初去香港城市大学访学时，跟郑锦全教授及其助手张秀英小姐多次讨论过语义系统的研制与应用，还指导宋婧婧同学对《同义词词林》与《朗曼分类词典》作了对比分析。那时已经积累了《现代汉语词典》计量研究的经验，深感要进行任何大规模的词语研究，都必须依托数据库来进行。后来的几次大规模科研实践，如"现代汉语释义元语言研究""《现代汉语常用词表》研制""20世纪汉语词汇学研究论文索引""词汇学名词术语整理"，每次都会加深这一印象。尤其是这次"TMC"的研制，如果没有数据库，要取得这样的效果几乎是难以想象的。

---

* 《现代汉语分类词典》，商务印书馆，2013。

　　从那以后，我花费了近两年的时间来进行词语的准备，对手头有的各种大规模真实文本语料库与专题语料库进行了认真的词汇统计工作，对各种词表进行了比对、筛选、计算，提取出了三万余条通用程度较高、较稳定且未见于《同义词词林》的词语。有了它们，把"TMC"打造成能够反映现代汉语词汇面貌的语义词典的愿望才有了实现的基本条件。但"TMC"建成现在这个模样，还是当时没有想到的。

　　大规模的研制是从2005年开始的。从那时起直至现在，主要做了这样几件事：一、建构语义系统。记得在2006年暑假，那时课题组的成员几乎天天都在讨论，每人从最上面的一级类做起，逐层往下细化，要求上下层相扣严实，左右类毗邻有序。二、添词入类。这项工作延续的时间最长，直到2008年暑假还增添了数千条词。添词看似容易实则挠人。合成词的内部语义构成复杂，孰为主次，颇费琢磨。相邻类的关系更是多样，其区别在于或概念义，或色彩义，或句法功能，或语义关系。入的是一个小类，却要摆放到整个语义系统中来考虑其是否上下有序、远近得当。随着各语义类的充实与定型，归词愈来愈不容易。往往误归一处，影响一类；误置一词，周折数十词。以至到了后期，只得由一人独为，因这只有在一个人对整个语义系统了然在胸、反复揣摩后才能得其所宜。三、调校义类。分类词典的最大特点在于语义关系的分布，它不像一般的论著那样可以逐行贯串而下地阅读，需要的是前后左右上下里外地反复掂量，才能寻求到语义类的最佳摆放位置。后来才发现，在一校稿、二校稿打磨得如此费力，主要精力就是花费在对具体词语和义类的调校上。四、校对索引。索引是分类词典的又一独到处，不仅仅是每个词后面带上了一连串的语义分类码，这个分类码是每个词的"语义身份证号"，更重要的是人们在使用语义分类词典时，往往不是由类到词，而是由词到类。这样，词的索引就放到了读者每次使用的面前。这对索引的准确性提出极高的要求。我们还做了一些工作，如同一个五级类内的词语按语义关系来编排，先通义后狭义，先泛指后专指，先中性义后色彩义，隔得稍远些的再用专门符号隔开；每一个五级类设一个代表词，希图让每个五级类拥有一个专名。可这两点后来在正式出版时暂未实现，希望以后能有机会来弥补这两个缺憾。

　　语义分类词典的研制是有意义的，取得成功的感觉是美好的，意义和美好却是在付出了巨人辛劳后才获得的。下面要对为"TMC"付出过辛勤劳动的诸位表示感谢。先后参加了不同研制阶段的有数十人。参加添词的有林进展、田立宝、柯丽芸、王珊、袁冉、杨艳、陈云、洪桂治、庄黄腾、丁雪峰、林芳、黄丽群、张娴婷、林鹭兵、赵越等。参加义类建构的有林进展、洪桂治、刘扬涛、王珊、柯丽芸、田立宝、陈云、张娴婷、丁雪峰、郭理慧等。参加中期通读的有洪桂治、张玉彪。参加后期修订、调整、刊误的有洪桂治、张玉彪、姜媛媛、周蕾、王艳春、武超杰、蒋媛、曾妍妍、刘海燕、赵越、石梦苏、柯丽芸、刘扬涛。参加正文与索引校对的有洪桂治、唐师瑶、罗春英、王建军、李安、曾妍妍、刘海燕、赵越、石梦苏等。王淼、赵蓉、张蕾、张丹丹、胡倩、余江英、庄晓云、詹祥妹、涂茵梦、闫宇闻等也参加了部分校对工作。在此对他们的辛苦付出表示深深的谢意。

　　林进展很早就参与了课题组的工作，并担任了课题组的前期组织工作。王珊对本书的英文定名提出了很好的建议。刘扬涛对所承担的任务作了持续的思考与完善。洪桂治在林进展出国攻博后，出色地承担起了后期的组织工作，她在词的语义特征和语义类的关系定位上表现出了过人的敏感与细腻。唐师瑶参加到课题组的时间并不长，可她的认真与细致为词典的完善付出了不少努力。

2009年1月17日

于榕城梅峰

词典是词汇研究的材料也是结晶

——《词典与词汇的计量研究》*后记

　　求学问学以来，跟词典结下了不解之缘。

　　1978年秋考上大学时，最想拥有的就是一部词典。那时身边只有很少的几本书。有的是当乡村教师时从"文革"前大学毕业的同事那借来抄的；有的是父亲不久前在新华书店排长队购得的，记得有一部是《辛稼轩诗文集》；还有两部小字典《新华字典》与《四角号码字典》。母亲偷偷地告诉我，你姨父有《辞海》，只是不知道他舍不舍得借。我硬着头皮开了口，哪知姨父爽快地答应了，但提出了两个条件：一是阅读时不能折页，二是毕业时要归还。我乐不可支，一口应承。后来书是提前还了，因第二年就买到了新版《辞海》。读大学时买词典成为我的嗜好，因为觉得买词典最划算，容量大、信息多、用的时间长。《辞源》《中华大字典》都是那时买下的。大学毕业考上了研究生，同窗好友送了两部书，也是词典，是《康熙字典》与《朗文当代英语辞典》。

　　后来，我的专业道路竟与辞书有了密切联系，这联系最强烈的印象是读刘叔新先生的《词汇学与词典学问题研究》后建立起来的。随着学习的深入，明白了汉语史上的经典大都是辞书。我发表的第一篇论文是有关《说文解字》的，《说文解字》是中国的第一部字典。硕士论文是写《尔雅》同义词的，《尔雅》是中国的第一部词典。

　　我把现代辞书当作研究对象是20世纪90年代末的事。那时完成了《汉语词义学》《当代中国词汇学》等理论著作的撰写，对词汇问题作了通盘思考，

---

* 《词典与词汇的计量研究》，上海辞书出版社，2013。

可总觉得不满意，因常会感到学者们对同一个问题因使用了不同语例而会得出不同结论。能不能拥有足够大的语料库来避免以偏概全呢？我的首次尝试是在撰写《词的结构类型与表义功能》时用上的，目的是探讨不同长度的词与义项数量是否有对应关系。那时，学术界还没有语料库，只能用摘抄卡片的方式来做。从《现代汉语词典》中每隔100页选1页，共16页600多条词语，得到了肯定性的结论。可因取样太小，对这样的结论自己心里也不踏实。直到1999年亲自录入建成了"现汉库"，发现整体统计数据竟与那么小的抽样统计相当接近，这时深深感到大规模语料库的运用确实是能让人踏实放心的。

用"现汉库"完成的第一篇论文是"旧词语"研究，探索词语历史变化、词义历时属性及释义方法的采用，论文刊在《中国语文》上。之后的几篇注文又连续被《辞书研究》《世界汉语教学》《语言教学与研究》采用，让我看到了词典语言计量研究的价值。后面我的汉语释义元语言研究、现代汉语词量与分级研究、词汇分类系统研究、词表研制等，都将词典学与词汇学紧密结合起来。词典的注音释义材料，词典的编排体例、编纂理念、释义方法，都为我的词汇研究提供了极大帮助，因为它们本身也都是词汇理论下的产物。

现在有机会来把这些年的词典与词汇计量研究作一个整体思考与整理，感到这些年来语言计量研究真的是有了快速发展，语言认知的领域与手段都今非昔比。个人所有曾经付出的艰苦努力都是值得的，也为曾经获得过词汇学界、词典学界、计算语言学界的许多朋友的帮助、指点、教诲而感到庆幸，感谢不已。

书中部分专题是我与我的研究生合作完成的，再次对他们表示感谢。

2013年8月27日
于厦门湾南岸品斋

汉字生命之源再思考

——《汉字的语言性与语言功能》*后记

提笔写后记，自然会想到我20年前出版的《汉字语言功能论》（江西教育出版社，1994）。两部书同一主题，它们有着怎样的关系呢？姐妹篇？肯定算不上，虽然两书的基本问题与观点是相同的，领域并没有全新开拓；是初稿与二稿、简论与详论的关系？似乎也不是，因为撰写之时，都竭尽全力，充分展现了当时所有的真实想法。

还是先看看《汉字语言功能论》的写作情况吧。下面是它的后记：

记得在11年前，研究生的入学试卷上，曾有这样一道答题，"谈谈你对汉字与汉语关系的看法"。我写下洋洋千言，为此还很得意过一阵子。当写完这本书的时候，我突然感到，我不仍是在回答这个问题吗？

也许正是从那个时候起，我对汉字的旺盛生命力浮起了探究根底的想法。它为什么能绵延这么长的时间？又为什么能横跨在这么宽广的空间？人们要么就不谈汉语，一谈起汉语，汉字总是不让其位地居于其中。

我慢慢感悟到，在汉字这么深蕴的生命源泉中，最主要的一泓应当来自它与汉语的密切关系上。自那时起，我就对汉字与汉语是一种任意关系的说法，总是抱着一种怀疑的态度。而每当听到有关汉字与汉语是相互融生的观点，又会情不自禁地生出一种认同感。尽管对这种观点我也提不出什么更深些的见解，也尽管会对它不时从各个方面提出许多能轻易难倒自己的问题，可我总不由自主地相信，能吸引我的，就是它。

---

* 《汉字的语言性与语言功能》，山东教育出版社，2014。

怀着这种动机，我也加入了探讨汉字生命力的过程，并把自己放在了自认为决定着汉字生命之泉的那泓脉之口。

写本书的第二个原因，它是在我的汉语词义研究计划中早已定下要做的一项工作。《汉语词义学》是我的第一部著作，里面对汉语词义从结构性、人文性、方法论等方面作了一些探讨。但我一直希望从更宽广的领域对它进行更深入的研究。我的第二部书《词义与文化》就是这种尝试的一个结果。它探讨了词义在汉文化背景下的生成状态。本书是我的第三部，它以汉语词义与汉字的相互关系为着笔对象，只是为了适合这套丛书的特点，将汉字放在显要的前台。可人们仍可以时时感到，本书所谈的任何文字问题，如果脱离了汉语，脱离了汉语词义，都将落空。

这也是我对汉字问题研究的一个基本观点。研究汉字系统不应当只谈它的笔画、结构，那样做只是汉字字形学、汉字字体学。就像研究语言符号系统不能脱离语义，只谈它的形式特征一样，研究汉字这个符号系统，也必须联系字义，才能真正对汉字的本质有所了解。

我的这三部书都是在电脑中用五笔字型"写"下的。每当使用着五笔字型时，就会强烈感到汉字在现代社会所焕发出来的活力。它更加深了我对汉字的感情。

一九九三年三月十日

1993年距我入读研究生的1982年，相隔11年。今天距《汉字语言功能论》的付梓，又是整整20年。我用30年解答了同一道题。是的，汉字与汉语的关系一直萦绕在我的脑海，这些年来碰到几乎所有的汉字问题时，都会自觉不自觉地放在这个标杆下来度量。20年来持续不断的思考带来了不少的变化，起码书的篇幅有了明显不同，前者有100多页，后者增了一倍。细细数来变化在下面三方面都有体现。

首先，对新问题的考察。20年来我的研究对象发生了不少变化，从偏古的汉语史转到偏今的现代汉语，从偏人文转到偏定量，从偏理论的词汇本体转到偏应用的词典语言和教材语言，但词汇问题却一直不让其地位居于最核心的位置。所有研究领域的转换与开拓，都变成了观察"庐山真面目"的新层次新角度的开启。例如，增加了对汉字与语法关系的考察，而不再仅限于词汇与语音；增加了对汉字与外来词关系的考察，特别是汉字在外来词汉化、外来单音语素的固化中的作用，而不再仅限于与汉语固有词汇的关系；增加了汉字在同形词、异形词、同音词等问题中或诱导或粘连或甄别的作用，而不再仅是与单音词复合词的关系；增加了汉字在词语音变中或外化凸显或隐藏遮蔽的强化作用，而不再仅是与静态词汇结构的关系。每每随着研究领域的扩大，对汉字与汉语关系的认识都有理通气顺、豁然开朗的感觉。

其次，对已有思考的深入。有些问题在前书中已有过论述，现在则作了更深入、更周全的思考。如对索绪尔关于文字与语言、汉字与汉语关系的论述，前书中只有"尽管现代语言学大师德·索绪尔在再三进行了这种强调之后，也说到他所说到的'文字'仅仅限于表音文字而不包括表意的'古典汉字'，但他的那些说明仍广泛地影响到一代人"这样只言片语式的评述，而后书则分别以"索绪尔的文字观""对索绪尔文字观的思考"两节篇幅作了详细阐述。又如前书对汉字与语音的关系偏于对音节声韵调的分析，而后书则对汉语音节的总体数量与分布作了统计性的全面分析。又如前书已经对汉字与单音词形音义的关系有过论述，而后书则仅就汉字与词义的关系，就专立一章分出"字本义与词本义""字本义与词义发展""字义对复合词义的影响"三节以详细论述。每每随着研究问题的深入，对汉字与汉语关系的认识都有常温常新、通幽达境的感觉。

当然，有些表述过的观点，后来在新探索、新思考中，也有所调整、补正，如前书中对汉字与汉语关系的"起源"与"发展"两个问题，奉行的策略是只谈"发展"，不谈"起源"，因为起源问题"方便于提出异说，也容易被人撬动"。而在后书，则明确提出对起源问题"本书后面各章，其实都是在做一些力图还原于客观的一种梳理、论证工作"，理论探索的自觉性显然强了许多。

现在能有机会把对汉字与汉语关系这个古今难解的问题的思考再来做充分的回味与整理，得感谢申小龙先生和李广军先生。没有两位关于丛书出版的创意及对书稿的鼓励和督促，是不会有这本书问世的。还要感谢我的学生们，他们的认真校对为全书增色不少。

2013年10月13日

于厦门湾南岸海悦品斋

台湾语文问题研究：由信息到对策

——《台湾语言文字问题对策研究》*后记

　　海峡两岸同种同脉，本来就是"缘缘相通"的一家人，可长期分隔及其他原因，特别是两党政权更替后，使两岸共同使用的语言文字生发出了许多的"问题"。共同语与方言之间的主次关系变成了语言与语言的平行关系，纯社会交际工具的语言文字充盈着不同政见，人人口说手写的语言文字寻常之物变成了挑动着两岸神经的"大是大非"问题。

　　由于特殊的地理位置及长期以来形成的学术传统，厦门大学语言学团队对台湾语文问题有认真面对、准确阐释、及时应对的责任，且责无旁贷。早在2002年，在教育部语用司的领导下，厦门大学就设立了台湾语文信息观察点，由李如龙先生主持，成员有许长安、苏新春、钱奠香、李焱、金美等老师。在后来坚持多年的观察中，许长安教授起到了核心作用，收集了系统完备的资料，对台湾语文动态做到了及时充分的掌握，起到了很好的咨询作用。2014年春天，学校又得到国家语言文字工作委员会下达的调研任务，在社科处陈武元处长的直接领导下，由国家语言资源监测与研究教育教材中心牵头，组织了多名老师，在短短两个月内，对台湾语言文字生活中一系列敏感问题，如繁体字与简体字的性质作用及关系，标准语与方言的地位作用及定名，语言文字中统独观的表现，历史教材中统独观的差异与争论，语言统一政策的历史沿革及当代变化，国民党与民进党语言政策的背景及变化，语文词典的统一规范意识与本土化关系等，都一一进行了有针对性的分析，并提出应对态度与措施。调

* 《台湾语言文字问题对策研究》，厦门大学出版社，2016。

研报告得到国家语委领导的肯定，也得到北方学者的认可。对这些问题的分析，我们希望能实现初衷，即对社会问题从学术角度进行阐释，观察其来龙去脉；对学术问题挖掘其政治内涵，阐发其关系轻重。我们这个团队长期以来重视对第一手资料的掌握，多次深入台湾社会实地考察，不敢说做到了对复杂缠绕、异说纷扰问题的完全梳理，但将此作为努力达到的目标，则是我们不懈的追求。

2015年12月

于鹭岛，厦门大学

汉语词表研究的过程与希冀

——《汉语词表研究论文精选》*编纂缘由

20世纪50年代中国学术界就开始了对汉语词表的探索，当时主要是为了开展扫盲、普通话学习及推广汉语拼音的需要。这时词表的规模还不大，还带有明显的汉字痕迹，表现出从字研究到词研究转变的特点。70年代末开始，为满足语文教学的需要，人们开始了对外汉语教学词表的研制。相关成果到80年代陆续问世，代表成果是《现代汉语频率词典》和《对外汉语词汇大纲》。之后，汉语词表研制进入兴盛时期，主要是语言教学、词典编纂及中文信息处理三大领域，各种类型的词表纷纷问世。研究者们对词表的性质、功能、定位、规模、选词标准、选词方法、词表内部结构、词语分级、词表功能检测、词表与词汇能力及在具体领域的实际运用及对词表研制的许多相关问题等，从不同角度、不同层面作了许多深入的思考与尝试。

中国作为一个语言大国，随着国力的快速上升，无论是为了国民语言使用能力的提升，还是语言在社会生活各个领域的具体应用，及汉语国际教育与推广的需求，都需要对我们自己的语言，特别是其中数量众多、范围广泛、边界模糊的词汇成分，应有更深入、更自觉的认知。国家语言资源监测与研究教育教材中心成立十多年来，我们经历了近十种词表的研制实践，特别是在《义务教育常用词表（草案）》的研制中，大量阅读了各种词表的研究报告，深入分析了词表研究的各种理论与方法。为了更好地呈现我国学术界对汉语词表的探索过程、所使用的理论与方法，总结成功与不足，为将来研制出更科学、功

---

* 《汉语词表研究论文精选》，商务印书馆，2021。

能更强大、效用更明显的汉语词表创造条件，我们感到有必要将这段探索的历史保存下来。现从数量不菲的文献中，按"社会通用词表""对外汉语教学词表""基础教育词表""中文信息处理用词表"四个领域，遴选了28篇较有代表的论文结集出版。挑选时尽量关照到不同词表的不同研制理论与方法，涉及词表性质与功能、词表结构与规模、词语分级与词表应用、词表与词汇能力等相关问题。要求入选文章对相关问题有较全面和较透彻的论述，或有较系统的实践，或是新观点、新理论、新方法的较早提出者，或是有广泛影响的词表、词汇大纲的研制报告或重要的评论文章。

汉语词表研制是一个起步晚、发展快，理论与方法要求高，应用与普及情况复杂的重要问题，对基础性、理论性、应用性都提出了很高的要求。本文集的出版对探索过的历程只是一个保存，对将来则更多的是表示一种希冀。希望它能引起更多学者的重视，能有更多的力量投入到这个领域，促使汉语词表研究得到更大的发展。

2017年9月5日

《台湾语文动态》（汇编长卷）*前言

2001年9月《台湾语文动态》创刊，2017年短时停刊，2020年9月30日复刊。创刊22年间，基本保持了每月一期的刊出节奏，至今已编印总共182期。三代学人，月复一月，做着同一件事，坚持至今，颇为不易。

下面略记几件大事：

2001年6月14日，教育部语言文字应用管理司杨光司长率队到厦门大学考察，成员有袁钟瑞、魏丹。在潘世墨副校长主持下于厦门大学国际学术交流中心二楼召开了研讨会，决定在厦门大学成立"台湾语言文字信息跟踪调查"研究小组，主要任务是定期编印《台湾语文动态》，开展专题研究。研究小组由汉语语言学研究中心主任李如龙教授主持，主要成员有许长安、苏新春、林寒生、钱奠香，还有博士生林新连等。

2001年9月30日，《台湾语文动态》第1期（总第1期）编成。署名"厦门大学中文系汉语语言学研究中心编"。从2001年9月至2009年12月，共编印72期。

2010年1月，改名为《台湾语文资料》第1期（总第73期）继续编辑，至2017年1月，《台湾语文资料》编印86期（总第158期）。从创刊至此，共编印158期。

2017年2月28日至2020年8月停刊。

2020年9月复刊。以《台湾语文资料》新1期（总第159期）问世，编辑单

---

* 《台湾语文动态》（汇编长卷），国家语委研究基地"厦门大学国家语言资源监测与研究教育教材中心"编印，2022。

位为国家语委科研机构——国家语言资源监测与研究教育教材中心和福建省人文社科研究基地——两岸语言应用中心与叙事文化研究中心。主编为苏新春，责编为龙东华、郭光明。

至2020年11月，恢复《台湾语文动态》原名，期号为新3期（总第161期）。至2021年11月，《台湾语文动态》新14期（总第172期）编成，编辑单位为国家语委科研机构——国家语言资源监测与研究教育教材中心、福建省人文社科研究基地——两岸语言应用中心与叙事文化研究中心、教育部哲学社会科学重大课题攻关项目海峡两岸统一进程中的语言政策研究课题组。主编为苏新春，责编为龙东华、郭光明。

至2022年9月止，《台湾语文动态》共编辑刊印182期。

22年坚持做同一件事，因为它有意义。两岸相隔，随着时月流逝，两岸相通乃大势所趋，同祖同宗、同文同语，可由隔而通，朝着和平统一的方向发展，过程是坎坷的，充满着不定因素。前一阶段有人一直放不下政治成见，接着又有人数典忘祖、认贼为父，妄图将宝岛分裂出去，要尽了一切"去中""非中""离台""独台"的心机。语言文字本是交际工具，可此时却被操弄成了"去中""台独"的工具。随时掌握"台独"势力在语言文字上的用心与企图，也就具有了特别的现实意义。22年坚持做同一件事，结果是造就了一份珍贵的历史记录，及时、真实、具体地记录了这段时间台湾地区的语言文字领域发生的一切重要事件、行为、言论、政策、实施、变化。这是一部台湾地区当代语言生活和语言政策演变史，甚至说从语言文字角度反映了当代台湾地区社会、文化、新闻、思潮变化的全貌也一点不为过。这20多年台湾两党轮流上台，各种"明独""暗独"的"一边一国""保持现状""不统不独不武"等各种言论都在日常点点滴滴的新闻事件中得到清晰而完整的保存。两岸正在经历着由分而合、完成祖国大一统的中华民族伟大复兴历史过程，此"汇编长卷"也就具有了特殊的历史价值。

22年坚持做一件事，铸成了厦门大学的学科特色和学术传承。对台研究是厦大的学科特色，也是国家对台工作赋予厦大的历史使命。厦大语言学历代都有学者致力于台湾语言文字研究。而在对台语言文字追踪调查领域，李如龙先生、许长安先生二位是领军人物，他们是师长辈，共同举事，接下了重任，尤其是许先生，十数年坚持不懈，在生命之火即将熄灭时仍编出了手中的最后期。我、林寒生、钱奠香、林新年等属晚一辈,有幸间焉,事之学之。现今接下编印重任的编辑小组中有两位是毕业于厦门大学的年轻博士,郭光明博士和龙东华博士由中文系与台湾研究院共同培养,郭光明在读期间有幸在许先生身边担任助手,受许先生耳提面命,有所学有所承。龙东华博士带领她的研究生也参与其中,薪火相传,接续担当,乃成传承。

为了更好地保存原貌,"汇编长卷"采取了按原刊原貌汇总的原则,每一期的内容、字体字号、版式标点,都不作改变。为了方便检索,略作以下几项加工:

1. 给每一期增加了总期号。

2. 按"年"立卷,即一年为一卷,一共有20卷。第一年的与全书目录合成第一卷。

3. 每一期标示当年期号、年份、总期号,并在原页码后加入了全书总页码,以方便查检。

4. 将不同时期的刊名与主编单位有所变化的首期封面刊出,以彰显原貌。

2022年8月27日

于厦门湾南岸海悦品斋

"基础教育语文教材语言研究"丛书*总序

在国家语言资源监测与研究教育教材中心成立十周年，《中国语言生活状况报告》连续发行十年之际，我们这套"基础教育语文教材语言研究"丛书出版了。这是一个值得纪念的日子。

2005年国家语言资源监测与研究教育教材中心成立伊始，我们就以教育教材语言为自己的专攻方向。厦门大学与教育部语言文字信息管理司的共建书中写道："教育教材中的语言状况是整个社会语言生活中一个重要内容，它对整个民族的母语教学、第二语言教学乃至所有的知识教育体系，都会产生极为重要的作用。""国家语言资源监测与研究教育教材中心的成立，标志着可以对教育教材的语言现象进行实时的动态监测、分析和研究，可以最迅速、最广泛地了解语言现象的动态变化，为国家的语言政策、语言规划和语言教育等提供参考依据，从而更积极有效地促进和引导社会语言生活健康发展。"

在基础教育阶段，语文课从来都是所有课程的重中之重。它伴随着每一名孩童的成长，从小学一年级的启蒙学习开始，到初中，再到高中，就是进了大学，仍放不下语文课。语文课如此重要，到底是哪些因素在里面起着作用，对这些因素该作怎样的离析提取，是很值得探讨的。语言文字的学习掌握，其核心在于语言能力的获得。人们经常会说，语文课还承担着社会知识学习、人文情怀熏陶、道德价值观养成的任务。"文以载道""器以盈气"，后者似乎显得更为重要。在语文课中，"文"与"道"及"器"与"气"是怎样的关系？谁起主要作用？如何梳理它们之间的关系？这种关系在基础教育阶段的语文学

---

* "基础教育语文教材语言研究"丛书，广东教育出版社，2015—2022。

习与成人社会的作品学习是一样的吗？如果不同，它们该如何呈现？再细究下去，不同年级的语文课又有着怎样的不同？凡此种种，都使中小学语文学习变得复杂无比，褒言之则是丰富无比。原因当然是人们太看重语言文字能力的获得，太期待语文学习的良好效果，同时也是长期以来对语文课的教学内容混而不清、教学效果彰而不显的失望。

当我们希望从语文教材中把教材语言离析出来，加以科学化、层次化、序列化，让它变得可分解、可量化、可统计、可细析的时候，就会发现在"文"与"道"及"器"与"气"中，前者才应是语文课最重要的内容，是语文课文最重要的载体。没有这个载体，也就无所谓载荷之物。而且，这个载体本身也有着"体""用"之分。"体"就是语言文字知识，"用"就是语言文字功能。学习的关键就是如何将语言文字知识有效、迅速地转化为人的语言文字能力。当然，在学习、转化过程中，必定会受到社会政治、道德观念、文化习俗的影响，可这并不意味着后者会更重要。只要看一个事实就清楚了，就是语文学习古来有之，文字的"蒙求"，辞藻的"华达"，音韵的"抑扬顿挫"，文章的"起承转合"，其中总有恒定不变的东西。文道、文气同样也是不可缺少的，可具体内容却代代有变，从君君臣臣到唯民为大，再到中华梦的实现。前之恒，恒的是其文其器，其本其体；后之异，异的是其道其气，其功其用。语文课追求的是人之所以为人的基本素质、基本能力，政治课、品德课、思想课追求的是时移世异、适时适世的知世治世之观。如此看来，从庞杂无比的语文课中分离出那些语言文字的知识、本体、功能，直到人的语言能力的培养与获得，至关重要。

教育教材语言研究的最大目的就是要揭示语言的性质、构成、分布及功能。所有的研究工作都建立在教材语言数据库的量化分析上。这些研究论述了教育教材语言具有的基础性与功能性、有限性与有序性、通用性与专业性，将对教育教材语言的探求概括为五个问题："教什么不教什么""先教什么后教什么""怎么教""效果怎样""如何评测"。在具体研究中，重点放在第一、二、四个问题上，研究成果主要刊于当年的《中国语言生活状况报告》，如《国内出版十二套对外汉语教材语言调查报告》（2006）、《基础教育新课标语文教材用字用词调查报告》（2007）、《基础教育新课标历史、地理教材用字用词调查报告》（2008）、《基础教育语文教材用字调查》（2009）、

《海外汉语教材用字用词及语用调查》（2011）、《数理化新课标教材用字用词调查》（2012）、《大陆台湾中小学语文教材课文选文对比》（2013）、《民国时期小学语文教材与人教版教材的用字用词比较》（2014）等。这些专题涉及教育教材语言的方方面面，从使用到分布、字种到字序、频次到频率、词频到义频、文本到年级，对课文从文章体裁到内容题材、从时代传承到语言风格、从课文的自编到选编，在不同层面用不同方法进行过探讨，得到了一批批准确的字表词表、频率表分布表；既可以依大纲俯察教材与教学，也可以从课文仰观大纲与教材。在研究材料上，以大陆（内地）教材为主体，参之台港地区，观其状，辨其变，对不同地区间的教材语言分布与处理有了更多认知。

现在我们终于有机会通过本丛书对当前语文教材的研究往前作一延伸。对我国现代基础教育形成与发展百年间的语文教材语言作一通盘、纵向、流源式的考察，通流观变，其意义和结果都是令人兴奋而充满期待的。在本课题进行中，我们又得知人民教育出版社及兄弟单位分别承担了"20世纪语文课程研究"与"20世纪语文教材研究"的课题，得到国家社科等重要基金的支持。这让我有了"分兵合击""互为掎角"的感觉。相信"合围"之下，基础教育语文课能在大纲的设计与要求、教材的编纂与实施和教材语言的分布与教学中，看到更多的联系。本丛书是对20世纪语文教材的语言状况进行研究，其本质属于历史的研究。20世纪是社会大变革时期，时过境迁，斗换星移，社会制度、社会文化、政治主张等都发生了极大变化。故本书首先希冀的是真实、全面、如实地反映那个时期的教材语言面貌，看看在那个时代，教材语言是如何体现教材的性质，完成教材任务，并影响着教学效果的，然后从中探讨教材语言的基本规律与特点。因历史研究而涉及历史语料，并不能反映作者的现实价值观。

本丛书的作者主要为国家语言资源监测与研究教育教材中心的研究人员，他们的知识背景主要为语言学，术有专攻。郑泽芝教授专攻计算语言学，李焱副教授专攻汉语史与台湾语文教材研究，赵愢怡副教授长于语义计算，罗树林博士倾力于应用语言学，他们都对教育教材语言领域观其宏、迷其奥，而决意投入这个崭新领域，分别承担了20世纪中某一时期的研究工作。作者中还有辽宁师范大学李娜博士，她从博士到博士后，一直浸润在民国时期的语言演变中，现在又转入民国教材语言研究，对定性与定量研究充满热情。还有河北唐山的董兆杰先生，他对汉字教学有着长期思考，将思与辨、破与立作了有力结合。

本丛书的写作遵循着"一个中心、两个参照点"的原则。这个"中心"是教材语言。不管在哪个时期的教材研究中，都是以教材语言为中心。教材研究要全面地反映出教材语言中两个基本要素——汉字与词汇的构成情况，对教材分布、年级分布、课文分布，对其字（词）量、字（词）种、字（词）序的构成，对共现与独用、高频与低频、常用与偶用的种种使用状况都要有详尽的统计分析。可能的话还会对部分语法、语用、篇章的使用情况有所涉及。这个"中心"是本丛书的最大立足点。所有分析都将立足于语料统计的基础上，要对所分析的语言问题有量的准确呈现。由于人力、时间的限制，定量分析时只选取了一两种典型教材，只有民国时期选取的教材超过了十种。所有的教材语言分析都要从"教学"的角度加以思考，因为教材语言之所以不同于其他语料，就在于它有明显的教学功利性。在基础性、功能性上，有限性、有序性是教材语言最显著的特征。这当然跟教学目标、教学内容、学制安排、年级差异是密切相关的，包括教材中的精读课文、阅读课文、练习、测验、复习，都是为了实现这样的目的而存在的。其核心就是要呈现教育教材语言的构成与面貌，要体现教育教材语言的有限性与有序性，要实现教育教材语言在语言文字能力的培养与获得中所起的作用。

"两个参照点"中的第一个是将教材语言分析与教材课文内容紧密相连。所有教材语言问题的分析都要尽量跟课文内容相参照，如果做不到这一点，则教材语言分析就成了纯形式的分析，跟一般的统计语言学别无二致了。另一个则是将教材语言分析与课程设计大纲紧密相连。具体教材总是为了体现教学大纲才存在的，教学大纲又是来源于课程的定位与设计。

作为具体问题出现的"教材语言"久已有之，作为独立研究领域出现的"教材语言"则为时尚新。这是一个尝试，它期望成功，而存在不足是必然的。因而另一个期待就是希望更多同道一起在这个领域耕耘。

2015年12月7日

于厦门大学

《民国时期基础教育语文教材语言研究》*后记

　　终于完成了《民国时期基础教育语文教材语言研究》的写作。

　　民国时期是中国教育从传统步入现代的重要阶段。这一时期的语文教科书在清末新式教科书的基础上日益摆脱传统"四书""五经"和蒙学读物的影响，为新中国20世纪50年代语文教科书奠定了基础，成为现代语文教科书的基本范式。进入21世纪，民国时期的多种语文教材重新刊行，受到了社会广泛关注和热捧，甚至有人主张现在的中小学校要用回民国时期的语文教材。

　　我们最初进入这个研究领域是在2010年。那时刚刚完成了当时正在使用的中小学新课标语文教材、前一时期的义务教育语文教材、内地（大陆）、香港及台湾的语文教材比较等一系列专题研究，把目光瞄准了民国时期的小学语文教材。这是一个研究我国基础教育语文教材不可或缺的时期。我带领研究生王玉刚，从两套较有代表性的教材入手，一套是上海开明书店出版的《开明国语课本》（叶绍钧编纂，1932年），一套是上海世界书局出版的《国语读本》（魏冰心、苏兆镶编辑，朱翊新改编，1932年），对课文篇幅、选目、字词使用等方面做了分析，发现民国教材确有不少优点。如教材简短浅近，民国小学语文教材每册课文虽篇数多，但篇幅短小，经统计开明版与世界版每套教材每册有课文42篇与47篇，每篇课文分别为216.77字与140.79字，而人教版平均每册课文31篇，每篇318.22字。从不同字的种数看，开明版与世界版是1991字与2400字，而人教版是2913字。字种多，识字的难度大。又如课文贴近儿童生活。民国时期与现今的教材都努力贴近儿童生活实际，尽量符合儿童心理与

---

* 　《民国时期基础教育语文教材语言研究》，广东教育出版社，2018。

思维习惯，注重运用童话寓言的故事体裁，喜用拟人拟物手法写人记事。民国教材更注重生活具体细节的描写，多客观叙述，有些寓意也表现得很细微、内敛；而当代教材多明写生活细节在前，引申发挥在后，意浓旨显。再如语言上民国教材大部分是自编课文，口语性强；现代教材选编的课文多注重作品的文学性。这与民国时期的语文教育刚从传统的文言文教学中走出来，努力摆脱传统文人作品，提倡贴近生活，用白话文写作有关系。

民国教材毕竟是20世纪初期产物，距今已超70至80年，在时代、社会、文化及语言上都有了相当大的差异。如民国教材内容带有那个时代的社会历史特征。"孙中山""中华民国""公使馆"都是那个时期的高频词、常见词。又如民国教材语言是现代汉语形成过程中的产物，带有文言、古白话的痕迹。20世纪上半叶正是现代汉语快速变化、尚未完全形成规范语体的时期，吾笔写吾口的新文风日益得到流行，但文言文的旧习惯仍然存在，如说"樵夫""农人"，不说"砍柴者""农民"或"农家"。有的是未规范定型的新造词、口语词，如"安舒""匀齐""宽平"。而人教版中反映现代生活的常见词"太空""电脑""汽车"等在民国教材中都是没有的。再如民国教材对外来语言成分也处于拿来主义，外来语的新成分、新用法蜂拥而至。这些在两套民国教材用词中都有较多的反映，如开明版中的"裴德芬"即裴多菲，"汽船"即"轮船"，"生番"即"未开化人""野人"。

这些研究使我们了解到，一方面民国语文教材在中国现代基础教育发展过程中取得了突出成就，另一方面它毕竟距今已近百年，不能照搬使用也是自然的。民国时期正是现代汉语快速发展与形成的时期，教材不可避免会带上语言文字不规范、不稳定甚至老旧说法。在这百年中，时代与社会、生活与观念、语言状况与使用习惯都有了很大变化，要让现在的小学生直接使用民国时期的教材，是不合适的。这是我们关注民国小学语文教材语言的另一个原因。

研究期间，王玉刚同学完成了硕士学位论文，我们还共同完成了《中国语言生活状况报告》的专题报告。但那时的研究毕竟主要还只是从字词角度入手，选材有限。随着2014年"基础教育语文教材语言研究"课题的确立，民国教材研究自然在这个课题中占有重要位置，本书的写作任务摆到了我们面前。课题要求在一个更广阔的背景下来研究教材语言。这个广阔背景既包括历史、社会、时代的因素，也包括教育思想、课程大纲、教材编纂理念，这使我们有了更开阔的视野、更有力的理论依据、更充分的时间来思考这一问题。2014年6月在澳门大学举行的"第十五届汉语词汇语义学国际研讨会"上，我认识了李娜老师，她多年来一直从事现代汉语词汇早期演变史的研究，对民国中小学教科书做了很好的观察和积累。我俩对合作开展民国小学语文教材语言研究一拍即合，她对教材语言的定量研究特别心动和赞成。会议结束后我们很快拟定了详细的研究计划，初步筛选出二十几套在某个时期有一定代表性的教材，再参照其他几条标准，如按不同的历史阶段来确定教材的代表性；要有较多的印数与影响；教材类型上以通用、基础为主而非专题类教材；能覆盖小学的初小与高小两个学段而不只是某个学段；教材语言为现代白话文而非文言文；具有现代教科书的要素，除课文外还有练习、教学时段时数、大纲设计要求等。李娜老师带领她的学生团队，从最基本的电脑录入做起，再学习分词标注，再到数据库的导入、加工、查询，表现出了高度的学习主动性与精益求精的态度。我两次从厦门飞赴大连，与李娜老师的学生团队一起讨论，讲解数据库制作方法，解读统计数据的来由与价值，探索教材语言的特点与规律。同学们对语料的处理一丝不苟，小到一个标点、一个汉字，都孜孜求真、求切。还努力将语料加工与学业结合，写出了不少有意义的专题文章。本书完成之际，要特别感谢李娜老师的这个学生团队。

另外，要感谢王玉刚同学，他的研究为民国教材语言研究作了许多有益尝试，虽然毕业后进入了另一个行业，但他一直心系这一研究。还要感谢"基础教育语文教材语言研究"课题组的其他成员，我们一起开会，讨论教材语言研究中存在的问题，探索在统一的研究框架与方法下，怎样尽量关照到不同时期教材语言的特点。最后要感谢广东教育出版社的陶己总编辑，在她的领导下，本丛书获得了"'十二五'国家重点图书出版规划项目"的支持；黄倩主任亲力亲为，保证了本书顺利推进；责任编辑唐娓娓的高度认真与细致，给本书增色不少。

2017年10月31日
于厦门湾南岸海悦品斋

《20世纪50—60年代基础教育语文教材语言研究》[*]后记

    落笔息键，久搁心头的重石落地，陡感轻松。2020年新冠肺炎疫情突然爆发，我闭居品斋，延宕多时的书稿却意外获得了一个成书的机会。平日里各项事务接踵而至，要获得几个月的大块时间来写作是难以想象的，更可贵的是安静、静谧，甚至单调而无奈，却为深入思考提供了更多的灵感。

    "基础教育语文教材语言研究丛书"研究计划最早于2013年提出，该计划得到广东教育出版社的青睐，纳入其出版计划，并在翌年获得"国家'十二五'重点图书出版计划"立项支持。六种著作中最早出版的是《基础教育汉字教学研究》（董兆杰，2015），第二本是《20世纪80—90年代基础教育语文教材语言研究》（李焱、孟繁杰，2016），第三本是《新课标语文教材语言研究》（苏新春、杨书松、孙园园，2017），第四本是《民国时期基础教育语文教材语言研究》（苏新春、李娜，2018），第五本是《20世纪60—70年代基础教育语文教材语言研究》（罗树林，2018），丛书陆续揭示了不同时期语文教材的语言面貌，受到人们的关注和期待。可这本研究20世纪50—60年代的却完成得很不顺利，原承担者碰到了一些难以克服的困难，无以为继，在完成了语料制作与几章初稿后，最后不得不放弃。

    克服坎坷，再生书稿，必有转机。这里要特别感谢的，首先是广东教育出版社领导和编辑团队对丛书的认可和对我及编写团队的信心，对研究计划始终抱有期待、厚望。然后是时任厦大社科处处长的陈武元教授，他在一次偶然机

---

* 《20世纪50—60年代基础教育语文教材语言研究》，广东教育出版社，2022。

会得知作者写作受阻，准备放弃时，当即出主意、给办法、提要求、鼓干劲，直接推动了写作的重启。我作为研究计划的发起人，承担后续工作更是责无旁贷、义不容辞。

就原定的出版计划来说，耽搁的这几年是延宕；可从对教材语言领域的探索来说，这几年却是进步。进步主要表现在以下两点：

一是强化了"课文"研究。在以前的研究中，重点全部放在"教材语言"上。虽然有宏观的俯视，有对教学大纲的探源与追踪，但从大纲到教材语言，中间其实隔了一大片空阔之地，这就是课文。头尾相衔，缺腰必涩。语言是教材的基本材料，教材语言的面貌、结构和功能，只有通过课文才能清晰呈现和充分发挥。因此，本书增加了对"课文"的研究，建立了课文数据库，对课文从体裁、来源、主题、题材及人、事、时、地等方面进行了详细研究。有了课文这个"腰"，教材语言研究也就显得充实而丰富、周全而灵动了。

二是探索了"话语权"问题。在语文教材和语文教学中，长期以来工具性与人文性纠葛难理，成为摇摆难定、左右局面的一个关键因素。话语理论，特别是"话语权"这个关键理论的引进，为这一问题的解决提供了新思路。这一尝试如果有用的话，相信将会极大地推动教材语言研究的进程。

感谢为这部书的完成提供了各种帮助的所有朋友、同事和学生，还有我的家人，有了你们的支持，我才能义无反顾地前行。感谢我的合作者赵怿怡副教授，感谢她对课题做出的重要贡献，还要感谢本书的责任编辑黄倩主任和程亚兰编辑，她们不断和我探讨书稿问题，始终与我一起并肩前行。

2022年8月
于厦门湾南岸海悦品斋

《21世纪新课标语文教材语言研究》*后记

　　在最初确定"20世纪基础教育语文教材语言研究丛书"的选题时，本来是没有计划编写本书的，因为本书分析的是21世纪的新课标教材，超出了20世纪的时间范围。由于我们这个研究团队最早开始教材语言研究就是从新课标教材起步的，且其后为了能够贯通上下，而不仅仅是研究历时的教材语言，故到了课题进展快两年的时候才确定把本书列入，丛书也就随之改名为"基础教育语文教材语言研究丛书"，在内容上有更好的覆盖面与灵活性，如首本问世的《基础教育识字教学研究》就是以专题而不是按时段来划分的。

　　国家语言资源监测与研究教育教材中心成立于2005年，第一年从事的课题是"对外汉语教材语言研究"，第二年从事的课题是"基础教育新课标教材语言的语言状况调查"，成果刊在《中国语言生活状况报告（2006）》。之后大部分课题都是在基础教育领域展开，涉及的教材有语文教材、史地教材、数理化教材，涉及的专题有教材用词、教材用字、生字教学、练习分析、句型分析等。这些专题研究大都在本书中有所反映。前后延续十来年，有的专题关联多些，有的专题关联少些，但目的都是尽可能反映教材语言的整体真实面貌。我国的语文教育从古代最早的小学启蒙，到当今的现代义务教育，语文课是以识字为主还是以文选为主，是以"器"为主还是以"道"为主，是以工具为主还是以思想情操为主，听说读写孰为主，教亦长久，学亦长久，争亦长久。至于语文知识与语言能力如何相互融合转化，更是各行其是，皆有经验。我们研究的目的很简单，就是想真切地了解以语言文字为主要教学对象、以人的语文能力为

---

*　《21世纪新课标语文教材语言研究》，广东教育出版社，2017。

主体培养目标的语文课,以及它的主要载体——语文教材中的语言文字状况到底是怎样一个面貌。十年研究,一开始明确的是它的目标:"语文教材语言的状况""教什么不教什么""先教什么后教什么""怎么教",而教材语言的研究内容、研究过程,则是逐步开展、逐步明确的。因此,本书可以说是对语文教材语言面貌的一部探索性著作。

在探索过程中,本书坚持采用了调查、统计的方法,无论是一种还是一类教材,无论是一个问题还是一种状况,都努力做到教材语言的语料库化,在语料库的基础上来计量、统计、比较。由于主题的多样与变换,在教材语料的选取时有大小、宽窄不等的现象。好在,计量研究主要看思路、方法、规律及趋势,而不在绝对值的大小与对等。而由于语料库研究具有后期快、前期慢,理论研究快、数据制作加工慢的特点,每个专题语料库的建成都颇为不易,都有专门的制作团队。因此,从这个意义上来说,这部书又是一个集体的产物。在这里,向为教育教材语言研究、教材语料库建设出过力的每位团队成员表示深深的谢意。第三章"新世纪语文课程标准及变革"由杨书松老师撰写,他是语文特级教师,是福建省中小学语文教材学科带头人,也是我中心第二届学术委员会委员。这一章对极大影响教材语言面貌的一个因素"教学大纲"作了全面的梳理和论述。第十一章"汉字结构与部首教学"由孙园园副教授撰写,这一章对教材用字起到了很好的深化作用,将基于汉字整体且相对独立的教材用字分析引向了汉字的内部结构与教学。

既然是探索,自有收获,也有屡获新见的兴奋,还有会遇到不平坦的起伏与不顺畅的坎坷。将这种探索过程完整地呈现,对后续研究、对他人的跟进,相信会有一定的启迪与借鉴。这是封笔后笔者略感欣慰的地方。

在这里,再次对为本书做出过贡献的团队成员,为始终关注该领域研究并大力支持的广东教育出版社的陶总、黄主任及唐编辑表示深深谢意。

2017年5月13日

于厦门湾南岸海悦小区

怀师念友。

肆

我的词汇学研究转向引路人

在我的学术路上，有好几位先生发挥过重要影响，其中一位就是刘叔新先生。叔新先生对我产生影响的方式有点特别，却来得特别深远。

1993年初，好友谭达人兄从武汉来电话，他是叔新先生的弟子，毕业后在一所军校任教，当时想转业到广东工作。在谈完转业之事后，达人兄郑重地问我：你跟刘先生认识吗？我说先生是我崇敬的学者，可惜一直没有机会见面。他接着又问，你有没有看到刘先生最近在《语文建设》上对《汉语词义学》的评论？我说还没有。他说，那你快找来看看，我们作为刘先生的弟子，看了都十分"妒嫉"，刘先生对自己的弟子很少作那么高的评价。还说，文章《1992年汉语词汇研究新进展》是刘先生应《语文建设》之约撰写的，那段评论《汉语词义学》的话是在审读付印的最后时刻才加进去的。后来，我看到了那段评论文字，直到现在，我都认为，那是先生对后学的鼓励，是先生对现代汉语词汇学发展的一种期待。

不久，我收到了首届全国现代汉语词汇学学术研讨会的邀请函，会议于1993年3月18日在南开大学举行，刘先生是会议的发起人、主持人。这次会议开启了现代汉语词汇学研讨会的历史，并一直延续到现在，研讨会先后在烟台师院、厦门大学、河北师大、武汉大学、吉林大学举办了6届，第7届将于明年在河北大学举行。记得火车到天津后，接站的是一位年轻教师，几句话后，他就告诉我这是一个规模不大的会，代表都是特邀的，基本上是老一代学者，年轻学者只邀请了两人，我是其中一个。那是我第一次参加现代汉语方面的学术活动。我研究生读的是汉语史专业，属古汉语范围，毕业后活动的学术圈子一直在训诂学。20世纪80年代是训诂学久衰之后的复兴时期，中国训诂学学会组织了许多专题学术会议，我参加了其中的大部分。我那时在广州工作，慢慢对融中外之语、汇南北之言的现实语言产生了兴趣，经多年写作，初稿时的《古汉语词义学》也受此影响，内容进一步拓展成了现在的《汉语词义学》。如果说，关心广州的现实语言问题是一个客观推力的话，那么参加这次研讨会，则成为一次重要的契机，我的研究习惯因此而出现了明显变化。后来，现代汉语词汇学成了我的一个主要学术活动领域，训诂学领域的会议则几乎没有再参加了。

在那次会议上，我提交的论文是《词语结构与载义功能》，谈的是词语结构的长短与词义容量的关系，认为汉语词的长度与词义容量成反比。这个观点提出来以后在很长的一段时间自己都不敢多提及，因为论文是用定距的随机方法从《现代汉语词典》抽样了一个很小的量来观察的，总担心调查对象偏少，缺乏代表性。直到7年后建立了《现代汉语词典》语料库，才在大规模的语料统计中发现这个结论并非虚言。后来，我大量运用了计量方法来研究词汇问题，而随机调查法的运用，大概就是始于那次会议论文。因为首次受到先生的邀请，又是初次参加一个新领域的会议，我当时不敢作虚妄之论，可当时又没有更先进的语料处理手段，只能抽取少量语料为之。然而这次实践却为今后大规模的计量研究作了一次有意义的尝试。

1995年秋，我到北京大学随何九盈先生做访问学者，中途利用假期到南开看望刘先生。那天中午刘先生亲自掌勺，还买了不少卤味，摆开了一桌酒菜，记得在场的还有一名从山东来的考生。那天先生兴致特别高，谈到他当年是怎样只身从南方来到天津报考南开大学，怎样同时被中文专业与音乐专业录取，虽然后来选择了语言学，但对音乐创作仍爱好如初，一直没有放弃，创作有歌曲，还出版了专著。先生向来以严谨治学著称，能亲自听到先生谈论往事、趣事，真是一种享受。那次还应好友洪波兄之邀给研究生作了一次讲座，题目记不太确切了，内容是关于汉字与汉语关系的。没想到的是，当我站起来准备开讲时，突然发现先生坐在下面，我顿时紧张起来——学人共知先生在词汇学界是执牛耳的地位。在我演讲时，只见先生一直微笑地看着我，那分明是在鼓励。讲座中，我用了"漫延""蔓延"来说明汉字具有分载词义的功能，比口语中的"màn yán"要来得清晰、准确，借以说明汉字在汉语词的分合中有着独特的作用。我知道这个观点对正统语言学的文字观来说显得有点出格，讨论中，先生却率先发言，专门提到这个例子，颇有说服力，汉字与汉语词汇的关系确实值得研究。

2000年10月，我接过了主办现代汉语词汇学研讨会的接力棒，先生远道来到厦门参加会议，那是先生最后参加的一届现代汉语词汇学研讨会。为了提高研讨的质量，那次会议设立了论文讲评人制度，即除了一位主持人外，还请了一位专家对论文作出评议。会议筹备中，各位专家对这个设想都给予了支持。但相关的措施我却疏忽了，如提前收齐论文，并交到讲评人手里。会议结束后，符淮青先生很感叹地说到这是他参加过的最累的一次会议，因要当讲评人，从报到的那天晚上起，就没有好好休息过，要讲评的论文都得仔细看，评述其价值，指出有待完善处，生怕不能准确表达对别人论文的看法。听到这话，我突然为自己的考虑不周而内疚起来，想到叔新先生，先生时逾花甲有五，承担着五篇论文的讲评任务，以先生的认真，可以想象他在阅读、思考论文上花费的时间和精力。先生不仅以自己的实际行动在支持着会议的召开，也是在向后学们倡导着一种朴实求真的学风，展示了对学问的虔诚和追求。

那次会议来了30多名研究生，为了保证大会讲评的时间，把研究生的论文交流都安排在了小组会上。适遇有一位在大会上发言的专家未到，会间休息时叔新先生专门找到我，说他的博士生刘晓虹的论文不错，能不能安排到大会上发言，并一再说到这篇论文确实提出了一些新的观点。对先生的建议，我当然是满口应允，因为这不仅是先生对会议的支持，更让我从中看到了先生的一贯为人——那就是对年轻人，对后学者的关注、培养和提携。我当年不也受到过先生这样的关注吗？晓虹君的论文后来果然获得了大家的好评，刘晓梅博士在后来的长篇会议综述中作了这样的评论："南开大学的在读博士生刘晓虹的《认识词汇单位的角度》一文，针对已有的认识词汇单位的根本性质和种类及词汇体系的研究指出，因为系统是有层次性的，不能笼统地认为词汇单位是'词汇系统的直接构成成分'，而要明确地指出词汇单位是哪一个词汇层的直接构成成分，正确的角度应该是'从词汇系统不同层次的直接构成成分的角度认识词和不同结构层次的结构组'。周光庆教授充分肯定了该文是对索绪尔的价值理论的进一步思考，对刘叔新的词汇体系说有所发展。并建议深入思考：词汇的结构组织怎样形成、它体现了什么、说明了什么。"

后来我总会想起这件事，作为一名教师，就应该像刘先生这样时时关心着学生，为他们提供一切可能的学术发展机会。这样的机会可能不起眼，但对成长中的年轻人来说却往往能起到至关重要的作用，一棵嫩芽可能因此而获得更多露珠的滋养，一只雏燕可能因此而获得一片更开阔的翱翔天地。后来，我总是要求自己，对学生、对来求助的年轻人，也应该像先生那样。在培养研究生上对自己提出了似乎有些"苛刻"的要求，如在就读期间，要带他们参加一次全国性学术会议，参加一次课题组的科研，提供一次发表成果的机会。如果说这样做还是有些价值的话，那么是叔新先生以他自己的实际行动为我们如何做好教师树立了一个楷模。

2004年，我和外语教学与研究出版社共同商议编辑出版一套"汉语词汇语义学研究丛书"，目的是对20世纪的汉语词汇语义研究成果作一次总结，收录各个年代的代表作。先生的《汉语描写词汇学》当然是众望所归，但因版权的问题，却难以收入丛书。当先生接到我的电话，明白了为难之处后，很爽快地答应亲自动手编纂一本能代表他的研究观点和特点的研究专集。放下电话，我既为这套丛书由此而获得一份有价值的收篇之作，也为先生对我的理解和支持久久感慨。先生对我的请求总是那么慷慨，这是作为一名后学者的荣幸。

对先生的研究专集，我是抱有特别期待的，因为我读先生的文章正是从《词汇学与词典学问题研究》这本研究专集开始的。它问世于1983年，是先生的处女作，也是他的成名作。它不是专著，却系统地反映了先生对词汇学词典学一系列重要问题的看法。20世纪80年代是现代汉语词汇学的繁荣时期，这本书就是那个时期绽放得最灿烂的鲜花之一。我很庆幸自己在求学之初能读到先生的第一本研究专集，受到了先生许多学术识断的影响，后来因先生的关注而走进了现代汉语词汇学这块亟待更多学人耕耘的领地，现在又能为先生晚年的另一本研究专集的问世和流传而出力，这是一种机缘，也是一种福分。

在先生执教五十周年之际，让我们在学习先生的学术贡献之时，也学习先生的为人之道，感悟先生的从教之法，真是很有意义的一件事。

2007年8月14日
成稿于云南昆明之旅

永远怀念汉语词汇学最杰出的研究家
刘叔新先生[*]

——在刘叔新先生追思会上的发言

2016年9月10日，教师节，下午2：30，南开大学文学院章阁厅举办刘叔新先生追思会。厦门大学嘉庚学院人文与传播学院院长苏新春教授专程前来参加，沉痛追悼刘叔新先生的辉煌业绩。

我代表厦门大学的语言学同行、词汇学的研究团队，也作为一名词汇学的研究者、学习者，更作为受过叔新先生帮助、提携过的年轻人，今天专门从厦门赶来，对刘先生表示深深的怀念和感恩。

在我学习词汇学的过程中，对我影响最深的是刘先生的那本《词汇学与词典学问题研究》。那本书后来成为我案头上摆放时间最长的书之一。这几天我一直在思考刘先生最主要的学术风格、学术贡献是什么，我认为这些思考在这本书中都能得到充分的体现。刘先生写了很多书，但我认为，他的成名更多的是表现在论文中。大家常常认为，刘先生成就最高、最具标志性的成果是《汉语描写词汇学》，其实那本书所涉及的问题，他曾作为专门的词汇问题探讨过。论文中对我影响最深的，就是刚才在屏幕上显示的刘先生的第一篇论文《论汉语词汇系统》。我每每读到刘先生的著作，都会思考这个问题：刘先生为什么会在那么早，在一进入词汇学的时候，就把词汇系统来作为他的第一个攻关问题？今天中午一起吃饭时，跟泽鹏、吉辉还在推算刘先生写这篇论文时的年龄。论文发表在1964年，刘先生时年30岁。他与之论辩的是南京大学黄

---

* 原刊《刘叔新先生纪念文集》，王泽鹏主编，南开大学出版社，2019。

景欣先生的论文《试论词汇学中的几个问题》，黄文发表于1962年，刘先生的写作年龄应是28～29岁，在那么年轻的时候，就探讨了如此深奥的问题，在认知与论证上都很好地展示出了他的风格，这是非常不容易的。黄景欣先生1965年去世，正是30岁。后来我在主编《中国语言学大辞典·人物卷》的时候，提出应该收入黄景欣先生，在当时收录的学者中，只有论文而没有著作的只有黄先生一人。两位年轻学者的论辩，成为"南有黄景欣，北有刘叔新"的一时盛景。这篇文章展示了刘先生的眼光和风格，显示了一个很高的学术起点。"词汇是否有系统性"后来在学术界成为一个长期争论的焦点。黄景欣先生提出"词汇学有系统性"在前，刘先生认为词汇学无系统性在后。1986年，安徽师大一位研究生在其毕业论文中公开与刘先生讨论，主张词汇有系统。邢公畹先生1983年为刘先生的第一个论文集作序时，赞成了刘先生的观点，可实际上后来刘先生放弃了这个观点。他在1990年的《汉语描写词汇学》中着力探讨的是词汇的系统性。1995年我来南开访问，刘先生请我在家里吃饭，还亲自下厨。那时我年少不更事，不停问了刘先生好多问题，其中也问过"您为什么后来放弃了词汇无系统性"的观点。昨晚动身前我还认真读了刘先生的那篇论文，愈发感觉刘先生的这篇论文很好地体现了他的学术眼光和学术风格。他当时坚持认为"词汇没有系统性"，其实是有严密论证的，是严格限定在"语义""语义关系"上的。他细列了许多现象，一一加以论证、加以排除。这些问题后来刘先生在20世纪70年代、80年代一直都在思考，《汉语描写词汇学》就是他从正面切入了词汇系统性的问题。在这本书当中，刘先生给我们展示了很好的学术精神与学术风格。现在摆在我们面前的这本纪念论文集，封面上写有要继续刘先生的"学术风貌""学术成果""学术思想"。把"学术风貌"排在第一位，是很有见地的。刚才第一个发言的刘先生的大师兄宁先生，特别提到要学习刘先生的精神，我非常赞成。某个观点、某个结论，我们可以学，也容易学，那是有形的东西，但刘先生对问题的思考、执着、严谨，那种唯真理而求的精神，则是我们很难学到而又特别需要学习的。从他1964年第一篇论文不同意词汇有系统性，到1990年的《汉语描写词汇学》探讨出十一种语义关系，可以看出刘先生在20多年的时间中一直在思考、探索。他在《汉语描写词汇学》的最后一段下了这样一个结论："现代汉语词汇就不是完善的体系。"从认为无，到认为不完善的有，这是一个巨大的飞跃，尽管后来学术界对词汇系统的探索有了很大的发展，但刘先生在这里面的许多论述与思考都很值得我们学习、重视的。刘先生在词汇系统问题的研究中起到了重要的推动作用。今天中午吃饭时我们还讨论到，在刘先生这一代人中，研究词汇的有一批学者，算来大概有8～10位，刘先生在里面能够独占鳌头，一谈起现代词汇学，刘先生的地位是当仁不让的。南开的语言学中词汇学是一个重要分支，因为有了刘先生，词汇学提到了一个很高的地位。南开语言学有一批优秀的学者，但在词汇学研究中，刘先生凭一己之力把这个学科带到如此高的地位，这在国内是不多见的。

我跟刘先生的结识、交往很偶然。我原来是学古汉语词汇学的，20世纪80年代末慢慢开始关注现代汉语词汇问题。我记得很清楚，1993年1月底，刘先生给我来了一封信，邀请我参加第一届现代汉语词汇学研讨会。当时刘先生的弟子谭达人兄还专门问我认识刘先生吗，我说不认识。他说刘先生刚刚有篇文章在《语文建设》上发表，题目是"1992年汉语词汇研究新进展"，刘先生在看校稿时临时补了一段评述《汉语词义学》的话。那时我的《汉语词义学》刚刚出版。达人兄说，我们做学生的很妒忌你能得到老师这么好的评价。后来才知道，我能受到邀请是非常荣幸的。记得走出天津火车站，来到会议接待处，一名会务人员说，这次来参会的都是刘先生的同辈学者，是特邀的，像你这样年轻的只有两三位。后来，我一直把刘先生看作是我的学术引路人，是刘先生一把把我拉入现代汉语词汇学界。我不是他的学生，但一直把他当作是自己的老师一样，跟刘先生的弟子相处也很多，如同手足。这里我还想特别提一下，刘先生1993年在南开首次举办了词汇学会，离现在已经过去了23年，会议两年一届，已经连续召开了11届。在我研究生毕业不久，读到张志公先生写的论文《语汇研究难，语汇研究薄弱》，刊在1986年的《中国语文》上，"难"与"薄弱"是当时的写照。现在词汇学应该说已经成为非常进步、非常活跃的学科，其间刘先生起到了极其重要的推动作用。刘叔新先生无论是在词汇学科的学术创建，还是在学术思想的引领、学术研究的创见上，都做出了突出贡献。我们作为后来者、学习者，都特别感谢刘先生，感谢南开的语言学，感谢南开大学。

我再补充一点想法。

刚才大家说了刘先生有许多的遗憾，可这一个多月来，我一直有另外的一个想法，就是觉得刘先生也是很幸福的。刘先生去世后，刘先生的弟子们建了一个微信群，里面有许多其他先生，如今天在场的曹桂方先生、张旭先生、谭汝为先生，还有许多的弟子、学生、朋友，都在上面每天地写诗、写文、传递照片来纪念他，我读了非常感动。我们周围常有先生去世后，弟子们也在不断地怀念，却鲜少有一个这样有活力的群成为怀念、追思、集聚的平台，这是刘先生的幸福。对这个群一个多月来我每天都会去浏览，里面有许多资料，非常珍贵，我们要想办法保存下来。以前，我只是从学术、从词汇学上认识刘先生多一点，现在通过这个群，对刘先生有了更完整的认识。在这个群里，我觉得自己也成了刘先生的弟子，是刘先生的学术团队、学术圈子中的一员。这里我要专门感谢刘先生的各个弟子，还特别想感谢泽鹏兄。泽鹏兄是刘先生的弟子，又像是子嗣，更像是刘先生的虔诚信徒和永不离去的追随者。所以，我觉得刘先生又是很幸福的。

2016年9月10日

现代汉语词汇学体系的精耕师*

今年是葛本仪先生高校执教五十六周年的日子，回顾先生的学术生涯，重温先生在汉语词汇学领域的辛勤耕耘，目睹那一摞后出转精、日渐丰富完善的著作，读着先生悉心培养出来的众多弟子的那些源于师说、又发扬光大卓有创见的新著，就更能体会到先生在我国现代汉语词汇理论的建设和发展中所付出的努力和取得的成就。

一、致力于现代汉语词汇学理论体系的建立与完善

葛先生最重要的学术代表作当属那几部现代汉语词汇概论性著作。最早的是《现代汉语词汇》（1961），之后有《汉语词汇研究》（1985）、《汉语词汇论》（1997），晚起的是《现代汉语词汇学》（2001年初版，2004年修订版），前后相距超过40年。20世纪50年代现代汉语词汇学的三部开创性著作相续问世，即孙常叙的《汉语词汇》（1956）、周祖谟的《现代汉语词汇》（1957）、张世禄的《普通话词汇》（1958），它们功在开创，各自带上了明显不同的特色。孙书明显受到苏联词汇学的影响，流行一时的基本词汇理论在该书占了近1/3的篇幅。周书和张书都是服务于当时的语言规范大潮，为提高大众百姓使用汉语的水平，致力于纠偏、正讹、立范，皆先以单篇散论连载于一北一南的两种普及性语文刊物，尔后才结集出版。三书中周书学理较为周密，在学界的影响延续了较长时间；张书也是一时之作，只是篇幅较小，事显而功

* 原文题为《从〈现代汉语词汇〉到〈现代汉语词汇学〉——回顾葛本仪先生的词汇学思想与成就》，刊于《江西科技师范大学学报》2013年第2期。

未著；孙书篇幅最巨，对苏联的词汇理论学说借鉴较多，所囿也较为明显，故后不久就有了他的学生王勤、武占坤所著《现代汉语词汇》（1959）问世，追求着现代汉语词汇理论整体建构所需要的周全与平衡。

葛先生的《现代汉语词汇》1961年在山东人民出版社初版，1975年稍做修订后再版。该著共七章，分别论述了"一、词和词汇""二、词义""三、多义词、同音词、同义词、反义词""四、现代汉语词汇的形成与发展""五、现代汉语词义的修辞色彩""六、成语、谚语、歇后语""七、现代汉语词汇的规范问题"。2004年出版的《二十世纪汉语词汇学著作提要与论文索引》对该书作了这样的评说："篇幅不大，但对现代汉语词汇的基本问题都作了简明扼要的正面论述。普及性教材特点明显，阐释通俗易懂，对普及现代汉语词汇基本知识发挥过积极作用。"

如果说《现代汉语词汇》还只是以词汇的"具体问题"为全书的表层框架，这样的架构反映了当时现代汉语词汇研究起步阶段的基本面貌，那么《汉语词汇研究》（山东教育出版社，1985）则在全书架构上明显有了整体架构的"理论"色彩，如《现代汉语词汇》的七章其实是七个词汇问题，或曰词汇现象，但这七者之间是何种关系并没有作严格的定位。第三章将多义词、同音词、同义词、反义词合而论之，并列为章名，其实这四者性质相差甚远。多义词反映的是一个词的内部意义状况，后三者反映的是词与词之间的意义关系；后三者之间的层次亦有不同，同义词与反义词属意义有联系的类型，同音词却在意义联系之外。而在《汉语词汇研究》全书框架的理论关系就明晰多了。全书四章："壹 词、词素、词汇""贰 造词与构词""叁 词义""肆 词汇的发展"，反映出了词汇理论的四个基本板块，即"词汇单位""词语生成与结构""词义内容""词汇发展"。在这里"具体问题"隐退了，"理论架构"突出了，其理论的完善与严密是显而易见的。后者将单义词与多义词相邻，将同义词与反义词相邻，且并列于"词义"章下的"词义的类聚"，将"什么是词义"与"词义的演变与发展"相邻，而把"同音词"排除在外。又如前书单独成章的"六、成语、谚语、歇后语"在后书中归入"壹 词、词素、词汇"中的"词汇"下，成为"词汇"的一种结构成分。前后两书的知识体系变化显示作者对现代汉语词汇总体理论架构思考的推进。殷焕先老先生在序文中言道："这是根据前人研究所得而写成的一种比较全面地论述词汇好些方面的综述性的书，这也是根据作者自己研究所得而写成的一部对某些问题作深入讨论的专论性的书。"其言善哉。

葛先生在《汉语词汇研究》中的重要调整在她后来的著作里得到了延续和进一步完善。十二年后的《汉语词汇论》（山东大学出版社，1997）是由其领导的团队共同完成的集成性著作，统辖22个专题的理论框就是"词汇""词义""词汇应用"三大板块。再后来的《现代汉语词汇学》（山东人民出版社，2001）更是有继承、有创新。它共有七章，"第一章 对词汇的再认识""第二章 词和词素""第三章 词的形成及其结构形式""第四章 词义""第五章 词义的类聚""第六章 词义的演变及其规律""第七章 词汇的动态形式探索"，继承的是这七章仍保留了四大理论板块的基本布局，即第一至第二章、第三章、第四至第六章、第七章的四个基本部分；创新的是对"词汇"的整体认识更加深入，在有了系统的论述后独立出来成为第一章，为全书统领之首；又如对"词义"作了更丰富、更深入、更完整的论述后分立为第五、第六、第七章。这些恰恰反映出了我国当代汉语词汇研究由形式到意义、由结构到关系、由微观问题到宏观把握的总体研究趋势。

从《现代汉语词汇》到《汉语词汇研究》，再到《现代汉语词汇学》，可以看到葛先生在现代汉语词汇理论体系研究中锲而不舍的探索。她是最初投入现代汉语词汇理论建构的学者之一，始终将教学与研究紧密结合，几十年如一日。将先生的这几部著作串联起来，可以清楚看到前修未密，后出转精，殚思竭虑，追求至善的努力和成功。这几部跨度逾40年又各自独立的著作，其实又何尝不可以看作是作者为了现代汉语词汇理论体系的建立而不断改进、不断完善的一部著作。学术史上不少见到一个人能有极大勇气投入一个新领域的研究，却少见人能如此长时间地持续在一个领域进行不断深入、不断完善地探究。可以说《现代汉语词汇学》的出现，标志着现代汉语词汇理论体系的建设达到一个相当的高度。"《现代汉语词汇学》可以作教材来学，全书章目有序，首尾相衔，条分缕析，表现出内在的严密性和逻辑性；又可以作专著来读，细细读来，处处可领会到作者的睿智与深刻。从20世纪50年代开始的现代汉语词汇理论，一直把极大的精力放在词汇本体的研究上，放在词汇单位的研究上。它的出版，不能说是这一研究的终结，但却可以说是这一研究带有总结意义的成果。"

二、结构关系清楚、层次分明、结构与意义并重的词汇学思想

葛先生所致力于建设的词汇学理论体系有着鲜明的结构词汇学特点。结构主义思想是20世纪世界语言研究的主流，它对词汇的研究特别强调词汇单位的存在，对"词""词素""词汇""短语""固定短语""自由短语""语"做了精细的定位与定义；特别重视词汇单位的层级性，对每一种、每一层单位与左右上下关系的辨析，以"词"为中心视点，对其下的"词素"，对其上的"短语"都作了细微的区分；强调"词"与"词汇"的联系与区分；强调"词"与"字"的区分。即使是许多看上去似乎不相关的词汇问题，其实也都是立足于"结构""单位"之上来展开论述的，如"离合词"相对于"固定词"而言，"轻声"相对于重读而言，"儿化"相对于非儿化而言。浸润在这样的理论体系中，葛先生对许多重要的基础问题都做了相当严密而周详的论述。如对什么是"词"许多学者就表示过关注，我在《汉语词义学》中曾引述了十多家的观点，大都是从是否表达了完整概念、是否能独立运用两点上来加以识别。而葛先生则先是概括出"词必须具有语音形式""词必须表示一定的意义""词是可以独立运用的""词是一种最小的单位""词是造句材料的单位"五点（1985），后又增加了"词是一种定型的结构"的判断标准（2001），还进一步从"辨认与划分"的角度来对"什么是词"做出了是否式的判断，归纳出十种方法，实际上是把词的十种类型摆在了人们的面前：

1. 单音节，有意义，能独立运用造句的成分是词。

2. 两个或两个以上不表示意义的音节的组合，能表示特定的意义，并可独立地用来造句的结构是词。

3. 一个或一个以上不表示意义的音节，和一个表示意义的音节组合在一起，表示着特定的意义，并可独立地用来造句的结构是词。

4. 表意的成分和已虚化的成分相结合，表示特定的意义，并可独立用来造句的结构是词。

5. 一个不能独立运用造句的表意成分，重叠后可以独立用来造句了，这一重叠后的新结构是词。

6. 一个表示意义的成分重叠以后，表示了新的意义，可以独立运用造句，

这样的重叠结构是词。

7. 两个表示意义但不能独立运用造句的成分相结合，形成一个新的结构，表示新的意义，并能独立运用造句的是词。

8. 一个表示意义又可独立运用造句的成分，和一个表示意义但不能独立运用造句的成分组合在一起，形成了新的结构，表示新的意义，并能独立运用造句的是词。

9. 一个表意但不独立运用的成分，在具体的语境中，如果被独立运用造句时，也应视为词。

10. 两个或两个以上表示意义的又可独立运用的成分相组合，形成新的结构，表示新的意义，并能独立用来造句的是词。

如此精细的辨析，反映了作者对语言层级单位的重视与认真，而女性学者特有的缜密与细腻使她对词汇核心单位的研究达到了一个相当细密的程度。

葛先生的贡献不仅仅体现在对重要基础问题的细密化论述上，对一些关键问题的解决也做出了重要贡献。如对词素，人们历来是从"语音形式""语言功能""语言结构"三个方面来分析，归纳出了单音词素与多音词素、成词词素与非成词词素、词根词素与附加词素的分类。但随着现代汉语中长音节复合词、多重组合成词的现象越来越多，对"一个复合词能构成一个新的复合词""一个复合词能在一个更大的词中充当构词成分"这样矛盾的说法也就显得刺耳。葛先生为此撰写了《合成词素问题》（1997），对合成词素的性质、地位、特点、形成、作用作出了清晰论述，得出了"合成词素在语言词汇中的形成和存在，不仅是必然的，而且也是完全必要的"结论，从而在《现代汉语词汇学》将词素的三大分类扩展为四大分类，增加了"内部结构"类，下分单纯词素与合成词素，从而稳妥地解决了复合结构构词在理论上合理归类的问题。

基于同样的目标追求，对一切容易引起混淆的术语不屑接受也就是很自然的事了。如"语素"在语法学界甚至是整个语言界都是普遍接受的术语，它因是"语言中音义结合的最小单位"而在注重结构、注重层次的二分法理论体系中获得了极为重要的地位。但在词汇学看来它却横跨在泾渭分明、性质截然不同的词与词素这两级单位之间，使它远不如只运用"词"与"词素"来划分词汇内部层级那样来得清晰。因此，在语言理论界、语法学界必谈语素的同时，词汇学界出现了两派，一派是亦步亦趋，结果是在谈"语素"与"词""词素"的关系时不得不绕来绕去，绕得极其辛苦；一派则是坚守"词"与"词素"二分法，不引进语素之说。葛先生从没有把"语素"掺杂在她的词汇结构体系中。在她的笔下，词与词素之间的关系是清清楚楚的。"词是由它的组成成分组成的，词的组成成分就是词素。""词素和词除了充当的单位不同之外，其他的特点都是完全一样的。"另一位著名词汇学家刘叔新先生也是这样的一位坚守者，他在多篇论文中对语素予以了明确排斥。这是一种基于研究对象的学术坚持，在语法学界左右其他语言分支学科的时代，这也是一种"不跟风"的难得品格。

三、重点突破，建立理论高地

如果说对"词汇结构体系"的论证还是在做理论体系的完善、精密化工作，那么葛先生对下面问题的探索则体现为对"词汇结构体系"研究范式的整体思考与突破，站在了一个新的理论高地来思考着整个词汇问题。这就是在词汇体系的结构、静态、共时研究范式中引进了语用研究、动态研究、历时研究的新视角。

葛先生的早期著作已经能见到这方面的端倪，如《现代汉语词汇》（1961）第五章论述了"现代汉语词义的修辞色彩"，《汉语词汇研究》（1985）第四章论述了"词汇的发展"，只是那时的语用观还主要表现为单纯的语言使用与语用效果，而没有将之与语言本体的互动结合起来；那时的历时观还主要表现为语言存在环境的社会学观点，也没有将历时与共时、动态变化与静态结构综合起来。这种端倪葛先生在20世纪90年代的论著中有了明显突破，集中体现在《词义的语用研究》《论动态词义》两篇重要论文上。

《词义的语用研究》论述了词的静态义是如何在语用中发生变化的。"当这种静态存在的定型结构——词，一旦进入到言语中去，处于动态应用时，社会为其约定的内容则是除认可其静态存在，并以此为基础之外，还要增加它在动态应用中的变化情况，进而形成具体应用中的动态词义和词的语用义内容。"基于这样的认识，书中详细分析了"静态词义变为语言义和表层义""静态词义变为言语义和表层义""静态词义变为语言义或言语义加深层义"的相互影响、演变的关系，进一步梳理了"明确义与模糊义""语法意义和语用问题""色彩意义和语用问题"之间的关系。论文分析的都是日常用例,却能独辟蹊径,别开生面,引出新话题、新思考、新疆域,把词汇的静态结构与动态使用之间发生的互生、互成、互动、共变的状况摆在了人们的面前。

《论动态词义》论述了动态词义的产生机理、特征及作用。"由于'语言'和'言语'不同,从而使语言的存在形式有了'静态'和'动态'之分""静态的存在形式是'语言',动态的存在形式则是'言语'。另一方面的理解,这种交际工具既包括语言,也包括言语,也就是说,无论语言或言语,都是人们用来交际、交流思想的工具""动态词义一般可分为语言义、言语义、表层义和深层义几种类型",并详细论证了动态词义的灵活性、规约性、共识性、短暂性、与静态词义属性的差异性。动态词义具有三大功能:实现语言的交际职能;使语言表达生动、准确、细致、含蓄;促使语言的发展,任何语言成分的形成都是言语成分在长期运用中约定俗成的。

葛先生毕生在词汇学领域思考着、探索着,不断地提出新问题,作出新观察,总结新观点。这正是一直保持着"学术青春"锐气、"与时俱进"的体现。正因如此才会使同一系列的概论性著作常写常新,不断融入新思想、新认识、新观点。如早期著作中已经有了对汉语外来词的论述,但2001年的著作仍继续着对外来词的思考:"现代汉语中的外来词是很丰富的,特别是20世纪80年代以后,外来词更是大量地涌现,其数量之多,涉及范围之广,形成方式之多样化,都是空前的。"概括出了两种新的外来词形式,一种是"直接借用了外语中的简缩形式",如CT、CD、DVD;一种是字母加汉字语素的复合式,如BP机、B超。又如"词的义聚"在《现代汉语词汇学》增加了对"同位词""类属词""亲属词"的思考。葛先生有着开阔的视野和与时俱进的探索精神,所带来的一定是在语言世界里时见时新的研究课题。

四、理论研究与育人相结合

葛先生治学以来一直在高校任教,她的词汇学研究与人才培养紧密地结合在一起。其研究论著总是首先作为教材在课堂上得到传播,她培养出来的学生可以说是科研成果的另一种展现形式。国内高校词汇学人才的培养点不少,但作为独立申报成功、独立培养博士研究生的学科点葛先生要算是第一个。近20年的时间她培养了十多名博士生,他们不少已成为所在高校的学科带头人,而他们的处女作、成名作——博士学位论文，都明显受到葛先生学术思想的影响。他们的研究表现出两种明显不同的类型：

一类是对词汇本体的深入研究，如孙银新的《语素研究》、王军的《汉语词义系统研究》、叶军的《现代汉语色彩词研究》、刘兰民的《汉语修辞法造词研究》、唐子恒的《汉大赋复音词研究》，对词汇结构词汇体系中的某一种成分做出了更加深入、系统的研究。另一类是注重词汇演变与语用的动态研究，如郭伏良的《新中国成立以来汉语词汇发展变化研究》、魏慧萍的《汉语词义发展演变研究》、张小平的《当代汉语词汇发展变化研究》。这两种类型，静态与动态、共时与历时、本体与演变，并存兼美。单看其一，可以专精名世；合而观之，则周全而辩证，尽显词汇的丰富内涵。这种研究眼光的周密而通转在其弟子杨振兰的前后两篇学位论文中体现得尤为清晰。杨振兰的硕士学位论文《现代汉语词彩学》出版后，词汇学界一时间"词彩学"不绝于耳。能以硕士学位论文立起一个学科的颇为少见。十多年后杨振兰完成了博士学位论文《动态词彩研究》，动态词彩研究的完成使前者的静态特征得到了自然彰显。一静一动，一本体一语用；由静转动，由本体转入语用，由语用再反转影响到本体，这种开拓与转移，正是在导师的动态观、语用观的影响下完成的。卞成林的《汉语工程词论》具有领域开拓的启迪意义。就其词汇形式来看，"工程词"属于词汇本体研究的一种，只是其结构性质和特征与传统上以人的体会和感悟来展现词的认知习惯很不一样，但"工程词"本身的提出又是在中文信息处理中，在汉语计算词汇学的形成过程中才会出现的。没有重视语用的思想，没有中文信息处理的科研实践，是提不出这一问题的。葛先生及其领导的团队所从事的"信息处理用现代汉语三万词语集"研究，正是培孕出如此有创意课题的肥沃土壤。导师的高明自然有其高深研究所在，而其高远的眼光却能俯瞰着更为广阔的学术领域，带领更大的队伍在学术田野的不断拓荒之中行进。

在祝贺葛先生高校执教五十六周年的大喜日子里，回顾先生的成就，回顾先生在学术上不懈追求的精神，对后人也是一种新的学习和激励。

2012年4月17日

于厦门湾南岸海悦品斋

参考文献

[1] 苏新春. 二十世纪汉语词汇学著作提要与论文索引 [M]. 上海：上海辞书出版社, 2004.

[2] 殷焕先. 序 [M] // 葛本仪. 汉语词汇研究. 济南：山东教育出版社, 1985: 2.

[3] 葛本仪. 汉语词汇论 [M]. 济南：山东大学出版社, 1997: 11.

[4] 葛本仪. 现代汉语词汇学 [M]. 济南：山东人民出版社, 2001: 49, 55.

[5] 苏新春. 平实见深刻, 雅洁蕴丰富：评葛本仪的《现代汉语词汇学》[J]. 世界汉语教学, 2003 (6).

[6] 葛本仪. 词义的语用研究 [M] // 葛本仪. 汉语词汇论. 济南：山东大学出版社, 1997.

[7] 葛本仪, 刘中富. 动态词义分析 [M] // 葛本仪. 汉语词汇论. 济南：山东大学出版社, 1997.

[8] 葛本仪, 盛玉麒.《信息处理用现代汉语三万词语集》简介 [J]. 科学技术研究成果公报, 1988 (8).

[9] 卞成林. 汉语工程词论 [M]. 济南：山东大学出版社, 2000.

[10] 杨振兰. 现代汉语词彩学 [M]. 济南：山东大学出版社, 1996.

[11] 杨振兰. 动态词彩研究 [M]. 济南：山东人民出版社, 2003.

怀念词汇研究家与词汇教育家葛本仪先生

葛本仪先生离开我们一年多了，常常会想起先生，那音容笑貌，那一声一语，常在眼前浮现。在追思会的筹备过程中，不断见到师兄弟姐妹们在群里传送的先生的照片与视频，每当此时都难以自持。

先生作为词汇研究家，成就是极为突出的，数十年锲而不舍，久久为功。1961年，先生28岁，出版了第一本词汇学著作《现代汉语词汇》；1975年，先生42岁，出版了《现代汉语词汇》修订版；1985年，先生52岁，出版了《汉语词汇研究》；2001年，先生68岁，出版了《现代汉语词汇学》；2004年，先生71岁，出版了《现代汉语词汇学》修订版；2014年，先生81岁，出版了《现代汉语词汇学》第三版；2018年，先生85岁，英国卢德里奇出版社出版了其《现代汉语词汇学》英文版。这是现代汉语词汇学著作第一次由国际出版公司以购买版权的方式出版，是汉语学者自己建构的汉语词汇理论知识体系被国际知识界所接纳、认可、传播。

1961至2018年的58年中，一个理论体系，先后七个版本，可以说先生的现代汉语词汇学研究著作具有问世早、重理论建构、体系性强、修订版次多、完善程度高、使用广泛、最早走向国际的鲜明特点。我经常想的几个问题：先生治词汇学为什么会有这样的特点？背后原因是什么？达到了怎样的功效？先生女性学者的精细，固然是一个重要原因；理论修养深厚，逻辑思辨缜密，也是重要原因之一。而我常想到的还有一个原因，就是教师这一职业特征，可能在更底层上起了更为深沉的作用。先生的词汇理论研究一直是在高校讲坛上完成的。课堂是这部著作的传播平台，学生是这部著作的使用对象，知识的建构与铺陈，章节的先后与疏密，都与课时多少、学习难易、节奏快慢相吻合、相贴切。努力使教学过程明晰，使学习者昭昭，使学习效果朗朗，这是先生的词汇理论体系一直在追求的最大理想化。故我认为先生不仅是杰出的词汇学研究家，还是杰出的词汇学教育家。也就是说，先生在理论建构的同时，是与理论的传授紧密结合的。理论建构是为了传授，在传授中加以验证，唯有这样，才能将词汇理论的探索做得分外清晰而准确。

　　在先生的这部经典著作中，除了观点与材料紧密结合、分析与结论相互印证外，论证上有着一个显著特点，就是环环相扣、层层叠进。书中"一""二""三"，"第一""第二""第三"，"首先""其次""再次"的运用常常可见，清晰展示出了先生那强大而极富逻辑力量的思辨能力。学术界有不少学者习惯于汪洋恣肆的论述，看重于一气呵成、一挥而就，言者惬意畅快，阅者心动意起，却往往是心动而难晓，意会而难言。而先生的著作，冷静而客观，清晰而理性，明白而通晓，首有论必尾有应，前有论必后有例。这是理论造化达到极致的表现，烂熟于心，方能言简而中的。先生终生的教师之职、教育之心，造就了《现代汉语词汇学》这部书，成就了她的现代汉语词汇理论体系。学问做到了大学，做到了课堂，做到了经久不衰的教材，这个学问必定是成熟的，必定是规范的，也必定真正的主流学问，到了此时，也就必定会培育出一代代词汇学人才。先生的毕生，是理论探索、理论传播、人才培养的不息循环，这就是先生最完美的学术人生。

2021年4月29日
于厦门岸南湾海悦品斋

当代汉语词汇研究的领舞者[*]

张志毅先生离我们而去了，他的音容笑貌仍浮现在眼前，恍如昨日。他豁达，再难解的问题放在他面前，都能轻如太极柔手，推挡化解；他睿智，再纷繁复杂的局面，都能三言两语，提纲挈领；他远瞻，犹如棋坛高手，当众人孜孜于当下时，他已洞悉到将来的三步五步。他的离去，使当代汉语词汇研究少了一位领舞者。从1959年开始撰写《简明同义词词典》算起，五十多年来他以其智慧、坚守，以其宏阔的理论见解与精细的微观考证，在当代汉语词汇学的每一步进展中都烙下了自己的印记。

一、词义微观世界的勘探者

现代学者中，以个人力量来对汉语词汇进行诠释、对比，鲜有达到张先生如此程度的。他编纂的第一部同义词词典是《简明同义词典》，1981年由上海辞书出版社出版。他在后记中作了这样的说明："这本小书的编写，要追溯到二十多年以前。起初，我给当时的《语文学习》杂志写一点词义辨析之类的东西。后来，慢慢找到了入门向导。罗常培和吕叔湘先生在《现代汉语规范化问题》里指出：'一部小型的同义词典在澄清目前词汇使用方面的混乱将有很大帮助。'这对我更有启发，接着便着手积累原始资料，开始试编，一九五九年初完成草稿。可是，工作总是断断续续，反反复复的。好在，多年来尽可能在学习和工作之余，一点一滴地积累着，直到今天才拿出了一个初步成果。"完

* 原刊《辞书研究》2015年第2期；另见《张志毅先生纪念文集》，华语教学出版社，2016。

成初稿的1959年，张先生还只有22岁。说张先生从研究同义词起步，毕生研究词义关系，一点也不为过。

《简明同义词典》只收了常用词1500个，编成近600组同义词。从数量来看，这确实是一部"简明"词典，所收词语只有一般通用词典收词规模的百分之二三。但同义词词典有着不一般的意义。一般词典对词的意义内涵是客观描述，再现其本来面貌，而同义词词典则是从对比的角度，通过与相同、相近词语的比较来彰显其内在特征。前者是单词释义，后者是词群释义；前者是平面显示，后者是立体对照；前者是直接描述，后者是内蕴揭示。后者的难度显然要更大一些。

这部词典只是张先生词汇研究的起步，却是非常重要的一步。张先生在20年后回顾道："没想到，这块小天地乃至于成了我一生学习和研究的辐射点和起跑线。"因为他在那之后继续从事规模更大的词义比较工作，出版了一部又一部的同义词词典与反义词词典。由上海辞书出版社出版的有《反义词词林》（2001，收词8万条，2万多组）、《反义词大词典》（2003，收词1.7万条，3000多组）、《反义词大词典》（新一版）（2009）。《反义词词林》有词有语，无释义、无例句，而在全面释义引证基础上作了精心辨析的《反义词词典》收词多达1.7万条、3000组。先生编纂的词典在商务印书馆也受到高度重视，先后出版了《新华同义词词典（中型本）》（2005，收词3600多条）、《新华反义词词典（中型本）》（2008，收词1.5万条），还有即将出版的《新华反义词大词典》。从这些词典中可以看到张先生对词语内部的词义微观世界所做的细致考辨。词汇系统中最重要的关系就是同义关系与近义关系。我们不敢说张先生已经将汉语词汇中所有的同义词和反义词都穷尽了，但说他考辨了大多数的常用、普遍、语文类的同义词和反义词，应是站得住脚的。拙著《现代汉语分类词典》，力图囊括所有的现代汉语常用、普遍的语文词，共收8.3万条词，分上、下五级义类，最底层的义群有12 659个，大多是同义词。细析下来，里面有不少是等义词，如"蝈蝈儿"与"叫哥哥"，"桂圆"与"龙眼"，"盲字"与"盲文"等；有的是反义对义词，如"嫡出"与"庶出"；有的是同类词，如"锅盖"与"锅铲"。需要指出的是，《现代汉语分类词典》的12 659个义群中，名词性的有7318个，占总数的近60%。而学习型同义词典和反义词典对收词是有所选择的，关注的重点是对提高语言运用能力有密切关系的描绘性、形容性、叙述性的词语，且是同中有异、大同中有微异的词语，重点不是名词，也不是等义词。以上的说明显示张先生所编纂的同义词、反义词词典关注的词语范围是多么的广泛。数十年如一日地大规模关注、考察、辨析同义词与反义词，张先生在当代汉语词汇学界当属第一人。

张先生在词汇研究上的功力绝不只是对词语的考辨，而是他的考辨方法、考辨理论、考辨眼光有着与众不同的地方，那就是在相同的基础上来认真辨析细微差异。这是认识同义词最重要也是最难的一点。吕叔湘先生对这种做法大加赞赏："一部同义词典要辨别一组组同义词的概念意义的异同，也要辨别它们的附加意义和差别。比较起来，也许后者更重要，因为前者比较容易掌握，后者要求更高的语文修养。志毅同志这部《简明同义词典》之不同于别的同义词典，也就在于他更注意于这一点。志毅同志在他的论文《同义词词典编纂法的几个问题》（《中国语文》1980年5期355-357页）中提出了在多数情况下以词义而不是以词为辨析单位的主张。他这样说了，也这样做了。……正是由于作者采取了这种做法，主要不着眼于同外之异，而着眼于同中之异，才能用较少的篇幅容纳较多的内容，做到了简明扼要，这应该说是这部词典的一大特色。"孙常叙先生也赞其"专攻疑似之处，一般只集中地揭示同义词之间的主要差别，重点突出，用志不纷"。后来，张先生练就的这种辨异功力，早已超越了同义词辨析的范围，而且融入了他的学术生涯，使他面对困难复杂的学术问题时，都能轻易做到由表入里、析繁缕乱。正是有了这样的实践与见解，有了如此扎实的收词、释义、辨微、觅证、建例、立凡的大量经历，才有了之后对我国辞书理论、辞书史、辞书编纂、辞书创新、辞书发展、辞书目标等一系列重要理论与现实问题的入木三分、鞭辟入里的精见。张先生到底是词汇学家抑或辞书学家，这已经不重要了，他的词汇研究见解、词义考析成果与等身的辞书著作早已融为一体。

二、词汇语义宏观理论的建构者

如果说张先生在同义词反义词词典编纂中还是以大量的词义辨析为主要工作，理论与方法的创新是隐于其里的话，那么他那完整的理论建构则集中体现在《词汇语义学》。该书一脱以往词汇学著作以词汇单位、聚合、关系为主体的微观务实架构，也无通常语义学著作那样以"语义"的性质、来源、作用、音义关系为主体的宏观踏虚模式，而是在牢牢把握传统语义学向现代语义学转化的历史演化过程中，紧紧围绕词的义位进行了集中研究。《词汇语义学》是我国词汇语义学界跨入21世纪之际具有标杆作用的重要著作，很快进入了大学课堂，成为高校专门人才培养必读参考书，列入教育部推荐的研究生教学用书名单，多次修订重版，获得了极高声誉。它标志着张先生的研究上升到一个新的高度，完成了由词典编纂家到理论家、由词汇学家到词汇语义学家的转变。

张先生在著作的一开始就描绘了他建构义位理论的"现代语义学"背景，从五个方面概括了现代语义学的发展大势，即不同学科范畴的语义学合流趋势；研究的范围在扩大，重点突出；生气勃勃的发展趋势；理论方法的新趋势；将要成熟的趋势（第6～9页）。如果说这里的概括还过于宏阔，还难以看出其观点之锐利的话，那么其言述"传统语义学"的不足时倒是言简意赅、辞简理显。他一针见血地指出传统语义学"研究的单位是一元的，只局限于词义""研究方向是单向的，只是静态地研究语言中词义纵向的聚合""研究思想，从宏观上没有把词义视为一个整体系统""研究方法，没有充分运用分析法。从微观上说，它没有从词义中分析出更基本的元素，没有深入到词义内部，只是把词义当作一元整体"（第2～3页）。与此相对的是，现代语义学把词义当作一个整体，多元、多角度地深入到词义内部，划分出更小的单位与层级。现代语义学"研究的重点是对自然语言做形式化的精确描写"（第7页），"语义学的科学性，主要表现在它对语言单位和语义价值的分析和描写上"（第9页）。正是在如此清晰、明确的目标指引下，《词汇语义学》确立了"词汇语义学研究的单位有四个：义位、义素、语素义（素义）、义丛（由义位组成，是短语的意义方面）。四个单位中以义位为主，以义位的系统为主"（第11页）。义位研究、义位系统的研究，成为《词汇语义学》全力论述的对象。

《词汇语义学》全书共六章，第一章为全书的绪论章，第二至六章分别立章论述了"义位结构""义位定性""义位语用""义位演变""义位描写"五个问题。最后的"义位描写"章谈的是如何做到对义位的再现，特别是在语义辞典中对义位的再现，属于语言系统内部以外的问题，前四个问题则是对语义系统内部最重要的基础单位"义位"所作的本体研究。在词汇语义学领域，还没有过对义位作如此深入而专精研究的著作。如果将"章""节"目录之下每个小目看作是论述了一个问题的话，那么这四章共论述了93个问题，分别为24、23、22、11个。第二章"义位结构论"的24个问题，分属"义位的界说""义位的微观结构""义位的宏观结构"三方面，其中"义位的微观结构"是基础，是义位研究形式化、单位化、结构化、层级化的主要体现。书中细致地论述了一系列相互依赖的重要概念，尤为值得重视的是"义值""基义""陪义""义域"等。

如"义值"，先是指出"义值是布龙菲尔德用语"，之后引用了阿普列祥、诺维科夫、莱昂斯对它的不同诠释，再到"我们用'系统值'、'关系值'或'位置值'来概括索绪尔学派这一重要发现或重大贡献""我们使用的义值是个更广泛的概念，就是词形式所表示的内容"（第16页）。

如"基义"，"它部分地相当于传统词汇学（或语义学）的'理性义''概念义''指称义''实物·逻辑义''对象·逻辑义'"，"基义是义位的基本义值、基本语义特征，是义位的核心（义核）、基础、支柱、主导"（第17页）。

如"陪义"，"传统的语义学、词汇学称陪义为色彩（意义色彩、色彩意义、伴随色彩）"，"阿普列祥'把直接纳入词条注释的词汇意义中的'添加的'（情态的、评价的和表现力的）成分称作附加意义"（第35页）。

如"义域"，"洪堡特使用过'义域'，那是指较广的语义范围，相当于语义场。……我们所说的义域，是指义位的量，是义位的意义范围和使用范围"（第59页）。

应该说这些术语在学术史并不是新出现的，在前人研究中都出现过，但将它们纳入一个体系，形成相互观照、有序列的关系，以求对一个独立领域进行清晰的阐释，这却是《词汇语义学》努力追求并取得较好效果的贡献。全新概念的提出固然是大贡献，但能将之前杂芜、未成条理、未成系统的认识进行条理化、序列化的整理，以推进对事物本质和整体的认识，也应是一个很有创新意义的贡献。从这个角度来看，《词汇语义学》在对"义位"世界的认识中是达到了一个新境界的。

例如对"义域"的认识，就提出了可操作性的分析思路："义域可分为大小域、多少域和伙伴域。"

"大小域，含元的大小"，"义位A指某一对象的整体或较大的一部分，义位B指该对象的一部分或较小的一部分"。

　　"多少域，含元的多少"，"含一元的，所指的是单一的，多是通常所说的专名（专有名词）或单称名词""含几元的，所指只有几个，是含少数元的类名""含元不易计数，所指不易用有限数表示，是含有很多元的类名""不含一元的，数理逻辑称为'空类'或'零类'，即类中不含任何个体。如'鬼、宝葫芦、零、无、外星人'等"。

　　"显性伙伴域，语用域之一"，"显性组合，在辞书释语的正文或夹注中标明组合的义位或义类"。

　　"隐性伙伴域，语用域之二"，"隐性组合，虽然在辞书释语的正文或夹注中未标明，但是在语言实际中潜在着经常性的组合义位或义类，辞书中常用例语提示"。

　　"适用域，语用域之三"，"语体、语域、地域、时域、外来等陪义具有二重性，既是义位的附属、补充义值，又表明义位的使用范围。凡是具有上述陪义的、有标记的义位，使用范围总是小于通用的、无标记的义位"。

　　上面对大小域、多少域、显性伙伴域、隐性伙伴域、适用域的论述，比起传统所认为的义域就是指"义位的量"，是"义位的意义范围与使用范围"。这样概而统之的论述，所具有的细化、深化、系统的作用是显而易见的。

　　张先生的这种大气，这种高屋建瓴、运各味于一鼎、化百菜于一肴的功夫是令人钦佩的。语义研究史上各家各说的来龙去脉、优长劣短，莫不在其褒贬评骘、信手拈来之中，如对"义位演变的原因"有过无数意见，张先生概而析之："吸收各家的成果，按照我们的义位来源的三界说和三种因素的观点，义位演变的原因相应的有三个视角：客体世界、主体世界、语言世界。前两个世界是外部原因，后一个世界是内部原因。"（第261页）又如第三章"义位定性论"，下分五节，分别论述了"义位定性说——柏拉图以来词义说的新审视""义位的语言性""义位的系统性""义位的模糊性""义位的民族性"五个问题。这些标题的中心词都是语言学中的大问题、老问题，但《词汇语义学》却将它们一一落实到义位，落实到义位下面的各个细部，这就是张先生的功力了。如"义位的民族性"，内分8点，分别与"义值""义域""义位""派生义位""陪义""义位聚合""义位组合""义位理据"八个问题挂钩，皆立目论列，这种细而不乱的系统性，密而不碎的整体性，化而小之的务实稳当，正是《词汇语义学》的一个突出特点。它在前人研究的基础上重新分析概括，建构了一个完整的义位分析理论。

张先生取得如此的成就，有其特殊原因，也有其必然之处。张先生有很好的外语能力，特别是俄语。俄罗斯是对词汇学、语义学有着精深研究的国度，对中国词汇学界有过广泛影响，孙常叙的《汉语词汇》、张永言的《词汇学简论》，都受到过全面而深刻的影响。孙常叙在《汉语词汇》序言中说道："使我能以结合教学进行初步研究写出这一稿本来，是和以下几方面的力量分不开的。首先，是马克思主义语言学的指导，苏联先进的词汇学启示，和我国古今学者的研究成绩——特别是现代学者研究成绩分不开的。"

张先生多年来一直保有旺盛的学术精力和年轻的心态，一直密切关注着国外特别是俄罗斯的词汇学、语义学、词汇语义学研究，20世纪90年代他在俄罗斯的访学经历，多了与世界研究前沿直接对话的机会。而他那扎实的中国传统语言学理论功底、广泛的词典编纂实践经验，为理论研究提供了最充分的支撑和养分。当代我国词汇研究有着意义化、系统化、内化、细化的发展趋势，这在其他学者身上也都有所体现。如刘叔新先生的《汉语描写词汇学》（1990），认为最值得研究的是"揭示词汇内部的组织结构关系，即词语之间可能有的各种关联组织的情况"；如符淮青先生的《词义的分析和描写》（1996），对词义的类型、构成、单位、属性、释义模式，作有全面的论述。而在研究对象的内化、分析过程的细化、对西方理论吸取的直接性上，则是《词汇语义学》做得更为突出。

志毅先生的理论性著作不算多，但对学者来说，一部书能成为学科发展的标志，就已经足够自豪的了。

三、词汇学科发展的领舞者

张先生在当代汉语词汇研究中起着重要作用，从全国汉语词汇学研讨会20年的学术活动中也能清楚看出。首届研讨会1993年在天津南开大学举行，那是在词汇学研究相当冷寂的学术环境下举行的，由刘叔新与李行健先生首举大旗，张先生与符淮青、葛本仪等先生共襄其事。会议之后以每两年一届的节奏举行，为汉语词汇研究的繁荣起到了重要的推动作用，成为当代词汇研究新成果重要的发布、交流平台。第二届会议原拟由另一所高校举行，因故临时改址，张先生勇担重责，于1996年春天主办了第二届，上承下续，使研讨会朝系列化迈出了重要一步。

从那之后，或因学术繁忙，或因年事渐高，与张先生同辈的知名学者共同出席会议也就断断续续了，而张先生则是少数几位从第一届起每届都参与其间的学者。他每次提交给会议的论文都能言时下之所急，启人之所思。或取材精当，深察细剖，以材料见长；或统揽当下，切中肯綮，以独思警人。下面是先生提交给9届研讨会的论文和发言，可观其概：

（10）《义位的系统性——这个假说的证明》，第一届，1993，南开大学主办。刊《词汇学新研究》，语文出版社，1995

（11）第二届于1996年在烟台师范学院举行，张先生亲自主持，在会议上作了即席发言

（12）《词汇学的现代化转向》，第三届，2000，厦门大学主办。刊《词汇学理论与实践（一）》，商务印书馆，2001

（13）《汉语词汇学的创新问题》，第四届，2002，河北师范大学主办。刊《词汇学理论与应用（二）》，商务印书馆，2004

（14）《词汇学的新进展》，第五届，2004，武汉大学主办。刊《词汇学理论与应用（三）》，商务印书馆，2006

（15）《〈汉语词汇〉的贡献与词汇学的新进展》，第六届，2006，吉林大学主办。刊《词汇学理论与应用（四）》，商务印书馆，2008

（16）《词汇语义学的元理论——词汇语义学的理论是从哪里来的》，第七届，2008，河北大学主办。刊《词汇学理论与应用（五）》，商务印书馆，2010

（17）《新词个体和世界个体》，第八届，2010，苏州大学主办。刊《词汇学理论与应用（六）》，商务印书馆，2012

（18）《〈现代汉语词典〉第6版原型语义观》，第九届，2012，山东大学主办。刊《词汇学理论与应用（七）》，商务印书馆，2014

这些论文大体分为两类：一是对当前词汇理论发展进程、动向的思考。如《词汇学的现代化转向》（第三届会议论文，2000），指出"传统哲学、语言学、语义学都早已发生了现代化转向。大势所趋，作为现代语言学中的语义学一个分支的词汇学，也必然出现由传统到现代化的转向"。转向的六个关键点：①研究的对象，传词（传统词汇学）以结构描写为主，多局限于一种语言的词汇词义内部；现词（现代词汇学）以功能及应用的阐释为主，而且常用多

种语言比较的语料。②研究的单位，传词是一元的（词及其意义）；现词是多元的（词及义位，短语及义丛，语素及语素义，义素）。③研究的方向，传词是单向的（静态聚合，单层次，单角度）；现词是双向的（静态聚合和动态组合，多层次，多角度）。④研究思想，传词是微观自治论和原子论，只局限在词及意义内部研究，并且没有抽象出一个系统；现词是宏观的非自治论、整体论和系统论，把研究扩展到词及其意义外部，并且抽象出一个系统。⑤研究方法，传词以归纳法、综合法、定性法、孤立法为主，没有分析出词义的元素；现词同时注重演绎法、分析法、定量法、比较法，分析出义位、义素、语素义、义丛等不同层级的单位。⑥研究目的，传词是描写兼理论探讨；现词是解释兼追求应用价值。这里反映的正好是张先生建构"词汇语义学"时的思考。

又如《词汇学的新进展》（第五届会议论文，2004），"众擎易举，众望所归，近十几年来的词汇研究已经有了相当可观的进展。今举十一个要点"。这十一个问题是："词汇主义""词的离散性研究""词的同一性研究""词义研究""语料库方法""词汇函数""计算词汇学和计量词汇学""比较词汇学""词的组合研究""动态词汇学""词源学研究"。论文视野开阔、汪洋恣肆、纵横捭阖，引述百余种论著，遍及国内外。这十年来的研究进展清楚地证明了先生当年的判断与提醒，是多么的睿智有远见。

二是对重大理论问题的思考。如《词汇语义学的元理论——词汇语义学的理论是从哪里来的》（第七届会议论文，2008），认为词汇语义学的理论"主要来源于五个认知域"，即"实践认知域""古代认知域""外国认知域""相关学科认知域""理性认知域"。这五个方面体现了"人类的正确认识从哪里来"的普遍规律，但有多少人一进入专门领域，就或囿于师说，或困于书本，或恪守传统而自闭眼界。先生却在许多人习而不察时仍保有如此清醒的头脑，在方法论上高人一等，这正是他能学而常远时人之上的缘故。

又如《〈现代汉语词典〉第6版原型语义观》（第九届会议论文，2012），释义的周全、妥帖，是辞书学久而弥固的问题，但先生从原型语义观的角度，提出"同义词群的共核意义即同义词群的原型语义""多义词的本义（或基本义）是原型语义，转义是变体""言语中的语义点所围绕的一个义位，是原型语义""中心义素是其余义素的原型语义"。用深层理论统领表层大量的具体问题，提纲挈领，纲举目张，是之谓也。

先生将一生献给了汉语词汇学的理论与应用研究，他的研究思想、方法及丰硕成果，留给了这个时代，留给了我们后来者。谨以此文志之。

参考文献

[1] 张志毅. 简明同义词典 [M]. 上海：上海辞书出版社, 1981.

[2] 张志毅、张庆云. 新华同义词词典 [M]. 北京：商务印书馆, 2005.

[3] 吕叔湘. 序文 [M] // 张志毅. 简明同义词典. 上海：上海辞书出版社, 1981.

[4] 孙常叙. 序文 [M] // 张志毅. 简明同义词典. 上海：上海辞书出版社, 1981.

[5] 孙常叙. 汉语词汇 [M]. 长春：吉林人民出版社, 1957: 6.

[6] 刘叔新. 汉语描写词汇学 [M]. 北京：商务印书馆, 1990: 15.

[7] 符淮青. 词义的分析和描写 [M]. 北京：语文出版社, 1996.

[8] 张志毅, 张庆云. 词汇学的现代转向 [M] // 李如龙, 苏新春. 词汇学理论与实践. 北京：商务印书馆, 2001.

[9] 张志毅, 姜岚. 词汇学的新进展 [M] // 《词汇学理论与应用》编委会. 词汇学理论与应用（三）. 北京：商务印书馆, 2006.

[10] 张志毅, 苏向丽. 词汇语义学的元理论：词汇语义学的理论是从哪里来的 [M] // 《词汇学理论与应用（五）》编委会. 词汇学理论与应用（五）. 北京：商务印书馆, 2010.

[11] 于屏方, 张志毅.《现代汉语词典》第6版原型语义观 [M] // 《词汇学理论与应用》编委会. 词汇学理论与应用（七）. 北京：商务印书馆, 2014.

瞻远扶近，惠泽后人

来到厦门一晃就十二年有余。虽然在厦门，学术上别有洞天，但对在广州度过的17年生活仍有着深深的回味。在那儿，有着曾经长期相处过的同事，有从读研时起就一起切磋切磨成长起来的学术同辈，也有不断从中获得教诲、提携的师长。詹伯慧先生就是其中最让我怀念、崇敬的一位师长。

记得20世纪80年代中期，詹先生刚从武汉大学调到暨南大学，那时我还在华南师大读研究生，时常会听到老师们谈起学术界人员的调动，明显感到老师们对隔壁高校詹先生的到来十分关注，充满期待。那时广州的语言学界，中山大学、华南师大、暨南大学三校成鼎足之势。老一代如中大的容庚、商承祚、赵仲邑等先生，华南师大的吴三立等一批著名学者正在慢慢退出学术舞台。一批中年学者年富力强正当时，中大有李新魁、曾宪通、陈炜湛、孙稚雏、张振林等先生；华南师大有我的导师唐启运及周日健、沈开木等先生；暨南大学有黎运汉、饶秉才等先生，而詹先生的加盟，顿使暨大语言学大显壮色。特别是1990年前后，由詹先生领衔一举成功申报现代汉语博士点，使暨大语言学特别是方言研究，在短短的几年中产生了一批重要的研究成果，在国内异军突起。伯慧先生是那种兼具学术实践、学术眼力及学术运筹能力的学者，其在耕耘方言学、营造学科建设、运筹省语言学会等方面，都游刃有余，相映生辉。能兼具几种能力，并各得其彩的，在当代语言学家中殊为少见。

80年代中后期我们广州几所高校的语言学年轻人，正处在想干事、愿干事，却还没有进入正轨，无大事可干之时。大家意气风发，信独学无友，奉特立独行，组织了广州青年语言学沙龙，在广州师院、暨南大学、中山大学、华南师大、省教育学院等几所高校轮流举办活动。广州师院的我、李启文、李军，暨南大学的杨启光、甘于恩、彭之川、曾毅平，中山大学的李铭建、麦耘等都热心其中，一个月举办一次活动，每次半天，还自编自印了《广州青年语言学学刊》，大约半年一期，共印了五期。记得第五期还是远在汕头大学的林伦伦负责编印的。在那几年，年轻人的学术沙龙活动能坚持下来，自然得到省语言学会会长伯慧先生的支持，他在大小会上多次褒扬。在暨大举行的沙龙活动，先生还亲自到场参与讨论，鼓励我们要多观察语言现象，多培养动手能力。

伯慧先生对年轻人的栽培可谓是热心、尽力、主动又非常之宽厚。有一件事让我印象很深，于恩兄是他的第一批硕士弟子，脑袋灵，语言功底好，听音辨音能力强，很得伯慧先生的赏识。他毕业留校，一头扎进"珠江三角洲方言调查报告"大型课题，后又获先生推荐，赴香港理工大学做研究。从香港归来后，伯慧先生希望于恩继续读博，可于恩兄此时另有考虑，并未应允。后来他在社会上周转的几年中，不断得到先生的关注和教诲，后复入学界，终造大才，现出异样华彩。记得有一次先生也鼓励我，说应该再读一个学位，把基础打扎实。我感觉到这是先生对我的期待。那时，我正在写书，又觉得想读词汇学的，就没作应承。后来幸有了跟葛先生深造的机会，了却人生一大心愿，否则会一直愧对先生的厚爱。

在先生执教58周年之时，作为学术晚辈，特别是曾长期在先生领导下的广东语言学界的年轻人，对先生怀有特别的感恩。先生的为人和为学，为我们树立了终身学习的楷模。

2011年2月20日

于台湾桃园中坜

南粤大地的语言学名师*

　　唐启运先生是我的硕士生导师，出生于广东电白，除了四年的北大求学生涯，他一直工作生活在广东，是一位地道的南方学者。在先生论著结集出版时，我参与了一些具体编务工作，也有了重新学习的机会，作为学生，实感荣幸。

　　先生是中华人民共和国培养起来的第一代语言学家。中华人民共和国成立那年他20岁，先是进入叶剑英元帅任校长的南方大学，在进入社会之初接受了责任与担当的严格教育。1953年再读北京大学语言学专业。那时的北大语言学，名师云集，会聚了一批开宗立代的大家，先生问学于王力、岑麒祥、魏建功、高名凯、周祖谟、袁家骅等一代名师，获得了完整而扎实的语言学知识架构，成为最负盛名的20世纪50年代北大语言专业毕业生中的一员。我在后来的学术活动中，屡屡会遇到当年与先生一起完成学业的何耿镛、唐作藩、郭锡良、王理嘉、李行健、何九盈等前辈学者，他们都会说到与先生交往的陈年趣事，对先生当年的风华与锐气留有深刻记忆。

　　先生治学范围宽广，关注着社会语言生活中的各种重大问题。那时的中国，动荡战火初熄，社会亟须稳定；传统文化剧变甚至丢失，新文化亟待重建；古白话文渐行渐远，新白话文加速形成；繁体字初去，简体字新立，中国语言学承担着营造社会软环境的繁重任务。1951年6月6日《人民日报》以社论的形式郑重发表了《正确地使用祖国的语言，为语言的纯洁和健康而斗争》一

---

* 　原为《唐启运语言文字论集》序，清华大学出版社，2014；又见《粤海风》2014年第5期。

文，这是中国语言学社会责任的写照。吕叔湘、朱德熙两位先生随之在《人民日报》连载数十文指导人们如何正确使用语言文字，成为语言学社会担当的典型代表。1955年10月的现代汉语规范化学术会议，接着的"暂拟汉语教学语法体系""简化字方案""汉语拼音方案""编纂出版《现代汉语词典》"等，都是服务于社会的语言工程大项目。先生作为那个时期培养出来的学者，很自觉地把自己的研究与社会推进密切结合在一起。他关注着现实生活中几乎所有的重要语言问题，如语言规划、语言使用、语言教学、语言测试等。先生在《努力推广普通话 积极推动拼音方案——纪念全国文字改革会议和现代汉语规范问题学术会议四十周年》中回顾道："华南师大中文系的语文工作者一直认真贯彻执行国家关于语言文字工作的政策和法令，责无旁贷地把推广普通话和促进汉语规范化的工作作为己任，持之以恒地做有效的工作。在新的时期又得到了国家的表彰。1987年国家教委和国家语委召开全国高等师范院校推广普通话工作会议，安排我们在大会上作了重点发言，让我们介绍了推广普通话工作的经验。1992年我们中文系又被国家语委授予'语言文字工作先进单位'的光荣称号，这是广东省高校中唯一获得这个荣誉的。"先生长期担任华南师大中文系领导之职，所起核心作用自在其中。1986年，国家语委把高考语文标准化考试的研究任务交给华南师大，先生亲任广东省高考语文标准化研究室主任，多年后该成果荣获全国首届教育科学研究优秀成果一等奖。先生受命创办《语文月刊》，在办刊思想、宗旨定位、内容与文风上，精心擘画、身体力行，短短几年，《语文月刊》进入全国重点期刊之列，在同类刊物上形成京、沪、穗三足鼎立之势。此外，先生还在《羊城晚报》上亲自执笔答读者问，或欣赏佳文或评骘陋句，将语言规范化工作做到了第一线。

先生作为一名有深厚学养的语言学家，紧跟语言理论的最新发展，对关键、前沿、焦点问题屡屡参与讨论，发表了重要论文。20世纪中国语言学中，语法学是一门显学，特别是50年代，如何建构一个能够为人们共同接受、进入高校课堂的教学语法体系，是各派学者共同努力的目标。大家对各种句子成分、句子类型、句子关系、语法单位、语法范畴，都进行了深入讨论。先生在《中国语文》《语文学习》等重要刊物连续发表了《语法结构决定主语宾语》（1955）、《读〈语法和语法教学〉》（1957）、《关于连动式和兼语式的取消论》（1958）等文章。先生当时还只是个二十几岁的年轻学生，可观点之通达、思路之开阔、对激争纷起观点的提纲挈领和融会贯通，却显出难得的宏达与清醒。在划分句子成分的标准上，先生主张"确定主语宾语，应该依据词序——汉语的基本的语法形式"，在"连动式与兼语式的关系"上，主张各有其合理性，"把这种在形式上在意义上都有分别的句子混而为一，是没有理由的。连动兼语的格式有自己的特点，和一般的单句复句是不相同的，不是扩大的主从动词词组和复句所能包括的，因此应该当作特殊的句型处理"；对"把"字结构的句子功能，认为"'把'字结构根据介词结构的通例，所属应该是状语，不是宾语"；对句子成分省略的规律，认为"省补留动，省动留补，或者两者都省，在不同的情况下都是可能的，单说不能省动留补，既欠全面，也还没有说出省动留补的条件"。这些观点和主张，后来都成为语法研究主流学派的观点。如果说先生在20世纪50年代现代语法理论建构中表现出来的还主要是扎实的理论功底、敏锐的问题意识和强大的逻辑思辨能力的话，那么在80年代发表的一组关于词类活用、虚词、句型的古汉语语法论文，则将那种轻笔落纸、单刀直入、条分缕析、理例相衔、语密论重的风格展示得一览无遗。先生从1985年起，每年都有一篇论文刊于《华南师范大学学报》，连续五年，甫一墨成，旋而被人大复印资料全文转载，广为流传，如此的传播速率在语言学界甚为少见。

先生做出了重要贡献的另一学科是修辞学，特别是风格学的研究。毛泽东语言风格的研究源起何时，我没有做过认真查考，但完整运用语言学理论进行系统分析，先生的研究无疑是具有里程碑意义的。早在1959年，先生所撰《毛泽东同志著作中的比喻》就先后在《中国语文》《红旗》刊发，《中国语文》在语言学界有着翘楚地位，而《红旗》是中共中央机关报，地位更是不同一般。先生对毛泽东语言风格做了系统研究，涉及内容有"鲜明的比喻""辛辣的讽刺""口语的运用""古语的吸收""谚语和成语""精密的结构""活泼的文辞""丰富的词句""压缩的语言""关于文风的见解"十个方面，仅第2、6、7、8个专题后来在《华南师范学院学报》（1960年2期）转载时，篇幅就长达3.1万字。他的《比喻结构的多样性》（《语文知识》1957年第7期），后被黄伯荣主编的全国高校教材《现代汉语》列入参考资料。在学术发展较为萧瑟的1972、1973年，先生仍笔耕不辍，在《教育革命》杂志连载了专论"比喻""借代""移就""衬托""拟人""夸张""形容""对

偶""排比""重叠"等的系列文章，为知识的传承与普及做出了贡献，也为
自己在"文革"结束后的学术成果爆发做好了准备。"文革"一结束，先生就
出版了《句子成分论析》《成语·谚语·歇后语·典故概说》等著作，为中国
学术春天的到来增添了色彩，为更高层次的人才培养准备了新的养分。

在编辑与重读中，重温在先生那里得到过的教诲与关心，内心浮起了更多
的感慨与感恩。

在我的成长过程中，多位先生给予过我拨云见日般的影响。何师一凡先生
在我弱冠懵懂之时，手教口示，从舌根舌齿音，到帮旁并明钮，给了我语言学
的启蒙和定向。李师如龙先生在我羊城发展春风得意时，审人度性，知我向学
之心根固，携迁于厦门。刘师叔新、何师九盈、葛师本仪诸位先生在我语言学
成长中都给予过脱胎换骨般的淬火与提升。而启运师则是手把手地带我步入语
言学大殿的关键先生，三年面壁，使我完成了语言学系统的学习。

1982年秋，我负笈南下到广州就读汉语史研究生。两位业师，一位是吴
师三立先生。首次在中文楼师生见面后，我们陪三立师返家，一路上三立师不
搀不扶，语轻亲，神高扬，八十高龄，仍身板硬朗，精神矍铄。一位就是唐师
启运，先生时任中文系主任，常来宿舍楼探望新来的学生，嘘寒问暖。两位业
师都有显赫的学术出身。三立师是旧学背景，曾为钱玄同助手，三十即出任教
授之职，首学期开的是"说文段注研究"课程。启运师是新学出身，受过严格
的语言学训练，第一门课开的是"语言学理论"。这真是极佳的知识结构培育
法。一位重传统、重根基，另一位重理论、重方法，两兼并具，相得益彰。那
时"文革"刚过，百业萧条，学问犹未成气候，启运师亲自动手，遴选出十数
篇语言学经典范文，缀页成册，铅印若干，发给我们做教材。在我的处女作
《汉语词义学》中，引用的论文类文献皆列于各章之后，唯有一篇与著作类文
献列在全书之尾，就是先生在《文选》中所收李友鸿的《词义研究的一些问
题》（《西方语文》，1958年1月）一文，里面诸多观点深深影响着我后来的
研究。《文选》还收了那个时期的专书计量研究代表作程湘清的《先秦复音词
研究》等经典文献。现在书多文多，但读少用少；那时是书少文少，可精读细
研。那本铅印手订的《语言学文选》我仍保留着，油墨已淡去，但读书时留下
的道道深浅画痕犹著。

那时培养研究生用游学制，学生在选题或初稿写成时，要到全国各地去

游学，拜师访友，求学问道。记得在开学典礼上，学校主管研究生培养工作的"最高领导"研究生科何科长大声鼓励，研究生就是科学研究的国家队，就是要做最好的研究。游学确实起到了这样的作用。首次游学就是先生亲自带我们出行，许多前辈都是在那次见到的。我们到北大燕园拜见了王力先生、岑麒祥先生，到申城拜见了华东师大史存直先生、宗延虎先生以及复旦的张世禄先生、胡裕树先生。我的学位论文是《尔雅·释诂》同义词研究，还专赴济南拜见了山东大学的殷孟伦先生，在武汉找遍三镇才找到丁忱先生。丁忱是我国新时期培养的第一位训诂学博士，他的学位论文就是《尔雅》研究。那时我们是年轻后生，外出走动，兴奋有余，细心不足，加上从小受家人关心多，主动关心别人少，游学路上对先生悉心照料甚少。先生与我们一起乘火车硬座，却不知提前排队给先生买张卧票。初夏之际到北京，住北大南门外的海淀宾馆，那时还没有标间，都是十几二十人的大通铺。先生从小生长在广东，不习惯北方浴池子，那几天硬是熬着未浴，现回想起来真是惭愧有加。先生就是以如此地用心与付出，把我们一步步引入语言学殿堂。

重读先生论著，对先生的学术生涯与贡献有了更多认识，也倍感栽培之恩深重。先生温文儒雅，语无高调，话无速句。对学问，先生总是说把自己的观点论证清楚就够了，不要去与别人争辩，别人说的道理可能你没体会到，容易产生误解；你说得有道理，别人自会理解的。先生教而不厉，导而不拘，正是这种于己严、对人宽的培养，为我们在今后的发展中获得了更大的学术动力与空间。在编辑过程中，得到世勣学兄的甚多指点，也得到同门诸位手足的关心，大家嘱我写点什么。意难尽表，文当有止，先生与师母的健康长寿，当为弟子们之最盼。

2014年8月10日
于厦门大学品斋

回忆胡守仁先生给我们上的第一堂大学指导课

我们江西师大中文系七八级学生进校时，系里当时有一批学识渊博、德高望重的前辈学者，胡守仁先生就是其中的一位。在我们还没毕业时，胡先生率领的古代文学学科已被评为全国首批硕士学位授权点，先生成为全国首批硕士研究生导师之一，其地位与影响赫然。很长一段时间内，古代文学成为江西师大中文系学科建设的高地，集聚了一批优秀师资，也培养了一批人才。语言学科有著名学者余心乐，本来也应成为硕士点，但申请时功败垂成，以致后来好些年毕业生还得送到厦门大学及湖南师大等校申请学位。

守仁先生的公子敦伦与我大学同班，同在第七小组，又是球友，第一学期都是走读，到校学习生活的节奏相近，交往自然更多些。大学同学中后来不少人投奔到先生门下继续攻读研究生，亦师亦亲，对守仁先生更为亲近而熟悉。在我诸多记忆中，对守仁先生印象最深刻的是刚进大学时的那次讲座。每每想起先生，脑海里出现的就是那个阳光明媚的下午，宽敞的课室坐满了同学，讲台上先生精神矍铄，广征博引，谈古论今。那天先生谈了很多，印象中最深的就是学习要"立志"。这句话影响了我的大学四年生活，影响到了我后来的学术发展，直至现在还是我对大学新生们进行入学教育所提出的一项基本要求。

大学毕业后我转向语言学，去到外地，联系渐疏，几次纪念守仁先生的活动都没能赶上。年初，敦伦兄来信邀我写点什么，我应下来了，无论从哪方面来说我都是应该写点什么的。疫情在家半年，按日计程完成了两部积压多年未成的书稿，8月初再议时爽快答应在开学前一定交稿。现想来还真要感谢这次的决心。动笔前想找点资料，其实不太抱希望，因时间实在是太久了，足足相去42年。这时才发现我那编了号已累积至第59本的笔记本，并不是起于大学，而是起于1982年入读研究生时。生活总是让人惊喜的，在一摞大小开本不一的笔记本中，在一本毛主席语录大小规格的笔记本上我还真找到了当时听讲的记录。

那本小小笔记本扉页是盖有公章的赠言"赠给苏新春同志留念"，落款"共青团高安县灰埠中学委员会，一九七八年十月六日"，应是我离开原工作单位去大学报到时获赠的。

第一则笔记："1978.10.17系主任介绍情况。今天起三天入学教育，全年级102名学生。第四天入学考试，下星期一上课。"这是笔记本第1页最前面的两行字。系主任介绍了三项内容：一、师院、中文系基本情况；二、系里规划；三、学习要求。

第二则笔记：没有日期，应是1978年10月17日上午的后半段。标题是"系刘副主任介绍教学计划"，刘副主任指的是刘方元教授，他比守仁先生小8岁，1916年出生，时年62岁。他谈了五项内容："一、培养目标"；"二、学制"；"三、劳动、调查、实习"；"四、科研"；"五、考试"。那时的笔记记得真详细，甚至把八个学期每学期要讲哪几门课，每门课上几课时，都一一记下了。

第三则笔记：题目是"学生阅读书目"，时间是"1978.10.17午"，记的是书目中所有的书名，包括一、文学部分，208篇。（一）马恩列斯论文艺及古代文论，26篇；（二）古典文学，61篇；（三）现代文学，59篇；（四）外国文学，61篇。二、语言部分，52篇。那个学期我是走读，学校没有安排宿舍，这应是利用中午休息时间记下的，记下了260篇书名和作者，出版社和出版时间则略去了。

第四则笔记：标题是"胡守仁教授讲'怎么自学'"，时间是"1978.10.17下午"，也就是开学第一天的当天下午。听讲笔记有5页纸。为了纪念守仁先生，下面是笔记的全部内容：

老生常谈中有至理，关键在实践，在怎么去做。什么人间奇迹，都是人创造的，而教师是人类灵魂工程师，所以教师称为是高尚而纯洁的，这就要我们树雄心，立壮志。立志最为要紧。

王安石游安徽含山县褒禅山，入洞探险，他游后深有感触地说：最好的风光是在最险要、最遥远的地方，唯有志者方能达。前面有很多"家"在等我们，但离得很远，很多人都在起步向之前进，但绝大多数人畏之，半途而废了。唯有立志者方能达。

以上谈的是第一点，立志。

下面是第二点，虚心。心要虚，寸心之方，世之亿兆，不懂就不懂，不要装之。《庄子·秋水篇》，百川灌河，渺渺茫茫，黄河之神，情不自禁，但到了海，一比，逊色远矣，甘拜下风。不要说自己不知道（的事），就是对某问题有了正确看法，也要虚心。"言非一端"，言不相符，但均言之成理。庄子说"彼出于是……"，学问不要局限一点，要虚心地对待人，对待书。历史上关于虚心的格言很多，但有两句一定要牢记：骄傲使人落后，虚心使人进步。谦虚但也不能妄自菲薄。

第三点，好学。困而学之，开始做学问时总有一个勉强学问阶段、好学阶段、入学阶段。到了入学阶段，不看书就过不得，什么穿、吃，皆顾不得了。像王安石在思考问题时喜咀嚼豆子，入迷时，不知豆子没有了，仍送入口中，把手指都咬破了，鲜血直流。学问一定要钻进去，才有成效。在门外转是无收获的。好学还不够，还要善思。好学深思是司马迁说的。许多深奥的道理不是从口中可得到的。"问以口"，一个好的老师并不是给予完整的回答，而是给一个由头，让学生自己去钻研，发挥学生的独立思考能力，"传以心"，举一反三，问一知二，问一知十，"心之广则思"，"思之思之，鬼神通之"。阅读作品，不能浮在表面，多看一遍，多有所得。

书有这么多，不可能全看，有必看、详看、略看。像中国古典作品，浩如烟海。中国作品中有浪漫主义、现实主义的优良传统。最早有几篇是创立的，后来历代自它们而学习，发扬它们，慢慢就成为传统了，所以像这些作品一定要精读。这类作品不多，必须精读，这是源头，摸清了源头，流向就清楚了。有《诗经》《楚辞》《史记》。光精还不行，还要广，这就要浏览。浏览是为了那点精服务的。像王安石精看儒家的书，但他还广看诸子百家的书。

读书的几种方法：

比较古人书之法。先比较最好比的，最明显的，特别是说同一件事、同一人、同一道理的。把各个书拿来对比，然后方能知其独特的奥妙之处，悟出真谛。像《鸿门宴》，在《项羽本纪》中记得非常详细，而在《樊哙传》中却略记，因为项羽是鸿门宴的主角，樊哙不是主角。《项羽本纪》在前，前面详记了，后面当然就略记了。胡老先生论证每一个问题都是从古籍中选出名言典故作为例子，广征博引。

最主要的一点是运用马列主义立场、观点、方法。对作家作品要一分为二，分清思想、艺术上的糟粕。同时兼知之，荀子语。不要跟古人跑，不要受张三、李四、王五的影响。

还有一个方法是"出入法"。要钻进去，设身处地，知人论事，读了作品就要知道时代、背景等。这就是朱熹说的"读书要心到，口到，眼到，而尤以心到为急。"心到方能钻进去。钻进去后还要从书中出来，把它们放到历史条件下，这是列宁语。

胡老先生的发言真是从从容容，发自肺腑，对浩渺的古籍中的名句格言，信手拈来，引大家之言数十条，引文学大家近20人之多，使人望而生畏，闻之美起。"立志""谦虚""好学""勤思"。胡老先生70多岁，每天凌晨三四点钟起来读书。

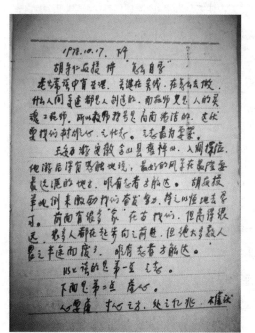

日记手稿

真是"好记性不如烂笔头"。从这本小小的笔记本中重温了守仁先生42年前那堂如何治学的讲课。2008年先生百年诞辰时，江西召开了隆重的纪念大会，省委宣传部部长刘上洋以"学习胡守仁 刹住'炒作出名'风"为题发表了长篇讲话，全面总结了先生的爱国情怀与治学成就。其中说到先生的治学精神："胡守仁先生一生勤奋好学，刻苦钻研。从上中学开始，每天凌晨两三点就起床攻读，几十年如一日。"读到此处，深有同感，只是我们这一代大学生更为幸运，能亲耳聆听先生传授真经，当面领略大学者、真文人的风采。

2020年8月28日

于厦门大学

重读《普通话基础方言基本词汇集》，更感斯人之伟

——纪念陈章太先生

　　我从2005年开始参加了语言绿皮书《中国语言生活状况报告》的编写工作，陈章太先生是给绿皮书及其他几色皮书进行学术把关的三位德高望重的老先生之一（另两位是陆俭明先生和戴庆厦先生），见面机会自然就多了，所以能经常得到先生的言传身教。我因工作单位的缘故，还受到先生更多一层的关心。先生是福建永春人，1955年毕业于厦大中文系，每次见面，先生都会亲切地说道"小老乡来了，校友来了"。接着就是对母校母系发展近况的询问和对老朋友的问候，像李如龙先生、许长安先生、何耿庸先生、周长楫先生、林宝卿先生，都是常常会问到的。

　　先生一生学术研究与学术领导双肩挑，为中国语言学的发展做出了重要贡献，在语言规划研究、方言学研究、普通话理论与规范研究上发表了多篇重要论文和著作。我因研究领域的关系，对由先生与李行健先生共同主编的《普通话基础方言基本词汇集》阅读的次数更多些，深感这是一部具有开创性的词汇学研究成果。普通话的经典定义包括了三大语言要素，即"以北京语音为标准音""以北方官话为基础方言""以典范的现代白话文著作为语法规范"。从《普通话基础方言基本词汇集》的书名就能看到，它是解决普通话词汇问题的。该调查研究工作于1985年立项，经近百人的努力，历时6年而成，1996年由语文出版社出版，共五卷，第1~2卷为语音，第3-5卷为词汇，773万字，厚达4772页，是一部皇皇巨著。采集了东北、西北、西南、华中23省区93个县市的语言样本，描绘了它们的语音系统和词汇系统。

《普通话基础方言基本词汇集》对普通话词汇面貌的反映方式有三处值得特别的关注。一是所选的词语。所选的词语应都是基本词、常用词、核心词，多达3200多条，但选取什么样的词来做参照对比的出发点，是很难、很见功力的。它必须要在词汇系统中具有指称上的代表性、指义上的中性、分布与使用上的普遍性。唯有这样，它们才具有更好的覆盖力与可比性。二是比较方式。它的做法是首先在每页的页眉处列出该词语，下面分三栏31列排出93个采样点的词形与读音。一页一词，排出23个省区93个采样点的词语使用状况，对比性强，异同情况一目了然。三是词语的分类。所有词语按语义分类，共分32类，第1至23类是语义类，第24至32类是词性类。下面是32个语义类的情况：

第三卷"词汇卷上"：1.天文、气象；2.地理、矿物；3.时间、节令；4.人品、职业；5.亲属、称谓；6.婚丧、生育；7.身体、动作；8.疾病、医药；9.用品、器具。

第四卷"词汇卷中"：10.饮食、起居；11.房舍、建筑；12.服饰、穿戴；13.交际、礼节；14.交通、电讯；15.工业、工艺；16.农业、耕种；17.植物、花果；18.动物、虫鱼；19.商业、经营。

第五卷"词汇卷下"：20.政治、法律；21.学校、教育；22.宗教、祭祀；23.文化、体育；24.一般动词；25.普通名词；26.方位词；27.指代词；28.形容词；29.副词；30.介词；31.数词；32.量词。

前23个语义类代表了普通话词汇系统中最重要的指物名词的语义系统。这些类跟专门反映汉语词汇语义系统的分类词典（如《同义词词典》《现代汉语分类词典》《新编同义词词林》）是有所不同的，它们的共性有哪些、差异有哪些、探索同异的原因与作用，实在是一项很有意义的工作。这些差异是由代表词显示的语义颗粒大小造成的，还是由"词汇描写和对比"与"词汇语义系统描写和建构"的不同造成的？不管原因为何，都在词汇分类系统研究的推进和完善中留下了一笔宝贵财富。再对比于李荣先生主编的《现代汉语方言词典》所采用的词汇分类系统。这些对揭示汉语词汇分类的面貌与方法都能起到积极作用。仔细观察，你会发现《普通话基础方言基本词汇集》的前23类主要是指物名词，这些类中有的还包括了动词，如与"婚丧"同类的"生育"，与"身体"同类的"动作"，与"服饰"同类的"穿戴"，与"农业"同类的"耕种"，与"商业"同类的"买卖"。在这些类中，动词明显处于附属地位。为什么有的名词类有动词，有的名词类没有动词？动词为什么没有进行独立的概括归类？没有列出动词的那些名词类，是动词不多，还是不重要，还是缺乏代表词？这也留下了极大的研究空间。

《普通话基础方言基本词汇集》用细致的描写与对比方法，具体而清晰地呈现了普通话基本词汇的真实面貌，大大促进了普通话词汇系统的定型，是一部具有重要开创性、基础性、资源型的词汇学著作，在基本词汇的选词、对比、分类上做出了极有意义的探索性工作。

吕叔湘先生在"序"中言道："语音标准比较明确具体，语法规范也不难掌握。只有词汇的标准显得笼统、抽象。这是由于词汇的特殊性、复杂性和我们对词汇的调查研究不够所造成的。比如说，以北方话为普通话的基础方言，而北方话的情况怎样，我们就说不太清楚。这给共同语的词汇规范工作带来不少问题和困难。"吕先生的话深入揭示了《普通话基础方言基本词汇集》在研究普通话词汇状况，推进普通话词汇规范上所起的作用。在章太先生逝世之际，重读这部著作，缅怀先生在词汇学研究上的功绩，更感斯人之伟。

2021年10月23日

田小琳先生与社区词

　　田小琳先生是当代语言学界相当活跃的一位女性学者，在词汇学界、辞典学界、语文教育学界、语言规范领域、新词语领域、港台语言领域都能经常见到她的身影，听到她的言论。田先生发表见解的风格很有特点，观点明确、态度明朗，谈什么问题，有什么看法，都是开门见山，直截了当；观点与材料紧密结合，有什么材料说什么话，不作蹈虚之论，绝无惊诧之语；一就一，二就二，针对性强，有很好的实用性。

　　田先生的学术创见是与社区词理论紧密联系在一起的。社区词指的是"某个社区使用的，并反映该社区政治、经济、文化的特有词语"。这里说的"社区使用"并不等同于现在人们常说的生活社区，甚至生活小区的概念，而是指有一定规模，有自己独特政治体制、经济制度、文化环境的社会政治生活区域。随着改革开放，人们的视野走出中国内地，放眼外部世界，特别是观察到同属汉民族，同用汉语、共同拥有中华传统文化的港澳台地区及其他海外华人社区，甚至东南亚有的国家，学者发现了许多不同于中国大陆地区的汉语词汇现象。这些现象不能用基于语言同源分化的方言词汇来解释，也不同于重时代而疏区域、重新出而疏空间要求的新词语来解释，也有别于重语言接触而产生的借用交融现象。正是有赖于这种善于观察语言事实而不囿于成说的睿眼，经过实事求是的独立思考，再用质朴无华的求真求实语言，田先生从定义到用例，从原因到效果，明确提出了"社区词"的理论主张。关注到这类现象的田先生可能不是第一人，但观察得全面而深入，并用专用术语加以固定，再持之不断地打磨、研讨，使之成为与方言词、新词语、行业词、外来词等有清晰界限，形成了系统理论见解的，田先生应是第一人。现在，社区词已经成为当代汉语词汇理论研究中最有代表性的成果之一。人们在讨论当代汉语区域词汇现象时，社区词理论已成为广泛运用的理论之一，有的甚至还希望有"超水平"的作用。记得2010年在广州召开的第五届海峡两岸现代汉语问题研讨会上，有一位有影响的学者用社区词理论来统领城市区域的词汇问题，把方言词、新词语现象都纳入其中。当时由我主持会议，讨论时表达了不同意见，认为如此扩大了社区词的适用范围，看起来是增强了社区词理论的作用力，实际上是混淆了社区词与其他几种词汇类别的关系，冲淡了社区词理论对社区词的独到解释力，降低了这一独到观点在整个词汇理论体系中的作用。

田先生的通信方式在我的"通讯簿"数据库中显示录入时自动记录的时间是"2002-1-17"，这大概表明我与田先生的首次见面应是在此前不久的某个会议上。而自2006年3月在南开大学召开的首届海峡两岸现代汉语学术问题研讨会后，与田先生在各种会议上见面的机会就明显多了。但我对田先生的研究成果很早就拜读了，并留下深刻印象。20世纪90年代我还在广州工作，那时田先生从事的主要还是香港词汇使用与规范问题的研究，在这个基础上提出了"社区词"的观点。在我主编的《20世纪汉语词汇学著作提要与论文索引》（上海辞书出版社，2004）中收录到她这一时期的论文就反映了社区词理论的产生过程。有《香港词汇面面观》（1990）、《香港地区的语言文字规范问题》（1992）、《谈谈现代汉语词汇规范问题》（1995）、《再论香港地区的语言文字规范问题》（1996）、《香港词汇研究初探》（1997）、《由社区词谈现代汉语词汇的规范》（1998）、《从社区词中的多音节词说起》（2001）、《社区词与中文词汇规范之研究》（2002）等。从这些成果出现时间可以看出田先生的社区词理论并不是凭一时灵感而来，而是扎根于对香港现实词汇问题的研究。她长期学习、工作于北京，从事语文教育工作，这都为她的社区词研究打下了基础。她到香港后一直关注香港的现实语言使用问题，习惯于从普通话来考虑香港的现实语言差异问题。从词汇使用、词汇规范问题转到社区词研究，是田先生词汇研究的一个理论升华，也显示出她对香港的词汇研究从旁观者到参与者，从比较异同的研究转到了认同并予以深入阐释的巨大转变。

社区词理论一经提出，就显示出了很强的阐释力，受到学术界的关注。记得1999年11月15日我应时任华东师范大学中文系教授邵敬敏先生的邀请，来到位于华东师大校内丽娃河畔的专家楼出席《新编现代汉语概论》编写会。敬敏教授安排我和福建师大刘永耕教授、南京大学杨锡彭教授负责撰写"词汇章"，由我牵头，拟出章节提纲并拿出初稿。"词汇章"分有八节，即"现代汉语词汇概述""构词法""词汇的本体系统""词汇的来源系统""词汇的熟语系统""词义系统""词义的分析与描写""现代汉语词汇的规范化"。"词汇的来源系统"作出了这样的说明："现代汉语词汇作为民族共同语的词汇，……许多不同来源的词语会因各种原因在社会上流传开来而汇合到这个词汇集合体中，词汇集合体中的已有词语也会因各种原因而逐渐退出。汇合、充实现代汉语的词汇有多个不同来源，这些来源主要指古代词语、方言词语、社区词语、行业词语、外来词语和新造词语。"这是我首次在论述现代汉语的词汇形成与来源时将社区词作为一个独立方面来提出，因为社区词的确关注到了原有的五种类别都不能涵盖的新现象。这一新的安排得到主编的赞成，后来一直把它当作词汇章的特色之一。该书出版时书名变更，就是后来产生了广泛影响的《现代汉语通论》（上海教育出版社，2001）。几经修改，可社区词作为现代汉语词汇来源之一的划分一直未变。这是社区词理论首次进入高校现代汉语教材，是田先生的理论见解大大丰富了现代汉语词汇理论的内涵。

"社区词"的理论生命力与独创性在更高层面上也得到了学术界的认同。2001年中国社会科学院语言研究所副所长董琨先生主持了国家社会科学基金重点项目"语言学名词术语审定"。这个课题的任务就是要对当代语言学特别是那些具有中国特色的语言学名词术语进行规范整理，并译成英文。"每个分支学科聘请资深的专家学者为主要负责人"（《前言》）。其中大都是老一代的资深学者，如"理论语言学"是赵世开先生，"语音学"是林茂灿先生，"语法学"是陆俭明先生，"方言学"是侯精一先生，"修辞学"是王德春先生，"音韵学"是鲁国尧先生，"训诂学"是王宁先生，"计算语言学"是冯志伟先生，"社会语言学"是祝畹瑾先生，"民族语言学"是戴庆厦先生。其中也有几位年轻一些的学者，如王惠、黄德宽、周建设、章宜华、刘广和、傅爱平等，我负责的是"词汇、语义学"。我国的科技术语规范工作之前都是在自然科学中进行，这是首次在社会科学中以语言学为试点学科，有关机构与课题组领导研制组织工作做得特别细密、规范，提出了术语整理要体现"科学性、规范性、学科本位、可接受性、系统性、简明性"的要求。期间定期召开讨论会、审稿会，还编有《研制通报》。当时我带领校内与校外的同事与研究生一共20多人投入了研究，对当代几乎所有的重要词汇著作和词汇论文都做了普查工作，力争把当代汉语词汇学研究的成果都反映出来。我们还建立了词汇学语义学术语库，一共收集到3280余条原始记录，经去重处理，得到1855条不同的术语词种。其中出现最多的是"词"（57次），其次是"同义语"（55次）。"社区词"也在其中。课题组对每一条术语都精心撰写，逐条讨论，字斟句酌，第一稿包含了700余条词汇交给编委会。后来不断审定，规模不断在缩小，压缩到500多条，再到300多条，最后正式出版时是243条。这个压缩过程是对术语学术价值的考验，上面提到的6个属性，哪一方面弱些都会被淘汰。而田先生的"社区词"一直保留，最终成为243条词汇学基本术语中的一员。整理、诠释、审定、再审定，整个研究工作持续了十年，最后由国务院中国科学技术名词审定委员会公布，商务印书馆正式出版（《语言学名词》，2011）。这是学术界对社区词理论的最好肯定。

田先生早年的学习和工作主要都在北京，受时代变故影响还在福建工作过两年，虽然时间不长，却为福建培养了不少人才，曾长期担任过福建省语委办主任的金秋萍女士就是田先生当年的学生。我因语言文字普及与研究上的关系与金主任接触较多，从中常听到她对田先生的敬仰之言。2019年5月，田先生来厦门大学主持博士论文答辩，金主任正准备与家人出国远行，启程前还专门赶到厦门陪伴在40多年前的老师身边生活了几天，让我更进一步感受到田先生作为教师的人格魅力。

田先生主持答辩的博士论文是田静博士的《基于〈全球华语大词典〉的大华语研究社区词研究》。田静博士在她的论文中对《全球华语大词典》13 150个词语进行了穷尽的统计分析，得出了六点结论。而我以为对社区词理论来说，最有意义的是第一条"大华语视域下'社区词'概念内涵与外延的发展"与第六条"根据各社区社区词特点对社区的分级（排序）"。前者提出了"狭义社区词"与"广义社区词"两分说。所谓狭义社区词是指"只在产生社区使用的社区词"，广义社区词是指"同时使用于几个社区、但还未在所有大华语社区中的通用词语"。第六条结论提出了"各社区社区词的各类特点之间存在一定关联……，（可）以社区词词义典型性以及'原型'社区词为标准进行了社区分级（排序）""词义典型性社区的分级主要以前文建构的社区词主体义类体系为参照标准"。这两个观点对于社区词理论的研究来说是一个重要推进，大大加强了社区词的理论覆盖面与阐释力。它展现出社区词理论不仅仅是对一种新词汇类型很有创造力的归纳。田静博士和她的研究清楚表明，社区词理论已经成为认识全世界大华语中各个语言社区之间分级分层的有力武器，更有意义的是还可据此来测量与判断这些语言社区之间关系的疏密远近。这里，田静博士做了一项很有创意的工作，就是将社区词理论与另一种重要的词汇资源——针对整个现代汉语词汇作出的词汇语义分类系统（《现代汉语分类词典》，商务印书馆，2013）相结合，形成了以社区词为观察单位，以语义分类体系为测量单位相结合的判断标准。这不能不说是一个精妙的设计，它大大增强了社区词理论的阐释力，形成了判断大华语中各语言社区之间同近、亲疏关系的有效测定工具，把以往易于定性难于定量的区域词汇关系的确定，变得具有很强的可操作性。而这，正是社区词理论旺盛生命力与学术潜力的体现。

正因为此，不由得更要好好感谢社区词理论的提出者田小琳先生。

挥斥方遒，一路高歌

——忆与葆嘉兄西安二三事*

日前收到葆嘉兄来信，告知将迎七秩之喜。论读研究生，我高他一级，论年岁他略长，故一直以兄相称。给同辈人庆寿还不习惯，可他的喜庆之日，我是要写点什么的。我们相识在那昂扬激荡、足以成为一个学术时代标志的西安，聚会时他那带苏北口音的慷慨之声犹响于耳。之后两人的学术活动圈子或近或远，都在可闻可及之间，目睹他学问上一路高歌猛进，每有更上层楼之感。岁月如梭，已整整36年，我是一定要写点什么的，为他的喜庆，为我们的情谊，也为这个时代学术的点滴。

一、谊起西安

在刚刚出版的墨香依稀的黄南津兄主编的《当代中国语言学的回顾与展望学术研讨会论文集》（社会科学文献出版社，2020）中，刊有世举兄的宏文《中国文化语言学史略》，赵文记叙了20世纪八九十年代间以迅雷滚地般掠过中国语言学大地的"中国文化语言学"发展历程，以编年纪事的方式录下了15年间发生的大事。第2条记录是：

1984年10月15日，中国训诂学研究会第三届年会在西安举行。16日，来自全国各地的20位研究生于会议期间聚会，有华南师院的苏新春，江西师院的邱尚仁、陈海洋、蒋冀骋、丁锋，徐州师院的李葆嘉、杨亦鸣，中山大学的李

---

* 原刊《随园文心——李葆嘉先生七秩同乐文集》，李尧、王晓斌、刘慧主编，河海大学出版社，2021。

铭建、伍华、李中生……。会上商定成立"全国研究生信息交流网",并创办一份内部刊物,名为"研究生信息报"。会议推举华南师范大学研究生苏新春和江西师范大学研究生邱尚仁为召集人,江西师大研究生陈海洋为秘书长。此后,得到了全国各地语言学类研究生的纷纷响应,加入信息交流网的人数不断增加,而且得到了很多前辈学者的大力支持。

这段文字记事相当清楚,只是具体日期略有小误。我身边保存的全体代表合影上面标的是"西安 1984.11",月份是11月而不是10月。《研究生信息》创刊号(1985年1月)有一条简讯:"八四年十一月二日至六日,'中国训诂学研究会'第三届年会在西安市举行。"这里写出了具体日期。我的笔记本详细记录了那几天的活动:"1984.11.2上午,西安止园。中国训诂学研究会第三次年会开幕式。……唐文主持会议,陕西省语言学会会长杨春霖致欢迎辞,训诂学会会长徐复致开幕词。""11月2日下午和3日分小组讨论,第三小组,组长傅毓黔,发言的有赵振铎、高守纲等。""11月4日,参观长陵、茂陵。""5日,参观碑林。"与会研究生的那次著名聚会就是发生在会议期间。有三张照片记录了我和葆嘉兄的同框。

第一次同框,全体代表的合影。西安会议是20世纪80年代训诂学复兴时期最重要的一次会议,德高望重的老一代训诂学家大都出席了,议题广泛,学术性强,会议规模大,与会学者逾200人,合影时前后五排,每排40~50人。旁听会议的研究生有几十人之多。之所以说是旁听,因那时学术会议很少,论文能入选、受邀、宣读,都是很被看重的事。当时高校鼓励导师带学生"游学",故不少先生携弟子一起赴会,会议对跟随导师出席的研究生是不负责安排的。我有幸成为会议的正式代表,因提交的论文《〈尔雅〉语义分类初探》被录用。此时的研究生都是七七、七八级大学生,求知欲特别强。会议期间先生们互相问候,学生或随导师团簇而聚,或随导师拜访其他先生,年轻人之间则相互认识,交换信息,到处是留影场面,甚是热闹。在这张大合影中,我坐在第一排地上,葆嘉兄站在最后一排,高高在上,昂首挺胸,特有精神。

第二次同框,23人的合影。训诂学研究生西安聚会指的就是这批人。其中有两位老师,唐文老师与黄建中老师,后排居中,唐老师是训诂学研究会秘书长,黄老师是副秘书长。其他都是研究生,岁月久远,有的已难辨认,但相聚却是终生难忘。前排左起有陈海洋、蒋冀骋、吴平等,后排左起有李中生、左思民、李葆嘉、陈伟武、杨亦鸣、吴为善、苏新春、李铭建、刘利、邱尚仁等。

　　第三次同框，是9人合影。前排左起有李铭建、陈海洋、陈伟武等，后排左起有邱尚仁、刘斌、刘利、杨亦鸣、苏新春、李葆嘉等。为什么这几位会在一起合影，会走得更近些？是不是因为他们对发起建立研究生学术信息网更为热情？我想可能是的。他们分别来自江西师大、华南师大、中山大学、徐州师院、陕西师大。后来的《研究生信息》报的创刊及一系列重要活动就是由江西师大几位研究生办起来的，陈海洋敢想敢为，蒋冀骋性稳思密，邱尚仁当时担任校研究生会主席，办事大气。广州的几位研究生鼎力支持，苏新春本科毕业于江西师大，读研期间与中山大学李铭建等广州同仁来往密切，后来他们在广州地区也创办了广州青年语言学沙龙。徐州师院李葆嘉、杨亦鸣、刘利三人会议期间形影不离，相当活跃，特别是葆嘉兄在聚会时高声呼吁的声音令人印象深

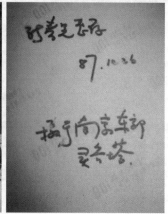

与葆嘉兄的三次合影

刻。几个月前在广西桂林召开的全国音韵学研讨会上，到会有不少研究生，也呼吁建立学术联系网，可惜最后因无人牵头而空议一场。西安聚会能由"言"到"行"，结出"正果"，葆嘉兄的助力功不可没。

这么多年来，说到葆嘉兄，就会想到西安首聚，说到西安诸事，也就会想到行事者中的葆嘉兄。他1986年毕业后分配到解放军南京政治学院，还寄来一张身着戎装的家庭照，背面题签："新春兄惠存 87.10.26 摄于南京东郊灵谷塔"。我一直珍藏至今。

二、共应时代

江西师大的几位同仁果真是给力，会议于11月6日结束，大家各奔西东，但仅过两月，《研究生信息》创刊号在1985年1月就正式刊出了，主办方是江西师范大学研究生会。

创刊号共四版，题头为周大璞先生题词："疑于义者，以声求之；疑于声者，以义正之。"创刊号有长短文50多篇。为观其真，概而誉之，不如实而录之：第1版有《编者的话——代发刊词》《胡乔木同志谈当前文改工作》《周大璞先生谈训诂学》《情况通报》《金坛筹建段玉裁纪念馆》《吕叔湘先生谈做学问必备的条件》《"段玉裁、许慎纪念活动"介绍》《简讯》《〈研究生信息〉编辑部人员和通讯员名单》；第2版有《周祖谟先生谈古籍整理》《张舜徽先生谈治学》《学术信息（7则）》《余心乐先生谈语言研究》《张志公等呼吁语言学研究要适应新技术革命的要求》《姜亮夫先生谈学风》《"搞我们这一行的只有背诵"——彭铎先生的治学方法》；第3版有《硕士学位论文选题（26篇）》《〈我国古代的标点符号〉简介》《华南师大82届汉语史专业研究生毕业论文简介》《简讯（7则）》；第4版有《陕西发现大批周期甲胄》《南昌出土〈滕王阁序〉碑》《〈正字通〉著者新考》《〈上古汉语词典〉简介》《文学居士小集（16则）》《研究生动态（8则）》《国外信息（1则）》《台湾研制成第四代中文电脑系统》《中国音韵学会将举办"汉语音韵学高级研讨班"》《〈牛津大辞典〉的〈新补遗〉》《〈古汉语倒序词典〉简介》《京剧音韵的渊源是什么？》《资源求援》《稿约》。以上总总，足以显示信息之多，来源之广，视野之阔，专业之浓。从资历来看，这些撰者编者都还只是在校硕士研究生。

《研究生信息》创刊号，1985年1月

在这些信息中，反映老先生们的治学经验是一大亮点，某某先生谈治学、谈读书、谈研究生培养，成为相当集中的一个话题。创刊号上谈治学的就有周大璞、吕叔湘、张舜徽、余心乐、姜亮夫、彭铎、张志公七位先生，之后刊出的还有王力、李新魁、王梓坤、徐烈炯、王健庵、严学宭、许威汉、刘世南、徐复、许绍早、陆俭明、王宁、赵世开、蒋礼鸿、蔡健、张涤华、张海鹏、朱德熙、史有为、李瑾、胡守仁、金启华等先生。先生们的治学经验大都由弟子所写，读来特别亲切，读一文如拜一师。有的先生年事已高，弟子们传其道，还几成绝唱。如第1期（1985.1）刊有《"搞我们这一行的只有背诵"——彭铎先生的治学方法》，撰稿者是彭先生的弟子朱庆之。彭先生不久后仙逝，第2期即刊有讣告（1985.4），庆之兄后转入华中师大张舜徽先生门下。我们读了庆之兄的介绍，如同听了彭先生的面授。

这些年轻人一方面特别看重向先生们学习的机会，另一方面也非常重视和同辈人之间的交往，努力创造出新的学习机会，创时代新风。第1版《〈研究生信息〉编辑部人员和通讯员名单》列出了25人的编委名单："总负责人：苏新春、邱尚仁。主编：邱尚仁、丁锋。常务编委：陈海洋。编委（按姓氏音序）：丁锋、邓晓华、段观宋、郭力、黄富成、何远景、匡国建、李中生、李曦、龙庄伟、邱尚仁、苏新春、孙建元、孙力平、宋永培、汪波、吴平、吴为善、王建华、杨亦鸣、杨学军、赵新德、朱庆之、张猛、张宁。"下转至第2版则按学校音序列出了首批通讯员名单，共有来自安徽大学、北京大学、北京师范大学、北京师院、广西师范大学、杭州大学、湖南师范大学、华东师范大学、华南师范大学、华中工学院、江西大学、江西师范大学、四川大学、四川师院、上海师范大学、上海外语学院、陕西师范大学、武汉大学、西北大学、西北师院、湘潭大学、徐州师院、渝州大学、中山大学等24所高校的60余名通讯员。徐州师院的三位都在其列："汉语史专业（导师古德夫）：刘利（八三级）、李葆嘉（八三级）、杨亦鸣（八二级）。"

报纸之后以每2～3个月一期的速度刊出，1985年出的是总第1～5期，1986年出的是总第6～9期，每期都刊有新通讯员的名单，20～30人不等。如第2期有杭州大学的颜洽茂、方一新、王云璐等20余人；第3期有复旦大学的沈榕秋、石汝杰、陈忠敏，吉林大学刁晏斌等30余人；第4期有北京大学的王洪君、郭锐，以及中科院研究生院张伯江等20余人；第5期有中科院研究生院的江荻，复旦大学的申小龙等30多人；第6期有武汉大学的冯广艺、冯学锋等20余人。陆续下来，加入通讯员名单的有数百人。

这些年轻人热情极高，不断把自己的新思考、新观点贡献给这块小小的阵地。蒋冀骋、丁锋、苏新春、沈榕秋、冒超球、郭齐、左思民、杨亦鸣、刘志成、陈波、陈海洋、许锋、王建华、邵鸿、张生汉、黄树先、汪维辉、黄敏、罗家祥、胡治洪、龙庄伟、刘玉堂、陆丙甫、黄富成、李铭建、向清松、王云路、郭丹、耿振生、吴新民、颜洽茂、申小龙、刁晏斌、张猛等都发表了自己的新作或治学见解。第6期（1986年1月）刊出了葆嘉兄的《荀子的"王者制名论"与"约定俗成说"》；第9期（1986年7月15日）刊有《清代学者上古声纽研究概论》。音韵学正是葆嘉兄起家的领域，这篇文章很是反映了他的一些治学特点：占有材料，务求其尽，爬梳整理，极尽其能；思考辨析，尊前人之学，得前人之精，补前人之疏，发前人所未想。李文开篇写道："关于清代学者的古音研究，学术界普遍认为，于古韵迭有发明，于古声的研究，则从事者少，发明少，贡献不大。其实，古声的研究虽然不像古韵的研究那样形成师徒几代努力不懈的局面，但是，它也是一股潮流。从学术史的角度来说，它有不同的流派，各个研究者之间也有内在的联系和发展。本文首先以研究者个人（共十四人）为单元，逐个加以描述，对他们的命题、研究思想、材料性质与证明方式等加以讨论。"话虽不多，但提纲挈领，切中肯綮，这正是葆嘉兄做学问的特点。后来，不管他在哪个学术领域，不管耕何地、植何株，皆保有如此风格，正因为如此，故皆能成其大，阔其貌，壮其骨。

在《研究生信息》报和"研究生学术信息网"的基础上，后来开展了一系列大规模的学术活动，在对学术现状充分反思的基础上探索新路线新方法，迅速发展出中国文化语言学思潮。1985年开始编纂《研究生毕业论文提要（语言文字专辑）》（后由高等教育出版社出版，书名为《语言学新探》）；1986年开始编纂《中国语言学大辞典》，洋洋洒洒16卷，180万字（江西教育出版社，1991）；1987年10月举行了"中国语言学发展方向研讨会"。组织形式上陆续出现了"中国青年语文学会（筹委会）"（陈海洋、邱尚仁等，1985）、"全国青年语法史研究会"（洪波、兰鹰、关键等，1986）。起联系作用的秘书处也先后从江西师大转至湖南师大（李运富，1988）、襄樊师专（赵世举，1991）、广州师院（苏新春，1996）等地。在这些专题的学术会议外，还形成了"全国语言与文化学术研讨会"与"中国文化语言学会学术年会"两个成规模的系列研讨会，前者的五届会议先后在大连（张玉金，1989）、广州（苏新春，1991）、哈尔滨（戴昭铭，1994）、昆明（木霁宏，1995）、汕头（林伦伦，1998）举办；后者的四届会议先后在天津（洪波，1986）、广州（吴辛丑，1988）、成都（宋永培、兰鹰，1990）、襄樊（赵世举，1992）举办。在这些波澜壮阔的学术活动中，葆嘉兄一直是其中的坚定骨干成员之一。在广东教育出版社1995年出版的全面反映文化语言学理论与学科观的"中国当代语言学丛书"中，葆嘉兄著的《中国当代音韵学》就特别引人注目。

三、长袖善舞

20世纪90年代后期，葆嘉兄扎根于南京师大，一心扑在学科建设上，在学术领域不断开疆拓土，学术观点和新论迭出，研究风格不断别开生面，已不是那个训诂学音韵学才俊青年的早期形象了。我也来到了新的单位，研究领域有些变移，与葆嘉兄的联系没再那么密切了，但未遇不疏，相逢倍亲，在远与不远中，仍经常听到他的消息，有两件事我印象特别深刻。

第一是件事是他在南京师大撑起的"语言科学学系"大旗。世纪之交，南师大大手笔引进了董志翘、陈小荷等一干大将，他们来自名校、名师，业有传承，术有专精，一时间学科建设热情高涨，一派欣欣向荣之势，很快就成为新时期最早获得中文一级学科博士点授予点的师范高校之一。在这支强大的学科队伍中，葆嘉兄创立的"语言科学与技术系"分外引人注目，他主编的《语言科学十二年》全面反映了这一事业的发展面貌。大作"前言"开章明义地道出了当家人的理念。"人类进入全球化信息时代，培养语言科技复合型人才迫在眉睫——这是时代的使命。""教师的天职是教育……，但'量化式科研'本非其固有职责。教授在于'教'，讲师在于'讲'，研究生才在于'研'。"如果说前者还是时代发展的趋势，为大家所普遍看重，后者则是葆嘉兄的独到之处了。在量化研究、统计性研究开始席卷学术界时，只有像他这样为数不多的、慧眼独具的人，才看到语言理论与技术相结合的新型人才培养的重要性，并为之进行了不懈的努力。从创办专业的论证开始，到后来成为省级优势学科与研究基地，进步极为显著。"蓄力一纪，可以远矣"，在他这里，"语言科学十二年"，人才已成郁郁之势。

另一件事是关于"元语言"的研究。葆嘉兄带领他的学生安华林完成了"汉语元语言研究"的课题，安博士出版了《现代汉语释义基元词研究》（中国社会科学出版社，2005）、《汉语释义元语言理论与应用研究》（学林出版社，2009），葆嘉兄出版了《现代汉语析义元语言研究》（世界图书出版公司，2013）。碰巧，我也写了一本《汉语释义元语言研究》（上海教育出版社，2005）。当年报送给葛本仪先生三个题目，要从中选一个来做我的博士论文，先生一眼就选定了这个题目。这个课题的挑战性我是深有体会的。后来我读到葆嘉、华林师徒的研究成果，深为二人的研究所折服，特别是葆嘉兄的眼光，他综合了语言、逻辑、认知的特征，提出了"词汇元语言""释义元语言""语义元语言"三种元语言说，并带领弟子们分而攻之，一一证之。学问有多大，首先在于眼光有多高，这个规律，在他的元语言研究中得到了印证。

与葆嘉兄的多年交往，深感他的好学与善学，他广博与扎实的知识都有过人之处，尤其是他那满身豪气。他在《语言科学十二年》的"前言"中用了这么一段话来结尾："士不可以不弘毅，任重而道远。"用这句话来反映他的抱负彼深以为是很到位的。"弘毅"是他的理想，也是他的本色。36年前的西安聚会如此，治学至今仍是如此。他的军旅生涯其实并不长，可在我的印象中总是会把他与军旅学者的形象联系起来，根本原因可能就是他身上的这股滔滔"弘毅"之气吧。

2020年9月18日

于厦门湾南岸海悦品斋

大都会，小学会

广州市语言文学学会成立于1991年，距今已22年。记得是1991年上半年，广州市社科联向社会发布公告要举行社科成果评奖。那时我在广州师范学院任教，得到消息后就带上论文到社科联去报名，可答复是不接受个人报名，也不接受单位报名，只受理社科联所属学会的提名，也就是说只是对所属学会会员的评奖，跟现在几乎是政府奖的情况完全不同。我听后有些不甘心，一直追问着接待方，问有没有相关的学会可以参加，又提出评奖应该吸引更多的人来参与，应提高评奖的代表性，等等。接待我的是一位女士，好像姓谭，很热心，她告知市里现有的学会都是经济类、应用类，社科联领导也希望有一些学术性的学会。我说广州师院正好有青年教师科研协会，可不可以通过它来申报。回答是市级学会必须要有市里几个不同单位的人参加，否则不能成为市级学会。

正好不久前结识了广州大学的张海鸥。海鸥兄古代文学专业研究生毕业，刚从北方过来，为人豪爽，执着于学问。我俩趣味相投，很谈得来，都不满于当时疏学迷商的时俗。那时，在广州谈起语言文学研究似乎只有中山大学、华南师大、暨南大学，其他地方几乎没有这方面的学术氛围。我俩决定创建语言文学学会，为自己，也为市里的语言文学研究创造一些条件。那时的广州大学还是职业院校，广州师院是市属唯一的一所本科院校，有中文系，学科比较齐全，秘书处设在这边比较方便，于是就由我来做具体的组织工作，负责对市社科联的联系。我又约上了市社科院《开放时代》杂志的徐南铁。徐是我大学校友，低我一届，刚到广州，也是雄心勃勃想干一番事业。徐负责联系市社科院、市委宣传部等单位有语言文学学科背景，又愿意参加活动的人。很快，就组织到了一批同好，还有中大、暨大、华师的人也来参加。我任秘书长，海鸥兄和南铁兄担任副会长，请了广州师院副院长张国扬担任会长。张是普通语言学教授，刚从国外归来，对年轻人的学术活动十分支持。

学会一成立就参与主办了"第二届全国语言与文化学术研讨会"。余戈撰写的会议报道刊在《开放时代》1992年第1期，他这样记载："广州市语言文学学会于1991年12月10日正式成立，并与中国语言文化学会、广州师范学院共同在广州国际科技会议中心举办第二届全国语言与文化学术研讨会。出席会议的有国内外100多位专家学者。研讨会的中心议题是'文化语言学的理论建构、语言结构的文化内涵'。"我是中国语言文化学会的副会长，实际上可以说就是广州市语言文学学会举办了这次会议。"余戈"是徐南铁的笔名，"余"为"徐"的缩略，"戈"为"铁"的衍义。没想到这篇报道现在仍保存在网络上。

我手头保存着一份1998年广州市社科成果展上的"广州市语言文学学会简介"。现在读来颇有史料价值，引全文于下：

广州市语言文学学会成立于1991年12月，主要由市属高校、科研、新闻等单位的科研、教学人员组成，主管单位为广州市社科联。该学会以研究广州地区的语言文学现象为主要任务，为提高广州地区的语言文学研究水平、语言的规范能力和落实国家的语言文字政策，为繁荣广州地区的文学创作、提高文学的欣赏水平而服务。现有会员70余人，会员中70%具有研究生学历，80%具有高级职称，是一个规模不大，学术素质较高的学术团体。成立以来紧密结合广州的社会实际，坚持开展经常的学术活动，举办了"第二届全国语言与文化研讨会""广州地区语言文学研究现状及学会的任务""语言文学研究中的文化学方法""汉字文化研究""语言文学研究的目的论与方法论"等10多次学术会议。公开发表或出版数百篇（部）科研论文与专著，获数十项全国、省、市级学术成果奖。编有学会会刊《通讯》，共刊印9期。成立以来先后两次评为"广州市先进学会"。

当年创会的一批老会员后来为了追求学术都在不同的道路上继续前行着。海鸥兄后来去复旦读博，毕业后到中山大学执教，现是著名的古典文学学者、诗人。在我离开广州时，海鸥兄赠诗《送别苏新春顾君江萍伉俪离穗赴厦门大学执教》，该诗后收入他的《水云轩集》，诗下有注："新春与余至交多年，共创'广州市语言文学学会'。"说的就是这段历史。南铁兄则成为广东学术类文艺报刊的培育者，他用学术化的手法来办文艺刊物，在国内开了先河。我现在厦门每每收到远方寄来的《粤海风》，每期扉页上都有南铁兄那文采斐然的"主编语"，总会把我带入那当年的日子。

学会讲学术，重学术，追学术，这个风气一直保持着。后来学会的掌门人吴晟教授、纪德君教授，都是学会活动家，也是学科带头人，是他们延续了这个学会的生命力。我们只是做了那个时代应该由我们来做的事。

2013年5月23日

于厦门湾南岸海悦品斋

怀念年年回家的路[*]

　　趁"纪念册"编成付梓之时，给二老写信汇报一下近况。

　　多少年来向爸妈汇报已成习惯，只是不同时期，汇报的形式不太一样。1968年上山下乡来到云山共大，那是首次离家，在以劳动为主学习为辅的日子里最高兴的事就是排长通知有信来了。那时写信不多，一个月只有8元生活费，8分钱寄信是很奢侈的开支。后来，我和二姐分配到生产建设兵团八团恒丰农场，写信多了起来，插秧、耘禾、双抢的艰苦事，当赤脚医生的夜半出诊、疑难病症的请教，都是信中常提起的事。写信真正多起来是在外省求学和工作时。20世纪80年代中期研究生毕业工资只有几十元钱，记得有次工资一到手就买了10张邮票，怕的是月底没钱寄信。90年代中后期信慢慢写得少了，因家里安装了电话，习惯还一直保持着，可也有做得不好的时候。有一次，大姐夫说你们忙完后要记得常给爸妈打打电话，别看他们平时总说不要你们记挂，但私下却会不时说到你好久没消息了，是不是忙啊，身体好不好啊。我从大姐夫那看上去刻意轻松的话语，听出了重重的批评味，我从此就把定期打电话的事记在心里了。回到父母身边的首晚聊天，是固定下来的活动。无论是长假归去，还是出差路过，那个晚上一定是围坐在你们身边聊天。总是父亲先把这段时间收到的各方信件和照片一一搬出，告诉人来人往的各种消息。接着就是儿子长长短短的汇报，有时遗漏了，您还会特意提醒。爸妈，你们离开几年了，儿子好久没汇报了，真不习惯啊，有太多的话想说。

　　你们不在的日子里我们过了三个年，每个年都过得很不一般。多少年来我

＊　原刊于《纪念湘水赣山走来的父母》，原题为"写给二老的信"。

们把回家陪父母过年当作了春节时的头等大事。年三十从厦门驾车启程，600千米，朝发夕至，正好赶上除夕的团圆饭。那几年闽赣高速建设得快，年年有新路开通，每次来回走不同的路，赏不同的景。厦蓉线、福银线、厦沙线、泉南线、昌赣线，还有与之交叉的沈海线、济广线，都走了个遍。不同线路之间，相差10千米、20千米，都能清楚记得。

你们不在的第一年，年年走的路还在，年年回的家却不在了。归向何处？面对突如其来的茫然，就对苏力说今年你来安排吧。我们去了广东，那儿是他的出生和成长地，有着儿时的记忆。目的地选在顺德，粤菜发源地，后来这次出行就叫作"美食之旅"。其实，那几天接待游客的餐馆并不多，走到哪，都是家家浓浓的年味。去时经汕头汕尾，返时走河源梅县，漂完几天假期回到厦门。爸爸，妈妈，你们是我们的靠山，是归巢，你们在时儿子哪会在外漂着过年呢。

第二个年，我们五姊妹不约而同地选择了回湖南老家。到老家后第一件事就是去看望三姑。老人家身体康健，谈话中一直念叨着"二哥""二嫂"。三姑是我们父母辈至亲长者中唯一还健在的，见姑如见父，心里有了许多的慰藉。在老家两天，回了毛易村的苏家大院，祭扫了远宗近祖的坟墓碑牌，记住了"肇传先业　继祠其昌"的辈分字，在沙塘湾大伯旧居前合了影，在满叔诸堂兄弟家团了聚。年过了，亲探了，愿了了，心实了。

第三个年，回南昌的准备已一切停当，突然新冠疫情警声四起，可仍心存侥幸，赶到大哥家吃了年夜饭。大年初一，五姊妹一共20多人在二姐新居围宴，留下了全家合影。二老不在合影里，但儿女们仍有与父母一起过年的充实感。第二天清早驱车返离，刚离开就得知二姐家小区贴出了进出查控的告示。在离城高速路口见到有人正在架设阻碍物。沿昌宁高速南行，在瑞金的赣闽收费站，凭身份证的厦门户籍地才被允许入闽。来回三天行程，有惊无险，最大的收获就是过年了。第四个春节就要来了，我们多希望能一直陪在二老身边过年，多希望能一直在二老的呵护下过年啊。

爸爸，妈妈，你们一直活在我们全家的心中。每年清明节或七月节，或是忌日，哥嫂姐妹都会去祭拜，奉鲜花贡果，添红烛簇香，擦石阶碑台，除青草黄叶，默默地流泪，默默地留影。他们或同去或单往，归来后把照片传在群里分享。这时的我，才深深感到儿女远行的遗憾。父母辛苦，养儿育女；父母享福，儿女供奉。我在外是有了发展，但儿子深深知道，能给父母更多照顾体贴的，还是日日生活在身边、能送茶端汤的儿女。父母体弱时，二姐接至家中全力照料。父亲住院日久想回家时，哥嫂腾出了正房迎入家中。正是生活在身边的众儿女，陪父亲度过了人生最后的幸福时光，戴生日冠，吹生日烛，品佳茗，尝美食，谈人生往事，听世上新闻。古人云，"父母在，不远行"，此语当记。亲在当尽孝，亲离空叹息。

我们将这本纪念册，命名为"纪念湘水赣山走来的父母"。父亲出生于湖南新化县长流不息的资水旁，母亲出生于江西黎川古城老街。而立之年定居在赣江旁的千年古城豫章，扎根散枝、花繁叶茂，可仍不掩对故土的眷恋。有两件事给我印象深刻。一次，看到儿子著作前的作者介绍"江西南昌人，祖籍新化"，比通常的介绍多了祖籍地，您表示了赞同。从这赞同声中我读出了您对家乡的挂念，以及希望子女保持这份牵系的希冀。还有2008年的黎川之行。我开车送二老从厦门返回南昌，中途去了黎川。那时您已是高龄，仍执意要在老街上行走，为的是要看看街边老房子木制的鱼鳞墙；执意要登上高高的横港桥，为的是要看看远山流来的黎滩河，还有那清水漫过、布满鹅卵石的浅浅河滩。二老流连在二姐出生时的老屋，与当年开设诊所的房东后人交谈，兴致勃勃。那年母亲离开家乡已整整57年了。正是二老埋在心底深处的这份故乡情，让我们使用了现在的书名。纪念册分七个专题："一、无尽哀思""二、水长山青""三、生平记略""四、真迹遗墨""五、枝繁叶茂""六、根深柢固""七、追忆感恩"。第一部分是我们对爸妈离去的痛惜和不舍。第二、第三、第四部分是二老工作、生活、人生的印迹。第五、六部分是你们与子女、与亲友的相处。第七部分是亲人、朋友、同事、儿女的追忆、怀念和感恩。

要请二老放心的是子孙都平平安安。曾长孙品睿、曾长孙女瑾汐活泼可爱，三曾孙也即将来到人间，文浩、妙妍还在就读，博贤、云珊、以奇已学成毕业，曾孙辈都在不断进步。为人当自立，行事当自强，这是二老的人生信念，已为子孙所承所守。

要搁笔了，现在写信，一如仍围坐在二老身边，坐在大哥家厅堂高挂的二老慈像前。你们听得还是那么认真和祥，儿女们说得还是那么尽兴随意。

愿爸妈在天堂快乐，这儿有儿女对你们永远的爱。

2021年9月中秋

平凡的人生，深沉的爱[*]

一直有个心愿，要编一本纪念册来表达对父母的爱。我们的爸妈非常平凡，又极不平凡。平凡，是他们没有丰功伟绩，没有惊天动地的事迹；极不平凡，是他们在漫长人生中，从来都是以最诚朴的心对待他人，以最虔诚的态度对待工作，以最深沉的爱对待子女。

我们收集了爸妈的照片集、来往书信、笔记本及各种填表文件，还有拟撰回忆录的写作提纲。由于纪念册的篇幅有限，只好在每一方面挑选若干，为的是尽量多留下父母不同时期的音容笑貌、人生印迹。

纪念册是家庭成员的情感交流，为此，我们十分感谢所有提供了照片和文稿的人。正是这些珍贵的照片和文字，让我们对父母有了更多的认识，了解到了爸妈在家庭以外更广空间的生活和工作，感受到了他们的人品和人格，使父母以更饱满的形象留存在我们心中。无论是父母的同辈手足、侄甥晚辈，还是领导同事、朋友后人，你们都是我们家最尊贵的客人，在此表示深深的谢意和敬意。

还要感谢我的三位好友。石廷金副教授是全国知名广告设计师，他对纪念册做了精心设计。封面使用了富于中国传统文化特征的印章方框嵌套标题，红底白字，庄重沉稳。版面疏密相间，图美字正，大气典雅。老旧照片做了文物级别的修复，除斑清痕，映透出历史的积淀和厚重，展示了主人的神情气韵。还要感谢著名朗诵家、国家级普通话测试员张军民教授，他反复体味文意，深情朗读了两篇悼文。她先生王骁勇副教授是知名诗人，亲自为诵文配乐，伉俪

---

* 原题为"《纪念湘水赣山走来的父母》编后记"。

携手，对原文作了完美升华。为了方便聆听，诵文的二维码在扉页印出。三位好友的倾情相助，把我们兄弟姐妹对父母的爱作了完美的表达，使这本纪念册成为最珍贵的家藏。

纪念册是兄弟姐妹共同努力的结果。有的长期收藏了父母的各种珍贵资料，有的作了仔细的爬梳整理。清样出来后，大家轮流传阅，提出了各种修改意见，为的是献上一本无瑕的真情之作。这里还要特别感谢大姐竹波，她年纪最长，陪父母时间最长，与亲友联系最多，通过各种方式把我们要编印纪念册的愿望作了传递，促成了纪念册的问世，一并表示感谢。

2021年中秋
于厦门湾南岸海悦品斋

治学偶记

伍。

"淘书"趣*

逛旧书市场，又称"淘书"。虽说淘的是书，但与"沙里淘金"相比，却仍颇多相合之处。不合你需的，可称之为"沙"，或旧或损或脏或破，熟视无睹，弃如敝屣；偶得一久觅而遇者，其喜自难言表，不是得金，却胜似得金。

一年多以前，我在北大做访问学者时，曾到一位朋友家做客。酣谈之余，他展示了在旧书市场上的"斩获"，有20世纪五六十年代整套的《中国语文》，有三四十年代出版的语言学著作。最令他得意的还是朱德熙先生生前的藏书。那次，他听说有一批朱先生的藏书流落在市场，匆忙赶去，只觅得几本，如获至宝。其中有一本印量很少的论文集，他花了原价三倍的钱方才购得。这位朋友翻到朱先生的签书页，灿然地笑了。那笑，分明显示这已不是一般的展示，而是"炫耀"。他在人大任教，年纪比我小不少，还属于"年轻"的讲师，加上老母亲从乡下来照看出生不久的孙子，三代人挤在一间10多平方米的房间。我望着那挤在窄窄角落却堆得实实的书架，颇有感慨，这也算是为了"淘书趣"而作出的一种付出吧。

我也遇到过几次这样的"淘书趣"。七八年前，一个高校里的系资料室搬迁，淘汰了许多旧书，在废品站的人来收购前，领导表示教师们可以各取所需。我在里面发现了不少20世纪50年代的词汇学著作，这些书当年相当普通，现在却难得一见，有《普通话词汇》《词是什么》《普通话词义》《词汇教学讲话》《现代汉语词义讲话》等。特别是孙常叙先生的《汉语词汇》，皇皇36万字，是我国第一本现代汉语词汇学著作，现在已属"珍稀"品种。我在叹惜

---

* 原刊《广州日报》1998年7月18日。

之余，忙着"抢收"，还捡了两本《汉语词汇》。后来，这些书在我写作20世纪汉语词汇研究史时，都派上了用场，50年代这一段史实写来从从容容。有一名学生对词汇也很感兴趣，我把那本《汉语词汇》送给了他，竟成了最好的礼物。

还有一次应某单位之邀，帮助清理图书，腾出库位。在旮旯里竟发现了一本初版的《新华字典》。它上面厚厚的灰尘表明人们已经对它不屑一顾了。这本书50年多次修订，发行量巨大，可谓中国图书发行量之首，真正是一本老少皆宜、老少皆有的字典。这样的老古董谁还用它。但正是它的版次，对后来者研究该书的版本演进、修订完善，或是通过词目的增删与释义的不同，探究前后时代的语言对比、表义释义，都是难得的材料。它没有了"百姓的日常使用价值"，但有了"研究家的专门价值"。这种书是容不得淘汰的。

在广州，到有了一个粗具规模的旧书市场时，相信那时"淘书"的人会更多，"淘书趣"会更诱人。

书市好购书

以前买书喜欢去北京路，那里的书店多，这家走走，那家走走，东挑西拣，左右比较，合意的书就找到了。现在买书喜欢去天河的购书中心，那里书的品种也多得足以让人挑选，却省去了东走西走的苦累。如今，第二届羊城书市即将揭幕，这对满足于购书的我，当然非去不可。

读书要挑，买书也要挑，选择合乎自己需要的书来读、来买，这是平常而又平常的道理。可怎样选书，挑什么样的书，这里面别有一番学问。我读过一些书，也写过几本书，可近来对这个平常的道理却又有了一层深的体会。我是搞语言文字工作的，后来迷上了电脑，但没有上过一天的电脑培训班，全凭"实践出真知"。固然一般的应用软件都有"帮助"以供查询，周围的朋友也少不了及时的指点，有时还买买"学习软件"来点形象直观，可总觉得最方便的还是身边有一本书。但对买什么样的书，却尝过不少的"五味酱"。我初用windows时，安装的是word 7.0，当时兴冲冲地去书店，买回的却是5.0的使用指南。这本书写得不错，我一直用到现在也舍不得换，当然，从5.0到7.0之间的改进就找不到"书本老师"了。后来用上了处理图像的photoshop软件，见到一本60多元的《photoshop 3.0——从入门到精通》，我毫不迟疑就买了回来。可回来后才发现，作为"入门"的我怎么也看不懂。原来它一开始就大谈图像类型、分辨率、色调理论，再到特殊效果、虚拟现实。它是为精通者而不是为入门者服务的。我只好再赴书店，终于买到一本可以循序渐进学习的《photoshop详析》，这是一本由专家而非应用者，为应用者而非为专家撰写的书。至今，我仍对学苑出版社出的这本书充满感激。后来，我似乎有了体会，对不准备当该领域专家的人还是买初级书为好。后来要用Excel软件时，我就买了一本《用户伴侣》，很快就学完了，书中介绍到的sum、average、count等函数也学会了。会用Excel软件了，我感到颇为自得。后来直到发现同事分析出的学生试卷得分分布率竟也是用Excel软件做的时候，才感到该去买一本像《Excel宝典》之类的书。

买书有学问，书里面有知识。书市提供了一个让我们认识图书、比较图书的大好场所，提供了一个选购图书的大市场。相信只要你需要书，偌大的一个书市一定能满足你。

1998年
于广州

"冲凉"背后的地理气候文化[*]

在粤语中，有一个很常见的词"冲凉"，意即洗澡，但又不等于普通话中洗去污垢的卫生性洗澡。因为广东地处热带，夏季漫长，长年高温多雨，湿热难捱，在夏季，用冷水洗澡成为人们降温去暑的一个习惯方式。凉快爽身，是人们一日数浴的主要原因之一，因而把洗澡这种行为名之为"冲凉"。这个命名把洗澡的卫生功能掩盖了，而突出了它在独特的地理气候环境下的专门功能。从这个词中可以清楚地窥见广东这一地区的气候特征和人们的生活习惯。这是该地区文化的一个组成部分。这种文化因素是广泛存在于生活在这一区域的人群中的。广东的民居住宅最不可缺少的一部分就是冲凉房，哪怕住的是斗室一间，也要在墙外沿屋檐而围一或板或布，形成一狭小的天地，以方便"冲凉"。人们每日必做的一件事就是洗澡，哪怕冬天也是如此。洗澡成了广东人生活中的一件大事，不信请看一个例子，《广州日报》1990年12月2日报道：

> 昨日上午，记者匆匆来到天河区刑警队办公室，只见几位刚下火线，眼睛布满血丝的刑侦人员，叙谈着缴获两支真家伙、六十五发子弹，破获一个以女色为诱饵的抢劫团伙的战斗经历。侦察员小刘脸露笑容说，已经一个星期没有洗澡了。

这在南岭以北广大区域的人看来，冬月天七日没洗澡又算得了什么呢。他们是难以理解用这个事例来说明广东公安干警工作艰辛紧张之妙处的。在北方，不要说12月，就是7月盛夏，人们的洗浴仍多为温水浴，与"冲凉"的作用风马牛不相及。这就是两个不同文化区域的人在理解同一个词时造成差异的

---

* 原刊《中国语文通讯》（香港中文大学）1991年1月总第12期。

基础。难怪广东人旅游出差到北方，最不习惯的就是"没有冲凉的地方"。而北方人乍到广东，总会遇上这么一个尴尬场面，当意欲洗澡时，捧着衣物，走到门口一看"冲凉房"三字，猛止欲撤，再三询问，然后才小心翼翼地步了进去。

"冲凉"的"冲"字又是体现南北文化差异的一个地方。广东人洗澡是为了去暑爽身，以水泼淋当然是一痛快方式。而北方人洗澡是为了去污除垢，日久方浴，皮垢甚固，必久浸久泡方易洗净，故洗浴方式又以盆浴、池浴盛行。这又是广东人到北方洗浴时极不习惯之处。尽管最初的强烈不适是人们相互全然赤条条相见的场面，而究其根源，仍在于两地环境、生活习惯文化因子的不同。可以肯定，广东人和北方人如果各自在对方的地域居住长久，适应了对方的自然条件、生活习惯，"冲凉"或"池浴"这样的洗浴方式，当然也就自然而然会被接受的。这就是"冲凉"一词所表现出来的以地理环境因素为主的语言文化意义。

文化语言学认为，语言是社会文化的一部分，它本身不仅是社会文化的载体，而且是社会文化的形成物。语言的各个成分，语法、语音、词汇、文字，或是语言成分的各个侧面，如词的意义内容、词的产生或消失、词的命名、词的结构、词与词之间的关系，都会打上社会文化的烙印，都会与社会文化在某种层次上取得浅层的表现或深层的通约性关系。"冲凉"就是通过词的命名反映出了广东文化的地理因素及基于这种因素之上人们的生活习惯和心理感受。

广东文化中的这种地理因素在语言交际上并不仅仅体现在一两个词身上。文化现象作为人类各个群体的所有物，总会表现出一种共同的文化性格。文化性格一旦形成，便具有超越历史时间段落的稳定性和固定于某一空间位置的局限性。广东文化中的地理因素会在该地区的语言中顽固地表现出来。下面再看数例：

"雪油"　广州一带属南亚热带季风气候，气候温暖，雨量充沛，终无霜雪，我国北方地区冬季的常见物——雪，在这里难得一见。可雪又是地球自然环境中的基本物，它也就离不开广州人联想造词的基本范畴。结果，在粤语中以"雪"构成的一些词语总有一种令人啼笑皆非的感觉。当广州人把"雪"与冷放在一起联想时，"冰箱"会说成"雪柜"，"棒冰"会说成"雪条"，"冰场"会说成"雪场"。当把"雪"与温润黏糊的性状特征放在一起联想时，润滑轴承的黄油会说成"雪油"。当北方人读到"使用了两三年后的台扇，要拆开机头后盖，在尾牙减速箱内补充雪油"（《广州日报》1990年11月11日第8版）这段文字时，在"雪油"处定会有一种戛然而止、三思方解的停顿。

"冻"　冻会使液体或含有水分的东西遇冷后凝固，如"水冻成了冰"。这种冷一般是零度或零度以下。当"冻"用于人体的感觉时，它表示冷的程度也是相当深的。普通话中的"冻"基本上都是围绕这两个意义来使用的，如冻肉、冻土、冻坏了、解冻、冻结、上冻、霜冻、冷冻。在广州，年平均气温多为21.6 ℃，最低气温多是5～6 ℃。在这种气候中，广州人失去了对"冻"的温度体验，结果在使用中总把它与"冷"混淆。在珠江三角洲，包括广州、香港的广大粤方言地区，绝大多数地方都把"冷水"说成"冻水"。冷空气来了，尽管最低气温仍在十来度，但人们仍说"天气好冻"。

"南方""北方"　在我国，对南方北方的划分是以长江流域为界。长江流域的北部接近黄河流域的南部，若以此划界的话，南方北方之界又在黄河。如办公楼是否符合安装暖气的标准就是以黄河为界，军队官兵分发不同等级的冬装也是以黄河为界。北方人称作的"南方人"是统指江浙两湖两广云贵川的，而这些地区的人们也是视自己为南方人。只有广东人的理解别具一格，认为只有两广人是南方人，南岭以北的均为北方人，一概以"北佬"相称。广东人的这种南北区域的等级理解，至今仍强烈存在，稍稍有所不同的是，在公开场合，慢慢在用"外省人"来指称"北方人"了。

语言不是超然民族文化之上的，语言的各个方面都流淌着社会文化的血液。语言之间的差异，语族、语系之间的差异，或是方言、次方言之间的差异，均可在其文化的土壤中寻到异化之根。这就是"冲凉"一词给我们的启示。

说"天"*

"天"是一个指事字，下面的"大"字，像一个正面站立、手脚朝两边伸展的人形，上面一横表示人的头部，天的初义为"头""首"，故《说文》解"'天'为颠也"。"颠"就是头，《山海经》中的"刑天"，即为断首之义。因人首为人最高的部位，故天又指"天空""苍天"，即自然界的天。但略略考察一下，可以发现，汉语中的"天"并不限于"天空""苍天""天末""天宇""天地""天色"等表示自然现象的词义，还蕴含着浓烈的人文情感。这种情感大致可分为两种：

一种是至高无上、神圣不可侵犯的，如"天戒"（上天的禁戒）、"天子"（君权神授，君王秉承天意治理人民）、"天戈"（帝王的军队）、"天序"（帝王的世系）、"天步"（国运、时运）、"天威"（上天的威严）、"天假"（天所授予）、"天讨"（帝王出兵征讨）、"天祚"（天赐福佑）、"天意"（上天的旨意）、"天尊""天经地义""天网恢恢""天罗地网"等。这种认识的蔓延，就把一些不可抗拒的自然现象也视为天意，如"天灾""天火""天疾""天敌"等。

另一种是自然完美、精妙绝伦的，如"天口"（能言善辩）、"天工"（自然形成的工巧）、"天功"（大功）、"天民"（先知先觉的人）、"天全"（不假雕饰的天然状态）、"天年"（自然的寿数）、"天格"（天然的格局）、"天籁"（自然界的声响）、"天伦"（自然的道理）、"天造"（自在生成）"天理""天赋""天资""天分""天材""天衣无缝"。

---

* 原题为《"天""和""sky"的语言文化意义对比》，刊于《语文月刊》1991年第5期。

"天"所具有的这两种情感显然与信仰崇拜有关，《礼记·表记》有记载"夏道尊命""殷人尊神"。在中国古代思想观念体系中，"天"一直占据着举足轻重的地位。"天道生万物，万物得一乃后成。""天"表示着主宰人类世界的一种超然力量。在崇尚自然的道家中，也是"人法天，天法地，地法道，道法自然"。"天"完全支配着人间的一切。古人根据"天垂象，见吉凶，所以示人也"这种理解，造出了"示"字。"示"字"从上，三垂日月星也，观乎天文以察时变。示，神事也"。古人又以"示"为义符造出了"福""祥""祝""祠""礼""祀"等70多个与宗教祭祀有关的精神生活词语。"王"之所以能够成为王，成为人间的统治者，也是"一贯三"为王，"三"即天、地、人，"贯"就是融合、串通。中国古人认为帝王是代表天意治理百姓，故又有"天子"之云。人们要检验自身力量，也总是把天作为抗争的对象，"养备而动时，则天不能病"（《荀子》）。在古汉民族崇天拜神的大文化背景中来考察"天"这个基本词所蕴含的那两种情感，也就不奇怪了。这两种情感导致了"天"的一大串派生词的出现。

英语中跟汉语"天"字相对应的单词是sky。sky起源于古诺斯语，在古诺斯语开始表示"云""云层"。五六百年前，sky的词义还是如此。借入英语后，sky表示"云层"的意味慢慢减弱而专指"天空"，这大概与英国的天气比挪威和冰岛的天气晴朗有关。sky生长在绝不同于古汉民族的文化环境中，纯表示自然界的天空，而没有"天"的那些神秘色彩。它也有附加义，但多限于指天空的外部客观特征上，表示"高""极端""彻底"等义。如：praise sb. to the skies（极力称赞某人），skyrocketing prices（物价猛涨），skyscraper（摩天大楼），skywriting（空中广告）。因此，当汉语中那些充满"天意"的词要译成英语时，大都要去其神奇迷离还其自然质朴。"天灾"是natural calamities，"天经地义"是natural law and earth's way，"天生"是naturally or born to be。"天"还可译成heaven，但heaven最早义指arch of the sky，因此heaven也就延指"天堂、幸福之所"，以及居住在天堂的"上帝"，但这已远远没有汉语基本词"天"所蕴含的那些丰富内涵了，这种巨大差异是由于民族文化本质和观念体系的不同而产生的。

1991年
于广州

"正"字词族的文化因子[*]

在汉语词义的内部世界，总有那样一些体现着文化核子的基本词义在里面起着强大的凝聚作用。这些文化核子有时相当隐蔽，难以为人所察觉，但它的作用却是那么强而有力，在漫长的岁月中，把看上去了无头绪的庞杂词汇汲聚成群，将一个个分散的词语串联成一群群形散神不散，或明或暗、或隐或显的同义词族。

"正"

在汉语中有一个"正"字，谁能准确测定这个词在汉民族的心中具有什么样的位置，"正"代表的是一种什么样的评判标准，人们都能说上一些，似乎又很难说得透彻。因为求"正"的心态在整个汉文化的体系中所占据的位置太重要了。孔子一句话就曾令多少后人倾倒过："名不正言不顺。"这个"正"指的是什么呢？是合乎礼仪，还是依乎天理？查一查《论语》，孔子屡用"正"字，表达了一种理想、公正、正直的品行与道德。如评价人的为人处事："晋文公谲而不正，齐桓公正而不谲。"评价人的情操德行："苟正其身矣，于从政乎何有？不能正其身，如正人何？""其身正，不令而行；其身不正，虽令不从。"于人如此，于物亦如此："席不正，不坐。"可以说在孔子的礼义思想中，"正"是作为一种最理想的状态来信奉、追求的。因而这种理想状态也就成为汉民族精神文化的基调之一。

看一看汉语中用"正"字构成的复合词，就可以感触到它的文化内涵有

---

* 原刊《语文月刊》1993年第2期。

多深、它的词义覆盖面有多大。如"正义""正派""正气""正轨""正色""正言""正告""正宗""正规""正直""正法""正统""正理""正确""正道""正路""正人君人""正大光明""正本清源""正眼相看""正颜厉色""正襟危坐""纯正""端正""刚正""公正""廉正""平正""中正""严正""直正""堂堂正正""义正词严",等等。在这里,"正"都是作为一种正确的、标准的、有理的、合乎规范的、有道德的、有节操的象征物出现。

"正"不仅作为一种表层物浮现在人们的眼前,而且还潜在于人们的意识之中,影响到人们的一切社会活动和处事标准。下面试分析"史""政""是"三个例子,它们正好代表了汉民族对历史、对现实、对一般事物的处理方式与判别标准。

"史"

《说文》:"记事者也。从又持中,中、正也。""史"是记事史官,这个字采取了会意的构成方式,"从又持中",表示处理事情要中正、公平,"中"就是"正"的意思。古人真是聪明绝伦,从对史官的最本质又是最高的素质要求出发,造了这个字。段玉裁:"君举必书,良史书法不隐。"在中国历史上也真是如此,"正"成为"史德"的核心内容所在,成为做一个优秀史官的基本要求之一。而"史官"又正是代表着整个社会、整个舆论对过去事件进行定性。因此,可以说,"正"这一基本的文化观念和心态深入人心,决定着"史"这个字的构成方式,决定着"史官"这一工作性质,以致通过它,而留传下来成为整个民族文化中源远流长的传统观念之一。

"政"

《说文》:"政,正也。""政"表示政事、政治、治理的意思。《说文》的解释源于孔子对季康子的答话:"政者,正也。子帅以正,孰敢不正?"孔子就是这样通过对执政者自身的道德要求,把一种理念、品行上的东西与实际的社会活动联系在一起。"政"代表着对现实社会的管理与态度,对现实有强大的左右力量。尽管要求"政"者都是"正"乃过于理想化了,但它毕竟代表了社会对一种理想的憧憬,而且事实上在历代的一部分执政者或政事活动中都有所体现，表现出了它对社会实践的一种作用力。

"是"

《说文》："是，直也，从日从正。"段玉裁："十目烛隐则曰直，以日为正则曰是。从日正会意，天下之物莫正于日也。""是"表示对事物认可的一种肯定性的看法。它构字的目的也十分清楚，用了"日""正"两个字形，前者从实物的角度印证词义，后者从理念上阐释词义，从而构成对一切事物都适用、表达着最一般的最普遍的赞同、认可、首肯的词义。

"正"之义进入到"史""政""是"的词源与词义中，并不是偶然的。它作为一种观念上的为人处事的标准，很早就受到人们的认同和追求，从而影响到人们生活、思维、情感的多个方面。

"中"

不仅如此，由于"正"与"中"相贯相通，又使得"中"也为汉民族所信奉。如在持有什么看法时，应"持论中道"。处理事情时，要把握的是"适中"。为人应是"中肯""正直"。在哲理上信奉的是"中庸之道"。在写字上亦崇尚"初学分布，但求平正；既知平正，务追险绝；既能险绝，复归平正"。而与它们相对相异的事物，如"过""歪""斜""旁""左""乱""谲"，则普遍受到汉族人在心理上的排斥与贬抑。如"君子不言怪、力、神"的古训，"奇谈怪论""过犹不及""歪门邪道""旁门左道""误入歧途""光怪陆离"等均是如此。

"安"

"安"也是这样一个与"正"相通，受到人们普遍赞同的又一种文化心态与人生标准。在人生观上，人们讲究"安居乐业""安逸""安乐""安宁""安之若素""既来之，则安之""安闲""安身立命"；在经济上，讲究"知足常乐""安贫守道"；对待传统，讲究"遵师重道""中规中矩""亦步亦趋""守先王之道"；对生活居住，讲究"安土重迁""出门一里，不如家里"；对为人处世，讲究"与世无争""不求闻达""随遇而安""安于现状"。正是这样一种民族心态，像土地一样的沉稳、凝重，积淀在民族的血脉之中，几千年来，一代一代地传了下来。是不是可以这样来推论：中国封建社会之所以会如此稳定，与这种民族文化心态有着密切的关系。尽管在其间社会也不时有着大的变乱，但求"安"求"稳"的心态却一直在其中起着最终的决定性作用。

在这种心态下，对异于此的事物、现象则采取了一种强烈反对的态度。甚至可以看到，表达了与"安"相反现象的词都不约而同地带上了程度深浅不同的贬义色彩，如"放肆""放纵""放诞""放恣""猖狂""猖獗""狂妄""肆意妄为""骄蹇不法""横行不法""为所欲为""肆无忌惮""胡作非为""放荡不羁""放浪形骸""玩世不恭""明目张胆"，这样的词语特别的活跃。甚至看上去带有一些中性色彩的词，也似乎不是那么被人们所认同的，如"张扬""渲染""轻飘"。而对与"安"相反的现象采取赞同、肯定的态度，如"革命""造反""激进"等这样的词语，在汉语中却数量很少。这样的词语，受肯定的地位也不是很稳定。在汉语中，这种重"安"轻"乱"，重"静"轻"动"的现象比比皆是。

可以这样说，在汉民族文化的体系中，有多少观念核子存在着，有多少基因在活跃着，那么就有多少在词义世界中起着强大凝聚作用的基本词义。它们主要凭着意念上的力量作用于词义，而不是主要借助于概念义或某种词形把松散零散的词语联结在一起。这种意念的力量是如此的大，它像一张大网，可以覆盖一种语言词汇中的大部分现象；它又像一只潜在的大手，在暗中操纵着表面上看起来无头无绪的繁杂的词语可以进行有序的运动。对这种词义现象，古人早有觉察，王念孙《广雅疏证》中云："凡厚与大义相近""凡止与至义相近""凡聚与众义相近""隐与殷声近而义同""临之言隆也，……隆与临古亦同声""祜与胡亦声近义同"。这些大量的同义关系、同义建构，只有放到汉文化的大背景下，才有可能最终大白于天下。

汉字中的古代战争兵器[*]

　　历史悠久的汉字，在它的产生与构成上保留了丰富的古代文化知识。以下通过一组汉字的分析，可以看到古代的战争水平与战争方式。

　　人类进入阶级社会以来，可以说战争不断。氏族家邦之间连年不断地爆发战火，进行着人口、财产、土地的掠夺。《尚书》里面有关战事的祈祷、告示、檄文所占的比例就不小。那时或更早一段时期的战争是如何一种状态呢？在《说文》所记载的汉字字根中，表示与武器有关的主要有"弓""矢""盾""斤""刀""戈""矛""殳""斧"等，它们构成了当时的基本武器库。战争基本上就是在"弓"与"矢""矛"与"盾"及"刀"与"戈"之间进行。分析这些字根的得义及组合繁衍成字的过程，是很有趣的。

　　《说文》"弓"："弓，究也，以近究远者也。"这是一个象形字，"以近究远"说的就是用弓可以射及远处的目标。这个"远"，从现代的射箭运动来看，不过几十米、百把米，但这个距离对于古代完全是用"刀""斧""戈"等武器进行短兵相接的战争场面来说，算是相当远了。对这样一种既可防身又可出其不意地袭击敌方的"远"程武器，人们特别钟情，对它及其使用的每一过程都进行了相当细致的描写。如把箭安在弓上叫"张"，用力拉开叫"引"，把箭射出去叫"发"，放完箭叫"弛"，持弓叫"弯"，射箭的声音叫"弘"，射程远的弓叫"强"，一种有臂支撑的弓叫"弩"，等等。这样详细地描绘与"弓"有关的各种动作、名物、声响，说明

＊　原文以"汉字中的一幅古代战争图画"为题，刊于《语文月刊》1993年第4期。

当时这种兵器特别受到人们的重视。

"矢""箭"在《说文》中的说解是:"矢,弓弩矢也。"矢与弓相配对使用,它用简练的几笔就勾勒出了这个字的意义。与它相等的还有一个"箭"字,箭,"矢竹也。从竹箭声"。表示这是用竹制作而成的"矢"。《方言》记载:"箭自关而东谓之矢。江淮之间谓之镞,关西曰箭。"矢与箭是对同一事物的两个不同的命名。

《说文》"盾":"盾,瞂也,所以捍身蔽目。"盾也是一个象形字,以很形象的笔形画出用一个防范之物遮蔽在眼睛之上,表示防守用的武器。而在人体中最容易受到伤害的莫过于眼睛,一个"目"字写尽了古人的聪明。

那么古人近距离的战斗用什么武器呢?尽管人们对作用特殊的"弓"有特别的爱好,但最终解决问题的仍是近距离兵器战斗。这就是"刀""戈""斤""斧""矛"等,其中又可分为两类,一类是长兵器,如"戈""矛"等;一类是短兵器,如"刀""斤""斧"等。下面看"戈"与"刀"的区别。

《说文》:"戈,平头戟也。""矛""戈""戟""殳"均是长兵器,它们的区别在于前端用以击杀敌人的部件不同,杀敌的功能也不同。段玉裁曰:"'戈''戟'皆勾兵,'矛'刺兵,'殳'专于击者也,'矛'专于刺者也,'戟'者兼刺与勾者也。'戈'者兼勾与击者也。用其横刃而为勾兵,用横刃之喙以啄人则为击兵。击与勾相因为用,故《左传》多言'戈击'。"

长兵器威力强大,两军对阵时士兵多持以戈戟。戈戟成为正式军队的基本装置。双手操持之物为"兵",持戈者亦为"兵",双手持戈以用者为"戒",表示一种大规模的武装行为。以戈相击而为"贼"为"戮",表示一种击杀幅度大、敌视程度深、应用范围广、表义沉重粗犷的动作。可以说"戈"是古代军事活动的基本象征,用它可以表示一种基本的武装力量、基本的军事行动以及战争集团之间的相互敌对行为。

"刀""斤""斧"等都属于短兵器,短兵器灵活,用途广泛,可随身携带。考察这些短兵器,可以发现一个很有趣的现象,就是以刀斧来构成的字,大都是与具体细致的操刀动作有关。如以"刀"构成的字有"削""切""刻""剖""判""刊""剥""割""刷""刮""剽""制""到""刺""分""刎""剁""删""刨"等,它们表示着各种各样的用刀击杀所涉对象的具体动作。其他一些字也是如此，"斯"字从"斤"，故其本义为"析也"；"断"字亦从"斤"，其本义为"截也"；"斫"字从斤，其本义为"击也"；"所""薪"的本义所表示的，原来都是与用刀斧有关的具体行为。

用上述这些字根构成的字，很少用来表示一般意义上的军事、武装意义。这是颇耐人寻味的。同是表示兵器的名称，一些被赋予相当广泛的军事含义，成为战争的象征，一些却停留在表示具体的兵器、具体的行为动词阶段。两类词的分工这么明显，应该说不是偶然的。它表明"戈""刀"两种器物，在最初可能就是有分工的，前者一出现就是作为武器的一种，而后者除了作武器外，还可以作一般的刀具之用。

"弓""矢""矛""盾""戈""刀"构成了古代战争的基本模式，反映了古代战争的规模和水平。分析汉语中兵器类汉字与基本词的构成与发展情况，仿佛看到了一幅古代士兵兵戈相见的全景图。它是整个社会的物质水平、认知水平以及行为方式的真实写照。

"艾滋病"与"爱滋病"[*]

艾滋病是一种后天性免疫缺损综合征，是目前医学界正在致力攻克的一个难题。自1981年美国疾病控制中心首先宣布发现艾滋病以来，该病20年间高速蔓延，已成为当前危害人类健康最大的疾病之一。这种疾病被发现后，我国很快就有了这方面的报道，中国的第一例艾滋病患者也出现了。汉语曾出现过"艾滋病"和"爱滋病"两种不同说法，分析两个词的演变过程，对我们了解汉语接纳外来词过程中的文化、外来词传播多样性，是很有启发性的。

艾滋病是对英语缩略词"AIDS"（全称为Acquired Immune Defiency Syndrome）的音译名，用"艾滋"译"AIDS"，后加汉语中表类义作用的"病"字。在当代的汉语新词语词典中，最早记录这个词的是于1987年出版的《汉语新词词典》（闵家骥、刘庆隆、韩敬体、晁继周，上海辞书出版社）与《现代汉语新词词典》（王均熙、董福光、钟嘉陵，齐鲁书社），前者收了"爱滋病"，没收"艾滋病"，后者则两种说法都收了，开始时是两词并存，甚至"爱滋病"的说法更为多见。

人们当初认为，这种病完全是由性关系混乱造成的，有人甚至称它为"放荡病""乱爱病"在对"AIDS"音译时，加上对"性"的联想，很自然就有了"爱滋病"的说法。这种通俗性的联想成为"爱滋病"的造词理据，可以称之为"音意兼译词"，但这种理据并不准确，属于"俗词源"的范围。后来人们发现，这种病不仅仅通过性传播，还能通过血液制品、人体破损伤口、不洁毒品注射针头等多种途径传播，"爱滋病"的说法并不能准确反映这种疾病的

* 原刊《语言文字周报》2001年12月12日。

全部特点，甚至有可能会出现误导，应该把"爱""性"的联想因素去掉，把"艾滋病"定为规范译名才更为准确。在专家们的呼吁下，这个建议被我国的卫生权威部门接受，"艾滋病"的说法才渐渐为人们所接受。我们从近2亿字的大型语料库中共检索到2346个语例，其中用"艾滋病"的有2196例，占89.8%，用"爱滋病"的有250例，占10.2%，可见"艾滋病"如今已成为通行的说法了。

　　"爱滋病"虽然打了"败仗"，但在它身上表现出来的那种"俗词源"的造词理据却很有代表性，它曾影响到汉语历史和现实中的一大批外来词的定名。在这里，音译的"艾滋病"成为新词语竞争中的赢者，告诉我们两个道理：科学技术方面的外来词，其译名首先应该注意的是准确性，不要让俗文化影响到科学的定名；词语定名的过程中，舆论的"规范"作用是巨大的，它能有力发挥词语的推广作用。

"克隆"的兴隆[*]

　　克隆是英国科学家最早发明的一项生物技术，就是利用动植物生物体自身组织，进行无性繁殖。1996年7月第一个克隆成果——多莉羊在英国问世，一下子"Clone"这个词传遍世界。现在中国人对"克隆"这个词已相当熟悉了，当初它刚刚进入中国时，人们都想给它取个"中国式的名字"。回顾这些取名，是挺有趣的，对我们理解外来词定名中理据性与非理据性、规定性与俗成性的关系很有意义。

　　1997年4月25日的《光明日报》首次发出了给"Clone"取个好听的中国名字的呼吁："考虑到Clone是一个很重要的概念，并且未来的生物学、遗传学将在这一领域有很大发展，Clone这个词应该有其相应的合理的中文名称……'克隆'到处泛滥让人难以忍受，不仅是语言习惯上的难以接受，而且反映出国学水准的下降。希望……尽快找出与Clone相对应的合理的中文词汇。"

　　这个呼吁发出后，果真引来了文化界不少的回应，人们提出了许多新建议、新名称，真是又有科学道理，又符合中文习惯。如：

　　"我觉得用'单生'取代'克隆'为好。意义有三：1.'单生'可以形象地告诉人们，Clone是生物界的一种无性繁殖现象。2.'单生'符合汉语的习惯，易进入人们的生活口语，易普及。3.用'单生'取代'克隆'，符合对外来词的意译习惯。既不违背Clone的本意，又符合中文的思维习惯。"（1997年5月16日）

---

*　原刊《语言文字周报》2002年1月9日。

　　"用'单亲系'代替'无性系',人们似乎更易理解:是单一亲体繁殖,而不是双亲繁殖;繁殖出来的后代可以有性别,并非一律'无性'。……至于'克隆'作动词用,我以为,似乎在动植物可称为单亲化,在细胞可称为单株化。"(1997年5月9日)

　　"可否把'克'改为字音相近的'科',把'克隆'改为'科隆'。'科'有科学技术之意,'隆'有兴隆、兴盛之意或'繁殖'的联想。"(1997年5月9日)

　　对一个初来乍到的外来词如此地关注,热烈讨论,在汉语历史上还是不多见的。"单生""单亲系""单系化""单株化""科隆",都不失为符合中文"望文生义"习惯的好名字,形音义俱备,理据十足。可结果如何,大家自然清楚,语言现实像是跟文化人闹了一场别扭,对他们的"精心打造"偏偏不领情,倒是"克隆"一词以罕见的速度流行于汉语大千世界。现在不绝于耳的是"克隆技术""克隆电影""克隆软件""把这个资料拿去克隆一份"的说法。

　　以上告诉我们这样一个道理,语言流行中"约定俗成"的力量是巨大的。"约定"有时可以是规定的,但这种规定不应来自少数人的"圈定",而应是大众的使用习惯与好恶取舍的共同性取向。

"美轮美奂"与"美仑美奂"*

　　首届世界果蔬博览会于2001年10月在厦门召开，10月12日的《厦门晚报》在头版头条以"果蔬世界，美轮美奂"为题作了专题报道。报纸一经问世，"美轮美奂"的标题引起了市民们的强烈反响，连夜打给报社的咨询、责问电话蜂拥而至，市民们纷纷指责"美轮美奂"写错了，说应该写成"美仑美奂"，批评报纸写了错别字。撰写《果蔬世界，美轮美奂》一文的记者心有不甘，辗转寻到市语言工作委员会，市语言工作委员会难以决断，介绍来找厦门大学的有关专家，专家找出手头所有的大大小小词典，收的都是"美轮美奂"。《中国成语分类大词典》（新世界出版社）对"美轮美奂"作了这样的详细解释："轮：轮囷，高大的样子。奂：形容众多，形容华丽的房屋高大而众多。《礼记·檀弓下》：'晋献文子成室，晋大夫发焉。张老曰：'美哉轮焉！美哉奂焉！'"看来报纸用的并未错，"美轮美奂"可是有历史来头的，它就是正体词。可人们却对"美仑美奂"表示出强烈的认同，这是为什么呢？我们把两个词放到一个现代汉语语料库去做词次调查，这个语料库可不小，收了现代汉语的文学作品、报纸新闻、科普著作等，容量达2.2亿字，结果显示，在实际语言中，二者的使用频率非常接近："美轮美奂22"对"美仑美奂26"。拥有这样高的"见报率"，显然不能简单地以错别字来给他定性，这是老词语的新生异形词。

　　大众对"美仑美奂"的语感，其实也是有学理在里面的。他们凭直觉来体会"美轮美奂"与"车"无甚关系；而且"奂"没有偏旁，"仑"也没有，很

---

* 　原刊《语言文字周报》2002年2月27日。

对称，正好匹配，像"师子"到"狮子"、"蚂蜂"到"马蜂"、"胡蝶"到"蝴蝶"、"摔交"到"摔跤"，不都是或添或减表意的汉字偏旁，或是两个字达到偏旁的一致，这样的现象多着呢。至于"美轮美奂"最初是来自"美哉轮焉，美哉奂焉"，是指建筑物的高大众多，人们写成"美仑美奂"，主要是不了解也不想去了解得那样深入。

偏旁类推是一种学理，文献依据也是一种学理，语言演变中的正与异的结果其实都蕴藏着学理。只是学理并非单一，也没有造出统一的结果，在词语的定型中最终起作用的仍是依照惯例。对这样的老词语的新生异形词，语言文字工作者要予以特别的关注，对读者要引导，不要忽略，不要简单地排斥，不妨先放一段时间，观其流变，再作规范裁决。这也告诉我们，在异形词的规范中，社会流通程度如何，或者约定俗成的程度如何，是制定正体词与异形词的一条根本性的原则。

"子细""火夫"需要再规范吗*

　　《第一批异形词整理表》（以下简称"《整理表》"）公布出来后，受到人们的广泛关注，甚至出现了排队买报的现象。人们对它是抱有期望的，而且期望值还不低。作为指导全社会语言使用的规范文件，人们在期望中对它作出一些讨论，甚至是批评，都是正常的。可是没想到的是，这些意见中最多的竟然是围绕它的宽容性提出的。与"仔细"相伴的是"子细"，与"伙伴"相伴的是"火伴"，与"腼腆"相伴的是"䩄觍"，人们对这样的词语发出了许多的议论并表示困惑。这不是把早已不用了的"子细""火伴""䩄觍"从蒙着厚厚灰尘的史库中请了出来？如果《整理表》是作为指导人们"能用"还是"不能用"的标准还好，可《整理表》又开宗明义地声明：它起的作用只是"推荐使用"，这言下之意岂不是又给"子细""火伴"类词语赋予了虽不被"推荐"但能使用的自由空间？这种令人困惑的局面，不得不令人质疑：《整理表》的性质与作用该如何定位？

　　这种困惑首先来自《整理表》收录了太多的早已定型了的异形词。在338组异形词中，相对词频为零，绝对词频为零，即在2.5亿字的语料中查不到一个词例的有68例，如"麻痹—痲痹""香菇—香菰""卸载—卸儎""脉脉—眽眽""囹圄—囹圉""飘摇—飘飖""补丁—补靪""息肉—瘜肉""铲除—刬除""嘹亮—嘹喨""杂沓—杂遝""累赘—累坠""狐臭—胡臭""溃脓—殨脓""纠合—鸠合""凋谢—雕谢""扁豆—藊豆"中的后者。如果包括绝对词频为1的，这个数字会上升到86例；包括相对词频在1%以内的，则有

＊　原刊《语言文字周报》2002年4月24日。

120例。使用率如此之低的异形词占到总数的三分之一略强。拿这些已无生命力，或极微弱的偶现异形词再来规范一番，确实是值得商榷的。

绝对词频为零、相对词频为零，这是一个令人尴尬的数字。一方面，它说明正体词与异形词之间优劣分明，规范起来十分容易；另一方面，又说明它们已经被社会彻底认同，正体词已普遍使用，异形词已完全淘汰。在让人轻松地感到它们规范起来十分容易的同时，又会让人禁不住紧张地问道，这样的异形词整理与规范还有必要吗？这样的正体词还需要推荐吗？

已经完全定型了的异形词不是不可以整理，在下面的情况下这项工作还是值得做的。就是作为首批异形词整理文件，对历史上曾经有过的异形词进行大规模的清理，这时可以进行追加式的认定，使之具有"清仓""清理""打扫"的性质与作用。当然，这项工作有无必要是另一回事，只是当它一旦具有了这样功能的时候，那么它就不应是推荐性的，而应明确地声明这是一个规定性的公布，将起到严格的指导与统一的作用。如此看来，"历史整理"与"推荐使用"是两种各有用处的功能。与"历史整理"相配的是规定性，与"面向当前语言事实"相配的才应是推荐性。

其实最需要整理、最需要规范的异形词应该是那些仍在使用，并有一定流传面，又与正体词有较为明显区别的异形词，如"艾滋病"与"爱滋病"、"呱呱叫"与"刮刮叫"、"急忙"与"疾忙"、"触目惊心"与"怵目惊心"、"借口"与"藉口"、"侃大山"与"砍大山"、"笔芯"与"笔心"等。因此，异形词整理与规范工作最重要的基本原则应该是约定俗成性。约定俗成性原则不仅仅体现在对正体词与异形词的判断上，还将直接影响到规范范围的确定、规范措施的选取与规范效果的实现。

"优盘"与"U盘"*

　　人们在回首2001年的电脑行业时，都惊呼风头最劲、流行最快的IT产品当属新兴的小型存储设备——优盘。它与传统的软盘相比，优点可谓多多：存储量大、极限使用、质量稳定、携带方便、拔插自如、体积小巧、外观漂亮、性价比突出。到市场转悠，却发现有关这种小型存储设备的名称不少，"优盘"只是其一，另还有"U盘""E盘""闪盘""魔盘"等。这些名称可都有来由。

　　"U盘"来源于使用这种设备的电脑接口是USB接口，USB接口是对传统的串行接口的一大改革，它安插方便、数据通行量大、外接设备多。有了USB接口，才有了"U盘"，不过已经有人认为，是"U盘"的急速流行才使先期出现的USB接口广为人知，优盘将成为推动USB接口普及的一大因素，最终很可能使这种接口一统天下。

　　"E盘"也有来历。电脑里一般都把软盘设置为A盘，硬盘设置为C盘，光盘设置为D盘，新添上一个移动硬盘后，就自动显示为E盘。这个名称是从优盘在电脑中使用时出现的位置特征来命名的。

　　"闪盘"则是因为优盘内的存储器叫"闪存"而获名，闪存是一种新的存储物质。

　　"魔盘"的命名则来源于这种存储器的优良功能，人们用这个名称表达出对它那高性能的认可与赞叹。

　　那么，"优盘"来源是什么呢？它应该来源于U盘，只是一个用英文字母来写，一个用汉字来写。这种高性能的存储器出现的时间不长，可"优盘"已经在诸多称呼中凸现，流行面相当广。它会不会最终战胜其他几个名词，普遍为人们所接受，并在日常语言中稳定下来呢？这是很有这种可能的。因为它里面含的"道理"最多，用专业术语来说就是"理据性"最强。人们能由"优"字及"义"，联想到它那卓越的功能，又能由音yōu溯"源"，联想到"U"，想到"USB"接口。一般人说到"U盘"，可能会觉得它太专业，可面对"优盘"，却一点也不会觉得它"远"，不会觉得它是"老外"，倒是很容易把它当作本土词来看待。这就是汉字的功能。"优盘"把音译与意译天然地糅合到了一起。这种音意结合的译词，有着天然的优势，既保留了音译的直接性，又保留了由字及义的民族性。联想到此前的许多普遍流传的词语，如用"奔驰"译指德国产的高级轿车Benzi，用"可口可乐"译指美国的饮料"Coca-Cola"，人们都可以从中感受到这种造词方法的特别魅力。

新事物的产生需要新名词来指称。新名词的命名有许多不同的角度，一物多名就成为必然的了。像"卫生丸"与"樟脑丸""臭丸"之间的关系，都和"优盘"与"U盘"类有着相同的缘由。可见，同义同音字形不同的异形词，或同义异音异形的异体词，绵延不断，时有时新，也就成为不可避免的了。语言就是这样在新陈代谢中得到不断的丰富，希望把异形词、异体词的规范毕其功于一役，看来只是一种理想。语言有着不断再生的必然，在再生中分化；又有着强大的自然调节力量，在调节中归于统一。而最后稳定下来的总是那些既能够充分反映事物特征，又符合汉民族表达习惯的表达方式。

"服务指南"与"文学统筹"

　　前不久，福建省社联召开了一次数百人的大型会议，与会者在报到处拿到一份材料：《会议服务指南》。出差在外，服务指南见得多，一般都是提供生活方面的信息，如寄信、打电话、买票、洗衣服、购物、旅游等与吃、住、行、玩方面有关的事。可这份材料里面写的都是有关会议的日程，写着会议地点、主持人、秘书、与会名单等，由于会期只有一天，不用住，当然也就没有那些生活方面的内容了。但是材料的封面上为什么写上了"服务指南"，小愕之余，才悟到这就是会议主办方的用心所在。它把自己放在了为大家"提供服务"的位置上，而不是像往常那样是高高在上的官方、上级的俯视地位。这种态度的转换意味着"公务员"的意识，这与当前到处宣传的WTO（世界贸易组织）后的"公民待遇""服务型政府"不无关系。

　　再作一步遐想，"服务指南"，一个用法非常固定的词语，透露了这样丰富的社会文化意味，它是怎样做到这一点的呢？——改变词语使用的日常习惯。哪怕一个很普通的词语，只要使用的语境不同，它也会具有新的语义意蕴。语言、词汇的变化，许多时候是不用改变词语的书写形式，不用改变词语的读音形式，也不用改变词语的内部构成成分的。语言使用环境的改变，也是语言演变的手段之一。这其实就是在文学语言中、在修辞现象中经常见到的"超常搭配"，不同的是在社会急剧变迁的今天，这种语言的"超常搭配"已经不再停留在文学家的笔下，而是深入百姓语言、日常语言甚至公文语言中，成为可以经常见到、听到的一种语言现象，正是这种"超常搭配"，无时无刻不在潜移默化地改变着汉语。

　　今年5月以来，全国各地的电视台正在热播着谍战片《绝路》，在它的片头上逐一介绍了该剧演职人员，与"编剧"相对称的还有一类是"文学统筹"。这又令我琢磨了许多。什么是"文学统筹"？"统筹"的正常意思应该是"统一筹划"，可作为一部电视剧的"统一筹划"是谁，应该是导演或是现在盛行的制片人吧，可上面已经另外介绍了导演与制片人。是编写剧本的人吧，也不是，因为在同一个屏幕中也有"编剧"的名字。那"文学统筹"是起什么作用的呢？是不是在这部电视剧故事的形成过程中，讲故事或构拟故事梗概，或给故事润色的呢？反正不太像是指"直接动笔写剧本"的人。看来要真正弄懂"文学统筹"的意思，还得向剧组了解一下才行。这又使我想到另一个问题，就是词语的"超常使用"得有一个度，适度而用，使人回味无穷；超常使用，可能就会使人百思不得其解。

1997年10月
于广州桂花岗

"资政"与"咨政"辨[*]

　　"资政报告""咨政报告"，指的是向掌权主事人提出建议、帮助决策的文稿。这里面该用"资政"还是"咨政"，是等义互换还是有所差异地混用？它们什么时候开始使用的？各有何不同所指？并见互用始于何时？混用后的原因及能得到何种合理的解释？今后会有怎样的流传？本文试图对此做些分析。

一、"资"与"资"字词

1. "资"字

　　"资"字下为"贝"，上为"次"，形声字。《说文解字》释为"货也"。段玉裁解释道："货者，化也。资者，积也。旱则资舟，水则资车，夏则资皮，冬则资絺绤，皆居积之谓。资者，人之所藉也。周礼注曰：资，取也。老子曰：善人，不善人之师。不善人，善人之资。从贝，次声。"从对"资"的解释来看，《说文解字》使用了四个释义片段。这四个释义片段的释义形式，有同义词相训一例，如"资者，积也"；有短语说明式一例，如"资者，人之所借也"；有句子引例式两例。释词过短，只能显示被释词与释词之间的相同部分，还不容易看出被释对象的准确含义，而两个句子式的释义则最清楚不过地显示了"资"字的意义内涵。"旱则资舟，水则资车，夏则资皮，冬则资絺绤"，"旱"本与"车"相连，"水"本与"舟"相连，"夏"本与"絺绤"相连，"冬"本与"皮"相连，可这里却是发生了相反的连接。"旱则资舟""水则资车"，显然这不是着眼于当前之用，而是未雨绸缪，有所准

---

* 　原刊《词汇学理论与应用（八）》，商务印书馆，2016。

备，即"积"义。这里的"积"义就是"积蓄、准备、应付"义。再看另一个例句，"善人"是"不善人"的老师、榜样、楷模，"不善人"是"善人"的启迪、教训、经验。无论是"积蓄、准备、应付"义，还是"老师、榜样、楷模、启迪、教训、经验"义，都是"积"义的具体体现。如此来观看"积"的意义，就好理解了，就是有所帮助、有所准备、有所支持。

确定了"资"的本义，其引申义也就容易梳理了。《汉字大字典》"资[1]"字共有30个义项，第24～30之间的6个义项或因借音而成，或地名人名，故暂排除在外。前23个义项基本上都是源本义而生，与本义有着或远或近的引申关系，寻其源而下，皆可观察到本义的痕迹。第23个义项是"通'咨'，商量；咨询"，这是一个通假义，因其与本文考察的对象有密切关系，故一并考察。

表示"钱""财""物"之名词义有："1. 货物，钱财。""2. 指粮食。""3. 赖以生活的来源。""10. 禀赋，才质。""11. 材料；资料。""12. 门乘；声望；阅历。""13. 官职；职位。""14. 指官阶；级别。""16. 时。""18. 资方、资本家和资产阶级的简称。""19. 用为资产阶级思想的简称。""20. 通'赍'。""21. 粗布。""22. 赋税。"

与"钱""财""物"有关的动词义有："4. 蓄积；蓄藏。""5. 资助；供给。""6. 凭借；依靠。""7. 贩卖。""8. 取用；求取；利用。""9. 具有；具备。""15. 减。"

与"钱""财""物"有关的形容词义有："17. 锋利。"

名、动、形三组引申义各自内部的关联比较紧，个别义项看上去离得比较远，但稍作考究，其内部联系还是比较清楚的。如"17. 锋利"，用于"资斧""利斧"。如"15. 减"。则可视为本义的反训，与"积""蓄""给"的相反意义。

概上所言，"资"字的内核是钱财、物品义。引申、扩展为指相关或相似的物资、事物或凭借义，由钱财、物品义而转指蓄积、资助、供给、凭借等的动词义，及锋利等形容词义。

2. "资"字词

《现代语词典》双音"资"字词有60个，《汉语大词典》则有297个，后者收词多，反映了古往今来的词义与组词变化。下面就以297个双音"资"字词为例，来看"资"字词义的使用情况。图1中的横轴显示的是二字词中所使用的"资"字义项序号,纵轴显示的是义项所构词语数。

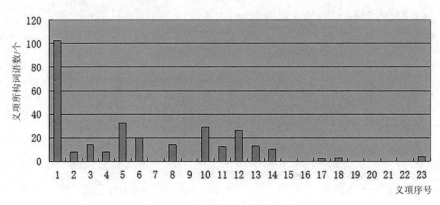

图1 "资"字义项的构词数

图1显示,第1个义项名词义"货物,钱财"构词数最多,达102个,如"轻资""大资""外资"等。其次是第5个义项动词义"资助;供给",构词32个,如"资哺""资奉""资政"等。再次是第10个义项"禀赋,才质",构词29个,如"禀资""天资""笔资"等。

所有义项的构词数详见表1。

表1 "资"字的义项分词性构词统计表

词性	义项序号	构词数 / 个	小计 / 个	比例 / %
名词	1	102	217	73.06
	2	8		
	3	14		
	10	29		
	11	12		
	12	26		
	13	13		
	14	10		
	18	3		

（续表）

词性	义项序号	构词数 / 个	小计 / 个	比例 / %
动词	4	8	74	24.92
	5	32		
	6	20		
	8	14		
形容词	17	2	2	0.67
通"咨"	23	3	3	1.01
通"水名"	28	1	1	0.34
合计		297	297	100

表1显示，名词类义项共有9个，共构词数为217个，占所有词的73.06%。其中，排在最前面、构词能力最强的是第1个义项。

动词类义项共有4个，共构词数为74个，占所有词的24.92%。其中，构词能力最强的是第5个义项。为什么这个义项没有排在动词类义项中的最前面，而是将"蓄积、蓄藏"义排在了第4位，来作为动词类义项的第1个？这大概是出于对先有蓄积，后有资助的合理性考虑而作出的安排。其实，反向的考虑也是成立的，再从构词能力看，"资助、供给"义是"蓄积、蓄藏"义的4倍，也显示其更为通用的价值。

形容词类义项只有1个，构词数为2个，"资釜""资斧"，排除文字的因素，实则为一。"资斧"有利斧义，有诛戮征伐义，还有货财器用义，再到旅费义，辗转引申不可谓不远，其词义发展内核当与解乏、救难、及时、有效有关。

通假"咨"义的这个义项构词数为3例，即"资问""怨资""旁资"，这里的"资"通表"问询"义的"咨"字。这个通假用法出现较晚，引例为《朱子全书》《隋书》，属中古时期。

通假"水名"义项的构合成词数为1例，为"诸资"。

表1如此详尽分析"资"字的义项构词情况，就是想探讨"资"字与"咨"字的词义有着怎样的发展脉络，其词义内核为何、发展轨迹如何，从而

为"资政"与"咨政"的梳理做准备。其中通"咨"的第23个义项尤为值得注意，它正是下文将要致力于区分的源头。构词只有3例，不甚起眼，关键是它与之前的名词义、动词义都没什么关系，我们不能从"资"字词义内部的引申关系来找到后代"资政"被用作"咨政"的合理基因。

二、"咨"字与"咨"字词

1. "咨"字

《说文解字》："谋事曰咨。从口次声。"段注："谋事曰咨。《左传》曰：访问于善为咨。毛传同。从口次声。即夷切。十五部。"《左传》的解释简直就像是辨析词典，将"访问于善"与"谋事"作了清楚的区分。

《汉字大字典》"咨"字共有6个义项："（1）征询；商议。""（2）旧时用于同级官署的一种公文，后亦指移送公文。""（3）叹词。多表赞赏。""（4）叹息；哀叹。""（5）此，这。""（6）龇，露出牙齿。"这6个义项的关系比较简单，第3、第4个都是叹词，因语义正反而分。第5个义项作指代词，第6个为张开、露出的动词义，离本义都相去甚远，可以暂不考虑。而前两个义项的关系最为密切。第1个义项"征询；商议"是本义，它一直稳定使用至今。第2个义项指一种公文，仔细考察，这种公文仍是与"征询"有关的公文，属于"体用同称"中由"用"至"体"的动名之间的转换。"咨"字的本义"征询；商议"，其核心义素乃《左传》所言"访问于善"。"商议"突出的是"谋事"之"谋"，参与谋事者是平等的；而"访问于善"突出的是"请教"，请教方与被请教方有着不同的地位。"访问方"是主动方、决权方；"善"者是被动方、非决权方，可却在智慧、谋略、境界、信息等方面有着优势，才成其为"善者""长者""擅者""优者"。《现代汉语分类词典》的"问答"类收有词语82个，而在"咨问"类有词12个，其中的"咨询、问询、寻问、请示、报请"都属"访问于善"类。

2. "咨"字词

《汉语大词典》双音"咨"字词多达73个。其中用到"咨"字第1个义项"征询；商议"构成的词有41个，如"博咨、参咨、关咨、叩咨、询咨、俞咨、谕咨、周咨"等；用到第2个义项"公文"义构词的有8个，如"部咨、移咨、咨文、咨呈、咨送"等；第3与第4个义项都属叹息义，共构词23个，如"愁咨、嗟咨、叹咨、于咨、怨咨、咨玩、咨述、咨服"等。《现代汉语词典》则只收了"咨"字词3个,即"咨文""咨询""咨政"。

以上分析显示在"咨"字的引申过程中,无论是单音词的多义引申,还是合成词的构词繁衍,起主要作用的都是"谋事""访问于善"的意义基因,而无"货物、钱财""供给、资助"的基因。

三、"资政"与"咨政"使用调查

现在可以专门来考察"资政"与"咨政"两个词的关系了。

1. 词典的收录

"资政"的历史很长,可汉语词典收录得并不全,连专收古汉语的《辞源》也只收了"资政"的两个名词义:"(1)殿名。""(2)文散官。"《汉语大词典》的义项收得比较全,有4个,最早语例见于唐代:"(1)帮助治理国政。唐·道宣《叙元魏太武废佛法事》:'帝讳焘,以明元帝泰常八年即位,时年八岁,尚在幼冲,资政所由,唯恃台辅。'太平天国洪仁玕有《资政新篇》。(2)官职名。宋代置资政殿大学士,授予罢政的宰相或其他大臣。简称'资政'。(3)官职名。金置资政大夫一职,系正三品的文散官。元改为正二品。明清皆因之。(4)官职名。民国时期,总统府亦置资政若干人,由总统选聘,以备随时咨询。"第1个义项是动词,第2~4个都是名词,都是官职,行辅臣之职。宋、明清、民国时期的官职、实虚有所不同,但皆来源于"帮助治理国政"义,"资政"的主语是动作的发出者,指提供帮助的人。"资政"作为一个古语成分浓厚的词,在20世纪有过一段沉寂,如《国语辞典》等早期的现代汉语词典都没收录,台湾的《重编国语辞典》也没收录。《现代汉语词典》从1960年至2005年的"试印本""试用本"、1~5版共七个版本也没收录。直到2013年的第6版才收录了,释义为"(1)帮助治理国家政务:~育人。(2)旧时总统府官职名……"。为什么直到2013年才开始收录,其中意味颇多。

"咨政"的历史则短得多。《汉语大词典》没有收录,《现代汉语词典》前面的几个版本也一直没有收录,2005年的第5版才第一次收录,释义为"为政府决策提供咨询:~育人 | ~机构"。与"资政"相比,有两点值得注意,一是先收录"咨询",再收录"资政";二是释义部分,咨询释为"为政府决策提供咨询","资政"释为"帮助治理国家政务"。看得出,前者指的是语

言，而后者可以是语言也可以是行为，可却使用了相同的例句，即"资政育人""咨政育人"。能不能据此就认为这两个词的意义是完全相同的呢？再来看看《现代汉语规范词典》，其2004年出版第1版，第1至3版都没收录"资政"，而对"咨政"，前面的版本没有收录，2014年的第3版收录了，释义为"为政府决策提供咨询"。

由上可见，当代汉语词典对"资政"是旧词复收，"咨询"则是新词新录，可"资政"复活的时间要慢于"咨询"。释义有所别，不清晰，而举证却同用一例，又显示这两个词同义、同用。

在笔者所统计的1984年至2004年间出版的45种新词语词典中，没有收录"咨政"。

那么问题来了，为什么"资政"会复活，为什么"咨询"会新生，为什么"资政"的复活是跟在"咨政"的后面？

2. 实际语言生活中的使用

下面通过表2再来看看"资政"与"咨政"两词在实际语言中的使用。为了更有针对性地调查，本文调查的是容量稍大些的固定结构，共有以下5对词，两两相对则为10个词。调查材料为《人民日报》，它在语言使用的正式、通用、典型上有很好的代表性。调查范围是从1949年开始，因首例"资政育人"出现于1994年，故对比数据就从1994年开始，截止于2010年，共17年（中间缺2006年的语料）。

表2　五对10词在《人民日报》中的词频统计

"资"字词	频次/次	"咨"字词	频次/次
资政育人	78	咨政育人	37
资政、教化、存史	1	咨政、教化、存史	0
存史、资政、团结、育人	23	存史、咨政、团结、育人	0
存史资政	2	存史咨政	1
以史资政	4	以史咨政	0
合计	108	合计	38

从词频总数来看，"资"字词共有108次，"咨"字词共有38次，前者明

显高出后者。五对词中有的词频为零,有的词频数太少,比较的价值不大。下面就对两边都是最高频的"资政育人""咨政育人"的使用情况来作一分析。调查数据见表3。

表3　1994—2010年"资政育人""咨政育人"年度词频走势表

年份	资政育人	咨政育人
1994	1	0
1995	0	0
1996	0	0
1997	2	0
1998	6	0
1999	7	0
2000	1	0
2001	7	0
2002	14	4
2003	1	9
2004	15	6
2005	2	4
2006	缺	缺
2007	2	2
2008	3	2
2009	6	7
2010	11	3
合计	78	37

为了更好地显示其变化,表3数据用图2显示,如下:

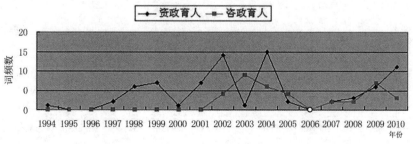

图2　1994—2010年"资政育人""咨政育人"年度词频走势图

表3与图2显示出这样几个值得注意的地方：

（1）"资政育人"词频远远高于"咨政育人"。

（2）"资政育人"最早见于1994年，"咨政育人"最早见于2002年。

（3）"咨政育人"出现的第二年，即2003年，词频明显高于"资政育人"；2005年、2009年，词频稍高于"资政育人"；其他年份都是低于"资政育人"或是持平。

下面把调查的语言单位缩小些，只考察"资政"与"咨政"。"资政"首例见于1988年，例为"志书有资政之功用"。之后就是上面所引从1994年开始使用的"一言以蔽之，曰：资政育人"句。

而"咨政"单独出现的时间早于2002年的"咨政育人"，共有3例。见下：

例1：成立【咨政】委员会，聘请离退休干部、优秀农民企业家及老百姓代表参加，听取他们对县委工作的意见和建议，促进县委决策的民主化、科学化。（1995）

例2：主席台上，市里各有关部门领导，表情严肃而又略显紧张地等待着一场面对面的【咨政】考核。（1997）

例3：福安市领导决定今天在此召开【咨政】大会，并通过市有线电视向全市群众进行汇报，公开接受评议和咨询。

仔细考辨，可以发现这里的"咨政"并不完全是"为政府决策提供咨询"义。如果说例1还有点模糊的话，那么例2、例3则包含更多的是"问政""质询、考察、探问"义，而不是"提供帮助"的"咨询"义。

四、"资政""咨政"混用及启示

通过以上的调查，可以看出"资政"是一个老词，经历了由旧词沉寂到复活的变化，而"咨政"是一个新词，于这两个词而言，2002年是一个重要年份。从"资""咨"的本义来看，它们的主语方是有明显不同的。"资"政的主语是提供帮助的主动方，如幕僚、智囊团；"咨"政的主语是需要帮助的得益方，如执政者、决策人。那么它们是什么时候开始混用的呢？

学术界曾有人明确指出过，"咨政"当系"资政"的误用，认为江泽民同志1998年10月22日给中共中央党史研究室的亲笔信中用的是"充分发挥党史资政育人的作用"，并进一步论述道："2002年7月16日，江泽民同志在中国社科院建院25周年座谈会上的讲话中阐述哲学社会科学的功能和作用时，精辟系统地概括为五句话二十个字：'认识世界、传承文明、创新理论、资政育人、服务社会'。毫无疑问，江泽民同志在这里讲哲学社会科学'资政育人'功能，同他亲笔信中讲党史的'资政育人'功能，思想观点是一脉相承的，遣词造句完全一致。""2002年7月17日《人民日报》头版头条以'江泽民考察中国社会科学院发表重要讲话，强调大力加强我国哲学社会科学建设，为中国特色社会主义事业服务'为题，首次发表江泽民同志的重要讲话，文中出现的是'咨政育人'。错误由此肇始。""咨政"确实由此时多见于报刊。现在各种正式的党和政府的文件中都能见到它的身影。对这种变化，学术界也有人发出了赞同的说法。"从狭义上讲，'咨'和'资'都是参政议政的一种形式，从某意义来讲，'咨'也是'资'的一种形式，'资'是综合性地主动去帮助执政，'咨'则主要是通过提出建议帮助执政。""因此，'资政'与'咨政'，都是为帮'政'，该'资'则资，该'咨'则咨，用得其所，各得其宜。"

2002年确实是"咨询"的重要转折点，这样对考察《现代汉语词典》为什么单单在2005年的第5版中才收录"咨询"是有帮助的。《现代汉语规范词典》在2004年没收录"咨政"，而在后来版本收录了，除了显示其慢一拍外，其初始之由也是明显的。

可究其本源，"资政"与"咨询"是不同的，区别就在于一是主动方还是被动方、给予者还是接受者的不同，二是行为与语言兼有，还是只有语言行为。

可是在"咨政"大行其道时，即导致动作的主体发生了变化，模糊了"资"与"咨"的行为主体，同时也消弭了"资"字重行为、实效果的内涵，突出了"咨"字重语言、虚行动的语义特色。这种变化是符合当今协商政治特色的，符合理论工作、文史工作有益于现实政治需要的特色的。这个变化是两个同义词的同化过程，在同化中根据时代需要，表现出了取其益、弃其弊的特点。从"资政育人"仍复存在的强势表现来看，它的消退并不明显，这就是"资"字本义内在的逻辑力在发挥作用。在二者今后的抗衡中，会发挥怎样的可能呢？考虑到语言的精细化要求，考虑到语言表达丰富准确的要求，是不是可以这样来设计它们的定位："帮助治理国家"义用"资政";"征询、求商、问计、探问治理之策"义用"咨政";"接受评议、质询"与"责问、追问"义用"问政"。

预测语言演化通常是危险的,但当语言因这样或那样的原因而出现人为的岔离时,作些调整或许是有益的。基于语言内在发展规律之上的预测,能使语言的表达交际更为高效。

参考文献

[1] 罗竹风. 汉语大词典 [M]. 上海:汉语大词典出版社, 1989.

[2] 中国社科院语言研究所. 现代汉语词典 [M]. "初印本""初用本" 1-6版. 北京:商务印书馆.

[3] 李行健. 现代汉语规范词典 [M]. 第1版,第3版. 北京:外语教学与研究出版社, 1998, 2014.

[4] 龙协涛. "咨政"乎?"资政"乎?:谈江泽民同志用过的一个词语 [J]. 咬文嚼字, 2009 (8): 4-6.

[5] 孔云峰. 试论"资政"与"咨政 [J]. 重庆行政(公共论坛), 2013, 14 (2): 42-45.

从查词典到读词典*

　　"查"词典是使用词典的通常说法。"查"为"查阅""查寻""查考"义，故对词典常有"有疑而查""以备查考""案头必备，以备查阅"之说。"查"词典突出了词典的应用性和针对性，固然是好事，但存一疑解一惑的使用习惯其实有诸多不妥。或是明其表而暗其里，只用到了词典的明处功用，而没有用到暗里的功用；或是少得而未多得，收获了小的、少的益处，而没有得到更大、更多的益处；或似是而非，看上去是用对了，实际上却是用错了。细细辨来，以下五点不可不察。

　　一、词典中的一条条词条不是孤立存在的资料，而是知识系统中的一个有机成分。一部词典对它反映的领域来说是一个有着密切联系的知识系统。词典对内容的收录是慎之又慎的，在规模、宽严、深浅上都颇有讲究。一条资料为词典所收录是入"典"，在知识的代表性上获得了一般书籍所没有的权威性。这种慎之又慎，就是严格甄别，左右平衡，比如人们通常会说到什么是词，什么不是词，什么是通用词，什么不是通用词，都是易说难做，而到了具体词典中则一切都变得可把握、可操作了。如《现代汉语词典》（第7版，下文简称"《现汉》"）收录了"白肉""大肉""精肉""皮肉""血肉"，而没有收"猪肉""羊肉""牛肉""鸡肉""鸭肉"，更不用说收"兔肉""鹿肉""禽肉"了，可见《现汉》对词语的收录与否是看重词语内部的凝固度，看重词义是否发生了引申化合等转化关系，而对见字明义的词一般是不收的。要识别某个学科中哪些术语是最重要的，可以通过词典收了哪些词、给了怎样

＊　原刊《中国教育报》2021年9月29日。

的解释来观察到的。

二、词典语言并非如一般叙事文体，辞白意浅，可以一目十行，而是有着精练、严谨的语言表达，字少意多，词简识密，非多读、细读不可尽得，唯有多读、细读，方能在安静而沉浸的阅读中体会到词典传递的更多信息。如"生"字，意义丰富，构词能力极强，仅从它那"生长"义就构造出了许多粗看相同、实则有别的词语，如下面的词语可分为三组："卵生""胎生""野生""次生"；"伴生""腐生""共生""横生""簇生""环生"；"对生""互生""轮生"等，《现汉》对这些词语的释义很值得玩味。它将"卵生"组词释为形容词中的属性词，如"【卵生】形 属性词。动物由脱离母体的卵孵化出来，这种生殖方式叫作卵生。卵生动物胚胎发育全靠卵中的营养"；将"伴生"组词释为动词，如"【伴生】动 一种事物伴随着另一种事物一起存在（多指次要的伴随着主要的）"；将"对生"组词释为动词，如"【对生】动 叶序的一种，茎的每个节上长两片叶子，彼此相对，如槭树、丁香等的叶子"。后两组词之间又稍有不同，如"对生"组的第一句是"叶序的一种"，表明它属名词义。这在"叶序"词的释义也能得到证明："【叶序】名 叶在茎上排列的形式，常见的有互生、对生、轮生、簇生等。"而"对生""互生""轮生"几词却标为动词，它们的释义突出的是"茎的每个节上长两个叶子，彼此相对""茎的每个节上只长一个叶子，相邻的两个叶子长在相对的两侧""茎的每个节上长三个或更多的叶子，环列在节的周围"的动词义。而在"伴生""腐生""共生""横生""簇生""环生"几词的释义中则显示了"伴随……一起存在""分解……摄取……""生活在一起""杂乱地生长""聚集成团或成堆地生长""一个接一个地发生"等动词用法。如此精微的语言表达只有在词典中才能见到。词典对语言准确、精练的讲究，达到几乎无以复加的程度。对如此用心写就的著作怎能不仔细阅读品味？

三、词典对词条的释义并非只用文字来作单一的呈现，一部好的词典还有着多种设计精巧的标注形式，最大限度地全面、细致、详尽地呈现词语的意义、功能与用法。这些匠心独具的词典表达形式在应急式的"查询"中自是难以尽现。如，《现汉》注重对词语的比喻义的反映，根据比喻义的稳定和独立程度使用了多种表示方法，而对例句中的比喻义则用菱形符号"◇"来表示，如"【奔腾】⑤（许多马）跳跃着奔跑：一马当先，万马~◇思绪~｜黄河~呼啸而来"。"◇"符号的使用，使规范性词典对现实语言生活的反映，提前到了新用法新色彩的前期阶段，更充分地展现出词典对语言生活的关注和指导。这样有很高语用指导价值的标注符号，如不仔细阅读就难以有效提高语用的准确性。

　　四、词典并非词条的简单编排，还会根据不同的内容和特点，追求最佳的词典表达形式。例如词表，一般都是将所有的词条按音序排列，以方便查询。这一做法实际上是只看重了单个词语的语音关系，而忽略了词语之间的语义关系。《义务教育常用词表（草案）》有"音序表"和"义类表"。"音序表"中在每个词语后除了有"拼音""词性""词级"等信息外，还有一个"义类码"的信息。根据"义类码"可以迅速在另一个词表"义类表"中找到这个词的所在义类，查到与它同在一个义类的词语。如"音序表"中的"【推迟】/tuīchí/2/动/柒三Eb"，根据编号"柒三Eb"就能找到它在"义类表"的位置，及同在一组的其他6个词："推2、延2、推迟2、延期2、延迟3、延缓3、推延4"。每个词后面的数字表示词级。这7个词按词级升序排列，分别对应小学的第1学段、第2学段、第3学段及初中的第4学段。"义类表"的最大好处是将词表中所有词语按语义关系编列成一个大的语义系统，大大方便了学生的学习和理解。这是词表整体编排形式的一大进步。词典的编排形式已成词典内容的一个有机成分，深深影响了词典内容的构成和呈现。没有系统地阅读是难以做到对词典内容准确理解和正确使用的。

　　五、词典内容不是静态不变、超稳态的，而是与时俱进的。若只把词典当作查询对象，关注的只是一条条具体内容，"顾其一点，不及其余"，其潜意识则把词典内容当作静止不变的知识。而实际上词典是与时俱进的，它的内容总是处在变动之中，每一次新版的问世，都是词典编纂者们殚精竭虑、对现实生活中语言使用点滴变化的用心考察、甄别、筛选的结果。如有一个常用词【奖券】，不同版本《现汉》对它有着不同的释义。《现汉》试印版（1960年）："旧社会里资产阶级骗人的赌博性质的证券。票面编有号码，以票面价格出售，以实得的款中提出一部分充作奖金，分成几等，然后从全部号码中抽出若干号码，抽中的按等级领奖，不中的完全作废。"《现汉》第2版（1983年）："旧时金融机关为了骗钱而发售的一种带赌博性的证券，上面编着号码。奖券按票面价格出售，发售者从售款中提出一小部分为奖金，分作若干等，中奖的按等级领奖，不中的完全作废。"《现汉》第3版（1996年）、第4版（2002年）："一种证券，上面编着号码，按票面价格出售。开奖后，持有中奖号码奖券的，可按规定领奖。"《现汉》第5版（2005年）："⟨名⟩一种证券，上面有图案、编号等，多在游艺、销售等活动中抽得。开奖后，持有符合中奖规定奖券的可以领奖。"《现汉》第6版（2013年）、第7版（2016年）："⟨名⟩商家作为奖励赠送给消费者的优待票券。"在半个多世纪的不断变化中，不仅能看到它的政治属性、价值判断、情感色彩的变化，还能在对它客观属性的描绘中，看到词义不断地简化和集中，越来越突出了词义的区分性特征。

所谓"读书"，凡书皆可读，凡书皆应读，词典是书的一种，也在须"读"之列。由于词典内容浓缩而集中，词典语言简洁而凝练，词典形式系统而规范，词典内容与时俱进不断更新，所以更需要我们静下心来慢读细读。唯有如此，才能真正走进人类知识精华的结晶——词典；才能在真正需要释疑解惑时，一查中的，左右贯通，上下串联，全面融汇。

2021年8月15日

于厦门湾南岸海悦品斋

"阅读"九法[*]

文科的学习，向来主张多读。"读书破万卷，下笔如有神""读万卷书，行万里路""手不释卷""开卷有益""书到用时方觉少"，都主张多读书。我们要学好大学语文，不能靠一个学期学的十来篇作品，而是要养成良好的阅读习惯，方能受用一辈子。这里就谈谈怎么阅读，怎么把我们的阅读从课堂延伸到课外，从教材里延伸到教材外，从专业书延伸到百科书甚至杂书，从大块的专门学习时间延伸到手起手落、手忙手闲时。

一、精读与粗读

精读就是仔细阅读、精细阅读，这是中国学生最擅长的。从小在学校、在课堂，用的都是精读之法，字斟句酌、细嚼慢咽，揣一字而历久，品一句而徘徊。这是精读的好处，可另一方面带来的结果必然是阅读数量的减少。阅读的收获不仅来自精细，还与阅读量大小成正比关系。犹如矿石的冶炼、提纯，从有限的矿石中，越到后面提取到的精华越少，而付出的成本却是成倍上涨。只有粗读，才能快读、多读，才能博采精收，才能撷嫩芽而茗新，啜清流而品精。

二、专读与泛读

专读指专就某一领域、主题的阅读。专读是目的性很强的阅读，"有备而来""开门见山""有的放矢"。这样的效率自然是高，往往能收到立竿见影

---

* 原刊《大学语文讲义》第1版，清华大学出版社，2023年8月。

之功，但泛读所带来的随兴所致、蔓衍旁及的意外之喜，则是不易碰到的。

泛读还有广泛阅读之意，可以就自己感兴趣，有时甚至谈不上兴趣，仅仅是不那么讨厌的领域、知识、话题，也可以有休闲、放松式的阅读。所谓"开卷有益"是也。因为知识的积累，在有目的、有目标、有任务地穷究不舍地追寻、检索之外，还有很重要的一法就是要靠泛读中的偶遇，靠"蓦然回首"，靠"踏破铁鞋""惊鸿一瞥"，靠只因为"多看了你一眼"。

三、慢读与快读

慢读可以指缓缓轻松不经意地阅读，也可以指进度不快、专心致志地阅读，后者伴随着的是精读与专读。无论是缓慢还是迟慢，读的量当然都不会多。书海无边，一书一世界，读书太少，自然精彩世界也就少了许多，离"学富五车""汗牛充栋"，也就可望而不可即。阅读需要"只争朝夕"。君不见，多少有志于学习者都有过在校数载、遍读馆中书的志向。唯有快读，才能多读；唯有快读，才知书之高下优劣。有此经历者，往往成为其终生乐于回味的佳事。

四、坐读与立读

坐读指坐着阅读，是阅读的基本方式，可以进行各种类型的阅读，可读可想，可读可写，可快可慢，既可严肃认真地阅读，也可轻松闲暇地阅读。立读指站着阅读，它不能持久，也不方便记录与笔思，却有着特别功能，一是可随时阅读，可利用小而碎的时间，可养成随身携书、有空即读的好习惯。二是可以强制性地进行快速浏览性的阅读。针对现在学生只会精读、细读的不足，笔者常会要求学生在图书馆的分类书架前，在一个时段中至少阅读同一书架的20～30本书。要做到这些，只能是立读，只能是读提要、读目录、读前言后记、读序跋、读概言总论。立读能帮助我们形成强制性快读之用。

在上面四组阅读中，我们特别看重"粗读""泛读""快读""立读"，就是希望不要让阅读成为一项任务，而是成为一种习惯；不要成为学习中的"焦点"，而要成为生活中的"散点"，让阅读无所不在、随处可见、唾手可得。

五、"不动笔不读书"

读书写字，通常用来指学习，它反映了学习的两个主要过程。可这里"不动笔不读书"中的写字，却不是指学习过程，而是"读书"过程中的一种伴生方式。要读书，就一定要做好笔记。"好记性不如烂笔头"，做笔记方能让读过的书，过目留字而能存脑。动笔有两种动法：

一种是做卡片。做读书卡片，就是把书的精彩处，或是断语，或是新例，或是别出心裁的角度与论证，都能录之于卡片。此即文摘卡片。它的好处是能将书的精华从繁枝茂叶中摘取出最佳者，从苍苍海水中提纯出最浓缩者，把它放入自己的记忆之库，成为自己的知识和语言。做文摘卡片，一是要讲究准确，一字不差，一个标点符号也无误，且保留完整出处、书名、作者、出版社、出版时间、版本印次，以及页、段、行，方便在将来引用时万一找不到原书也可放心引用、准确查找。二是要做到一条资料一张卡片，一张卡片一条资料。一事一卡，一卡一事，为的是方便归类，方便整理。卡片的最大好处就是独立性，两事一卡，今后必定会有失散处；一卡两事，必定会有一事被淹没。除了文摘卡，还有一类是读书卡，也叫读书留迹卡。凡读一书，必留一卡，哪怕只是保留书的最基本信息，也是极为有用的，特别是对于泛读、粗读、快读者。

另一种是做笔记。如果说做卡片是记书记文，记别人的东西，那么做笔记则是记自己的，记自己的想法体会，记自己的观察联想，记自己的创作灵感。做卡片要一卡一事，看重卡片的独立性；记笔记则最好是用小本本，以成连续体，日久成册、多册成序，可以清晰地观察到主人的发展脉络与学术成长过程。

无论是做卡片还是做笔记，都讲究一个随时、及时。更好的习惯则是随笔写下"记于某年某月某日某处"。其好处，则需你有了实践后才能慢慢体会得到。

读书乐

　　文人之谓文人，首先是读书多。大学生是"科班"教育最重要的一个阶段，也是读书涉猎最广的学习时期，寻找读书乐的感觉，培养读书乐的习惯，最为紧要。

　　"读书乐"顾名思义就是"读书快乐""以读书为乐""乐在读书"。俗语"学之不如好之，好之不如乐之"，可谓精当之言。这里说出了读书的三个层次"学""好""乐"，依次而进。"学"是行动，是动作，是过程；"好"与"乐"是体验，是情感，但有程度之分。"好"说的是心理感受的倾向与行为的向往，"乐"则突出了心理感受的深入沉浸与愉悦。"乐在其中""自得其乐""乐不思蜀""乐而忘忧"，"乐"是人生各种经历与情感中的最高境界。

　　真正的"读书乐"，必不是以"读书"为任务，为负担，必不会因此生厌。而是视"读书"为自然，为当然，为必然。有了"读书乐"，大学四年之学自无苦、孤、独、寒，自是争分夺秒、夜以继日、时不我待，自是手不释卷、目中有书、心有圣贤。

　　要做到"读书乐"，有三法可用。

　　一是多读快读。就是读书要立志，要有安排、有任务、限时间。国人向来倡读书要精读细读反复读，"温故而知新"。此法固然有效，但以忽略多读广读为代价，却是行之有偏、得之不全。唯有多读，才能于多中觅精要，于广中识高下。有泰山而无众山，则难有"大之""小之"的感觉。"囫囵吞枣，一知半解"。"吞枣"之瞬，就有"得半"之获，可谓高效。

　　二是读一书留一迹。"雁过留声，鼠过留迹"，这个"迹"可以是记笔记读后感之类，也可以是名句格言之录，甚至还可以是书名作者出版社出版时间等书目基本信息的留存。多而快，快而多，多与快必定导致所读之书在脑海留下的时间短。取之易，失之速；取之多，存之寡。如能做到对凡读之书都留有痕迹，以后用书之时能轻易触一返三，循此踪，寻彼真，是高效的另一种表现。

三是读书动笔。读书动笔，动笔读书，两相伴随。俗语"不动笔，不读书""好记性不如烂笔头"，说的就是读书与动笔的关系。读书留"迹"，说的是内容，本也包括了动笔的道理，但这里要将动笔专门提出，说的就是"动笔"的方式。读后感是动笔，摘名句格言是动笔，录书目信息也是动笔。动笔记之于笔记本，装订完整，前后有序，记以日月，显示读书思考的过程清清楚楚，长年累月，所记之物，既是读书过程，也是思考之轨迹，此为书之于笔记本之优；动笔记记之于卡片，一事一记，一言一记，一书一记，反之一记之与一事一言一书，则每一"记"都独立存在，日后方便于编码归类、重组再排，此为书之于卡片之长。有彼之优，亦有此之长，保证了读书高效绵延。

"读书乐"，是读书的最高境界。唯有读书之量与读书之效兼而并得，方能"乐而终岁""乐通古今"。

2023年4月30日

于厦门大学漳州校区主一号楼

从教助学

陆。

守初心，存高远

——记厦门大学嘉庚学院迎来首届新生前的二三事

厦门大学建校100周年，也是嘉庚学院建院18周年。从2003年9月招收首届476名学生起，至今日已是54个本科专业、14个院系的近2万名学生，恢宏的规模，满满的记忆。18年，弹指一挥间，在我那第30本的工作笔记簿中，记下了2003年8月初至9月中旬新生进校前经历过的几件事情，现在仍历历在目，恍如昨日。

一、2003年8月2日，标题"嘉庚学院教学安排"

纸面上写着6门课程的名称"现代汉语课""计算机应用课""文学概论与作品""公文写作与档案管理""编程语言""数据库"。这应是我对第一学期应开设哪些课程的考虑。这时距我接到组织部调令只有几天，校区还在建设中，学生即将进校，系主任的首要工作就是要排出课表，上哪些课，请哪些人来上。旁边有一行小字，"定位：有扎实的专业基础，有较强的动手能力，有多样性的知识和技能"。这应是对培养目标的考虑。下面还写了几位老师的姓名，主要是厦大中文系教师，有林宝卿、李晓红、苏琼等。后来第一学期正式开设的课程和授课老师分别是："文学概论与作品"由俞兆平老师讲授，"现当代文学"由苏琼老师讲授，"公文写作与档案管理"由王承丹老师讲授，"现代汉语课"由我讲授。"广告学"请的是厦大新闻学系的畲绍敏与叶虎两位老师。

二、2003年8月4日上午，标题是"嘉庚学院第一次会议"

本次会议参加人员有厦门大学朱崇实校长、王豪杰书记、主管教学的吴士农副校长、漳州校区管委会主任黄如彬，还有出任嘉庚学院院领导的戴一峰、李初环、张必华及七个系的系主任。

朱校长首先讲话，对学院规模、办学宗旨、办学要求作了全面要求。我的小本本上记了几点：（1）嘉庚学院作为厦大的学院，质量要放在第一位。（2）要充分利用厦大的优质教学资源。（3）学生是厦大的，要求应和其他学院一样，不能有差别，不能歧视。要制订详细的教学计划，确定培养目标，一定要保证本科水平，不同的只是办学机制、办学模式。（4）要有创新的办学模式，要对本部的教学起推动作用。出任嘉庚学院院长的是来自新加坡南洋理工大学的教授，学校看重他的国外教育与教学经历，要让他引进外国先进的办学模式和办学机制。（5）系主任要有远见和胸怀。聘请好师资是最核心的工作，要让设计出来的好课由最好的老师来讲授。课酬上略高于厦大，聘任的师资达到厦大要求的可以双聘，科研可在校本部做。

王书记着重从办学意义、目的、要求上作了阐发。果真是党的领导干部，让听者个个心潮澎湃。（1）为什么要办嘉庚学院？厦大是研究型大学，招生规模有限，嘉庚学院是为了更好地顺应社会需求，为社会提供更多层次的优质本科教育而创办。（2）只能办好，要办出质量，是厦门大学嘉庚学院，不是厦门嘉庚学院。（3）一定要有创新，要有别于校本部的办学，也要有别于其他民办高校，要用"独""优""名"三字来作为办学的指导。（4）起步特别重要，要走好第一步，培养好第一届，从现在就要用心做好。（5）学校对各位赴嘉庚学院任职的干部，有着高度的重视，是委以重任。

通过朱校长、王书记的介绍，我对嘉庚学院才算有了粗略的、较全面的了解。思明校区的面积占地2100亩，拥有72万平方米建筑；漳州校区占地2500多亩，拥有60万平方米建筑。今年招生500名，明年后年各招1500名，五年后达到8000至10 000名。没想到的是，后来的发展大大超过了这个速度。

接着是吴副校长讲话，着重谈了教学的安排。每个系要配以精干的教学秘书，系主任要掌握好可以聘任来上课的教师名单，1/3的教师可以来自校本部，1/3的教师来自退休教师，1/3的教师来自博士生。要编制好四年的教学计划，先把大一课排好。接着黄如彬主任、教务处干部分别就交通、生活、教学计划等作了交代。最后朱校长还说，为了方便大家办公，把颂恩楼19层的2号会议室留给嘉庚学院以做开学前的办公场所。

通过这次会议，我对这个全新的工作岗位有了新的认识，深感肩上的担子沉重，要对所管系科的专业发展和人才培养负起全面责任。当时的系名叫作"语言与信息传播系"，我事先对这个新岗位虽有所知晓，到组织部作岗前谈话时才得知系主任的人选曾有过其他几位的考虑，但因种种原因未能落实。打动我接下这个任务的是下面这句话："这个专业是按你来厦大后新创办的汉语言专业来规划的，注重应用，服务社会，在这边新的机制下可以放手来建设"。没想到这句当时有效的话，后来竟成为屡屡被领导一挽留就有效的理由，追求高品质的理念与灵活的办学机制，使嘉庚学院成为办新教育创大事业的沃土。

三、2003年8月4日，嘉庚学院第二次办公会

这是第一次开嘉庚学院院内的办公会，本次会议由戴一峰副院长主持，他把自己的电子邮箱告诉了我们。会议的主要任务是编制教学计划，特别是新学期的课表，主要是排专业主干课，要求一周后即8月11日递交排课计划。我的系有两个专业，即"汉语言文学（文秘与信息处理方向）"和"广告学"。新来的行政秘书兼教学秘书兼辅导员是个小伙子，叫全诗华。聘用他时还有一段小插曲，当时我正好在福州出差，负责招聘的徐维刚主任打来电话，问我对招聘人员有什么要求，我说你们定吧，只要有人来帮上忙就可以了，如有选的话就要位男的。徐主任说正好有一位是小伙子。诗华进来后表现得特别能干，第二学期就被调到学院规划办去了，我还很舍不得一阵子。后来诗华到外面去发展了，他还感念我当时的知遇之情，每每新年时都会来问候。中文系后来出了不少能干的行政人员，第二位是孟丹，也很快就去担任教务部部长了，她一直做到2010年随先生去了河南。还有现在保卫部的刘丰副部长，学工口的付胜勇、张佳妮、张倩瑜，人力资源部的卢志良等，我和他们都在一起很好地共事过。还有郑育琛，在职读了博士，转了教师岗，在嘉庚学院服务了很长时间。

四、2003年8月18日，漳州校区工作动员大会

　　这次是厦大全校性大会，因所有院系的新生都要入住漳州校区，各院系领导和学生管理干部都参加了。我们作为在嘉庚学院各系任职者也出席了。会议由校办主任李泽彧主持。首先是黄如彬主任讲话，讲了四点：要有光荣感；要有责任感；要有吃苦思想；要努力创新，充满信心。朱崇实校长谈了三点：要营造老校区的氛围；要注意条块结合，处理好漳州校区新生与老校区的老生之间的关系；处理校区与地方及周围单位的关系。再后面是王豪杰书记讲话，豪杰书记从嘉庚学院建筑的六大要素谈起，引到漳州校区与校本部共同秉承的嘉庚风格、嘉庚精神。在他的讲话中重点说了三点，"什么人过去""过去干什么""怎么干"。那时，厦大的老师和干部们去漳州校区工作，漂洋过海，舟车劳顿，很不习惯。特别是行政人员，要天天到岗，学生管理干部还要入住园区，周末才能回岛回家。书记谈得最多的就是光荣、艰苦、责任、信心、锻炼、考验、前景、光明。几年后有了翔安校区，校本部一、二年级学生迁离了漳州校区。在当时，漳州校区作为厦大的一片热土，也是一片生土，要管理好、发展好，确实需要鼓起干劲，发挥昂扬的斗志，还要有理想主义精神。对这一番新局面，厦大党政领导的确是下了一番大气力。

五、2003年8月19日，嘉庚学院第三次办公会

　　这次会议由戴一峰副院长主持，主要是讨论七个系九个专业的开课计划，全部课程分成了"学院公共基础课""学院通识课""各系专业基础课"三大块。虽然后来的课程布局有所调整，但基本架构却一直未动。各系系主任考虑的主要是专业课程，全院的课程体系和人才培养的整体设想和规划，主要还是靠戴副院长，他经常与在新加坡的王瑞芳院长保持着密切联系。

六、2003年9月9日，嘉庚学院第四次办公会

　　这次会议由王瑞芳院长主持，这是他到校首次主持的会议。王院长刚从国外回来，意气风发，对创办一所高质量的新型大学充满理想。他的讲话不多，不像一般领导那样，初次见面就会大大阐发理念。他给人留下的印象是，这是一位对创办新型教育新式学校目标明确、行动踏实、信念坚定的领导者。这时

离9月14日新生入校已经很近了，故会议讨论的重点放在教学计划和迎接新生上。迎接新生地点选在校本部的国际会议中心逸夫楼。当时讨论的问题很细，如家长会的地点、如何用餐、入学通知、如何办理签到手续、如何收集材料、如何搬运行李等，都一一讨论安排。会后全体成员合影，王院长坚持要让七位系主任在前排就座，说校领导要做的就是当好一位服务者，他和其他几位院领导站在后排。这个举动后来很长时间都一直让我们几位系主任感动。"以教师为本，以学生为中心"的理念，一直成为嘉庚学院办学最重要的理念，也是最受到社会认可的理念。

中国的民间有"三岁看大，七岁看老"的说法，说的就是人的成长初年对一个人的终生有着奠基作用，这是基因的延续，也是铸造与塑形的功力。翻开笔记，回顾嘉庚学院筹建岁月，在首届新生入校前的那短短一个多月时间中经历的几件小事，让人深深体会到嘉庚学院是集厦大之力、汲厦大之精才办成的。办中国最好的应用型本科大学，办出国内同类院校中的最好与最优，这种理想在创办之初就奠定了。"三岁看大，七岁看老"是民间之说，套用政治话语是"坚守初心、志存高远"。不管嘉庚学院今后的道路多远多长，这种理念与传统，应是永远不会发生变化的。

2020年6月11日

厦门大学嘉庚学院的"务虚"与"务实"

　　厦门大学嘉庚学院之所以能在不长的办学历史中就在我国东南地区崛起，跃居国内同类院校榜首，美誉延续始终不减，"务实"精神自是起着关键作用的。务实精神在嘉院随处可见，"扁平化管理"是管理体制上的务实，一周三次的"答疑制"是教师面对面服务学生的务实，每年暑期两周的"实践教学"是学生全面接触社会、锻炼服务社会能力的务实。其实，在这种务实精神背后是有着清醒、自觉的"务虚"精神在支撑着它们的。正是有了充分的"务虚"，才会有扎实而自觉的"务实"。校领导对要办成什么样的教育，走什么路，如何走，是有着深刻认识的。对"务虚"的积极倡导，不断完善，持之以恒，已形成了一种制度，最集中就是体现在学校管理干部每年一度的"务虚会"上。

　　一连几天的务虚会，各院系与管理部门的主管轮流上台汇报本单位工作，成绩不谈或少谈，多谈问题与思考，重在发展目标与应对措施。这样的务虚会绝不是平时常见的评功摆好式的总结会，而是认真回顾走过的坡坡坎坎，前望将要迈过的峰峰岭岭，其结果是使来年走得特别的清醒而自觉、特别的踏实而有力。在嘉院，务实与务虚，务虚与务实，紧密结合在一起，务虚是认识，务实是实践；务虚是指导，务实是保证。

　　我参加了建校以来所有的务虚会，浸润的时间长，印象深，自然受益也就大。我对其中一次务虚会印象特别深，那是2012年底的武夷山务虚会，当时学校即将迎来建校10周年的喜庆日，本是总结成绩、评先庆功的时候，可学校把重点放在了务虚上，瞄准的是今后的发展目标，也就是后来常说到的"跨越式发展的第二个10年"。学校对务虚会准备得特别实在，早在9月开学伊始，就布置了将于12月召开务虚会的准备。我在电脑里找到当时校办所撰《第四周系主任工作会议纪要》（2012-9-25）。那天，主持工作的戴一峰副院长讲了很多，共谈了八个问题，第一个问题就是对各单位要在务虚会上汇报的发展规划。下面记录的是戴副院长对第一个问题的布置。

王院长在第一周系主任工作会议上，就学院短期、中期、长期的发展，都提出了一些基本思路、主要任务和工作要点，请大家回去后认真学习、领会，准确向教师传达。

为落实学院的新一轮跨越式发展，依据王院长提出的工作思路和要点，戴副院长下达了以下几项具体任务：

（1）本学期内完成各分院、系发展规划

戴副院长要求各分院、系应当依据王院长就学院短期、中期、长期发展提出的基本思路、主要任务和工作要点，结合单位自身的现状，认真规划本单位具体发展目标；发展规划同样考虑短期（1~3年）、中期（5年）、长期（10年）的不同发展目标；目标的制定应当是具体的、尽可能数据化的、可跟踪的，目标完成情况是可检验的。要求各分院、系主任在静思会前完成发展规划的初步构思，以待静思会时进行讨论。

……

"目标的制定应当是具体的、尽可能数据化的、可跟踪的，目标完成情况是可检验的"，说来容易，做到却很不容易，可对文传院来说却如同及时雨，是非常及时的指导和必做的功课。当时的文传院几经重组，特别需要清晰、明确的发展规划。文传院有四个专业，中文与广告两个专业成立于2003年，同属"语言与信息传播系"。翌年拆分为中文系与新闻传播系，广告专业与新设立的新闻学、广电学两个专业归入新闻传播系。2009年撤系建院，四个专业合为人文与传播学院。学科如何进一步交叉与融合，组织管理如何更上一个台阶，特别是作为全校由"扁平化管理"转而为"实体院"的首个实践单位，如何发展好、建设好成为摆在面前的大任务。那一年正逢学校办公用房大调整，文传院要从原来分散在经管楼和人文楼中搬迁。在预方案征求意见中，我们的理想之地是整体搬入人文楼。人文楼的建筑开合大方，疏密有度，兼有办公、科研、教学三种功能用房，师生来往密切，曾获"省级示范中心"之称的"现代传播实验室"建立之初就安身于此，甚至连"人文楼"的楼名也成了我们要求入驻的理由。后来，学校出于整体发展的考虑，还是作出了人文与传播学院迁入主一号楼的决定。空间布局一切都要从头开始，由想法变规划，由规划变图纸，由图纸变现实，"务虚"先行，也就显得特别重要。

文传院提交给务虚会的报告标题是"院情分析与十年规划"。报告写得有点长，6万字，93页。正文17页，1.7万字，包括"院情分析""十年发展目标""保障条件与措施"三个部分。其他都是论证材料。下面是"导语"中的一段话：

本规划是我院院务委员与全体教师从2011年9月以来多次讨论而形成，召开过十多次专题讨论会，或为主题之一的讨论会。先后讨论过的议题有"办学空间的规划与布局""师资队伍建设""建立跨专业的课程大平台""工作室制度的创立""研究中心的布局与设置条件""各专业的定位、特色及发展步骤""学生工作机制与管理制度""服务性工作量的测算与考评""课程考核评分的依据及科学性""实践基地建设""实验中心的配备与功能""大演播厅建立的利与弊""大学语文课的性质及对中文学科建立的影响""《大学语文读本》编纂理念与选文原则""校友对提高办学质量的作用及校友会建立"，其中对"办学空间的规划与布局"的讨论尤为充分。

在一年半的时间里，先后经专业论证、分院论证，历经十余次修改，最终形成现在的发展思路。

所有的论证材料作为附件出现，下面是23个附件的标题，以窥其概：

"1_院务委员分工""2_嘉庚学院中文系系友会成立方案（讨论稿）""3_人文与传播学院校友会章程""4_院务会管理办法""5_人文与传播学院学生工作组筹建方案""6_九月、十月工作计划""7_大事记十七期""8_大事记收录指南""9_人文与传播学院网站筹建及管理维护分工安排""10_人文与传播学院学业导师工作管理办法""11_服务性工作量化指标""12_课程考核评分准则""13_学术交流活动管理办法""14_本科生毕业论文（设计）暂行规定""15_现代传播技术实验中心十年发展规划""16_人文与传播学院办学空间规划书""17_不建演播大厅的说明""18_朱健强关于不宜建立大演播厅的论证意见""19_文传学院工作室规划""20_汉语言文学专业5年招聘计划""21_广播电视新闻学师资建设十年规划书""22_广告学专业师资建设十年规划书""23_人文与传播学院学生工作团队十年建设计划"。

　　这次的"务虚"对文传院后来的发展产生了重要影响。正是因为有了"办学空间的规划与布局"的充分"务虚",才有了后来文传院实验室十年建设的"务实"。第二期建设(2015年),第三期建设(2017年),第四期建设(2019年)都推进得特别顺利。从申请报批到组织论证,从领导审批到组织建设,再到投入使用、发挥效用,一步一个脚印。目标远、规划大,是需要物质条件来保证的,学校不可能停下其他建设把资金都用来支持一个院系;但学校的发展又是长期的,是稳步前行永不停息的。当我们的发展能够围绕一个目标踏实前行,分期分批投入也就不难了。行稳方能致远,高远目标定能实现。"积沙成塔""水滴石穿""集腋成裘""久久为功",说的就是这个道理,而务虚成为成就目标最重要的条件保障。

　　嘉庚学院的发展为什么会如此快而稳,是因为它的每一步都是那么务实。而所有的务实,都是因为它对自己要达到的目标,对要怎样实现这些目标,有着深刻的认识。这些认识通过一次次的务虚深深烙在所有嘉庚人的脑海,再转化为清醒自觉、踏实有力、永不停息的务实。

2023年2月22日
于厦门湾南岸海悦品斋

"一体四翼"，打造对台语言文字研究团队

——《语用研究》*前言

2015年12月2日是厦门大学嘉庚学院人文与传播学院（以下简称"文传院"）办学历史上具有重要意义的日子。这一天，福建省高等院校人文社会科学研究基地两岸语言应用与叙事文化研究中心经省教育主管部门批准，落户我院。文传院在短短的办学历程中，曾获得不少省级学科建设项目。早在创办的第三年，现代传播学实验中心就挂上了"省级示范中心"的荣誉牌。从第六、第七年开始井喷式地连续获得省级精品课程（"应用语言学概论""新闻采访与写作""纪录片教学"）、省级教学团队（"应用语言学概论"）、省级特色专业（广播电视学）、省级综合改革试验区（广播电视学）、省级教学名师、省级杰出青年教师（袁碧霞博士）、省级新世纪人才（庄清华博士）等荣誉，使文传院的办学在较短时间达到较高水准。但省人文社科研究基地的落户，乃是我们最看重的一项，因为它体现的不是某个专业、课程或个人的局部成果，而是彰显一支有一定人员规模、有相当科研体量、有相当特色的科研团队已经形成。体育竞赛中向来看重团体奖，其原因大概也在于此。

我院的语言学学科较早就形成了一支老中青的精干研究队伍，其成果与学术活力在国内学界颇受关注。多年来，全院五个专业的老师一直希冀我院的科研能由点发展成面，由单个学科的领跑发展成齐步的方阵跑。"专事耕耘，必有收获"。老师们在高水平学术刊物上发表的论文，从单篇到专栏，承担的课题从一般项目到重大项目，研究任务从个人钻研到团队的联合攻关。与海峡对岸的交

* 《语用研究》，厦门大学出版社，2017。

流，从单向访台发展到两岸师生组队互访，甚至跨岸组建科研团队，与台湾省"中央大学"有关院系通力合作，语言田野调查足迹遍及台湾省半数县市。

两岸语言应用与叙事文化研究中心组建了四个颇具实力的研究室，分别是语言规划研究室、语言传播研究室、叙事语言研究室、视觉语言研究室。它们拥有共同的学术追求，这就是"语言应用"。这是全体成员的共同学术追求，更是我国语言学界"返璞归真"演变大势的反映。纵观世界语言学在20世纪大部分的时间里，最大特点是沉浸于对语言形式、语言结构的探究，孜孜于语言的抽象性、结构性、类型性、普遍性，使语言学愈来愈成为纯而又纯的本体学科，以致获得了学术"象牙塔"的美名。当它立于塔顶，回望身后，感叹的竟是"长于微观的观察分析，失之于宏观的多维视野，封闭式研究的局限性和语言文字研究对象的综合性不能相互适应"的孤独之慨。俯瞰大地，才发现原来的栖身之地竟是如此的绿色葱茏、生机勃勃、万物共生的和谐生态。从20世纪80年代起，中国语言学逐渐走出单一结构主义形式研究的樊篱，各种注重于人文、应用研究的学科，如文化语言学、社会语言学、认知语言学、话语语言学、心理语言学、交际语言学、传播语言学等层出不穷。而始于世纪之交、鼓呼腾跃于世的"语言生活派"，更是将语言和语言学的生命力发挥到了一个新的高度。两岸语用中心的成立就是中国语言学发展大势的一个缩影。第一研究室将语言应用的核心"语言政策""语言规划"作为自己的主攻领域，尤其是两岸语言教育政策、教育教材语言及语言规范理论。第二研究室基于对传统媒体发展困境的认识，致力于新媒体兴起的两岸语言传播研究，开展了"新传播环境下两岸舆情观测及舆情规律研究"等课题的研究。第三研究室从两岸文学研究中寻找到新的连接点，发掘其内在的深远精神价值，强化两岸在中国文学上的相互参照与对话。第四研究室着力于两岸广告语言研究，致力于广告设计和营销语言的审美幻象的建构与比较、两岸广告设计的审美趣味与审美标准的比较、两岸广告语言与消费行为审美自律的比较。至此我们深深感到，紧紧扣住"语言应用"这个中心，它的边界是如此宽广，耕耘于人文大地，"语言应用"无处不在。

"两岸"与"语言应用"，"语言应用"与"两岸"，成为我们这个人文研究基地最突出的LOGO。基地背靠闽南名山南太武山，立足厦门湾南岸大陆绿地，面对日新月异的双鱼岛，放眼于两岸的语言应用世界，想的是一步一步地扎实前行。这本论丛的编纂，就是其中的一小步。

编纂本论丛有三个初衷。一是展示我院科研成果。这里收进了全体教师的论文，里面既有资深教师的醇厚之作，也有中年骨干的深思之文，更有青年才俊的新锐之见。科研是高校四大功能之一，也是培养高水平人才的基本条件之一。二是促进四个研究方向的发展。学科建设的时间不短，基地建立的时间不长，铸造队伍，凝聚核心，提炼特色，乃当务之急。三是展示我院的办学历程。在过去的年月中不少有识之士、有才之师都曾在我院工作过，共事的时间或长或短，但每位同事都以他们的学识与才情，为文传院的发展做出过贡献。这次有24位曾经执教于我院的老师惠赐了大作，让我们有机会再次领受到他们的关心和支持。这本论丛只是我院成果发表的第一步，"两岸语言应用与叙事文化研究丛书"的设立，为新成果的展示创下了一个宽广的窗口。

最后，谨诚挚地感谢全体同人的支持，在最短时间内将自己最满意的佳作贡献给了论丛。感谢编辑组，在院学术委员会副主任潘新老师的带领下，肖飞副教授、陈东兴副教授、江榕老师给予了鼎力支持，顺利完成了征稿任务；基地中心副主任杜晶晶副教授带领研究生林紫薇、张晓春精心编排加工稿件，为文集增色良多；中文学科带头人张开焱教授，以他的深厚学养和经验，贡献了诸多有创意的建议。最后的感谢想献给王瑞芳校长及其他几位校领导，谢谢他们对文传院始终如一的支持，对两岸语用中心的支持，当然还有对这本论丛出版的支持。

2017年3月18日 星期六
于厦门湾南岸

学科"长""短"的辩证法

——《传人》2018年总第9期"卷首语"

高校向来有"长线学科"和"短线学科"的说法。前者一般指研究基本知识的基础学科，偏学术与研究。有长线就有短线，可人们一般不说"短线学科"，常以"应用学科"代之。可见长线学科是不那么注重应用或是离应用较远的。在我们文传院中，长线学科自然是中文专业了，其他几个专业则属应用功能突出的短线学科了。"长""短"之分的好处是突出了不同学科的特点，但不足也是显而易见的，因为无论"长"与"短"，都有不足的一面。长线学科的不足在于应用，容易远离社会，疏于应用；而短线学科如只看到应用的一面，则"短"而不深，难于厚积薄发，难于瞻前望远，"短"也就真成为"短"了。

可喜的是，几年来我院的几个"长""短"学科，经过不懈努力，正在走向自己优势的那一面。四个应用性较强的专业为加厚理论积淀与创作能力，致力于优聘教师与完善课程，而长线的中文专业则明显加强了应用成分，如组织学生外出采风，为中国古典文学寻找到中华诵读与古琴具象的切入点，将汉服文化与中国传统礼仪相结合。这种喜悦之情在参加了2018年5月30日举行的"中国传统文化概论"课程的专题调研汇报会时达到了顶点。在所有的课程中，最"长"的莫过于"中国传统文化概论"这门课了。"传统"二字就可把"中国文化"这门学问上溯数千年。三年前，为使更多学生对自己的民族文化有更多了解，我们开设了这门平台课。但如何把它上好、上活，更好地接地气、接生气，也成了最踌躇的事情。这学期在张开焱教授、钟永兴博士、曲志强博士及年轻的马培红老师几位的努力下，我们找到了很好的契合点，就是从当下入手，从生活开始。下面这些题目都是引人入胜的："中国民俗技艺——布袋戏文化""重庆传统文化之旅""大径社区居民居住与经济状况调查""大径社区居民宗教血缘、婚丧嫁娶情况调查""大径社区居民原住民与外来人员相互认知评价状况调查"。从生活于其中、每天接触以至于熟视无睹的社会文化环境中的一事一物入手，同学们可以深入而真切地触摸中国传统文化中那悠远而变化着的物质文化、宗亲文化、信仰文化、婚姻嫁娶、人际交往。在这里，中国传统文化显示如此的贴近、鲜活、真切。

　　"长""短"的学科，只是静态、孤立的知识划分结果，当把静态的知识与当下、在地、真实的文化生活结合时，才发现它们原来是通乎初心、明理观变的文化大通道。

2018年6月5日
于厦门湾南岸品斋

学贵成

——《厦门大学嘉庚学院人文与传播学院师生获奖作品名录》前言

古人云"学贵成"。何谓成，"成"即成功，对所确立的或长或远、或大或小目标的实现；"成"即成就，所取得的比之优、闻之喜的突出业绩。"成"有大成，"十年树木，百年树人"，集家庭学校社会之力，将一名刚刚提笔习字学语的蒙蒙学子培养成社会栋梁之材；有中成，如修业成功，学一术长一技，修一行获一德；还有小成，如一门课程的修习过关，一次实践的圆满成功，一次竞赛的金榜题名。坚持"学贵成"，方能在对目标的不断攀登、对一座座山峰的超越中，积小胜为大胜，积小成为大成。学校是培养人才的地方，有目标，方能高远；重日常，方能成大才。"学贵成"，实乃贯穿整个办学过程，体现办学水平极为重要的要求与标准。

我校从2003年创校伊始，就把人才培养当作办学的最大目标。人文与传播学院贯彻学校育人理念，鼓励学生基于自己的专业特色，积极实践，敢于竞争，勇于创新。凡有锻炼才干、展示实力、崭露头角的机会，都鼓励学生去参与、竞争、夺锦。您手中这册《厦门大学嘉庚学院人文与传播学院师生获奖作品名录》就收录了我院师生在校级以上专业竞赛中获得荣誉的1200余项作品。我们曾一直追求能尽量把这本名录编得齐全些，让更多同学的作品能收存、保留，名留院史。可惜时过境迁，十余届数千名毕业生分赴全国甚至世界各地，要完全收齐相当困难，但现在汇集到的成果，已足够让我们对同学们取得的学业成就感到莫大惊喜。每一项成果都来之不易，每个作品充盈着潜思细研，展示出学生奋发拼搏，表现了对同台竞争者的超越。让他们从中出类拔萃、脱颖而出的平台，有的是政府相关主管部门组织的创新活动，有的是业界久负盛名的传统赛事，有的赛事是地市、省区级的，有的乃是全国或国际性的。有的获奖作品是小荷才露尖尖角，有的却已才气横贯，气度非凡。

师生共事，教学相长，这里还收录了部分教师的获奖作品。"取法乎上，得乎中"，是我们对教者的要求；"青出于蓝而胜于蓝"，是我们对习者的期待。希望我们的师生能在充满创造性的学习气氛中，更好地共同成长，为人文与传播学院的今天和明天而努力奋斗。

当院务会提出编印获奖作品名录的设想后，得到了全院五个专业师生的响应。黄丽明组长领导的学生管理工作团队积极行动，广为征集，精校细勘，各专业主任积极配合，还有石廷金老师精心设计，终于赶在十五周年校庆前印出了这本内容丰满、信息齐全、装潢美轮美奂的"获奖作品名录"，作为校庆礼物呈献于世。在此，我要对以各种方式参与其事的老师和同学们表示深深谢意，并希望，随着岁月的延伸，在将来编辑它的续集时，会愈来愈敦实厚重。

2018年10月1日

厦门大学嘉庚学院人文与传播学院"大事记"
前言

    2018年，是嘉庚学院建校15周年的大喜日子，人文与传播学院也迎来了它的同庚生日。从最初以主要依托母体学校资源办学，从只有2个专业77名学生、2名管理者1名专任教师，发展到现在的5个专业1700余名学生、70余名教师与管理者，办学水准与学科内涵更是跃上了一个更高层次。这里选取了人文与传播学院办学历程中若干有标志意义的重要事项，为了解文传院的教学与科研提供一些基本信息，从一个侧面反映我校全面快速的发展，也让它成为一个起点，更好地迈向下一个奋斗目标。

苏新春

2018年10月2日

千里之行，始于足下

——《文传之声·十周年院庆纪念册》卷首语

　　百年树人，十年一小期也；创一流名校，十年一短期也。然于人文与传播学院同仁来说，这十年却倍觉不易与珍惜。因为它意味着三千多个日夜的艰苦，意味着五千多名优秀学子的造就，意味着数百上千项作品、奖项、课题的获得。我们珍惜办学道路上走过的每一步。

　　中国人的思维总与"路"关联。"行百里者半九十"，言行进不可怠懈；"埋头拉车，抬头看路"，言方向于行人之重要；"三人行必有我师"，言行进中同伴之重要；"路是走出来的"，言实践之重要；"行成于思"，言慎行稳进之重要；"千里之行始于足下""不积跬步无以至千里"，言坚持不懈之重要。生活如同行路，创业如同行路，办学又何尝不是。2019年，人文与传播学院成立10周年，也是中文和广告专业创办16周年、新闻专业创办15周年、广电专业创办14周年、文管专业创办6周年的大喜之年。在这个极有意义的日子，我们编辑了这本小册子，有文有图，有人有事，就是希望真实地记载我们走过的每一步，真实地反映全体文传人的奋斗与追求的过程与结果。走过艰辛之路的人，回味"不忘初心"，才觉真切；重温"牢记使命"，才深感任重道远。

　　我们希望借这一小册之书，向给我们以指引与力量的领导和朋友们，向与我们一起奋斗与共事的同事和伙伴们以最诚挚的感谢：有你们，才有文传院今天的一切。

2019年11月27日

陈世雄《为文化强市求索——石狮文化强市调研文集》序[*]

2006年暑期，厦门大学嘉庚学院中文系赴石狮市实习小分队的9位同学，完成了一件极其有意义的事情。在他们的成长过程中，第一次走出校门，第一次参加专业实习，第一次进行社会调查，第一次撰写调查报告，第一次将自己撰作的文字印制在正式出版物中。其实，在与他们的接触中，在阅读他们的实习小结中，我发现他们的第一次还有许许多多，如第一次以调查者的身份面对社会，第一次"平等"地面对官员，第一次从事义工活动，第一次与解放军官兵同度八一建军节，第一次挎着公文包施施然地进出市府大楼，有的甚至第一次坐在外出调查的汽车副驾驶的位置上。

看到这么多的第一次，我的感慨油然而生：人就是在不断地增进阅历中成长起来的。我们的学生现在还很"嫩"，他们还只度过两年的大学生活，还带着中学生的稚气，所走过的生活道路还很单纯，一直行进在家门与校门之间。外面的世界对他们来说还是一片陌生，陌生一片。这种现状，对我们大学培养高素质，能够满足社会需求的合格的专门人才的目标是一个严峻挑战。我们的任务非常艰苦，在短短四年中，不仅要让同学们在知识上完成"科班"的理论基础打造，还要在人文精神上培养出大学毕业生所拥有的那份完善的人格、道德与操守。

通过这次短短三周的暑期专业实习，我们的同学完成了一次蜕变。目睹成

---

* 原刊《文化强市求索——石狮文化强市调研文集》，陈世雄编，香港人民出版社，2006。

功蜕变，我也在不断思考，我们作为大学的教育者、管理者，应该如何更好地寻找最佳的培养方式、途径，如何把握满足社会需求的最佳切入点，如何充分挖掘社会的各种有效资源，使得学校学习与社会学习、知识掌握与能力转换、被动吸收与主动服务更好地结合起来。我想大概有这样几点是值得总结的。

首先一点就是组织者要提供最佳的实践机会，给学生以最大的信任。

专业实习是大学生培养过程中的一项必备内容，但在实际操作中，弹性却非常大，可以在"见习""实习""科研"的宽广地带游移。为了提高专业实习的效果，尽量把学生由旁观者变为参与者，再变为实践者、研究者，是有这个必要，也是有这个可能的。赴石狮实习小分队的同学就是带着解读"石狮市文化强市"的明确任务下去的。石狮市是我省改革开放走在前列的城市，它的人均产值居全省第一，经济改革、政治改革、社会改革的诸多方面都取得了许多有示范价值的成就。由一个海边小小的渔村一跃而成为现代化的城市，它有许多经验值得总结和学习。对"文化强市"道路的探索既是石狮市改革开放20多年来社会实践的总结，又是对今后进一步谋求更大发展的重要课题。他们就是带着总结过去、探索未来的双重任务下去的。下去前，我们与实习活动的组织单位石狮市党校的陈世雄副校长进行了反复商讨，制订了周详的实习计划，每一个阶段都有明确的工作与任务，每位同学都承担有独立的调研专题。实习期间，在指导教师的亲临指导下，一步步地踏实走下去，听报告、读文献、访基层、调查分析，再到讨论与撰写，终于完成了初定的调研任务。从同学们搁笔后那如释重负的面情，我们读到了他们付出的辛苦与对巨大潜能被挖掘后的喜悦。

再一点，大概就是努力寻求社会有效资源，把社会服务与人才培养结合起来。

学校是培养人才的当然之地，但不管怎样建设，学校的资源总是相对有限的。而走向社会，充分利用社会的有效资源，则成为深化学校教育、开拓人才培养途径的必然之路。建立学校与社会的合作机制、共建机制，是多快好省之举。这也可以说是厦门大学嘉庚学院立院以来所一贯倡导的，本次赴石狮实习只是一种成功的尝试而已。石狮市委党校作为我们的实习单位，提供了各方面的条件与支持。从课题的选择到调研活动的开展，从资料物质条件的提供到方法上的指导，陈副校长都亲力亲为。我们双方的合作之深，已不分彼此，合作之谐，已难分彼此。可以说，没有石狮市委党校和陈副校长的支持，也就没有这次成功的实习。在此特别想对石狮市委党校，对陈副校长表示感谢。

以上主要从策划这次活动的角度谈了谈自己的体会。至于实习的内容与结果如何，则请大家阅读下面的内容了。这本集子肯定还有诸多的"稚嫩"与"不足"，包括从内容到形式，从分析到观点，但肯定也能从中看到同学们付出的辛劳，看到他们对这片土地的挚爱，看到大学生们对精彩世界的独特观察视角。无论是哪一种发现，相信对作者都是鞭策与鼓励。

2006年11月25日凌晨
于厦大白城品斋

嘉庚学子对闽南文化的思考

——《嘉庚学子眼中的东亚文化之都·泉州》序*

陈世雄先生对厦门大学嘉庚学院人文与传播学院有着深厚的感情。

他是我们学生的家长。他的儿子振宇是厦门大学嘉庚学院中文专业04级学生，当过班长，当过社会实践组的领队，有很强的独立性和抱负。世雄先生与老师们都保持着良好关系，父子俩曾为是否出国而相持不下时，会各自找到老师娓娓陈情以争取对自己的支持。振宇从英国留学归来后，与家长在就业问题上各有选择时，也会一起来到老师家，于品茗中坦诚地交换意见。

他还是我院实习基地的负责人。为我院学生的实践教学殚精竭虑，筹划建立了实习基地，还亲自带领学生前往基层单位考察，邀请石狮市有关部门的主管领导为学生介绍社会发展的一线情况。

他更是有着极强社会抱负的闽南文化研究家、我国当代"文化建国论"的倡导者，并以他的才识和责任心成为我校尽心尽责的编外老师。在2000年前后，世雄先生出版了一系列闽南文化研究专著，如《石狮之路》《福建大趋势》《中国之路》《小康论》《霞泽牧渔》《文化立国论》《中国私营经济论》等，其中尤以《文化立国论》影响卓著。他到处写文章，呼吁良好社会文化的建构。"没有文化的经济是海市蜃楼，没有道德的经济难以为继，没有信心的经济将会走向崩溃。文化软实力，能量无穷。""和谐社会，文化先行。和谐社会，文化为本"。这些年来文化战略已写进了党的代表大会报告和国家

* 原刊《嘉庚学子眼中的东亚文化之都——泉州》，陈世雄主编，香港风采出版社，2014。

发展规划，可以知道这种理论倡导的前瞻与深思了。

世雄先生没有把自己的研究仅仅停留在书斋与独悟上，而是与泉州石狮的政治改革、与闽南文化的发扬光大紧密结合在一起，与高校对年轻学子的培养结合在一起。在2005年至2007年，他连续三年带领我院学生利用假期进行社会实践，组织十余人的调查小分队，一人一个专题，从阅读文献、实地考察做起，到搭建文构、组织材料、动笔撰写，最后形成万余字的长文。这任务对年轻的大学生来说委实不轻，里面都浸透着世雄先生的心血。一次10篇，三次就是30篇，而且每次都结集出版。三年三部书，嘉庚学院的学生出版自己的研究成果了，成为当时的一件美谈，此事还被多家新闻报刊登载报道。

我们的学生实在是幸运的。相隔几年后他们又得到了这样的机会。去年秋天，老师们到石狮访问，世雄先生再次提议组织学生进行一次全新的闽南文化实地调查，现在这个集子就是这次调查的成果。从下面10篇论文来看，就可知内容之丰富：

1.《触摸古老文化的根须——泉州天后宫和梨园戏》

2.《以德化瓷，品安溪茗——茶乡小民的瓷都一日游》

3.《泉州桥的文化》

4.《从闽南文化节到世界闽南文化节的魅力》

5.《千古温陵寻同源，数万薪火传文化——海内外3000万泉州人的文化交流情况》

6.《泉州成功申报东亚文化之都的经历》

7.《泉州文化产业发展》

8.《泉州现代公共文化建设》

9.《泉州宗教文化》

10.《韩国光州的文化现状与发展战略》

十位作者都是嘉庚学院的在校学生，有的学生来自外省，对闽南文化还处在由浅入深、由感性到理性的认知阶段。这么短时间内就能取得这样的进步不能不令我们感到惊叹，他们所付出的努力和辛苦可想而知了。

为了做好这次调查，我们还给每名同学配了一位指导老师，而总责其事的是王世海博士。王博士在文艺理论领域卓有研究，且极具诗人气质，可做起实习带队老师又是那么的踏实与细致。在此，对我们勇于实践的同学与老师们表示深深谢意。

社会办学，利用社会资源办学，把学办到社会中去，这是培养学生社会实践能力极为重要的一环，对文科大学生来说更显重要。这里，不仅仅是才干的增长，大学的本地化，也是大学为当地社会建设与发展应当做出的贡献，大学生对所在的生长环境应有更透彻的了解，这些都是在更高层面上建设良好文化生态环境对高等学校提出的新要求。

2014年7月16日

张端端《不知诗欢》序[*]

  我可能不是一名合适的读诗人。研究语言的人，往往过于看重语言的严谨与严密，这与诗歌对新奇搭配的追求是相悖的；年老者，与充满浪漫诗意的年轻女生，能否相向而行，也常令人担忧；尤其是作为入世甚深的务实者，与信奉"不知""禁用波澜"的诗人，似更有障碍。可端端是从我们学校走出去的诗人，更达到了缀诗成集、韦编出版的水平，带着为人师的骄傲，还有挡不住的先睹为快的吸引，我有幸成了端端诗集的先阅者。

  "诗言志""诗言情"，诗歌是专为感情而生的文体。言为心声，语言是心灵的再现，"情动于中而形于言"，"言"与"文"，"文"中的有韵之文与无韵之文，其实在表现方式上是处于同一个阶段的。故读端端之诗，不妨先读端端之文，而读端端之文，不如先读端端之名。我在阅读中就是从她的"名"，再到"文"，再到"诗"的。

  端端说，她的笔名"不知"，来源于对米兰·昆德拉格言的领悟："人永远都无法知道自己该要什么。"米兰·昆德拉是一位享誉世界的大文学家，也是一位哲人。他的大学教育始于哲学系，更重要的是他如此娴熟地运用音乐、绘画、雕塑、诗歌、小说、戏剧等多种多样的文学艺术形式所表达的，正是对人生哲理与社会规律的诠释。正如他在久经磨难后面对国家最高荣誉时所说，"这次授奖看作是给我与祖国和祖国与我的关系画了一个句号"。端端被昆德拉充满哲理的话语所吸引，以"不知"为自己的笔名，就已经再清晰不过地表达了她的人生观："当我告诉你我是张不知，我便想方设法，不再抑制我心里

---

* 原刊《不知诗欢》，张端端著，九州出版社，2019。

的那团火。"这里，诗人已经把自己放在了超然、随缘、自在、洒脱的位置。她愿意自己对生活、对人生而言，更多的是一位观察者、体验者、思考者。故她的诗作中，没有丝毫的急迫、困顿、愤激，更多的是从容、冷静、距离。可读者千万别以为诗人是随境而安，尽管作者还说到，"可就连诗人，在大部分时间也是怀揣着未知"。可细细品去，作者的"不知"，指的是那浩瀚的客观世界，而诗人的心灵，却是"无所不知"。"我想，一切都是未知的，任何都无法否定任何，任何都无法洞悉任何，然而诗人可以！"这就是诗人对"不知"与"无所不知"的哲学思考。诗人的知与不知，潇洒与牵挂，有时是那么洒脱与自觉，有时也会伴随着丝丝无奈与纠结。如"一切皆为无妨/……/只便忘却/执意忘却"（《忘却》），"橙色的春节/注定停靠/又将离开"（《十月的车厢》），"不够离奇/也不便彻底"（《爱你是件不彻底的事》）。尽管情绪有时会摇摆，诗人却一直努力保持着诗性的哲理思考。读《不知诗欢》，与其说是读端端的诗，不如说是在品端端的人。百余首诗作，融入了作者对社会、人生、感情的全部思考，并把它固化为诗人的LOGO——"不知"。

作者的《自序》是另一篇值得好好品味的文字。这里作者表达了两个文学主张。一是"我所倡导的诗歌是一股'清丽之风'，伶俐出天姿"。这里的"清丽之风"指什么？是指语言文字吗？可能是的，全书没有一处加注，甚至连题注题解都没有，词语浅近，没有隐喻与典故；是指文学构思之风吗？也可能是的，诗歌直抒气息，没有曲折与悬念，让读者感受到的是与诗人脉搏的同频跳动。清丽确实是《不知诗欢》最突出的风格。只是，如果以为清丽就是浅显，甚至肤浅，那就大错特错了。端端的高明之处，就是在淡雅的清丽中，传递了诗人的独到思考与品味。"将旧事塞进邮筒甩出天际\ 张耳\聆听\听一阵温婉的风\催熟葡萄和剩下的果子\在三维的时空里\遇见另一个维度的自己\温柔\平静\拆开陌生人的来信\诉予青涩的往昔"（《听一阵温婉的风催熟几颗葡萄》）。诗中没有一个情字，可从容、淡雅、婉约之情却无处不在。

诗人的另一种主张是，"这本诗集，以情诗为主，我认为'爱'是人间的永恒"。这里的"情诗"，是指"情诗"，还是"诗情"？"爱"是指"爱情"，还是"爱之情"？是"爱人"，还是爱"人"，抑或自然、社会？这当是读者见仁见智的。当我们随着诗卷舒展，漫步其中，看到的诗景诗画是那么丰富，不由得让我们对诗人的主张作出尽量广的理解。诗人之名，诗人之文，诗人之诗，如此简朴、简约，可"人"与"文"及"文"与"诗"，却相得益彰，让读者能够细细地品味诗人那丰富而柔密、清丽而深刻的内心世界。

诗歌是所有文体中最讲究格律要求的。平仄落在字上，韵气落在词上，对仗落在句上，诗境落在篇上。读端端的诗，给人印象最深的不是平仄、押韵，甚至可以说，这两方面还是比较弱的，有清晰韵脚的诗作并不太多。感触最明显的是另外两点：一是长短不一、跌宕错落的诗句，给读者以强烈的冲击感；二是诗篇的独到构思。请看《想念住在念想的锅底》，那句式与用词，那描景绘色，都让人觉得与众不同："切切切切切切好完整的无怨/倒入片片片片片片无怨的变迁/沸沸沸沸沸沸腾云烟/轻轻轻轻轻轻/煮开念想，焖烧想念/煮久煮煳煮烂/粘在锅底/不可饮不可食/不可丢不可弃/结成心病，黑黑黑黑黑黑/黑了视听/但凭感觉/煮煮煮煮煮煮/久煮煳煮烂煮/煮在念想/住在锅底。"甚至可以说，端端是把对"清丽"与"爱"的追求，重重地落在了"句"和"篇"之上，更多依靠"句"的长短变化与"篇"的写物绘景来完成诗境的塑造。没太注重词韵音律的提炼，是有些许遗憾，如能在平仄错落、韵律回环上再多下些工夫，相信诗味会更浓一些。

如果说还有点建议的话，那就是"辑名"。全书109首诗歌，安排成了六辑，"辑"是诗唯一的分门别类。诗作之间没有其他更多的时空线索，辑名如能再多些琢磨，让它发挥出更大作用，效果当会更好，毕竟同一辑中的诗作主旨是要靠它来凸显的。另外，六辑只排出了四个序号，这应是一时疏漏所致。

最后，把我喜欢的一首诗列于此，与读者共享：

让诗人忘却诗句/一支笔/扔进将演将息的柴堆/让车马忘却归途/一条路/ 收下四海散尽的流浪/让山河忘却大地/尘埃无处可寻/牛羊忘却原野/芽草无土纳新/让青鸟忘却黄昏/世间忘却了世间/而我的影子/亦不固执你/来去的踪迹。

乐教对中文专业人才培养的深化与启示[*]

乐教正在逐步进入当代中国高校中文专业人才培养的视野，这于中文专业人才培养是一次前行中的变化，也是传统文化的一次重要回归。

一、乐教为语言文学的理解增添了新的更有效的了解与体悟形式

"情动于中而形于言，言之不足，故嗟叹之，嗟叹之不足，故永歌之。永歌之不足，不知手之舞之、足之蹈之也。"（《诗经·关雎》）《正义》对这一段论述作了准确阐述："情谓哀乐之情，中谓中心，言哀乐之情动于心志之中，出口而形见于言。初言之时，直平言之耳。平言之而意不足，嫌其言未申志，故咨嗟叹息以和续。嗟叹之犹嫌不足，故长引声而叹之。长歌之犹嫌不足，忽然不知手之舞之、足之蹈之。言身为心使，不自觉如举手而舞身，动足而蹈地，如是而后得舒心腹之愤，故为诗长歌也。圣王以人情之如是，故用诗于乐，使人歌咏其声，象其吟咏之辞也；舞动其容，象其舞蹈之形也。具象哀乐之形，然后得尽其心术焉。'情动于中'，还是'在心为志'，而'形于言'，还是'发言为诗'，上辨诗从志出，此言为诗必歌，故重其文也。"以上论述的核心，是将表达感情、内心情绪冲动的手段依次分出了"言""叹""歌""舞"四个阶段。这四个阶段的划分是从表达感情的强烈程度来划分的，因有前者"之不足"，方有后者出现。四者也有先后之别，但"先后"之序却被强弱之别所掩盖。

---

* 在"全国首届儒家乐教研讨会"上的发言。

在有了文字之后，"文"记"言"，文字在抽象化符号化的同时，也将传递情感的方式固化并系统化，文字从此具有了凌驾语言之上的"魔力"。索绪尔在他那奠定了20世纪结构主义语言学的创世纪之作《普通语言学教程》中，对文字的这一魔性的功能做出了深刻论述："语言有一种不依赖于文字的口耳相传的传统，这种传统并且是很稳固的，不过书写形式的威望使我们看不见罢了。"索绪尔从四个方面论述了为什么文字会看上去功能比语言更加强大："（1）词的书写形象使人突出地感到它是永恒的和稳固的，比语音更适宜于经久地构成语言的统一性。""（2）在从多数人的脑子里，视觉形象比音响形象更为明晰和持久。""（3）文学语言增强了文字不应该有的重要性。""（4）当语言和正字法发生龃龉的时候，……结果差不多总是书写形式占了上风。……于是文字就从这位元首那里僭夺了它无权取得的重要地位。"索绪尔在坚持语言是第一性、文字是第二性的同时，对文字获得的过大功能给予了尖锐批评："文字遮掩了语言的面貌，文字不是一件衣服，而是一种假装。""文字越是不表示它所应该表示的语言，人们把它当作基础的倾向就越是增强。"

当文字表达语言后，它将语言以自己的符号化线条化形式固化下，并似乎获得了取代语言的功能，更重要的是它使得语言不再随着情感进一步表达的需要，而自然而然地朝着嗟叹、歌咏、舞蹈的方向发展了，割裂了其人类抒发感情的本来的天然内在联系。

后代的语言文学学习都是基于"文字"之上的。这就使得中文专业的学习者在对文字具有越来越强大的感知、解读与驾驭能力的同时，也缺乏了对那基于人本天性的语言文学作品更真切、更形象、更心灵相通的感知方式。

乐教随着文学作品进入中文专业人才培养体系，无疑使学习者对文学作品多了一层更有效的感知方式，使所感受的对象由通过"文字"才能获得的间接认知，变为直达本性本源的直接感知。

乐教使"乐"本身从后代愈来愈成为"技艺"性的术科，朝有助于培养"人文素质"类人文通识基础学科方向转化了，大大提升了"乐"的学科地位。

二、有助于中文人才培养的专业学习

儒家乐教对传布儒家学说的独特功能。如果说上面谈的乐教还主要是从人类一般的表达、感知方式来说，那么当乐教专指儒家乐教时，它又具有了不同于一般乐教的东西。这种特殊含义表现在：（一）重视乐教的教化功能。（二）有大量反映儒家教义且可以"弦歌之"的作品。（三）重视音乐教化作用、温润作用的理念，与儒家的内省、中庸、仁和的主张高度吻合。

中国古典文学的主体内容是儒家学说。中文专业以中国古典作品为主要学习内容，文体形式上，诗词歌赋、散骈文曲；作品内容上，经史子集；思想主张上，儒道佛、墨法名，各家各派，不一而足。但韵与散、诗与文、儒与各家，无疑前者占据了极其突出的地位，谓之核心不为过。故儒家乐教对学习、认知中国古典文学也就有了直接的帮助，能以更贴切的方式，在强化感受、浸润中全面体悟中华传统文化的精髓。

三、在中文学生培养中，应重"乐教"而非"乐技"，应重"教化"而非"教授"

所谓乐教，就是以乐为载道，为途径，为手段，来将儒家之旨、人性之冶的传递与熏陶相结合，而乐技则突显的是表演性技巧的获得。

所谓教化，就是"美敦化，民以风化"（《诗·周南·关雎序》），"故礼之教化也微，其止邪也于未形"（《礼记·经解》）。突出的是感之于心，形之于外，化之于行，凝之于俗。而教授则突出的是知识传授、心智记忆。

2018年11月24日
于福建长泰龙人古琴文化院

《月港诗集》序

　　一个月中连续读到我校学生创作的三本作品集。第一本是中文专业文学刊物《南太武》的创刊号，收有多种文体的作品，排在最前、分量最多的是诗作。第二本是中文系2013级张端端同学的诗歌专辑，她毕业不久已有百首诗作结集待刊。第三本就是《月港诗集》。那天陈美静同学送来诗集，开卷甫读，耳目一新，心为之动。

　　首先吸引我的是它的名字。"月港"是诗集名，也是诗社名。月港为漳州古港，位于海澄镇九龙江入海口，北上可达漳平、连城，西溯可至南靖、龙岩，世界文学巨匠林语堂就是沿着这条水道走向世界的。月港是把漳州平原、闽西大山的底蕴引向大海的出海口。如今，虽然它的交通价值已让位于厦门港，但其历史上的辉煌仍昭日月，我们年轻的大学生以此来命名自己的诗歌创作，透映出的正是那浓浓的乡土淳朴与历史厚重。

　　还让我特别欣赏的是里面的诗作是"有生活"的。月港社形成了互联网时代的新颖研讨形式，每周一在QQ群上发布一个主题，社员自愿、自由创作，周六收稿，再分享、交流、投票，选出每周佳作。每月还举办两次诗词沙龙，并广泛参与各种文学交流活动，邀请诗人谈创作心得，主办诗词创作赛会，与兄弟院校诗会交流。透过《月港诗集》，我看到了我院一群真正诗歌爱好者的文学生活，诗歌融入了他们的大学生活，他们过着"有诗意的生活"。诗社发起者刘原同学说得好，"生活在诗内，生活在诗外"。所谓生活，就是有经历、有体会，有抑制不住的创作冲动。

　　更让我耳目一新的是诗集中的作品。诗歌形式多样，有古典诗歌，也有现代新诗，有排律长调，也有绝句小曲。诗作纯真典雅，重韵味而少直白，讲修炼而不虚华，言辞真挚而不张扬，语流畅而言内心。除了诗歌创作作品外，还集中收有诗歌评析、诗论研讨，还有文言古朴的悼思散文，读来感觉到这是一个有着多样创作才华的群体。强烈的创作欲望、自如的文体与文字驾驭能力，是一个成功的文学团体必不可少又极为珍贵的要素。

祝愿月港诗社能一届届地长期办下去，带给我们校园生活更多的诗味。

2018年11月7日
于厦门湾南岸海悦品斋

文学刊物《南太武》创刊号 "序"

　　捧着这份厚厚的中文学子文学作品集，格外欣喜。它收集了2015、2016、2017三个年级20多名同学的创作成果。这些作品形式多样，有轻松随意、挥洒自如的散文，也有形式严格、声协韵谐的诗歌，还有内容丰富、情节曲折的小说，更有控时要求细密、适于表演再现的戏剧。这些作品，很好地展现出我们的学生优美的文字表达与文学创作的能力，他们熟练地用不同的文学样式传递出对社会和人生的关注与思考。

　　这份格外的欣喜，还来自我们的中文教师。这本学生作品集，也是全体中文教师努力的结果。他们深谙中文系的育才之道，在于饱读经书、学富五车，在于能说会写、妙笔人生。他们一直期望能有一份文学刊物，让学生的文学作品能借此问世、行远。正是在他们的倡导下，同学们踊跃投稿，先后征集到了一百多篇作品，经反复遴选、修改、打磨，终于璞玉成器，使中文专业学生有了更多的郁郁文气。成事过程中，邱老师宏光、李主任建明、钟老师永兴，出力尤多。有师之勤力，乃有生之蓬勃。笔者欣喜与感谢，油然而生。

　　这份格外的欣喜，更来自历届学子心中的那份历史厚重。早在嘉庚学院中文专业创办之初，第二年的2004级王南坤同学就发起组织了南太武文学社，自发编印了文学刊物《九十九度中》，短短一年半中编印了《冬刊》《春刊》《夏刊》《秋刊》四期。这是一批意气风发的文学之子，领头人南坤同学，个头不高，瘦小黝黑，可风华正茂，在他周围团结着来自全校文理经管工众多专业的四十多名同学，他们把文学当作人生追求，充满了理想与热情。南坤同学任首届文学社社长，郭恒暄、李静同学任副社长，廖茜同学任主编。无疑，南坤同学是他们的领袖与灵魂人物。

南坤在"发刊词"中写道："我们创办南太武文学社的初衷是：创办属于自己学院的文学社，使全院有文学氛围、学术气氛，提高我院人文传统和自由精神。为热爱文学、喜欢文学的同学，提供一个展示自己的创作欲望和才情的平台。为校园增添一份温馨，一份含蓄，一份真诚，一份宁静。我们是一群小鸟，挥动着稚嫩的羽翼，梦想着飞向遥远，飞向广袤。"

南坤在《夏刊》的"卷首语"中写道："因为文学，我们相聚；因为文学，我们欢乐。回忆我们一起走过的360个日子，文学社就像向日葵般昂首挺胸，永远都面向着太阳，追求自己广袤的天地，挥洒着向日葵的那种高贵、崇高的情操，感受着文学的熏陶和艺术的享受。"

我国著名女作家、中国现代文学研究家、厦门大学中文系林丹娅教授，当时正担任南坤那一届的现当代文学授课老师。林教授在创刊号《九十九度中·冬刊》"导师寄语"中写道："对一些人来说，大学是一个梦；对更多的一些人来说，文学更是一个梦。现在，就有这么一群风华正茂的年轻人，他们真的非常了不起。就在这样一个象征五谷丰登的金秋时节，他们收获了青春岁月结出的最初的也是最值得纪念与骄傲的果实：他们一举就把这两个梦都变成了自己的现实。"寄语的最后一句话是"借此祝福南太武文学社与《九十九度中》"。这是林教授的浓烈祝福，而充满文学创作精神的嘉庚学院中文学子是配得上享有这份祝福的。

我们尊敬的王瑞芳院长还为创刊号题写了"院长寄语"："文学社是校园文化品位的一个象征，而《九十九度中》则是在南太武文学社培育下绽放的奇葩，这为热爱文学创作的青年学生提供了自由驰骋的精神家园，也为广大文学爱好者构筑了学习、交流、欣赏的心灵空间。值此《九十九度中》创刊之际，我谨代表嘉庚学院祝刊物越办越好，办出水平、办出特色，成为校园文化生活中一道亮丽的风景线。"院长在创院伊始万事待举之时，亲笔为一份学生文学刊物题写寄语，足见期望之重。因为南太武文学社的成立，标志着我校首个学术性社团的诞生。

我当时担任中文系主任，对南坤同学创办文学社自是支持，并担任了文学社的顾问，建议他们使用"南太武"这个极富诗意与历史寓意的名字。厦门大学历史上最早的学生文学社团是"鼓浪社"，由鲁迅先生指导成立，其名"鼓浪社"既含"鼓时代之浪潮"之文学革命意义，又寓鼓浪屿之鼓浪听涛之地利美景。嘉庚学院依厦门大学而生，倚闽南名山南太武而立。厦门湾南北，山海相对，动静相生，嘉庚精神一以贯之，文学之魂两相牵之，共携手，互激励。如今时过境迁，当年的"南太武"之文学社，变成今天的"南太武"文学刊物，其史悠然，其意浓焉。

嘉庚学院中文办学史上创作之风的追求与延伸、停顿与重现，使我的欣喜中带有更多的历史回味。回味之一，如此远肇文源的学生文学社没有得到延续，如此难得的学生文学创作热情只是灿然一时。《秋刊》的"编后语"仍由南坤撰写，就已经透露出了他的些许"秋意"："一丝丝惆怅缠绕脑中，一缕缕感伤围绕心中，不知因何而起，是思？是念？还是情？也许是李白的'桃花潭水深千尺，不及汪伦送我情'；也许是王维的'劝君更尽一杯酒，西出阳关无故人'；然而，我却是因为即将要离开文学社，内心依依不舍之情难抑！"此期的"编后语"格外加了标题"要做"，多么的发奋图强啊。回味之二，文学创作本应就是中文系学子的本分，故此后一直有老师在以各种方式坚持着。前几年有王世海老师带领同学组织读书会"文心团"，自编了多期文学刊物《青豆集》。而今有吴保光老师带领学生组织读书会，自编了以书评为主的刊物《微光集》。这种坚持是有价值的，他们在追寻着文科大学生最向往的那种纯正。这正是我一直对这种追求者怀有敬意的原因。回味之三，就是您现在手中的这本《南太武》，已经成为整个中文专业的自觉行为，并得到学校的强力支持。如此有意义的事情出现在我校创办十五周年喜庆之日，自是更多了一层意义。为了更好地记住历史，这里把当年南太武文学社创办的《冬刊》《春刊》《夏刊》《秋刊》四期封面，及创刊号目录页附录于文末。

最后，祝贺《南太武》刊物问世，祝贺同学们创作成功，希望中文专业能把它一期期办下去，成为中文育人的一张品牌。

2018年10月13日凌晨
于厦门湾南岸海悦品斋

附一：《九十九度中》四期之封面

（冬刊，2004年12月）　（春刊，2005年4月）　（夏刊，2005年10月）　（秋刊，2006年3月）

附二：创刊号《九十九度中·冬刊》目录页

评余烬的诗《沙坡尾在明亮处》

余烬的诗是写实的。以《沙坡尾在明亮处》为例，描绘了沙坡尾的过去，这里有钓槽船、系榄桩、帆影、缆绳，也有疍家女、弄潮人、船屋眠歌、岸上灯火。诗歌还描绘了沙坡尾的现在，演武大桥、观景平台，还有百年学府、世贸双子。余烬的诗，也是写情的。诗中的44个"明亮"，把看到的、听到的、想象到的、体会到的一切，都写得明亮耀眼。明亮，是因为昂扬；明亮，是因为喜欢。所以，在作者的笔下和读者心里，"每时每刻都明明亮亮"。

微光照亮人生

——写在《微光集》（第2期）刊印前

学生读书，天经地义，在学校是最普通不过的了。可这里却有一批学生额外地读书，积极地读书。他们不是像读教材式的记忆性地阅读，而是体悟、感想、交流地读。与同伴交流，与作者交流，更与自己的心灵交流。结果自然是书同而味异，芳香诱人，仿佛相同的菜，经十人之手烹调，得到十种味道，让人欣喜。

《微光集》（第2期）包括六辑，读了六本书，一辑一书。有外国之书（《拉齐奥》《过于喧嚣的独孤》），也有中国之书，且以中国书居多，有现代散文（《日升》），有古代戏剧（《牡丹亭》《陈州粜米》），还有一种是语言学之书（《方言与中国文化》），可见书籍的多样性。首先要感谢六位导读人，他们是中文专业的中青年博士、教授、副教授，从自己阅读过的浩瀚书海中遴选出若干富于人生哲理的经典，引领学子们进入色彩斑斓的精神世界。

让我更感兴趣的是读书人的体会。书同而味异，它们到底是如何的芬芳异香而让人一览而尽？在这里，更吸引我的不是鲜花，而是酿蜜的蜜蜂，不是酿出的甜蜜结晶，而是飞临、嗅采、吸吮、消化的酿造过程。如对龙应台的《目送》，我们的读书人有的读出了"情真意切的字句中流露出一丝对于人间万世的悲楚和无奈，对于这些悲楚与无奈，她不怨也不恨，而是带着一种温柔的疏离"，"不仅是温柔的，更在温柔中透出一份坚韧来"（黄心怡）；有的则是"让我有了更多的懂得，关于人情、草木河流的道悟，但也让我有了更多的疑惑和问题"（康美婷）；还有的是"待读完则已是大汗淋漓，并非是酣畅淋漓，而是惊恐不已"（冯厚华）；更有人"即使我喜欢偶尔看看龙应台的文字和吐槽，而不喜沉迷于情绪的无底洞，总还是会想，这样的执着有什么意思呢？且随心吧"（赵梓君）。九位同学如此这般地各抒己见，宛如九位调味大师奉献出一萧百味的读书大餐，这哪是课堂上老师教出的一色一味可比。

《过于喧嚣的孤独》，书名中的"喧嚣"与"孤独"是一对反义词，可见作者思维的异动，但由于有了"过于"，作者取意还是明确的。可在灵动的读书人用心之下，却品出了各相异采的情调。光那题目就心思尽显，如辛娜的《学会享受孤独》，黄心怡的《过于灿烂的生命》，林宸希的《喧嚣是他们，孤独也是他们》，林泓希的《生如蚁而美如神》，吴诗月的《"不寻常"的生活》，张烨的《你是谁？凭什么要懂你？》。七位读者，七个题目，七种心思。这，就是读书会中的读书。

《方言与中国文化》是其中唯一的语言学书籍，这可是语言与文化领域的经典之作，开启了20世纪80年代中国文化语言学之潮流。康美婷同学用心地从中读出了"熟稔又陌生的复杂感觉"，"一种莫名的失落感，仿佛自己失去了一截家乡土地里的根茎，是一个身在同姓宗族的圈内踏入却无法融进的旁观人，是一种怅然若失的漂泊感的浮掠"。读到美婷同学的真切，再来看"方言是语言的变体"这一经典定义，突然觉得语言学研究者对已经习惯了的理论与思维应该有点新的审视才对。"这本书让我对自己的家乡方言和居住地方言的注意和自我的反省是我最大的收获。"如此地投入与真诚，这已经是读书的纯粹与境界了。

更让我欣赏的是书评显示出的那种平和心态：没有距离感，只有尽量地贴近原著；没有主观臆断，而是有观察有进入的心灵感动；没有仰视或排斥，而是平等地感悟与交流。这种平等、宽松、自由的读书，难能可贵。这要感谢微光书社，它从成立之初就奠定了这种平和的书卷气。"微光""小径""至善""经典"，处处都透露出一股纯正而接地气的阅读之风。

好书人人读，好文自己写，佳章自己编。25篇文章出自11位同学之手，再分别担任编委、责编、美编，还有媒体运营、媒体指导，显示出这是一个积极、自在、进取的读书团体。感谢微光书社*为嘉庚的读书人带来了新的读书气象。

2019年12月24日

---

*　"微光书社"为厦门大学嘉庚学院人文与传播学院中文专业的学生社团，旨在组织同学开展读书活动，读书、评书，由吴保光老师发起组织。

后　记

　　这里收录了百余篇学术札记，反映了学术过程中的点滴经历与感想。按内容分以下六类。

　　一、学术动态评述类。收录了10多篇反映重要学术动态的评述文章。在学术浪潮前沿行走，面临的可能是失败的风险，也可能是成功的喜悦。失败会带来警示并留下教训，成功则会带来经验与动力。这些评述文章保留了学术发展的轨迹，对创新性研究是不可或缺的。它们提醒我们，勇于参与、积极实践、敢于尝试、善于总结，是每一位研究者都要具备的素质，特别是在社会与学术瞬息变化的今天。这些文章可引人思考，催人奋进。

　　二、读书心得类。收录了30多篇读书札记及为师友著作所写的序跋。序跋也是读书心得的一种，只是由于得到作者信任而先行阅读并刊于卷首。读新文新著，我有得而自喜、有失而自警，这些得失皆有其价值。读文论书时，我向来重语由己出、言由心生；重客观平实，赞弹自然。如本类首篇文章所评两本书，皆为文化语言学概论之作，我从"语言观""学科观""内容框架""研究方法"四方面平实议之，得到双方认可。

　　三、前言后记类。收录了20多篇拙著的前言后记。写作辛苦，短则月余，长则经年。搁笔之时，我往往会将感想心得体会略记于笔下，或收获，或遗憾，或感谢，或吐槽。读这些前言后记，读者既能体会写作过程之艰辛，也能了解观点之来龙去脉。

如《汉字语言功能论》的"后记"，道出了"在汉字这么深蕴的生命源泉中，最主要的一泓应当来自与汉语的密切关系上"感慨；《现代汉语词汇计量研究》的后记，则道出了"先务'虚'，视野开阔，再务'实'，锻炼思维的严密与细致"的体会。将20余篇前言后记串联，可谓是我创作心路的写照。

四、师友亲长怀念类。在我的学术成长过程中，师友亲长的指引和陪伴一直给予教益。我对他们的感激和思念常常会情不自禁地流露，10来篇短文表达了这方面的思绪。

五、治学偶记类。有些关于语言文字的短文也收录于此，这些短文大多想表达的是学问也能在不经意间有所收获。

六、从教助学类。长期从教，与校伴生，与生为伍，我们共同成长于同天地之间。常有感而发，由情而生，略记一二。

2024年12月9日